公司治理的市场效应与溢价研究

郝 臣/著

教育部人文社科重点研究基地南开大学中国公司治理研究院学术研究支持计划
南开大学商学院学科建设支持计划
资助

科学出版社
北 京

内 容 简 介

公司治理作为我国现代企业制度变革的核心，在经历观念导入、结构构建、机制建立之后，步入了提高有效性的新阶段。在公司治理从合规到有效转型的大背景下，随着理论界对公司治理与财务绩效关系研究的深入，公司治理与市场绩效关系逐渐受到关注。本书首先，基于信息观的事件研究法，研究了审计意见、违规行为处罚、高管离职、高管落马和股权激励五个典型治理事件的短期市场效应；其次，基于计价观的价格模型，研究了我国公司治理的价值相关性，结果发现，我国上市公司治理的价值相关性呈现逐年提高的态势；最后，基于调整后的 Fama-French 三因子模型实证检验了我国上市公司治理溢价情况，结果发现，在 2006 年之前我国存在治理溢价，2006 年之后随着治理有效性的提高，投资者已将公司治理因素反映在其预期中，公司治理溢价逐渐消失。本书上述关于公司治理市场效应与溢价问题的研究，将公司治理与财务绩效关系的研究拓展到公司治理与市场绩效，研究结论具有一定的理论和应用价值。

本书既可以作为高等院校的研究用书，也可以成为广大实务工作者学习公司治理的有益读物。

图书在版编目（CIP）数据

公司治理的市场效应与溢价研究/郝臣著. —北京：科学出版社，2016

ISBN 978-7-03-047940-2

Ⅰ. ①公… Ⅱ. ①郝… Ⅲ. ①公司—企业管理—研究—中国
Ⅳ. ①F279.246

中国版本图书馆 CIP 数据核字（2016）第 061190 号

责任编辑：徐 倩 / 责任校对：贾娜娜
责任印制：徐晓晨 / 封面设计：无极书装

科学出版社出版
北京东黄城根北街 16 号
邮政编码：100717
http://www.sciencep.com

北京京华虎彩印刷有限公司印刷
科学出版社发行 各地新华书店经销
*
2016 年 3 月第 一 版 开本：B5（720×1000）
2016 年 3 月第一次印刷 印张：21 3/4
字数：417 000

定价：112.00 元

（如有印装质量问题，我社负责调换）

谨以此书的出版纪念我的导师成思危先生

前　言

1600 年，英国东印度公司的设立开启了公司治理实践的序幕。最早对公司治理问题的关注可以追溯到 1776 年《国富论》（*An Inquiry into the Nature and Causes of the Wealth of Nations*）中，对于股份公司经理同富人的管家一样，不会尽心尽力管好公司资产相关问题的分析。但公司治理理论的真正开始通常认为是 1932 年 Berle 和 Means 的著作——《现代公司与私有财产》（*The Modern Corporation and Private Property*）的出版。之后，随着 Coase、Williamson 等学者的努力，公司治理这座矿山引来了无数挖矿人。

我国公司治理的实践是在现代企业制度探索过程中进行的，股份制是现代企业制度变革的重要途径，而公司治理又是股份制的核心。因此，从一定意义上来说，公司治理是我国企业制度变革的核心，是我国企业改革的主线。从 1978 年开始，我国的公司治理先后经历了观念导入、结构构建、机制建立和有效性提高四个阶段，治理发展的大方向就是从行政型治理向经济型治理转型。经过 30 多年的实践，现阶段公司治理质量备受关注，特别是作为我国资本市场的重要参与主体，上市公司的治理有效性如何，受到监管部门和广大投资者的关注。

在公司治理研究领域中，公司治理与公司绩效关系的研究是一个比较基础的问题，其核心是检验公司治理的有效性。公司绩效一般可以划分为财务绩效、经济绩效和市场绩效。其中，财务绩效包括反映公司收益能力的每股收益、净资产收益率、总资产收益率、投入资本回报率，反映公司其他方面财务绩效的成长性指标、破产指数、资产周转率、管理费用率、投资效率等；经济绩效的评价指标包括市场增加值和经济增加值等；市场绩效包括反映公司市场价值的市盈率、市净率、托宾 Q 值、企业价值倍数，反映公司市场回报的价值相关性和累计超额收益（cumulative abnormal returns，CAR）等。国内外关于公司治理与财务绩效关系的研究已经非常普遍和细致，结论总体也较为一致，即公司治理能够显著解释公司财务绩效和经济绩效，公司治理具有一定的有效性；但关于公司治理与市场绩效关系的研究处于刚刚开始的阶段，这也是基于公司治理与财务绩效关系进行的拓展研究。伴随着我国公司治理实践的深入，在公司治理合规性和有效性日益提高的大背景下，公司治理与市场绩效关系的探索成为本书的研究主题。

Bushman 和 Smith（2001）指出，未来对公司治理的研究将转向资本市场的效应，即进一步与股票价格联系起来。将公司治理与财务绩效关系的研究拓展到公司治理与市场绩效关系的研究，一方面丰富了公司治理理论、完善了资本资产定价模型（capital asset pricing model，CAPM），另一方面对完善我国上市公司治理披露、提高投资者理性、发布公司治理股价指数（stock price index of corporate governance）、提升上市公司治理水平及提高资本市场的效率具有重要的现实意义。正是在各国监管部门和投资者越来越重视公司治理质量状况、大量公司治理评价（corporate governance appraisal）系统推出和公司治理披露增强的背景下，在公司治理与财务绩效关系越来越明确的基础上，本书将公司治理与资本市场的表现联系起来，研究了公司治理的信息含量即公司治理事件市场效应（公司治理短期市场效应）、公司治理价值相关性即公司治理因素能够解释股票价格多少比例（公司治理长期市场效应），以及能否通过对公司治理因素的掌握来获取超额收益（公司治理溢价的实证检验）三大问题。

具体来说，首先，在公司治理相关研究文献梳理及相关理论分析基础上，本书以我国上市公司为研究对象，基于已有研究成果，实证考察了公司治理要素对两种股权代理成本的影响，结果发现，公司治理确实能够降低代理成本。这为开展公司治理事件市场效应研究、公司治理价值相关性及治理溢价研究奠定了逻辑前提。其次，采用基于信息观的事件研究方法，来研究上市公司审计意见、违规行为处罚、高管离职、高管落马和股权激励五个典型公司治理事件的市场效应，从短期（时点）视角来回答公司治理是否影响股票价格。结果显示，我国股票市场未达到半强式有效，了解公司治理状况的投资者介入股市能够获取超额收益。再次，采用基于计价观的价格模型，来研究公司治理与股票价格关系，包括增量价值相关性和相对价值相关性，从长期（时期）视角回答公司治理如何影响股票价格。结果发现，公司治理具有价值相关性且呈现总体上升趋势，说明投资者越来越关注公司治理问题。最后，采用 Fama-French 三因子定价模型，实证检验了我国上市公司治理的溢价状况，发现在我国治理实践早期和治理价值相关性相对较低的情况下，存在公司治理溢价。随着治理实践的深入，公司治理状况已经在投资者的预期当中，并不存在显著的公司治理溢价，在这一过程中，资本市场的效率也得到了提升。

本书的出版得到了教育部人文社科重点研究基地南开大学中国公司治理研究院学术研究支持计划、南开大学商学院学科建设支持计划、教育部人文社会科学研究项目“股权集中型公司治理的市场效应和溢价研究”（项目批准号 10YJC630070）等项目的资助。课题组成员自 2010 年年底开始开展相关研究工作，我们不但多次讨论了这一领域问题的理论框架如何搭建，而且处理了研究过程中的很多技术细节问题。可参考文献的缺少、数据处理量的庞大、计量方法的多样化都增加了课题研究的难度，但在课题组成员的共同努力下，我们克服了所遇困难，并按预期目标完成了课题研究内容。40 余万字的研究成果是课题组成员努力的结晶，课题组成员包括张耀伟、古志辉、李慧聪、邱艾超、周婷婷、李浩波、张田、高行、王励翔、周迪、黄佳、王方志、杨进雄、白丽荷、崔光耀、杨冬雪、秦晓天、刘芯蕊、贵思博和吕美伦等。

本书写作思路实际上是对笔者博士论文《公司治理的价值相关性研究——来自沪深两市的经验数据》的延续和拓展。笔者2007年博士毕业后，一直忙于教学等科研工作，出版博士论文的动力也日渐减弱，直到2010年得到上述相关项目支持后，才正式将博士论文的完善和优化提上议程，而2015年导师成思危先生的突然离去让笔者下定决心尽快把书稿整理出来，谨以书稿的出版纪念先生！2004～2007年读博士期间，特别是笔者做博士论文期间，先生多次过问和指点，这一切都铭记在笔者心中！与博士论文相比，本书进行了一定拓展，使得15万字的博士论文扩充为如今的40余万字的著作，具体研究工作有：第一，相关研究文献和实证数据已经更新至2015年；第二，结合我国公司治理的实践状况，在事件选择上，重新选取了审计意见、违规行为处罚、高管离职、高管落马和股权激励五个典型公司治理事件，替代了博士论文中的年报披露事件；第三，在价值相关性研究模型方面，重点完善了模型的推导过程；第四，在定价模型方面，进行了分阶段的检验内容，治理溢价的检验更加细致。如果以2005年博士论文选题开始算起，笔者对公司治理市场绩效的研究近10年；如果以2010年相关项目的资助开始算起，笔者对该领域的研究也有五年的时间。此书的出版是我们在这个方向上的一个阶段性成果，也是未来对公司治理与市场绩效关系研究的新起点！

最后感谢出版社编辑辛勤的工作，正是因为他们的努力，才有机会使本书能够及时呈现给各位读者！也感谢那些已标注和因疏忽而没有标注出来的参考文献的作者！

郝　臣

2015年12月1日于南开大学

目　录

第一章 绪　论

本章在各国积极提升公司治理水平、推出大量公司治理评价系统、相继制定治理披露政策、投资者愿为好治理支付溢价的背景下，提出了我国公司治理市场效应与溢价研究问题，并对研究目标、研究内容、研究路线和研究方法进行了设计。

第一节 研究背景

一、各国积极提升公司治理水平

学术界对公司治理的研究可以追溯到20世纪30年代Berle和Means的研究。Berle和Means在1932年出版的《现代公司与私有财产》(*The Modern Corporation and Private Property*）一书中，对大量的实证材料进行分析后得出了结论，即现代公司的所有权与控制权实现了分离，控制权由所有者手中转移到了管理者手中，而管理者的利益经常偏离股东的利益。20世纪60年代前后，Baumol、Marris和Williamson等分别提出了各自的模型，他们从不同角度揭示了掌握控制权的管理者与拥有所有权的股东之间的利益差异，从而提出现代公司制企业应该构建激励约束机制，使管理者更好地为股东利益服务。Chandler在1977年出版的《看得见的手——美国企业的管理革命》（*The Visible Hand：The Managerial Revolution in American Business*）一书中，通过对各部门、行业的具体案例分析，进一步描述了现代公司两权分离的历史演进过程。可以说，古典经济学家一直在关注着所有权与控制权的分离，以及其产生的“委托人”（投资者、外部人）与“代理人”（管理者、企业家、内部人）之间的代理关系。所有权与控制权的分离，以及由此产生的委托代理关系，是公司治理问题产生的根源。进入21世纪后，人们对公司治理问题关注的热情比以前更加强烈，无论是发达国家还是发展中国家都非常重视公司治理，使其成为了资本市场关注的焦点。一场席卷全球经济领域的公司治理革命正在各地兴起，许多国家纷纷提出了一系列改进公司治理的措施，以此保障投资者的合法权益。这些措施包括，要求更严格的公司上市和信息披露规则、明确独立董事占董事会的比例、推行董事的强制性培训、颁布公司治理的强制性法令、出台公司治理原则等。麦肯锡（Mckinsey）2002年进行了一项“新兴市场投资者意见调查”（Emerging Market Policymaker Opinion Survey Key Findings），结果显示，当投资者被问到公司治理对于你们国家最近经济发展有多重要时，11%的人回答“一点也不重要”，6%的人回答“在一定程度上不重要”，26%的人回答“有一点重要”，34%的人回答“重要”，23%的人回答“相当重要”。政策的制定者相信，提高公司治理对于公司来说具有明确的好处，44%的人回答“好的公司治理能够降低资本成本或者提升公司绩效”。由此可以看出，除了学术界之外，政府监管部门和投资者都认为公司治理非常重要。

尽管许多政策的出台都推动了公司治理的改进，但即使是发达国家，在当前及未来的公司治理实践中，仍然存在许多值得探讨和有待解决的问题，公司治理仍面临着诸多挑战。最优公司治理合约是人们在给定局限条件下理性选择的结果；社会制度基础就是公司治理合约选择的给定局限条件（高闯和刘冰，2003）。因此，各个国家结合自己的治理环境，纷纷进行公司治理改革。2001 年年底，名列《财富》500 强的美国安然公司会计丑闻爆发，随后其他一些著名的公司也相继出现类似的危机，从而暴露出了美国公司治理中存在的一些问题。安然公司的丑闻表面上是一场会计丑闻，实际上是一场公司治理的危机，这使人们不得不对其公司治理模式进行重新审视，美国公司治理需要革命性变革成为了美国朝野上下的共识。2002 年 7 月，美国时任总统布什签署了新的《萨班斯-奥克斯利法案》（*Sarbanes-Oxley Act*），它是美国公司治理最新一轮改革的最重要成果。新法案完善了公司信息披露机制，增加了上市公司信息披露的义务，提出了公司治理中信息披露的新规则，为州法院和联邦法院运用新法律工具、提高外部投资者确认公司管理和决策质量的能力提供了重要的法律依据。该法案是许多美国公司采取和即将采取行动以加强公司治理体系建设的关键因素和法律基础。

日本在有关董事会的改革中采用了比较独特的做法。根据 2002 年日本商法的改革（日本没有独立的公司法，公司法是其商法的一个部分），企业可以自由选择放弃日本传统“股东会—董事会—监事会”的治理模式，转向“股东会—董事会—独立董事任职的董事会委员会”的美国模式。根据改革后新商法的有关条款，选择董事会模式改革的企业可以废除原先依法必设的监事会，但必须在新模式的董事会下设立由独立董事任主席的审计、薪酬和提名等三个委员会。在新商法生效后的第一个公司股东大会季节，即 2003 年公司股东大会上，有 71 家上市公司选择了改革——废除监事会，建立新模式的董事会和董事会委员会制度，这里包括索尼、日立、东芝和日本电信等知名公司。实际上，早在 1997 年 6 月，索尼公司就将董事从 38 人减少到 10 人，由 7 名具有代表权的副社长以上级别的领导和 3 名新引进的外部董事组成，并任命 27 人为执行官（原来董事会中的董事有 18 人被任命为执行官，另外新任命了 9 名执行官），再加上 7 名兼任执行董事的执行官，改革后共计有执行官 34 人，组成了执行委员会。这样索尼就将原来日本式的庞大董事会中不再担任董事的成员转为执行官员，建立了一个独特的董事会之外的公司执行官员委员会制度。

20 世纪 90 年代，德国几家大公司由于经营不善引发的危机，使投资者丧失了对公司经营和股票市场的信心，进而削弱了德国企业在国际市场上的竞争力。大公司遇到的危机引起了德国各界的关注。无论是从事公司治理研究的学者，还是致力于公司治理实践的企业家阶层甚至德国政府，都意识到危机的重要根源是银行等大股东的长期控制。由于德国公司股权结构相对集中，公司大量股份掌握在商业银行手中，或者通过公司间相互持股的方式由其他公司所持有。这些作为大股东的银行和公司通常会派出自己的人员担任其所持股公司的董事会成员，参与该公司的经营管理活动，因此，作为大股东的商业银行和持股公司控制着公司的经营权。在这种情况下，德国公司治理所要解决的不是公司的经营者侵害公司所有者的问题，而是强势大股东侵害弱势中小股东的问题，即中小股东利益的保护问题。在社会各界的推动下，德国联邦政府于 2002 年夏季提出了公司治理改革的 10 点计划。在此基础上，2003 年 2 月 15 日，德国联邦司法部长和财政部长共同提出了《联邦政府改善公司治理的措施目录》，此后又颁布了《德国公司治理准则》（*German Corporate Governance Code*）。

1997 年，东亚金融危机暴露了东亚经济微观基础的企业制度的明显缺陷，也唤醒了人们对亚洲公司治理的重新认识（成思危，2003a；2003b）。东亚国家和地区在公司治理方面面临着共同的问题：信息披露不充分、控股股东侵犯中小投资者的利益，以及董事会缺乏诚信和问责机制。在大部分东亚国家和地区，公司股权集中在家族手中，控股家族一般普遍地参与公司的经营管理和投资决策，形成家族控股股东“剥削”中小股东的现象。在东亚地区，除日本家族控制企业所占比例较少之外，韩国家族操控了企业总数的 48.2%，中国台湾地区家族控制占 61.6%，马来西亚则占 67.2%。金融危机使得受其影响的多数国家把改善公司治理作为头等大事，人们至少在原则上对良好的公司治理所包括的内容正在达成共识。截止到 2001 年，《韩国商法典》（*Korean Commercial Code*）在金融危机过去后的四年中修改了四次，《韩国证券交易法案》（*Korean Securities Exchange Act*）也不例外。根据法案修订，董事和审计人员的权威得到了增强，股东权益得到极大提高。

另外，一些国际组织也对公司治理问题表现出前所未有的关注。世界上第一个公司治理原则是由英国财政报告委员会、伦敦证券交易所联合成立的公司治理原则委员会于 1992 年 12 月发表的《公司治理财务报告》。这一报告提出了董事会的最佳行为准则。此后，许多国家、国际组织、中介机构、行业协会及公司各层次纷纷制定了自己的公司治理原则，其中，影响最大、范围最广的是由 29 个发达国家组成的经济合作与发展组织（Organization for Economic Co-operation and Development，OECD）所制定的《公司治理原则》。为了改善 OECD 成员国的公司治理结构，OECD 于 1998 年 4 月成立了公司治理原则专门委员会；1999 年 5 月正式发表了《公司治理原则》。OECD 为了在全球推行上述治理原则，每年在亚洲、拉丁美洲、俄罗斯召开公司治理圆桌会议，就公司治理原则在各国和各地区的应用等问题展开对话。OECD 和上海证券交易所举办的“中国公司治理政策对话会”于 2007 年 3 月 29～30 日在上海证券交易所举行，此次会议发表了《OECD 公司治理准则董事会指引（初稿）》。1999 年，世界银行与 OECD 合作建立了“全球公司治理论坛”，以推进发展中国家的公司治理改革；国际证监会组织（International Organization of Securities Commission，IOSCO）也成立了新兴市场委员会，并起草了《新兴市场国家公司治理行为》报告。2001 年 10 月，在中国上海举行的亚太经济合作组织（Asia-Pacific Economic Cooperation，APEC）非正式首脑会议推出了《公司治理原则》，这对亚太地区各国的公司治理理论和实务发展都无疑具有划时代意义。为此，太平洋经济合作理事会（Pacific Economic Cooperation Council，PECC）委托菲律宾董事协会制定了《董事适当行为守则》《董事会指导原则》《公司治理守则要素》三个文件，为 APEC 公司治理原则提供了很好的蓝本。另外，国际货币基金组织把改善公司治理作为减免债务、获得援助的必要前提。

无论是以英美为代表的公司治理模式或以日德为代表的公司治理模式，还是以韩国为代表的公司治理模式，都面临着公司治理问题。无论是发达国家还是发展中国家，都在进行公司治理的改革和探索，从而提升公司治理水平。

二、大量公司治理评价系统推出

中外学者对公司治理评价的关注是基于公司治理实务发展的需要，尤其是基于机构投资者的需要而进行的。公司治理评价萌芽于 1950 年杰克逊·马丁德尔（Jackson Martindell）提出的董事会业绩分析。最早规范的公司治理评价研究是由美国机构投资者协会于 1952 年设计的一个正式评价董事会的程序。随后出现了公司治理诊断与评价的系列研究成果。最早较为完善的公司治理评价系统是创立于 1998 年的标准普尔（Standard & Poor’s）的公司治理评价系统（corporate governance score，CGS）；1999 年，欧洲戴米诺（Deminor）推出了自己的公司治理评价系统（corporate governance rating，CGR）；2000 年，亚洲里昂证券（Credit Lyomais Securities Asia，CLSA）推出了里昂公司治理评价系统（corporate governance index，CGI）等；美国机构投资者服务公司（Institutional Shareholder Services）还建立了全球性的上市公司治理状况数据库，为其会员投资者提供监督上市公司治理情况的服务。另外，还有布朗斯威克（Brunswick Warburg）、公司法与公司治理机构（Institute of Corporate Law and Corporate Governance，ICLCG）、信息与信用评级代理机构（Information and Credit Rating Agency，ICRA）、泰国公司治理评价系统及韩国公司治理评价系统等。

标准普尔的公司治理评价系统考虑到内部治理和外部治理，其公司治理评价系统中包括国家评分和公司评分两大部分。国家评分主要评估公司所处的外部环境，包括法律基础、监管、信息披露制度和市场基础四个方面，评级指标分为强支持、温和支持和弱支持；公司评分包括所有权结构的影响、金融相关方关系、财务透明性及信息披露、董事会结构及运作。

戴米诺的公司治理评价系统由股东的权利及义务、接管防御策略的范围、关于公司治理的披露和董事会结构及作用四个方面的指标构成。股东的权利及义务包括对一股一票一息原则、选举权限制、选举问题、股东提议和选举程序等方面的标准；接管防御策略的范围包括调查被董事会任意用来保护公司被敌意接管和剥夺股东权利的反接管计划，如毒丸、黄金降落伞等的存在和力量；关于公司治理的披露是通过对公司治理结构非财务方面的定性定量评估来分析公司的透明度；董事会结构及作用则是调查所有与董事会治理有关的问题。

里昂证券的公司治理评价指数有 57 个指标，分为七个大的方面：管理层的约束、公司透明度、董事会的独立性、董事会的问责性、董事会的责任、公平性和社会意识。这些指标将治理的边界扩展到广义的公司治理范畴，考察中小股东、其他利益相关者及公司的社会责任，但是没有对公司治理和管理的职能做出明确区别，其评价体系中包含一些管理层的职能。

穆迪公司（Moody）的公司治理评价系统（corporate governance assessment，CGA）作为公司信用研究的一部分，从债权人的角度出发，主要分析目标公司董事会的结构与职能。具体包括董事会、审计委员会和关键审计/责任功能、利益冲突、主管薪酬和管理层发展及评价、所有权、治理透明度几个方面。采用 CGA 的主要目的是提高评级质量和帮助投资者评估发行者的信用风险。

海通证券研究所的上市公司治理评价体系设定了五个指标，分别是：股权结构、股东权利、财务及治理信息披露、治理结构和治理与管理的匹配性（主要指高级管理团队与董事会的沟通、董事会监督的独立性、高级管理团队的稳定性）。其指数的计算式为：CGI=18%×股权结构+17%×股东权利+25%×信息披露+25%×治理结构+15%×治理与管理的匹配性。

上海证券交易所研究中心更加关注集控制权、执行权、监督权于一身，拥有较大权利的“关键人”，其公司治理评价体系分为控股股东行为（30%），关键人的聘选、激励与约束（25%），董事会的结构与运作（25%），信息披露透明度（20%）四个大的维度，并下设了 12 个分指标。

南开大学中国公司治理研究院早在 2001 年推出的中国上市公司治理评价指标体系中建立了六个方面的维度：股东权利与控股股东、董事与董事会、经理层、监事与监事会、信息披露和利益相关者。在此基础上该体系设定了 80 多个指标，比较全面地概括了影响公司治理绩效（corporate governance performance）的因素，并从 2002 年起连续发布中国上市公司治理指数（China corporate governance index of Nankai University，$CCGI^{NK}$）。南开大学发布的中国上市公司治理评价指标体系是全面的、连续的、动态的评价指标体系，$CCGI^{NK}$ 成为反映中国上市公司治理状况的“晴雨表”。同时，该指数也被应用于 CCTV 年度最具价值上市公司的评选活动中，而且从 2006 年起开始设立最佳公司治理单项奖。

辅仁大学的叶银华、李存修和柯承恩在 2002 年建立的公司层面治理评价系统中包括五个方面，17 个变量：董（监）事会的组成（40%）；股权结构（20%）；管理形态（10%）；关联交易（20%）；大股东介入股市（10%）。中国台湾证券交易所委托中华公司治理协会于 2005 年 7 月 8 日发布了台湾第一套公司治理评价指标系统。该评价采用自愿方式，并从 2005 年 8 月到 11 月开始实行公司治理认证制度。

公司治理评价的研究与应用，对公司治理实践具有指导意义。正如上述对不同评价系统的对比所看到的，不同的评价系统有不同的适应条件，中国公司的治理环境、治理结构与国外有很大的差别（如典型的“一股独大”，与英、美模式不同的监事会等），因而直接将国外评价系统移植到国内必将产生“水土不服”的现象。只有借鉴国际经验，结合中国公司所处的法律环境、政治制度、市场条件及公司本身的发展状况，设置具有中国特色的公司评价指标体系，并采用科学的方法对公司治理状况做出评价，才能准确反映中国公司治理状况（南开大学中国公司治理研究院评价课题组，2005）。正是因为有了这些公司治理评价系统，才能使资本市场上的投资者对其投资对象和潜在投资对象的公司治理状况做到心中有数，降低投资者的风险，使治理好的公司脱颖而出。

三、各国相继制定治理披露政策

加拿大证券部门的监管者关于公司治理披露的监管持有两种观点：一种是制定公司治理指引，反映最好的公司治理实践；另一种是需要公司描述他们的公司治理实践。2004 年，加拿大证券交易所出台了两个重要的征求意见稿：58-201（MI 58-201），涉及什么是有效的公司治理；58-101（MI 58-101），涉及公司治理实践的披露，建议上市公司从董事会结构、独立董事参会情况、董事会责任书、工作说明书、新董事当前培训及所有董事后续教育、商业活动的原则与伦理、提名委员会、薪酬委员会、评估委员会等方面进行公司治理披露。2005 年 4 月 15 日，加拿大证监会公布了 National Policy 58-201，即公司治理指引（政策）；National Instrument 58-101，即公司治理披露（工具）。

中国香港会计师公会早在 2001 年就制定了《年报中公司治理披露改进的指引：要求与建议》（*Corporate Governance Disclosure in Annual Reports*：*A Guide to*

Current Requirements and Recommendations for Enhancement），内容包括四个部分：引言、公司治理披露、提高公司治理披露的建议和香港公司年报公司治理披露回顾。并且，该指引在附录中给出了公司治理披露的条目：资本结构、董事会结构与运行、管理层讨论和分析、报酬、审计委员会、关联交易、其他法定披露信息和其他自愿披露信息。此外，现在每年都颁布一次最佳公司治理披露奖。

澳大利亚证券交易所公司治理委员会（Australian Stock Exchange Corporate Governance Council）2003 年发布了包括 10 条内容的《公司治理原则》（*Principles of Good Corporate Governance*）和包括 28 条内容的《治理披露建议》（*Best Practice Recommendations*）。10 条原则包括管理层基础、董事会结构和价值增加、决策问责和伦理、财务报告的完整性、及时和均衡披露、尊重股东权利、识别和管理风险、鼓励绩效评价公开、激励公平和问责、识别利益相关者的合法利益；而 28 条建议也是结合原则所展开的。

从 2007 年 1 月份开始，南开大学中国公司治理研究院与联合国贸易和发展会议合作开展中国上市公司治理披露状况的调查研究，合作调研正在进展之中，这是国内首次对中国上市公司治理披露状况进行的调查研究。联合国贸易和发展会议 2006 年制定了《好的公司治理披露指引》（*Guidance on Good Practice in Corporate Governance Disclosure*），包括五个部分内容：财务信息披露、非财务信息披露、股东大会、披露的时间及手段和好的一些做法。其中，非财务信息披露部分包括公司目标、所有权和股权结构、重要资产的控制权变化或交易、公司治理结构和政策、董事会成员和主要高管、公司利益相关者一些问题、可预见的重大风险因素、外部审计的独立性和内部审计的功能。

实际上，公司治理原则或准则中也涉及公司治理披露内容。OECD 的《公司治理原则》明确提出，公司治理框架应确保与公司重大事件有关的信息及时、准确地予以披露，其中包括财务状况、业绩、所有权及公司的治理情况。应予披露的信息包括但不限于：公司的财务和业绩状况；公司经营目标；公司主要的股票所有权及相关的投票权；董事会和主要行政人员，以及他们的报酬，对于董事会成员来说，还应披露他们的资格、选举程序、是否兼任其他公司董事及公司是否认为他们是独立董事；关联方交易；可预期的重大风险因素；与雇员和其他利益相关者有关的重大事件；公司的治理结构和制度。信息传播的途径应确保信息使用人能够平等、及时、便捷地获取信息。分析师、经纪人、评级机构及其他可能影响投资者决策的中介机构，对于可能对他们意见公正性产生影响的重大利益冲突情形予以披露（李维安，2001a；2001b）。

为保证公司治理的有效性，维护以股东为主的利益相关者的利益，指导企业建立健全公司治理机制，实现公司价值的最大化和国民财富的增加，李维安教授早在 1999 年就倡导制定适合中国自己的公司治理原则，并于 2001 年制定了《中国公司治理原则（草案）》。其中，第七节信息披露共包括五条内容。第一条明确指出，公司治理框架应当保证真实、准确、完整、及时地披露与公司有关的全部重大问题，包括公司治理结构状况、经营状况、所有权状况、财务会计状况等信息。第二条公司指出，应当披露的重要信息至少包括公司概况及公司治理原则；公司目标；经营状况；股权结构及其变动情况；董事长、董事、经理等人员情况及报酬；与雇员和其他利害关系者有关的重要问题；财务会计状况及经营成果；可预见的重大风险。……最后一条指出，公司信息的传播应公正、公开、及时，使用者可通过正常渠道获取公司的有关信息，建议并鼓励公司通过互联网披露信息。该原则也被中国证券监督管理委员会（以下简称证监会）、国家经济贸易委员会 2002 年发布的《上市公司治理准则》所借鉴和参考，其中第二节公司治理信息的披露中的第九十一条，上市公司应按照法律、法规及其他有关规定，披露公司治理的有关信息，包括但不限于董事会、监事会的人员及构成；董事会、监事会的工作及评价；独立董事工作情况及评价，包括独立董事出席董事会的情况、发表独立意见的情况及关联交易、董事及高级管理人员的任免等事项的意见；各专门委员会的组成及工作情况；公司治理的实际状况，以及与本准则存在的差异及其原因；改进公司治理的具体计划和措施。第三节股东权益的披露中第九十二条，上市公司应按照有关规定，及时披露持有公司股份比例较大的股东，以及一致行动时可以实际控制公司的股东或实际控制人的详细资料；第九十三条，上市公司应及时了解并披露公司股份变动的情况，以及其他可能引起股份变动的重要事项；第九十四条，当上市公司控股股东增持、减持或质押公司股份，或上市公司控制权发生转移时，上市公司及其控股股东应及时、准确地向全体股东披露有关信息。

正是因为公司治理的重要性，所以许多国家制定了专门的公司治理披露制度，为投资者准确、及时了解公司的治理状况奠定了信息基础。国内外学术界也开始关注这方面的研究（Ramsay and Hoad，1997；Labelle，2002；田昆儒，2001；田昆儒，2002；田昆儒和齐萱，2002）。

四、投资者愿为好治理支付溢价

投资者们如何看待发达市场和发展中市场的公司治理？他们如何对公司治理进行估价？2000 年，麦肯锡发表了题为“面对公司治理挑战”（*Meeting the Corporate Governance Challenge*）的投资者意向调查报告，调查结果显示，75%的投资者指出，董事会的工作和财务业绩同等重要。在拉丁美洲，近 50%的投资者认为，董事会的工作比财务业绩更重要；80%的投资者表示，在财务业绩相同的情况下，如果治理更好，那么他们愿意付出溢价来购买其股票。需要说明的是，此处的公司治理溢价与本书所定义的治理溢价不同，此处的治理溢价是考虑公司治理因素与不考虑公司治理因素情况下，对股票估值所带来的差异，即公司治理越好，股票价格就越高，对应的是本书章节安排中第十一章的相关研究内容。而本书的治理溢价是指公司治理带来的超额收益，是投资者实际支付的，而非支付的意愿，对应的是本书章节安排中第十二章的研究内容。

麦肯锡2002年进行的一项“全球投资者意见调查”（*Global Investor Opinion Survey Key Findings*）结果显示，公司治理如何影响投资决策，63%的投资者回答能避免投资于一定的公司，57%的投资者回答能增加或者减少对一定公司的投资比例；31%的投资者回答能避免投资于一些国家的公司，28%的投资者回答能增加或者减少对一些国家的公司的投资比例。投资者为一个治理良好的公司所愿支付的溢价多寡，各国的水平高低不一，但总体上有一个明显的趋势，即对于那些公司治理存在较大改进空间的国家愿意支付的公司治理溢价相对较高，而对于那些公司治理水平相对较完善的国家所愿意支付的公司治理溢价要低一些。

2006年，李维安率领的公司治理股价指数课题组通过实验研究得出一个新结论——中国上市公司投资者为公司治理好的上市公司支付更高的交易价格，并明确指出这一内容将成为公司治理理论研究领域中的一个新课题，且于2007年4月28日在人民大会堂正式发布中国公司治理股价指数（corporate governance stock price index，CGSPI^{NK}）。结果显示，公司治理排名靠前的公司作为成分股的组合，其市场表现好于沪深300指数；而公司治理排名靠后的公司作为成分股的组合，其市场表现则较差，如图1-1所示。

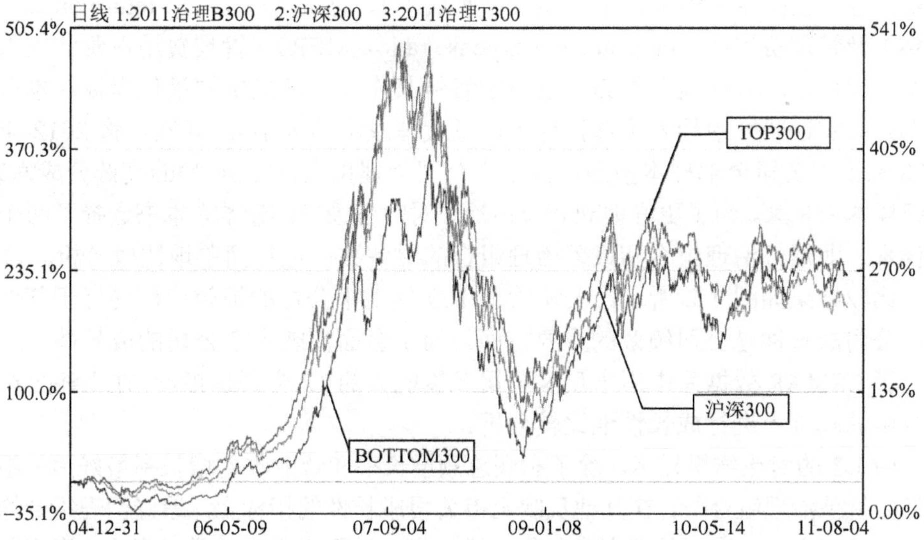

图1-1　公司治理股价指数示意图

资料来源：南开大学中国公司治理研究院评价课题组. 2012. 中国公司治理评价报告[R]. 天津：南开大学中国公司治理研究院

第二节　问 题 提 出

一、公司治理绩效：财务绩效、经济绩效与市场绩效

公司治理绩效，即公司在治理上投资之后所取得的收益，是与公司治理成本紧密相关联的一个概念。由于公司治理绩效的可计量性较差，一般没有专门的公司治理绩效衡量指标，多采用公司绩效指标来做间接的量化。公司绩效一般可以划分为财务绩效（反映公司收益能力的每股收益、净资产收益率、总资产收益率、投入资本回报率，反映公司其他方面财务绩效的成长性指标、破产指数、资产周转率、管理费用率和投资效率等）、经济绩效（市场增加值和经济增加值等）和市场绩效（反映公司市场价值的市盈率、市净率、托宾 Q 值、企业价值倍数，反映公司市场回报的价值相关性和累计超额收益等）三个层次。

提高上市公司质量是治本之策，上市公司是股市的基石，必须提高上市公司质量，股市才能健康发展，这是一个基本概念。对上市公司质量的评价有两个重要指标，一个是财务绩效，另一个是作为财务绩效制度保障的公司治理（成思危，2007）。为了考察公司治理与财务绩效之间的相关性，本书首先，选取了反映上市公司盈利能力的六个财务指标，分别是每股收益（earnings per share，EPS，包括基本和稀释每股收益），净资产收益率（rate of return on common stockholders equity，ROE，包括全面摊薄和加权平均净资产收益率）、总资产收益率（return on assets，ROA）及管理费用率（management expense ratio，MER）（管理费用占营业收入的比例，间接反映公司盈利能力，也有学者将其作为代理成本的量化指标，本书在第五章的实证研究中导入了该指标来衡量代理成本的大小）。其次，将 2012 年的 2328 家上市公司全部样本按照中国上市公司治理指数（$CCGI^{NK}$）的高低分成六组，每组样本 388 家。为了更好地观察公司治理对财务绩效的影响，本书选择了两个组合样本，即最好治理组合和最差治理组合的财务数据进行简单地比较分析。

比较结果如图 1-2 所示，公司治理 100 佳上市公司的绩效指标均好于其他样本。公司成长性是公司绩效的重要方面，为了全面反映上市公司的成长性，本章采用了 CSMAR 数据库中用来反映公司发展能力的 12 个评价指标，在上述公司治理分组的基础上进行成长性地比较分析。

图 1-3 的对比结果显示，除了利润总额增长率和营业收入增长率最好治理组合略低于最差治理组合外，在其他反映上市公司成长性的指标上，最好治理组合均高于最差治理组合，特别是基本每股收益增长率、稀释每股收益增长率、净资产收益率增长率、净利润增长率，治理好的公司都要显著高于治理差的公司。分析结果表明，治理好的公司不但会在当期具有较好的财务绩效表现，而且在未来还能够保持

较好的财务绩效水平，特别是公司的收益能力，即公司治理存在长期效应。

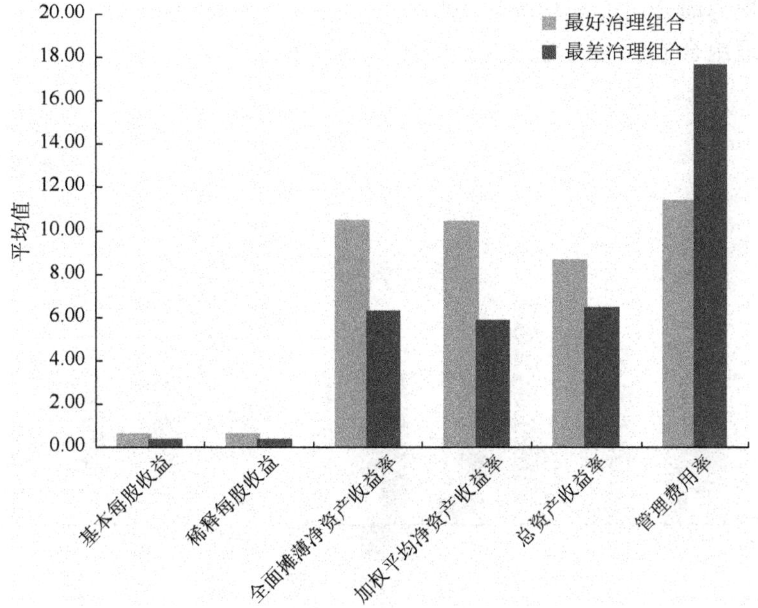

图 1-2　我国上市公司治理与盈利能力

资料来源：CSMAR 数据库

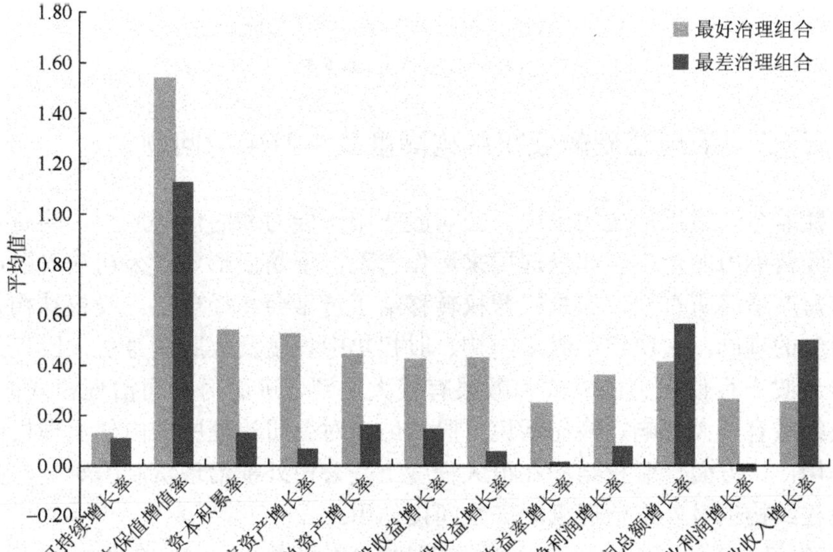

图 1-3　我国上市公司治理与成长性

资料来源：CSMAR 数据库

创业板这种高成长的板块，尤其需要公司治理的制度保障作用。本章最后进行了创业板考虑公司治理状况的成长性比较分析，如图 1-4 所示，最好治理组合与最差治理组合成长性的差异较大，而且高于主板市场。

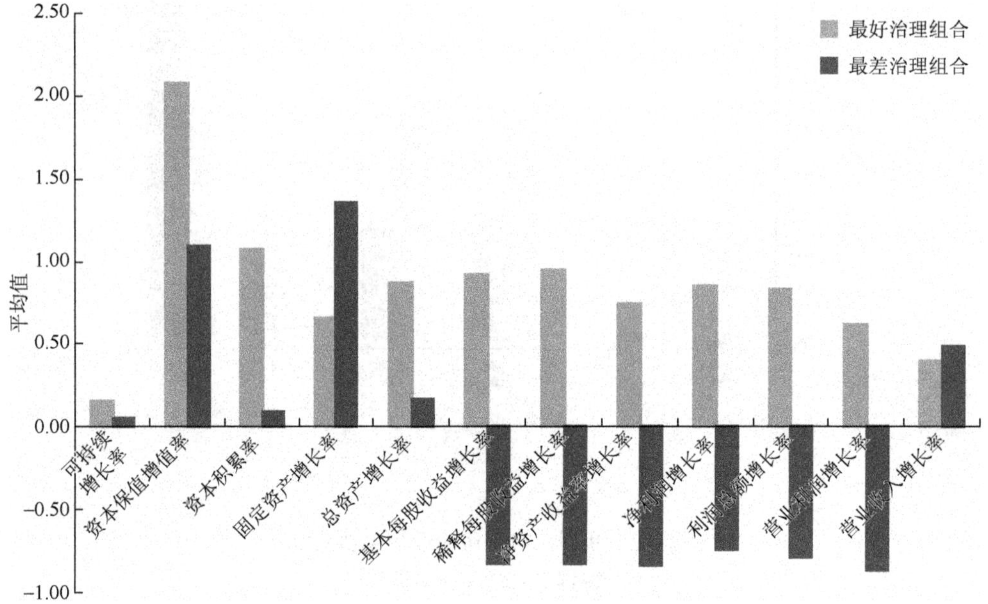

图 1-4　我国创业板上市公司治理与成长性

资料来源：CSMAR 数据库

二、作为公司治理基础的股权结构高度集中带来的问题

伴随着公司组织形式的出现，公司股东限于能力和时间等原因，将资本交给了更有经营能力的董事会和经理层来运作管理，于是便形成了公司法人财产，股东拥有财产最终所有权，但是经营权转移给了董事会和经理层。股权结构是公司治理机制的基础，它决定了股东结构、股权集中程度及大股东身份，股权结构的不同导致股东行使权力的方式和效果有较大区别，进而对公司治理模式的形成、运作及绩效有较大影响。换句话说，股权结构对公司治理中的内部治理机制直接产生作用，一方面，股权结构在很大程度上受公司外部治理机制的影响，另一方面，股权结构也对外部治理机制产生间接作用。

1932 年，Berle 和 Means 发现，在股权分散背景下，公司的经营层控制了公司，出现了经营层损害股东利益的现象或者潜在的可能，为了更好地保护股东利益而进行的相关制度安排设计便是经典的股东治理（shareholder governance）。例如，关于公司股东大会或者股东会法律地位的规定；关于股东大会或者股东会职权的规定；关于股东大会或者股东会召集程序和议事规则的有关规定。而更广义的股东治理还涉及对小股东权益保护有关的问题，特别是近年来La Porta等学者发现，在公司治理实践中，公司股权结构并非Berle和Means发现的那样，而是越来越集中。即使是英美公司治理模式国家，在控制权和现金流权分离的背景下，也会出现大股东侵害小股东利益的行为，围绕这种问题而进行的累积投票制的导入、控股股东关联交易的控制、最终控制人链条的披露等内容都是更广义的股东治理问题。

一股独大股权结构（one-predominant ownership structure）是从持股比例划分某一机构（政府或者法人）持有股份公司股份的情况，一般指在上市公司股权结构中，某个股东能够绝对控制公司运作。这包括占据51%以上的绝对控股份额；不占绝对控股地位，只是相对于其他股东股权比例较高（Shleifer和Vishny界定为20%），但其他股东持股分散，而且联合困难，使该股东仍然可以控制公司运作。据Leech和Leahy（1991）分析，如果第一大股东表决权比例超过25%，在表决权争夺中，通常容易赢得大多数其他股东的支持，从而处于优势表决权地位。

La Porta等（1998）是最早研究股权集中化的国外学者，他们通过对全球最富裕的27个国家中前20名上市公司的研究发现，约64%的大企业存在控股股东，从而验证了一股独大股权结构的普遍存在性。由于特殊的国情和目前的发展状况，一股独大现象在我国更为普遍，如表1-1所示，尽管总体上呈现出逐年降低趋势，但历年第一大股东持股比例平均值仍在36%以上。赫芬德尔指数（Herfindahl Index）用来表现股东持股比例分布情况，常见的有Herfindahl_5指数和Herfindahl_10指数，分别表示公司前5位、前10位大股东持股比例的平方和。赫芬德尔指数最初是一种测量产业集中度的综合指数，它是指一个行业中各市场竞争主体所占行业总收入或总资产百分比的平方和，用来计量市场份额的变化，即市场中厂商规模的离散度。赫芬德尔指数的效用在于对持股比例取平方后，会出现马太效应（即强者恒强，弱者恒弱），也就是比例大的平方后与比例小的平方后之间的差距会拉大，从而突出股东持股比例之间的差距。该指数越接近1，说明前5位、前10位股东的持股比例差距越大。该指数若大于0.25则说明前5位、前10位股东的持股比例分布不均衡。如表1-2和表1-3所示，我国上市公司的Herfindahl_5指数和Herfindahl_10平均值距离临界点0.25比较近，说明股权集中度比较高。

表1-1 我国上市公司前五大股东持股比例

年份	样本数	第一大股东持股比例/%	第二大股东持股比例/%	第三大股东持股比例/%	第四大股东持股比例/%	第五大股东持股比例/%
1995	287	41.299 6	6.591 7	2.879 4	1.656 3	1.068 4
1996	311	41.800 0	7.621 0	3.228 1	1.967 6	1.366 3
1997	514	43.487 9	7.691 8	3.403 6	2.104 7	1.540 4
1998	719	44.553 4	7.415 1	3.151 3	1.895 8	1.300 2

续表

年份	样本数	第一大股东持股比例/%	第二大股东持股比例/%	第三大股东持股比例/%	第四大股东持股比例/%	第五大股东持股比例/%
1999	825	45.212 4	7.729 9	3.168 1	1.787 6	1.199 0
2000	923	45.389 4	8.047 3	3.218 2	1.843 5	1.218 4
2001	1 060	44.588 0	8.170 7	3.214 1	1.772 1	1.161 9
2002	1 136	43.966 0	8.297 9	3.291 8	1.761 1	1.123 2
2003	1 200	43.426 2	8.704 3	3.393 3	1.872 8	1.172 5
2004	1 266	42.535 8	9.237 5	3.678 4	1.963 0	1.217 9
2005	1 354	41.682 1	9.778 5	3.885 3	2.078 8	1.325 9
2006	1 351	40.340 8	9.825 1	3.881 3	2.090 2	1.343 1
2007	1 434	36.120 3	9.130 0	3.713 5	2.126 4	1.467 1
2008	1 547	35.989 3	8.980 0	3.683 5	2.137 3	1.468 9
2009	1 602	36.204 1	8.797 5	3.599 6	2.031 3	1.382 1
2010	1 751	36.495 4	8.799 3	3.699 1	2.154 8	1.472 6
2011	2 108	36.450 1	9.330 8	4.018 0	2.449 1	1.706 6
2012	2 341	35.990 1	9.584 2	4.222 8	2.548 0	1.777 0
2013	2 469	36.317 0	9.693 1	4.260 7	2.470 0	1.707 1
2014	2 514	36.065 1	9.492 9	4.141 9	2.419 1	1.688 8
2015	2 629	35.440 0	9.345 8	4.088 4	2.438 2	1.716 8
1995～2015	29 341	38.734 6	9.033 5	3.787 0	2.183 3	1.483 9

资料来源：CCER 数据库

表 1-2　我国上市公司赫芬德尔指数_5

年份	样本数	中位数	标准差	极差	最小值	最大值
1995	287	0.228 4	0.168 5	0.784 6	0.000 0	0.784 6
1996	311	0.226 8	0.156 5	0.737 3	0.000 0	0.737 3
1997	514	0.235 8	0.152 1	0.784 6	0.000 1	0.784 7
1998	719	0.246 5	0.159 9	0.784 7	0.000 0	0.784 7
1999	825	0.253 2	0.161 8	0.784 0	0.000 8	0.784 8
2000	923	0.255 1	0.160 7	0.783 5	0.001 2	0.784 7
2001	1 060	0.247 9	0.156 1	0.784 1	0.000 6	0.784 7
2002	1 136	0.242 0	0.152 2	0.722 1	0.000 5	0.722 5
2003	1 200	0.237 7	0.148 7	0.722 5	0.000 0	0.722 5
2004	1 266	0.231 0	0.146 0	0.846 8	0.000 2	0.847 0
2005	1 354	0.224 0	0.140 8	0.722 4	0.000 1	0.722 5
2006	1 351	0.210 7	0.133 2	0.719 1	0.003 1	0.722 2
2007	1 434	0.172 3	0.119 6	0.703 5	0.002 2	0.705 7
2008	1 547	0.171 7	0.124 8	0.903 5	0.000 1	0.903 6

续表

年份	样本数	中位数	标准差	极差	最小值	最大值
2009	1 602	0.173 1	0.123 5	0.757 5	0.002 3	0.759 8
2010	1 751	0.177 3	0.133 4	0.904 1	0.002 7	0.906 8
2011	2 108	0.179 3	0.133 3	0.922 3	0.000 0	0.922 3
2012	2 341	0.175 4	0.127 9	0.980 2	0.000 0	0.980 2
2013	2 469	0.179 0	0.130 8	0.901 2	0.000 5	0.901 7
2014	2 514	0.176 8	0.131 2	0.853 9	0.000 0	0.853 9
2015	2 629	0.170 2	0.126 8	0.813 9	0.000 4	0.814 3
1995～2015	29 341	0.197 8	0.140 4	0.980 2	0.000 0	0.980 2

资料来源：CCER 数据库

表 1-3 我国上市公司赫芬德尔指数_10

年份	样本数	平均值	标准差	极差	最小值	最大值
1995	287	0.228 8	0.168 2	0.784 6	0.000 0	0.784 6
1996	311	0.227 4	0.156 2	0.737 4	0.000 0	0.737 4
1997	514	0.236 4	0.151 7	0.784 6	0.000 1	0.784 7
1998	719	0.246 9	0.159 6	0.784 7	0.000 0	0.784 7
1999	825	0.253 6	0.161 5	0.783 8	0.000 9	0.784 8
2000	923	0.255 5	0.160 4	0.783 5	0.001 3	0.784 8
2001	1 060	0.248 2	0.155 8	0.784 1	0.000 6	0.784 7
2002	1 136	0.242 3	0.151 9	0.722 1	0.000 5	0.722 6
2003	1 200	0.238 0	0.148 5	0.722 5	0.000 0	0.722 5
2004	1 266	0.231 3	0.145 7	0.846 9	0.000 2	0.847 2
2005	1 354	0.224 4	0.140 5	0.722 4	0.000 1	0.722 6
2006	1 351	0.211 1	0.132 9	0.719 1	0.003 1	0.722 2
2007	1 434	0.172 9	0.119 3	0.703 5	0.002 3	0.705 7
2008	1 547	0.172 4	0.124 5	0.903 4	0.000 2	0.903 6
2009	1 602	0.173 6	0.123 2	0.757 4	0.002 5	0.759 8
2010	1 751	0.178 0	0.133 1	0.904 0	0.002 8	0.906 8
2011	2 108	0.180 1	0.132 9	0.922 3	0.000 0	0.922 3
2012	2 341	0.176 3	0.127 5	0.980 2	0.000 0	0.980 2
2013	2 469	0.179 8	0.130 5	0.901 4	0.000 5	0.901 9
2014	2 514	0.177 5	0.130 9	0.853 9	0.000 0	0.853 9
2015	2 629	0.171 0	0.126 5	0.814 1	0.000 5	0.814 6
1995～2015	29 341	0.198 4	0.140 1	0.980 2	0.000 0	0.980 2

资料来源：CCER 数据库

三、我国公司治理市场效应与溢价问题的提出

Bushman 和 Smith（2001）指出，未来对公司治理的研究将转向资本市场的效应，即进一步与股票价格联系起来。在我国，公司治理市场效应展开研究的基础有三个方面。

第一，我国公司治理发展经过观念导入、结构构建、机制建立之后，进入注重有效性的新阶段，这是研究治理市场效应的一个现实基础。在公司治理发展的初期，公司治理没有很好地发挥出作用，市场也不会有相应的效应。

第二，资本市场效率基础是公司治理市场效应研究的另一个现实基础，目前多数学者的检验结果表明，我国资本市场的效率正处于弱式有效向半强式有效转变的过程中，这样的市场效率类型恰好适合研究治理市场效应问题。

第三，公司治理与财务绩效关系实证研究的相对稳定结论是研究公司治理市场效应的理论基础，如果公司治理与财务绩效关系还没有建立起来，公司治理就很难传导到二级市场。

对公司治理市场效应进行研究的理论价值在于：第一，通过关注公司治理与上市公司资本市场表现之间的关系，即研究公司治理的价值相关性及其动态变化情况，探索改善公司治理给股东带来的直接收益，拓展已有的公司治理与财务绩效关系的传统研究框架；第二，基于治理风险的治理溢价量化研究，为投资于公司治理良好的公司获得更高回报提供直接证据；第三，把以股权集中为主要特征的我国上市公司作为研究对象，通过对市场效应与治理溢价等的研究，为一直困扰学术界的验证股权集中型公司治理效率问题提供新的解决路径。

如果以两个交易所的建立作为我国治理实践的开始，那么 20 年多来公司治理是否引起了投资者的重视？是否对投资者的决策产生了影响？这些问题迫切需要解答。公司治理市场效应研究的应用价值在于：第一，对公司治理市场效应的研究，可以强化公司治理与股票价格的联系，形成公司治理与市场的积极和良性互动，从而提高资本市场的效率；第二，治理溢价的证实，有利于引导股东特别是机构投资者积极作为，发挥广大投资者对公司治理的“监督”作用，进而提升上市公司治理水平；第三，为投资者提供强调公司治理质量的交易型开放式指数基金（exchange traded funds，ETF）等投资工具提供决策依据。

第三节　研究设计

一、研究目标

中国企业管理的加强和完善要建设以公司制为主体的现代企业制度，解决国

有企业公司制改造过程中诸如公司制改造的形式选择、法人治理结构等问题（邓荣霖，2003）。而“上市公司缺乏合理、有效的公司治理制度是上市公司业绩低下、缺乏长期发展能力的重要因素之一。一些上市公司受其大股东严密控制，有的甚至是一套机构两块牌子；一些上市公司与控股股东之间的人、财、物不分，使上市公司成为大股东或集团公司的‘提款机’；上市公司大多不分红，一些业绩好的公司以发展生产急需资金为由不分红”（成思危，2003c；2003d）。随着我国公司治理实践的深入，治理的合规性得到显著提高。而治理的有效性成为关注的焦点，从已有关于公司治理与财务绩效关系的研究可以看出，对于公司治理与财务绩效的关系存在着两种观点。一种观点是，二者之间存在一定的关系，这其中又分为线性关系和非线性关系两种观点，线性关系中又分为正相关和负相关两种，非线性关系中分为U形关系和倒U形关系两种；另一种观点是，公司治理与财务绩效之间不存在任何关系。当然，造成这种研究结论不一致的原因多种多样，既有样本选择、变量定义不同等方面的原因，也有研究设计方面的原因。总体来说，较多的文献支持第一种观点，公司治理结构与机制发挥了有效作用，治理合规后，治理的有效性也日益提高。

正是在各国监管部门和投资者越来越重视公司治理质量、大量公司治理评价系统推出和公司治理披露增强的背景下，以及在公司治理与财务绩效关系相对越来越明确的基础上，通过将公司治理与资本市场的表现联系起来，我们可以知道公司治理在投资者决策当中的有用性，即公司治理是否具有信息含量及公司治理如何影响股票价格。根据麦肯锡的调查结果，在公司治理水平相对较低的国家或地区，投资者愿意支付更多的公司治理溢价。本书不但回答了公司治理是否影响股票价格，从公司治理事件角度上检验了我国资本市场的有效性，而且回答了公司治理如何影响股票价格。学者对于资本市场的异常现象（anomaly）越来越关注，公司治理溢价也是有效资本市场的异常现象之一。因此，通过对公司治理溢价的研究，可以考察投资者对公司治理风险因子所要求的额外补偿的情况。一个公司治理好的公司，如果存在治理溢价，那么购买该公司股票的投资者为了降低公司治理风险，必然会支付公司治理溢价，从而导致其收益降低，这时低的公司治理风险对应着低的收益；反之，高公司治理风险对应着高收益，从而进一步完善我国资本市场的定价模型，更好地解释股票收益。上述这些问题均属于公司治理的市场绩效研究领域。

因此，回答公司治理是否影响股票价格、公司治理如何影响股票价格和是否存在公司治理溢价（主要是研究投资者是否预期到公司治理对股票价格的作用）便构成了本书的三个研究目标。Bushman 和 Smith（2001）指出，未来对公司治理的研究将转向资本市场的效应，即进一步与股票价格联系起来。对公司治理的市场效应与溢价进行研究，将公司治理与财务绩效关系的研究拓展到公司治理与股票价格和超额收益关系的研究，从理论上来讲具有重要的意义。另外，公司治理与股票价格和超额收益关系的研究结果，对于完善我国上市公司的公司治理披露、提高投资者的理性、发布公司治理的股价指数、提升上市公司的治理水平，以及提高资本市场的效率具有重要的现实意义。

二、研究内容

本书研究内容主要包括四大方面，这四个方面的研究内容实际上也是本书的创新所在，四个方面研究内容之间逻辑关系如图 1-5 所示，其中，“↑”表示提高；“↓”表示降低；“→”表示带来。

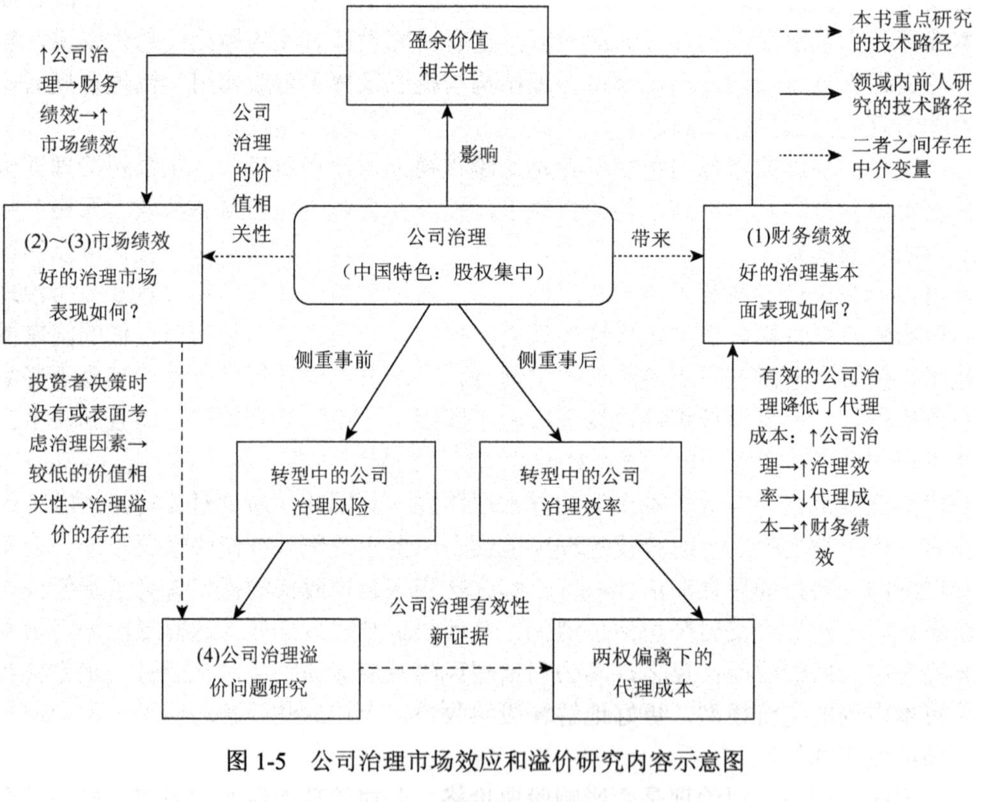

图 1-5　公司治理市场效应和溢价研究内容示意图

（一）公司治理与代理成本关系研究

对公司治理与代理成本关系的研究实际上是对公司治理与财务绩效关系的再检验，也是公司治理市场效应和溢价研究的基础。本书考虑了经典的股东和经营者之间的委托代理成本，同时也考虑了股权集中背景下的大小股东之间的委托代理成本，是基于我国上市公司大样本、长时期、多模型的实证研究。

（二）公司治理信息含量研究：治理短期市场效应

本书将对会计盈余的信息含量拓展到对公司治理事件信息含量的研究，探究了公司治理事件是否影响股票价格，从一个新的视角对中国资本市场的有效性进行了检验，同时也为后面的公司治理溢价研究奠定了基础。

（三）公司治理价值相关性研究：治理长期市场效应

本书将对会计盈余价值相关性的研究拓展到对公司治理相对和增量价值相关性的研究，回答了公司治理因素是如何影响股票价格的，并且研究了各公司治理分指数的相对和增量价值相关性。

（四）公司治理溢价问题研究

首先，明确给出了公司治理溢价的定义。从现代估值理论的角度来看，公司治理溢价是超额收益的一部分，是因公司治理的好坏（公司治理风险因子）而引起的超额收益。也就是说，在影响股票收益率其他因素相同的情况下，公司治理的好坏带来的实际收益率与市场收益率之间的差异，是持有公司治理较差公司的股票而要求的回报或补偿，持有公司治理较好公司的股票而需要支付的溢价。因此，治理溢价是有效市场的一个异常现象，完全有效的市场是不存在治理溢价的。

其次，检验了中国股票市场的公司治理溢价的存在。根据公司治理溢价的定义，检验了中国上市公司治理溢价的情况。

最后，解释了公司治理溢价存在的原因。主要是从投资者预期的视角，结合公司治理事件信息含量和价值相关性检验的结果，来揭示中国上市公司治理溢价存在的原因。

三、研究路线

本书的研究遵循问题提出、文献综述与理论基础、理论分析与研究假设、实证检验、结论与建议五个步骤，具体如图 1-6 所示。

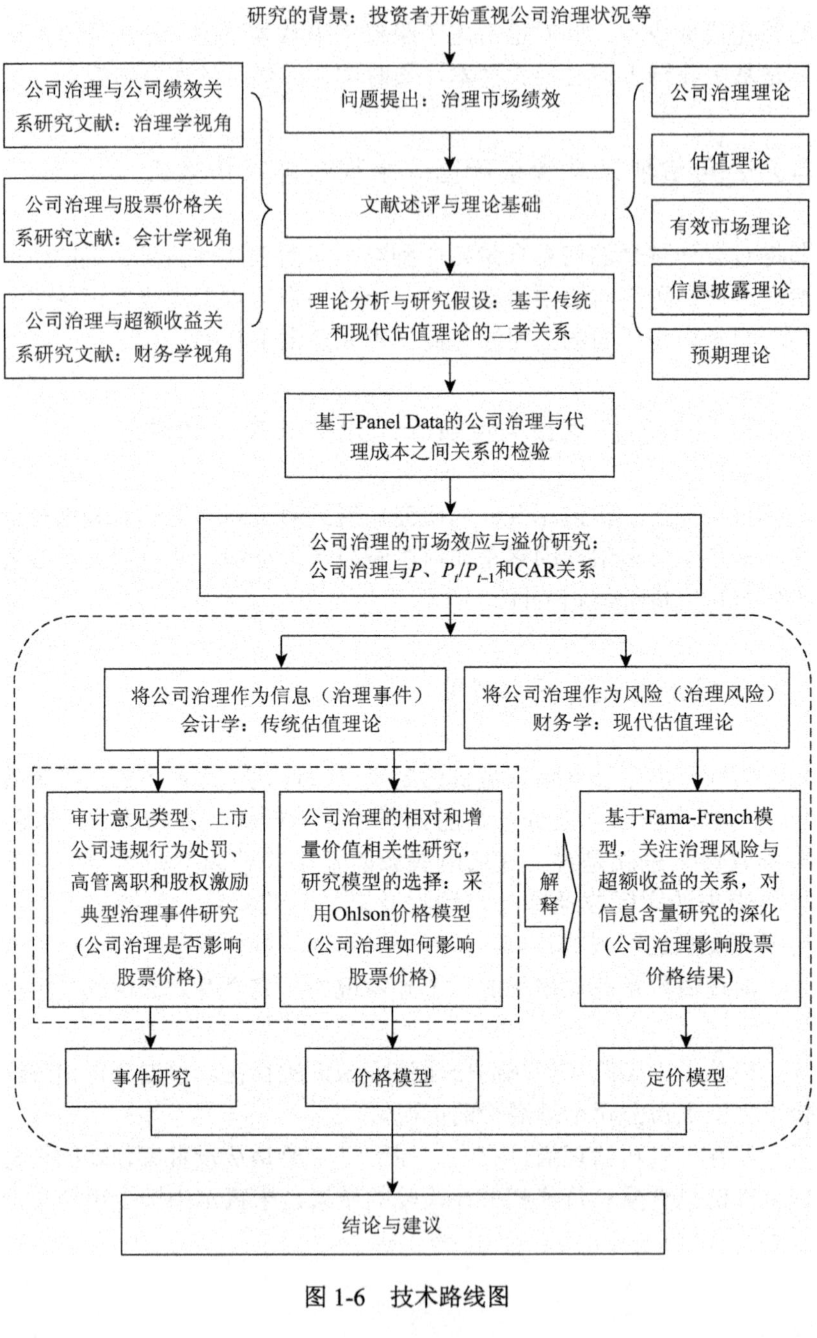

图 1-6　技术路线图

第一，问题提出。在投资者越来越重视公司治理状况的今天，公司治理能否与资本市场联系起来？也就是研究公司治理的短期市场效应、长期市场效应和作为市场效应结果的公司治理溢价。

第二，文献综述与理论基础。这里的文献包括基于公司治理学的公司治理与财务绩效（主要是会计盈余）关系研究的文献、基于会计学的公司治理与股票价格关系研究的文献，以及基于财务学的公司治理与超额收益关系研究的文献。相关理论包括公司治理理论、估值理论、有效市场理论、信息披露理论和预期理论。

第三，理论分析与研究假说。此部分分析了已有关于会计盈余与股票价格和超额收益关系的假说，并在此基础上引入公司治理因素，建立了公司治理与股票价格和超额收益的关系。这里包括新三级关联假说、新二级关联假说和公司治理额外风险补偿假说。

第四，实证检验。此部分进行了相关的实证研究，包括公司治理与代理成本之间关系的检验、公司治理事件信息含量、公司治理相对与增量价值相关性的研究，以及公司治理溢价存在性检验研究及存在原因研究。

第五，结论与建议。此部分是本书研究的主要结论、政策建议及研究的不足。

四、研究方法

（一）规范研究方法

本书规范研究主要体现在相关研究文献的梳理、有关理论之间关系的分析、公司治理与股票价格关系的联立和公司治理溢价产生原因的探究。在对大量关于公司治理整体与公司绩效关系研究文献梳理的基础上，本书发现，这些研究的结论相对比较一致，即公司治理能够影响公司绩效，较好的公司治理能够带来较高的公司绩效，这为本书建立公司治理与股票价格的关系奠定了坚实的理论基础。

公司绩效（会计盈余）与股票价格的关系已经在实证会计研究中“打通”，这里面包括 Beaver 的三级关联假说和 Ohlson 的二级关联假说。在公司治理与财务绩效存在关系的基础上，为建立公司治理与股票价格的直接关系奠定了理论基础。关于公司治理与超额收益关系的建立主要是基于 Fama-French 的额外风险补偿假说。实际上前两种是基于会计学的假说，最后一种是基于财务学的假说。这样我们就建立了公司治理与股票价格之间关系的理论框架，进而研究了公司治理与超额收益之间的关系，即公司治理溢价问题。公司治理溢价问题是这一理论框架下一个非常重要的问题。在国家自然科学基金委工商管理学科“十一五”发展战略与优先资助研究领域研究报告中明确提出，公司治理溢价的度量和评价研究是重要的科学问题之一。本书从产品的溢价分析研究开始，对公司治理溢价进行了定义，最后分析了公司治理溢价的存在原因。

（二）实证研究方法

1. 基于因子分析实证研究：测量我国上市公司治理状况

选择常用反映公司治理状况的指标，满足变量间的相关性较高的假设，通过KMO和Bartlett's Test检验之后进行因子分析，以各因子方差贡献率为权重计算出反映公司治理状况的综合指数，同时可以获得各个维度的分指数。除了因子分析方法之外，本书还采用了哑变量求和方式，这也是目前公司治理领域国际主流期刊采取的方式。

2. 基于面板数据实证研究：治理与代理成本关系再检验

在选取两类代理成本量化指标的基础上，对公司治理与公司代理成本关系利用 STATA、SPSS 等统计软件进行截面、面板和分阶段地回归分析，分析二者的相关性。

3. 基于信息观的事件研究：公司治理是否影响股票价格

主要是采用事件研究方法（event study），来研究高管离职、审计意见类型等典型公司治理事件的市场反应。观察事件日前后短期窗口内的累计超额收益（cumulative abnormal return，CAR）走势情况，从而判断公司治理的信息含量。

4. 基于计价观的关联研究：公司治理如何影响股票价格

常用的检验某项信息与股票价格关系的模型有两种，即价格模型和收益模型。结合中国股票市场已有的研究，本书采用以 Feltham-Ohlson 价格模型为主来研究公司治理与股票价格的关系，检验了我国公司治理的相对价值相关性和增量价值相关性。

5. 基于定价模型实证研究：回答是否存在公司治理溢价

根据公司治理溢价的定义，基于已有对我国股票市场的研究成果，选择调整后的 Fama-French 三因子定价模型，来检验公司治理溢价是否存在。由此研究可以发现，我国早期存在公司治理溢价，而近几年公司治理溢价不显著，即实现了公司治理溢价从“支付意愿”向现实溢价的转变。

第二章　中国公司治理：实践与理论

我国公司治理实践从 1978 年至今已经走过了观念导入、结构构建、机制建立和有效性提高四个阶段，中国上市公司治理指数（$CCGI^{NK}$）均值由 2004 年的 55.02 上升到 2015 年的 62.07。作为我国企业改革主线的公司治理问题目前受到理论界前所未有的重视，对公司治理的研究已经由一个科学问题演变为一个研究领域。本章正是基于这样的现实和理论背景，利用 CNKI 数据库，对 1980～2010 年 25 种重要期刊刊载的 1989 篇公司治理文献进行了计量分析，以期把握我国公司治理研究脉络。本章全面地分析了我国公司治理研究文献数量、研究主体，以及文献的研究内容、研究方法和研究对象等。本章还对我国这些年来公司治理研究的发展历程进行了总结，并对未来研究方向进行了展望。

第一节　中国公司治理改革发展沿革

一、中国公司治理改革的主线

30 多年来，全球公司治理研究的关注主体已由英美日德等主要发达国家，扩展到转轨和新兴市场国家。推进国家治理体系和治理能力现代化是我国改革的总体目标，作为国家治理微观基础的中国公司治理改革已经走过了 30 余年。

伴随着公司治理理念的导入，独立董事制度的建立、股权分置改革的有序实施、新《中华人民共和国公司法》（以下简称《公司法》）的颁布、中央企业（以下简称央企）董事会及监事会制度的建设等公司治理大事件，标志着中国公司治理正处于改革发展的重要阶段。回顾中国公司治理改革 30 多年的发展历程，经历了结构到机制的制度转型、“违规”及强制性治理到自主性治理的合规转型，以及不负责任到承担相应责任的问责转型。制度、合规和问责是公司治理的三要素，在三要素的转型过程中，中国的公司治理渐入佳境，从行政型治理到经济型治理是中国公司治理改革的总体路径或方向。

在治理发展初期，公司按照法律法规的要求完善了内部治理结构，并在此基础上界定了股东大会、董事会和经理层的职责，从而使公司治理从建立治理结构向完善治理机制转型，即治理制度建立的过程。而治理结构是否合理、治理机制是否科学，需要依靠有效的评价标准来考评，如中国上市公司治理评价系统的研发就为中国公司治理改革提供了可操作的标准。所以，公司治理实践首要遵循的就是规则，即公司治理要合规。中国企业改革已经从突破计划经济束缚的广义“违规”逐渐向公司治理改革的真正合规转型。成熟的公司治理合规应该是以降低治理成本、提高治理效率为目标的积极、自愿的合规，从这个意义上来说，随着我国公司法规和制度环境的逐步完善，中国公司治理改革逐渐从“消极守规”的强制性治理向“主动合规”的自主性治理转型。近年来，一些公司的董事长、董事、总经理等因公司治理不合规而受到经济惩罚甚至承担刑事责任，这显示出中国公司治理改革正处于从轻视甚至忽视责任到真正问责的转型过程中。

在公司治理三要素转型过程中，公司治理水平不断得到提升，总体上，中国公司治理“行政型治理度”不断弱化，“经济型治理度”不断强化。实际上，这一过程便是中国公司治理改革的总体路径或方向，即从以经营目标行政化、资源配置行政化和经营者任免行政化（即目前大家比较关注的政治联系）为典型特征的行政型治理向经济型治理转型。

在中国企业改革的足印里，现代企业制度、公司化、法人治理结构、公司治理机制等已经成为人们耳熟能详的改革标志。中国企业的改革，走过了以公司治理为主线的30多年，可以说公司治理是企业变革的核心。企业改革的大前提往往是经济体制首先发生变化，1978年之前中国实行的是计划经济体制，之后陆续进行了一系列改革，最后建立了市场经济体制。伴随着中国经济体制的转型，公司治理也正从行政型治理向经济型治理转型，这是中国公司治理改革的主线；治理转型过程中，中国公司治理也正经历着从“形似”到“神似”的升华过程。

二、中国公司治理改革走过的四个阶段

回顾这30多年的中国经济和企业的发展，我们可以将这30多年的公司治理实践分为观念导入、结构构建、机制建立和有效性提高四个阶段。

（一）第一阶段：公司治理观念导入阶段（1978～1992年）

1978年十一届三中全会以后，中国经济体制开始由计划经济向有计划的商品经济转变，国家逐步下放和扩大国营企业的自主权，在国有企业的经营管理上，由单一的政府直接管理转变为政府直接管理和企业适度自主经营相结合的“双轨制管理”。企业的称谓开始由“国营”逐步转变为“国有”（赵国英，2009）。企业在完成指令性计划的同时，可以自主开发市场，经批准可以投资开办企业。1984年，国有企业内部管理体制由党委领导下的厂长（经理）负责制逐步转变为厂长（经理）负责制，并于1987年进入全面实施阶段。1988年正式颁布的《中华人民

共和国全民所有制工业企业法》（以下简称《企业法》），确定了全民所有制企业的法人地位，结束了全民所有制企业法律地位不明确的状况。始于1978年的中国国有企业改革，在经过扩大企业经营自主权、利改税、承包经营责任制和转换企业经营机制改革后，到20世纪90年代初中期，企业经营管理人员获得了过大的不受约束与控制的权力。在消除行政型治理、但尚未建立经济型治理的过程中，出现了内部人控制（insider control）问题，许多学者认为是中国当时的法人治理结构不完善，企业内部缺乏对经营管理人员的有效制衡造成的。基于这样的背景，从解决内部人控制入手展开法人治理结构的搭建与完善，这属于探索性的治理实践，从观念上开始导入公司治理，但这一阶段对公司治理的认识还局限于法人治理结构层面，建设法人治理结构更多是想要实现制衡的目的，即制衡“一把手”。

（二）第二阶段：公司治理结构构建阶段（1993～1998年）

1993年，十四届三中全会通过的《关于建立社会主义市场经济体制若干问题的决定》指出，国有企业改革的方向是建立产权明晰、权责明确、政企分开、管理科学的现代企业制度，但文件中没有直接讲公司治理问题。随着沪深两个交易所的先后设立，1993年4月，国务院发布了《股票发行与交易管理暂行条例》；同年6月，证监会制定了《公开发行股票公司信息披露实施细则》，信息披露是公司治理的重要方面之一。1994年7月，《公司法》正式实施，《公司法》从法律上对规范股份有限公司的设立和运作，以及股票的发行和上市做出了明确规定，特别是明确了三会治理结构。《公司法》出台前，股份公司的设立及其股票的发行和上市，主要是依据原国家经济体制改革委员会1992年5月制定和实施的《股份有限公司规范意见》，以及国务院1993年4月发布和执行的《股票发行与交易管理暂行条例》。1998年4月，沪深两个交易所推出特别处理（special treatment，ST）制度，2007年东北高速（600003）成为首家因公司治理问题被ST的公司。1998年通过的《证券法》中关于投资者权益、持续信息披露和对经营者约束等规定均为公司治理内容。通过上述内容分析，我们不难看出，这一阶段的公司治理已经实现了由观念导入到结构构建的转变，特别是《公司法》的正式推出，使公司治理实践有了现实的主体和法律基础，因为按照《企业法》注册的企业，不存在董事会、监事会等治理问题。尽管这一阶段有了《公司法》这一根本制度，但在治理实践上，各公司多数只是满足《公司法》的基本要求，搭建了公司治理基本架构而已，其治理机制并没有很好地发挥作用，最明显的证据就是各公司章程与工商部门提供的范例相似性极高，董事会和监事会也多数局限于召开会议，从“形”上符合治理的要求，更多强调的是治理的合规性。这一阶段过程中，如何处理好新三会与老三会的关系还没有找到合适的解决办法（卢昌崇，1994）。

（三）第三阶段：公司治理机制建立阶段（1999～2012 年）

以 1999 年十五届四中全会的《中共中央关于国有企业改革和发展若干重大问题的决定》（以下简称《决定》）为标志，中国公司治理实践进入一个新的阶段，即相对深入阶段，开始注重治理机制的建立。《决定》指出，公司制是现代企业制度的一种有效组织形式，而法人治理结构是公司制的核心，这是中国第一次在文件中正式提到法人治理结构的概念。为了保证董事会的独立性并更好地保护中小股东权益，2001 年 8 月中国证监会推出《关于在上市公司建立独立董事制度的指导意见》，正式导入英美公司治理模式中的独立董事制度，实现了监事会和独立董事的双重监督。2002 年 1 月，证监会和国家经济贸易委员会联合发布了《中国上市公司治理准则》，使上市公司的治理有章可循。股权结构是公司治理的基础，2002 年出台的《合格境外机构投资者境内证券投资管理暂行办法》，以及随后出台的《外国投资者对上市公司战略投资管理办法》《关于外国投资者并购境内企业的规定》《关于上市公司股权分置改革试点有关问题的通知》等规定，都从完善公司股权层面进行了探索。

2003 年，十六届三中全会通过的《中共中央关于完善社会主义市场经济体制若干问题的决定》明确提出，不但要建设公司治理，而且要完善公司治理。同年，国务院国有资产监督管理委员会成立，之后各地方国有资产监督管理委员会相继成立，结束了中国国有企业“多龙治水”的局面，使国有企业出资人这一主体得到明确。为全面深入贯彻落实《国务院关于推进资本市场改革开放和稳定发展的若干意见》，证监会 2005 年推出《关于提高上市公司质量意见》的“二十六条”，其中第三条对上市公司治理进行了明确规定。随着公司治理实践的深入，实践当中出现的一些治理问题需要以法的形式对其进行总结，2005 年对《公司法》进行了修改；2006 年实施的新《公司法》在完善公司治理基本制度方面有颇多建树。2007 年 3 月，证监会发文《关于开展加强上市公司治理专项活动有关事项的通知》，拉开了公司治理专项活动的序幕，使中国上市公司治理状况得到进一步改善。纵观中国企业发展的历史，可以看出，中国企业改革的“宝”都押在了股份制上，始于 2004 年的央企董事会试点改革已初具规模，截至 2012 年年初，117 家大型国有独资公司中已有 40 家引入董事会制度，使国有企业治理水平得到显著提高。与上一阶段公司治理实践相比，这一阶段的重要性不言而喻，该治理阶段主要是围绕如何建立治理机制展开的，除了完善《公司法》《证券法》等法律，还有《上市公司治理准则》《国务院关于推进资本市场改革开放和稳定发展的若干意见》《关于提高上市公司质量意见的通知》《公开发行股票公司信息披露实施细则》《上市公司章程指引》等具体的规章制度。

（四）第四阶段：公司治理有效性提高阶段（2013年至今）

2013年，十八届三中全会通过的《中共中央关于全面深化改革若干重大问题的决定》指出，要推动国有企业完善现代企业制度。具体内容有：健全协调运转、有效制衡的公司法人治理结构；建立职业经理人制度，更好地发挥企业家作用；深化企业内部管理人员能上能下、员工能进能出、收入能增能减的制度改革；建立长效激励约束机制，强化国有企业经营投资责任追究；探索推进国有企业财务预算等重大信息公开；国有企业要合理增加市场化选聘比例，合理确定并严格规范国有企业管理人员薪酬水平、职务待遇、职务消费、业务消费等。这一阶段，在实现公司治理形似的基础上，探索如何发挥公司治理机制的有效作用，改革的目标不但要实现治理的“形”似，还要实现治理的“神”似。公司治理是国家治理体系的重要组成部分，是治理能力现代化的基础，提高公司治理有效性是未来一段时间内我国公司治理改革的风向标。

第二节　中国上市公司治理状况

一、公司治理评价及其意义

（一）公司治理评价

公司治理评价是指对公司治理状况的科学衡量。股市的健康发展需要四个条件：一是宏观经济的基本面要好；二是上市公司质量要高；三是投资者的成熟度和理性度要高；四是监管要适度、有效（成思危，2009）。公司治理评价源于人们对公司价值的关注。除了公司绩效评价，越来越多的投资者开始关注公司治理状况，这是因为公司治理是公司质量最重要的方面。完善的公司治理机制对于保证市场秩序具有十分重要的作用，公司治理改革已经成为全球性的焦点问题。近20年来，全球公司治理研究的关注主体由以美国为主逐步扩展到英美日德等主要发达国家，而最近几年已扩展到转轨和新兴市场国家；研究内容也从治理结构与机制的理论研究，扩展到治理模式与原则的实务研究。目前，治理质量与治理环境备受关注，研究重心转移到公司治理评价和治理指数。公司治理经过30多年的探索与积累，已取得一些成效：相关法律法规政策体系的形成，治理有所依；多层次治理监管体系的搭建，治理有所约；上市公司治理水准逐渐提高，治理有所得。尽管中国上市公司治理的起步晚于国外，但已经走过了建立治理结构，俗称“搭架子”，以及搞好治理机制的两步。目前，中国上市公司治理进入以质量为核心的改革发展的重要阶段，仅建立治理结构和机制是不够的，更重要的是实现治理的有效性，如已经设立的提名委员会是否能真正提名，这是我们治理要走的第三步。这其中，公司治理评价又是非常重要的环节，通过评价可以及时发现治理存在的问题，进而提高治理的有效性。

（二）公司治理评价的重要意义

公司治理研究的重要任务之一就是探讨如何建立一套科学、完善的公司治理评价系统。通过系统的运行，一方面为投资者提供投资信息，另一方面可以了解公司治理的现状，观察与分析公司在对利益相关者权益保护、公司治理结构与治理机制建设等方面的现状与问题，提高公司治理质量及公司价值。公司治理的理论界及实务界迫切需要了解以下问题：中国公司治理的质量如何；如何规范股东大会及怎样才能确保公司的独立性；董事会如何运作才能形成完善的决策与监督机制；采用何种激励与约束机制才能有效降低代理成本并促使代理人为公司长期发展而努力；决定公司治理质量的主要因素有哪些；公司治理存在哪些风险及其程度如何；对投资者及其他利益相关者的利益有何影响；公司治理机制的建立与完善会如何影响公司绩效。解决上述问题的核心是建立一套适用于中国公司治理环境的公司治理评价系统和评价指数，以掌握中国公司的治理结构与治理机制完善状况、公司治理风险的来源、程度与控制，并进一步观察与分析中国公司在控股股东行为、董事会运作、经营层激励约束、监事会监督及信息披露等方面的现状、存在的风险和治理绩效等。其重要意义具体来说包括以下五个方面。

第一，有利于政府监管，促进资本市场的完善与发展。公司治理指数反映了公司治理水平，详细编制并定期公布公司治理指数，能够使监管部门及时掌握其监管对象的公司治理结构与治理机制的运行状况，从而在信息反馈方面确保其监管有的放矢。同时，有利于证券监管部门及时掌握中国公司治理状况，以及相关的准则、制度等的执行情况。利用公司治理评价系统，证券监管部门可以及时了解其监管对象在控股股东行为；董事会、监事会、高管人员的任选；激励约束机制；信息披露与内部控制等方面的建立及完善程度，以及可能存在的公司治理风险等，有利于有效发挥监管部门对于公司的监管作用。

第二，有利于形成公司强有力的声誉制约并促进证券市场质量的提高。基于融资及公司持续发展的考虑，公司必须注重其在证券市场及投资者中的形象。公司治理评价系统的建立，可以对公司治理的状况进行全面、系统、及时的跟踪，从而形成强有力的声誉制约。定期将评价的结果公布，弥补了中国企业外部环境约束较弱的缺陷。由于公司治理评价状况的及时公布而产生的信誉约束，将促使公司不断改善公司治理状况，最大限度地降低公司治理风险，有利于证券市场质量的提高，强化信用。公司的信用是建立在良好的公司治理结构与治理机制的基础之上的，一个治理状况良好的公司必然具有良好的企业信用。不同时期公司治理指数的动态比较，反映了公司治理质量的变动状况，有利于形成动态声誉制约。

第三，有利于公司科学决策与监控机制的完善和诊断控制。公司治理指数使公司（被评价对象）能够及时掌握本公司治理的总体运行状况，以及公司在控股股东行为、董事会、监事会、经理层等方面的治理状况、信息披露和内部控制状况，对可能出现的问题进行诊断，有针对性地采取措施，从而确保公司治理结构与治理机制处于良好的状态中，进而提高公司决策水平和公司竞争力。定期的公司治理评价信息，将使管理当局及时地掌握公司治理潜在的风险，并采取积极的措施降低或规避监控风险。利用公司治理评价所提供的公司治理质量、公司治理风险的全面信息，可以了解其投资对象，为科学决策提供信息资源。例如，公司治理计分卡的应用有助于公司科学决策。

第四，为投资者投资提供鉴别工具并指导投资。及时量化的公司治理指数，能够使投资者对不同公司的治理水平和风险进行比较，掌握拟投资对象在公司治理方面的现状与可能存在的风险。同时，根据公司治理指数、风险预警与公司治理成本，以及公司治理绩效的动态数列，可以判断投资对象公司治理状况和风险的走势及其潜在投资价值，从而提高决策水平。传统上，投资者主要分析投资对象的财务指标，但财务指标具有局限性。建立并定期公布公司治理指数，将促进信息的公开，降低信息的不对称性，提高决策的科学性。例如，成立于1992年的LENS投资管理公司的投资选择原则是，从财务评价和公司治理评价两个角度找出价值被低估并且可以通过公司治理提高价值的公司。美国机构投资者服务公司与英国富时还建立了公司治理股价指数，为其会员提供公司治理咨询服务。韩国也建立了公司治理股价指数。

第五，有利于建立公司治理实证研究平台，提高公司治理研究水平。中国公司治理指数使公司治理的研究由理论层面的研究具体到量化研究和实务研究，有利于解决公司治理质量、公司治理风险、公司治理成本及公司治理绩效度量等这些科学问题。公司治理评价过程中的一系列调查研究的成果是顺利开展公司治理实证研究的重要数据资源。这一平台的建立，将使公司治理理论研究与公司治理实践得以有机结合，进一步提高公司治理理论研究对公司治理实践的指导作用。

二、国内外主要的公司治理评价系统

（一）国内外主要公司治理评价系统概况

国内外对公司治理评价与指数的研究经历了公司治理的基础理论研究、公司治理原则与应用研究、公司治理评价系统与治理指数研究的过程，并由商业机构的公司治理评价发展到非商业性机构的公司治理评价。中外学者对公司治理评价的关注是基于满足公司治理实务发展的需要，尤其是机构投资者的需要。

公司治理评价萌芽于 1950 年杰克逊 • 马丁德尔（Jackson Martindell）提出的董事会绩效分析，随后一些商业性的组织也推出了公司治理状况的评价系统。最早的规范性公司治理评价研究是由美国机构投资者协会在 1952 年设计的正式评价董事会的程序，随后出现了公司治理诊断与评价的系列研究成果。例如，Salmon（1993）提出诊断董事会的 22 个问题；1998 年，标准普尔公司创立了公司治理服务系统，该评价系统于 2004 年进行了修订；1999 年，欧洲戴米诺推出戴米诺公司治理评价系统；2000 年，亚洲里昂证券推出里昂公司治理评价系统；2003 年，南开大学中国公司治理研究院李维安教授率领的南开大学中国公司治理研究院评价课题组推出了中国第一个全面、系统的公司治理评价系统，即中国上市公司治理评价系统，并于 2004 年公布《中国公司治理评价报告》，同时发布中国上市公司治理指数（$CCGI^{NK}$）。

美国机构投资者服务公司还建立了全球性的公司治理状况数据库，为其会员提供公司治理服务；另外还有布朗斯威克、公司法与公司治理机构、信息和信用评级代理机构、世界银行公司评价系统、泰国公司治理评价系统、韩国公司治理评价系统、日本公司治理评价系统，以及我国台湾公司治理与评等系统等。详细情况见表 2-1。

表 2-1 国内外主要公司治理评价系统

公司治理评价机构或个人	评价内容
杰克逊 • 马丁德尔	社会贡献、对股东的服务、董事会绩效分析、公司财务政策
标准普尔	所有权结构、利益相关者的权利和相互关系、财务透明度和信息披露、董事会结构和程序
戴米诺	股东权利与义务、接管防御的范围、信息披露透明度、董事会结构
里昂证券	管理层的约束、透明度、小股东保护、独立性、公平性、问责性、股东现金回报，以及公司社会责任
美国机构投资者服务组织	董事会及其主要委员会的结构、组成、公司章程和制度、公司所属州的法律、管理层和董事会成员的薪酬、相关财务业绩、“超前的”治理实践、高管人员持股比例、董事的受教育状况
戴维斯和海德里克	股东权利、治理委员会、透明度、公司管理以及审计
布朗斯威克	透明度、股权分散程度、转移资产/价格、兼并/重组、破产、所有权与投标限制、对外部人员的管理态度、注册性质
公司法与公司治理机构	信息披露、所有权结构、董事会和管理层结构、股东权利、侵吞（expropriation）风险、公司的治理历史
信息和信用评级代理机构	所有权结构、管理层结构（含各董事委员会的结构）、财务报告和其他披露的质量、股东利益的满足程度

续表

公司治理评价机构或个人	评价内容
宫岛英昭、原村健二、稻垣健一等日本公司治理评价体系	股东权利、董事会，信息披露及其透明性三方面，考察内部治理结构改革对企业绩效的影响
日本公司治理研究所公司治理评价指标体系	以股东主权为核心，从绩效目标和经营者责任体制、董事会的机能和构成、最高经营者的经营执行体制，以及股东间的交流和透明性四方面评价
泰国公司治理评价系统	股东权利、董事品质、公司内部控制的有效性
韩国公司治理评价系统	股东权利、董事会和委员会结构、董事会和委员会程序、向投资者披露和所有权的平等性
香港城市大学公司治理评价系统	董事会结构、独立性或责任；对小股东的公平性；透明度及披露；利益相关者角色、权利及关系；股东权利
台湾辅仁大学公司治理与评等系统	董（监）事会组成、股权结构、参与管理与次大股东、超额关系人交易、大股东介入股市的程度
治理标准国际公司治理评价系统	透明度与披露（含内部监控）、董事会问责性、社会责任、股权结构与集中度、股东权利、管理人员薪酬、企业行为
世界银行治理评价系统	公司治理的承诺、董事会的结构和职能、控制环境和程序、信息披露与透明度、小股东的待遇
中国社会科学院世界经济与政治研究所公司治理研究中心	股东权利、对股东的平等待遇、公司治理中利益相关者的作用、信息披露和透明度、董事会职责、监事会指责
南开大学推出的中国上市公司治理指数	股东治理、董事会治理、监事会治理、经理层治理、信息披露、利益相关者治理

资料来源：南开大学中国公司治理研究院评价课题组. 2015. 中国公司治理评价报告[R]. 天津：南开大学中国公司治理研究院

（二）国内外主要公司治理评价系统总结

一般而言，公司治理评价系统具有以下四个共同特征。一是评价系统均由一系列详细指标组成，且各个评价系统均包括了三个因素：股东权利、董事会结构及信息披露。二是在所有的评价系统中，评分特点是相同的。总体而言，较低的得分意味着较差的治理水平，反之意味着较好的治理状况。但也有两个例外，一个例外是信息和信用评级代理机构评价系统，它使用相反的评分方法，公司治理评级 CGR1 意味着最好的治理状况，公司治理评级 CGR6 意味着最低的治理水平；另一个例外是布朗斯威克的治理风险分析，它是以惩罚得分的形式来计算的，得分越高，公司的治理风险越大。三是绝大多数评价系统都使用了权重评级方法，根据治理各要素重要程度的不同赋予不同的权重，从而计算出公司治理评价值。四是获取评价所需信息的方法是一致的，主要来自公开可获得的信息，其他信息通过与公司关键员工的访谈而获得。不同评价系统的主要区别在于两个方面：第一，一些评价系统是用来评价某一个国家公司的治理状况，如 DVFA、布朗斯威克等，另一些评价系统则涉及多个国家的公司治理评价，如标准普尔、戴米诺和里昂证券评价系统包含了国家层次的分析，这些评价中使用的标准都很相似；第二，各评价系统在采用指标、评价指标构成及关注重点方面都存在显著差异。例如，标准普尔以 OECD 公司治理准则、美国加州公共雇员养老基金（California Public Employees' Retirement System，CalPERS）等提出的公司治理原则，以及国际上公认的对公司治理要求较高的指引、规则等制定评价指标体系，公司层面的评价包括所有权结构及其影响、利益相关者关系、财务透明与信息披露、董事会的结构与运作四个维度；而里昂证券的评价涉及管理层的约束、透明度、小股东保护、独立性、公平性、问责性、股东现金回报及公司社会责任八个维度。

公司治理评价的研究与应用，对公司治理实践具有指导意义。正如上述对不同评价系统的对比所看到的，不同的评价系统有不同的适用条件，中国公司的治理环境、治理结构和机制与国外有很大的差别，因而直接将国外评价系统移植到国内必将产生"水土不服"现象。只有借鉴国际经验，结合中国公司所处的法律环境、政治制度、市场条件及公司本身的发展状况，设置具有中国特色的公司评价指标体系，并采用科学的方法对公司治理状况做出评价，才能正确反映中国公司治理状况。在实地调研和多次讨论的基础上，南开大学中国公司治理研究院评价课题组在 2003 年 4 月推出由 80 多个指标组成的中国上市公司治理评价指标体系，并于 2004 年 2 月正式发布有中国上市公司治理状况"晴雨表"之称的中国上市公司治理指数，之后每年发布一次。中国上市公司治理指数充分考虑了中国公司治理环境的特殊性。本章正是基于中国上市公司治理指数来对我国上市公司最新治理状况及最近 10 年我国公司治理动态趋势做出分析和判断，以期更好地提升中国上市公司治理水平。

三、中国上市公司治理指数研发与构成

（一）中国上市公司治理指数研发历程

中国上市公司治理指数的研究发展呈现为渐进式的动态优化过程。具体来说，中国上市公司治理指数的形成经历了四个阶段。

第一阶段：研究并组织制定《中国公司治理原则》阶段。在中国经济体制改革研究会的支持下，南开大学中国公司治理研究院课题组于 2001 年推出的《中国公司治理原则》，被中国证监会《中国上市公司治理准则》及太平洋经济合作理事会组织制定的《东亚地区治理原则》所吸收借鉴，为建立公司治理评价指标体系提供了参考性标准。

第二阶段：构建"中国上市公司治理评价指标体系"阶段。历时两年调研，2001 年 11 月第一届公司治理国际研讨会提出《在华三资企业公司治理研究报告》。

2003 年 4 月，经反复修正，提出“中国上市公司治理评价指标体系”，围绕公司治理评价指标体系，2003 年 11 月第二届公司治理国际研讨会征求国内外专家意见，根据前期的研究结果和公司治理专家的建议，最终将公司治理指标体系确定为六个维度，具体包括股东治理指数、董事会治理指数、监事会治理指数、经理层治理指数、信息披露指数、利益相关者治理指数，合计 80 多个评价指标。

第三阶段：正式推出中国上市公司治理指数和《中国公司治理评价报告》阶段。基于评价指标体系与评价标准，构筑中国上市公司治理指数，2004 年首次发布《中国公司治理评价报告》，报告应用中国上市公司治理指数第一次对中国上市公司进行大样本全面量化评价分析，之后每年度发布一次《中国公司治理评价报告》，一直持续至今。

第四阶段：中国上市公司治理评价系统应用阶段。在学术上，公司治理评价系统为课题、著作、文章等系列成果的研究提供了平台，课题组获得国家自然科学基金重点项目和国家社科重大招标项目支持，《中国公司治理评价报告》在商务印书馆、高等教育出版社及 John Wiley&Sons 出版公司等出版。此外，还为监管部门、媒体等机构的治理工作提供支持，为企业提升治理水平提供指导。中国上市公司治理指数连续多年应用于“CCTV 中国最具价值上市公司年度评选”。央视财经 50 指数（399550）于 2012 年 6 月 6 日在深圳证券交易所上市，央视财经 50 指数以创新、成长、回报、治理、社会责任等五个维度为考察标准，树立了价值投资新标杆，其中公司治理维度应用了该评价系统。2008 年接受国务院国有资产监督管理委员会委托，对央企控股公司治理状况进行评价，2007 年接受中国保险监督管理委员会（以下简称保监会）委托，基于该评价系统设计我国保险公司治理评价标准体系。该评价系统也应用于联合国贸易和发展会议对中国企业的公司治理状况抽样评价和世界银行招标项目。2007 年 10 月 30 日至 11 月 1 日，应联合国贸易和发展会议邀请，李维安教授参加了在瑞士日内瓦召开的国际会计和报告准则（International Standards of Accounting and Reporting，ISAR）专家组第 24 届会议，并就《中国公司治理信息披露项目》做大会报告。该评价系统也应用于国务院国有资产监督管理委员会国有独资央企董事会建设与评价，以及国家发展和改革委员会委托项目推出的“中国中小企业经济发展指数”等研究。基于中国上市公司治理评价系统，课题组构建了中国公司治理指数数据库，研发了中国公司治理股价指数，设计了中国公司治理计分卡。

（二）中国上市公司治理指数构成

基于中国上市公司面临的治理环境特点，南开大学中国公司治理研究院评价课题组在总结了公司治理理论研究、公司治理原则、各类公司治理评价系统，以及大量实证研究、案例研究成果的基础上，在 2003 年设计出中国上市公司治理评价系统，2004 年公布《中国公司治理评价报告》，同时发布中国上市公司治理指数。随后，于 2004 年、2005 年加以优化，广泛征求各方面的意见，对六个维度评价指标进行适度调整。通过对上市公司治理评价的实证研究，对部分不显著性指标进行调整；通过对公司实施公司治理评价，不断检验系统的有效性并对其进行优化；引入新的公司治理研究思想，如利益相关者；听取各方面的意见，广泛研讨；紧密关注治理环境变化，并及时反映到评价系统中。最终形成的治理评价指标体系见表 2-2。指标体系是公司治理指数的根本，不同环境需要不同的公司治理评价指标体系，中国上市公司治理指数反映了中国市场的诸多重要特征。此评价指标体系基于中国上市公司面临的治理环境特点，侧重于公司内部治理机制，强调公司治理的信息披露、中小股东的利益保护、上市公司独立性、董事会的独立性及监事会参与治理等，从股东治理、董事会治理、监事会治理、经理层治理、信息披露和利益相关者治理六个维度，设置 19 个二级指标，具体有 80 多个评价指标，对中国上市公司治理的状况做出全面、系统的评价。

表 2-2　中国上市公司治理指数评价指标体系

指数（目标层）	六个维度（准则层）	公司治理评价各要素（要素层）
中国上市公司治理指数（$CCGI^{NK}$）	股东治理（$CCGI^{NK}_{SH}$）	上市公司独立性
		上市公司关联交易
		中小股东权益保护
	董事会治理（$CCGI^{NK}_{BOD}$）	董事权利与义务
		董事会运作效率
		董事会组织结构
		董事薪酬
		独立董事制度
	监事会治理（$CCGI^{NK}_{BOS}$）	监事会运行状况
		监事会规模与结构
		监事胜任能力
	经理层治理（$CCGI^{NK}_{TOP}$）	经理层任免制度
		经理层执行保障
		经理层激励约束
	信息披露（$CCGI^{NK}_{ID}$）	信息披露可靠性
		信息披露相关性
		信息披露及时性
	利益相关者治理（$CCGI^{NK}_{STH}$）	利益相关者参与程度
		利益相关者协调程度

资料来源：南开大学中国公司治理研究院“中国上市公司治理评价系统”

四、中国上市公司治理评价分析

（一）历年来评价样本基本概况

自2003年发布中国上市公司治理指数以来，南开大学中国公司治理研究院公司治理评价课题组先后进行了21 552个样本的公司治理评价。2003年的评价样本量为931家，2004～2009年评价样本数量比较稳定，从2010年开始，评价样本数量逐年显著增加。需要说明的是，2003年的评价数据来自调查问卷，而之后的评价结果则基于公开数据，因此，本章将2004年作为分析的起点；监管部门相关政策要求上市公司每年四月底前公布上一年的年报，因此，2004年发布的治理指数实际上反映的是2003年公司的实际状况，以此类推。详见图2-1。

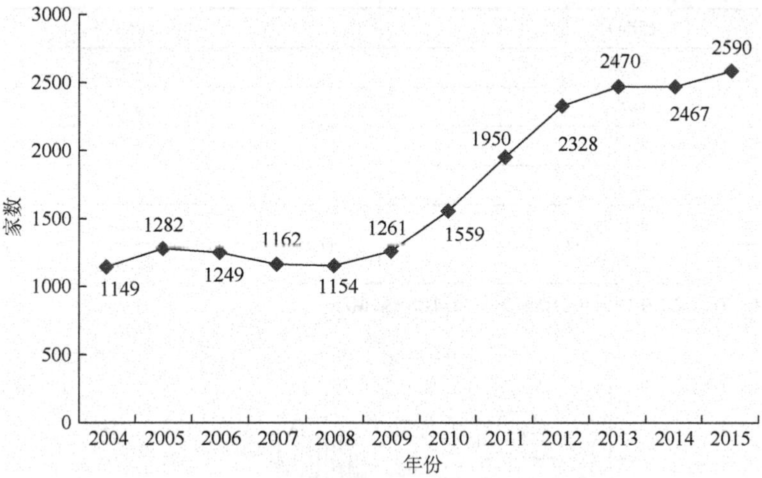

图2-1　中国上市公司治理评价历年样本数量

资料来源：南开大学中国公司治理研究院公司治理数据库

2015年中国上市公司治理指数数据来源为截止到2015年4月30日公布的公开信息（公司网站、巨潮资讯网、中国证监会、沪深证券交易所网站等）、CCER数据库、CSMAR数据库和WIND数据库。根据信息齐全和不含异常数据两项样本筛选的基本原则，我们最终确定有效样本为2590家。其中，主板1452家，含主板金融机构40家，主板非金融机构1412家；中小企业板732家，含中小企业板金融机构4家，中小企业板非金融机构728家；创业板406家。考虑到金融机构、中小企业板和创业板公司治理的特殊性，我们对这些板块的公司进行了单独分析，即除主板、中小企业板和创业板外，另将各板块中的金融机构抽取出来单独组成一个板块，这样总体评价样本为 2590 家，主板 1412 家，中小企业板 728 家，创业板 406 家，金融、保险行业板块 44 家。

（二）2015 年中国上市公司治理状况

在 2015 年评价样本中，上市公司治理指数平均值为 62.07，较 2014 年的 61.46 提高 0.61。如表 2-3 所示，2015 年公司治理指数最大值为 72.08，最小值为 49.85，样本的标准差为 3.53。指数分布图见图 2-2。

表 2-3　2015 年中国上市公司治理指数描述性统计

统计指标	公司治理指数
平均值	62.07
中位数	62.14
标准差	3.53
方差	12.49
偏度	−0.14
峰度	−0.33
极差	22.23
最小值	49.85
最大值	72.08

资料来源：南开大学中国公司治理研究院公司治理数据库

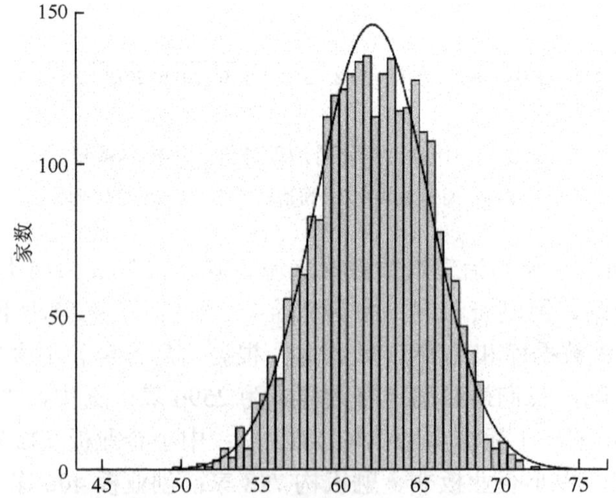

图 2-2　2015 中国上市公司治理指数分布图

资料来源：南开大学中国公司治理研究院公司治理数据库

在2590家样本公司中，没有公司达到CCGI^NK Ⅰ和CCGI^NK Ⅱ，有18家达到了CCGI^NK Ⅲ水平；达到CCGI^NK Ⅳ的有1828家，占全样本的70.58%，较2014年的64.69%有显著提高；处于CCGI^NK Ⅴ的公司有743家，占样本的28.69%，与2014年的34.52%相比，有显著下降的趋势；有1家上市公司的治理指数在50以下，占全部样本的0.04%，较2014年的0.12%有所下降（2013年为0.16%，2012年为0.21%，2011年为0.67%，2010年为3.33%）。2013年中国上市公司治理指数等级分布见表2-4。

表2-4　2015年中国上市公司治理指数等级分布

公司治理指数等级和指数区间		公司治理指数等级分布	
		公司数	比例/%
CCGI^NK Ⅰ	90～100	—	—
CCGI^NK Ⅱ	80～90	—	—
CCGI^NK Ⅲ	70～80	18	0.69
CCGI^NK Ⅳ	60～70	1828	70.58
CCGI^NK Ⅴ	50～60	743	28.69
CCGI^NK Ⅵ	50以下	1	0.04
合计		2590	100.00

资料来源：南开大学中国公司治理研究院公司治理数据库

（三）中国上市公司治理年度分析

中国上市公司治理评价结果显示，中国上市公司治理水平在2004～2015年总体上不断提高，经历了2009年的回调，金融危机之后，趋于逐年上升态势，并在2015年达到新高62.07，比2004年上升7.05，提高了12.81个百分点（2004～2015年中国上市公司治理指数依次为55.02、55.28、56.08、56.85、57.68、57.62、59.09、60.28、60.60、60.76、61.46和62.07）。见图2-3。

各年公司治理分指数的比较见表2-5。在这几个分指数当中，股东治理指数2015年的数值为65.08，相对于2014年的64.28，提高了0.80；董事会治理指数呈现显著的逐年上升趋势，作为公司治理核心的董事会建设得到加强，继2010年首次突破了60之后，2015年继续增长达63.48；新公司法加强了监事会的职权，监事会治理状况明显提高，平均值从2010年的56.17提高到2011年的57.17，从2011年的57.17提高到2012年的57.35，从2013年的57.38提高到2014年的57.99，从2014年的57.99提高到2015年的58.54；经理层治理状况呈现出较稳定的趋势，从2010到2015年的经理层治理指数平均值依次为57.21、57.81、57.27、57.21、57.12和57.80；信息披露状况经历2011年的拐点后，呈现增长趋势，2015年平

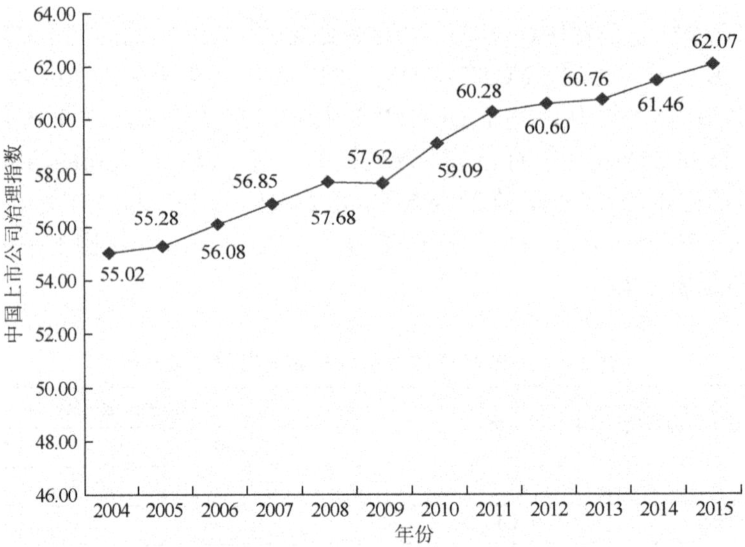

图 2-3　中国上市公司治理指数趋势分析

资料来源：南开大学中国公司治理研究院公司治理数据库

均值达到 64.27；利益相关者问题逐步引起上市公司的关注，一直保持着稳步提高的趋势，尤其是从 2010 年起指数均值提高明显，2013 年出现一定幅度的回调，2015 年的指数均值为 62.51，略高于 2014 年的 61.84。

表 2-5　中国上市公司治理指数历年比较

年份	公司治理指数	股东治理指数	董事会治理指数	监事会治理指数	经理层治理指数	信息披露指数	利益相关者治理指数
2004	55.02	56.47	52.60	50.48	54.60	62.20	51.12
2005	55.28	56.10	53.15	51.75	54.80	62.25	50.95
2006	56.08	56.57	55.35	50.93	55.22	62.76	52.61
2007	56.85	57.32	55.67	52.93	57.88	61.66	53.08
2008	57.68	58.06	57.43	54.84	57.40	62.36	53.43
2009	57.62	59.23	57.88	55.97	55.53	61.85	52.94
2010	59.09	59.81	60.33	56.17	57.21	63.43	54.83
2011	60.28	64.56	60.81	57.17	57.81	63.02	56.47
2012	60.60	61.20	61.21	57.35	57.27	63.14	63.22
2013	60.76	62.89	61.74	57.38	57.21	63.18	61.46
2014	61.46	64.28	63.38	57.99	57.12	63.29	61.84
2015	62.07	65.08	63.48	58.54	57.80	64.27	62.51

资料来源：南开大学中国公司治理研究院公司治理数据库

（四）中国上市公司治理板块分析

在2015年评价中，按照市场和行业板块对样本公司进行划分，其中金融保险业板块公司治理指数位居首位，均值达64.30；创业板为63.84；中小企业板为63.61；而主板上市公司的治理指数同2014年一样，在几个板块中仍然最低，为60.70，见表2-6。

表2-6　2015年按市场板块分组的样本公司治理指数描述性统计

板块类型	公司数	比例/%	平均值	中位数	标准差	极差	最小值	最大值
主板	1412	54.52	60.70	60.59	3.35	20.80	49.85	70.65
中小企业板	728	28.11	63.61	63.73	3.14	20.83	51.26	72.08
创业板	406	15.68	63.84	64.03	2.76	17.28	53.60	70.88
金融、保险业	44	1.70	64.30	64.79	3.01	13.99	56.30	70.29
合计	2590	100.00	62.07	62.14	49.85	22.23	49.85	72.08

资料来源：南开大学中国公司治理研究院公司治理数据库

（五）中国上市公司治理行业分析

表2-7是对中国上市公司治理分行业的描述统计分析。以平均值而言，2015年评价中金融、保险业的公司治理指数位居第一，达到64.30。其次为信息技术业、建筑业、制造业等。公司治理指数平均值最低的是综合类，值为60.14；房地产业指数均值相对较低，为60.55。总体描述说明就公司治理总体状况而言，行业间存在一定的差异；相比较之前几年的评价，2015年评价中各行业的公司治理指数排名发生了一定的变化。

表2-7　中国上市公司治理指数分行业比较

行业	2004年	2005年	2006年	2007年	2008年	2009年	2010年	2011年	2012年	2013年	2014年	2015年
农、林、牧、渔业	53.85	53.25	54.99	56.49	56.75	56.20	56.94	59.16	60.03	60.30	60.52	60.91
采掘业	55.32	58.04	61.06	56.91	57.95	59.17	60.58	60.20	60.10	60.32	61.62	61.28
制造业	55.10	55.28	55.95	56.99	57.67	57.55	58.97	60.54	60.85	60.92	61.68	62.33
电力、煤气及水的生产和供应业	54.83	57.20	58.56	57.99	58.49	58.49	59.95	60.01	59.65	60.21	60.23	60.51
建筑业	55.38	55.32	56.73	56.94	57.58	58.59	59.61	60.67	60.55	61.71	62.08	62.72
交通运输、仓储业	57.13	56.22	57.74	58.47	59.03	59.53	60.86	59.83	60.50	60.39	61.51	61.46

续表

行业	2004 年	2005 年	2006 年	2007 年	2008 年	2009 年	2010 年	2011 年	2012 年	2013 年	2014 年	2015 年
信息技术业	54.66	55.25	55.13	55.49	56.93	57.02	58.98	61.37	62.24	62.02	61.91	62.98
批发和零售贸易业	55.04	55.41	56.49	56.60	57.08	56.63	58.18	58.97	59.58	59.67	61.00	61.46
金融、保险业	56.26	55.94	52.37	59.09	61.47	61.41	63.76	63.34	63.61	61.81	64.27	64.30
房地产业	53.19	54.04	54.86	56.89	57.53	57.53	58.66	58.24	57.87	59.40	59.67	60.55
社会服务业	55.79	55.93	56.60	56.82	58.29	57.48	59.39	60.23	60.34	60.72	61.04	61.70
传播与文化产业	53.48	55.12	55.50	56.85	56.78	56.47	60.13	61.06	60.34	59.51	60.42	60.85
综合类	54.24	53.80	54.34	54.81	56.27	56.49	58.08	58.05	58.21	58.87	59.32	60.14
合计	55.02	55.28	56.08	56.85	57.68	57.62	59.09	60.28	60.60	60.76	61.46	62.07

资料来源：南开大学中国公司治理研究院公司治理数据库

（六）中国上市公司治理控股股东性质分析

2015 年样本中数量较少的是“社会团体控股”“职工持股会控股”“其他类型”“集体控股”“外资控股”这几类，分别有 6 家、9 家、12 家、21 家和 37 家公司；“国有控股”和“民营控股”样本量较多，分别有 1034 家和 1471 家。表 2-8 的描述性统计显示，就样本平均值而言，2015 年其他控股的治理指数平均值最高，为 64.36；其次为民营控股和集体类型，分别为 62.72 和 62.45；外资控股指数平均值为 61.47；国有控股指数平均值为 61.19；职工持股会控股的指数均值最低，为 58.09。民营控股上市公司治理指数平均值高于国有控股上市公司。

表 2-8 中国上市公司治理指数分控股股东性质比较

最终控制人性质	2004 年	2005 年	2006 年	2007 年	2008 年	2009 年	2010 年	2011 年	2012 年	2013 年	2014 年	2015 年
国有控股	55.36	55.71	56.61	57.35	58.23	57.66	59.17	59.96	59.72	60.11	60.76	61.19
集体控股	55.93	57.59	55.54	54.68	56.72	56.37	60.79	62.67	60.08	60.04	62.91	62.45
民营控股	53.86	53.98	54.62	55.81	56.45	57.61	58.90	60.49	61.36	61.29	61.97	62.72
社会团体控股	56.07	55.58	58.22	57.37	55.58	58.70	55.91	58.07	64.46	61.09	59.29	59.79
外资控股	53.63	54.21	53.57	55.77	60.12	56.94	60.72	60.86	60.80	60.93	61.76	61.47
职工持股会控股	53.66	53.92	55.00	55.07	56.27	56.47	59.59	59.91	54.29	57.62	58.48	58.09
其他类型	54.12	43.50	—	56.35	54.30	56.25	—	—	58.91	59.81	62.83	64.36
合计	55.04	55.41	56.49	56.60	57.08	56.63	58.18	58.97	59.58	59.67	61.46	62.07

资料来源：南开大学中国公司治理研究院公司治理数据库

（七）中国上市公司治理地区分析

与往年情况类似，经济发达地区——广东省、浙江省、江苏省、北京市和上海市占有的样本数量最多。其中，广东省最多，为 386 家；浙江省有 265 家；江苏省达 253 家；北京市和上海市分别有 235 家和 201 家。而西部欠发达地区的青海省、西藏、宁夏占样本量少，其中西藏和青海省最少，仅为 10 家，反映出经济活跃水平与上市公司数量的关系。我国上市公司治理能力呈现出从沿海向内地的梯度提升态势。在 2013 年的上市公司治理地图中，只有 6 个地区治理指数高于 61，占 31 个地区的 19.36%；2014 年指数高于 61 的地区数量达到了 13 个，占 31 个地区的 41.94%；而 2015 年这一数量上升到 21 个，占 31 个地区的比例为 67.74%。各地区公司治理指数的分析结果详见表 2-9。

表 2-9　中国上市公司治理指数分地区比较

地区	2004 年	2005 年	2006 年	2007 年	2008 年	2009 年	2010 年	2011 年	2012 年	2013 年	2014 年	2015 年
北京	56.29	56.66	58.05	57.83	58.78	58.60	59.99	61.39	61.63	61.96	62.10	63.01
天津	54.28	56.45	57.53	56.42	57.57	58.25	59.14	59.71	60.11	60.34	60.06	60.81
河北	56.13	56.83	56.67	57.13	57.55	57.22	57.65	60.72	60.06	60.07	60.61	61.15
山西	54.95	54.49	56.19	57.66	57.47	57.90	57.42	59.18	59.61	59.10	59.65	59.81
内蒙古	55.16	55.19	55.72	56.08	57.90	57.46	57.14	57.40	57.75	59.03	60.24	60.67
辽宁	54.08	54.35	55.31	56.46	57.57	57.30	58.99	58.82	59.39	59.87	60.10	61.25
吉林	53.66	53.35	54.64	55.59	56.12	57.19	58.35	57.76	58.99	58.79	59.39	61.31
黑龙江	54.19	53.87	53.24	54.86	57.06	54.99	56.45	58.02	57.82	58.34	59.04	60.04
上海	56.35	55.74	57.34	57.48	57.23	57.60	58.52	59.71	59.69	60.12	61.14	61.62
江苏	57.28	56.93	56.95	57.20	57.77	58.89	59.15	60.36	61.19	61.31	62.32	62.50
浙江	55.68	56.93	56.19	58.09	57.50	58.85	60.42	61.14	62.04	61.55	62.26	62.91
安徽	55.67	56.62	56.57	56.99	58.28	57.68	59.84	60.88	60.24	60.67	61.94	61.84
福建	53.44	54.25	56.30	57.53	58.15	58.41	59.96	60.52	61.12	61.02	62.09	62.82
江西	55.29	54.29	56.94	57.04	58.54	58.77	59.25	59.67	59.47	60.64	60.79	62.42
山东	55.39	55.35	55.98	57.00	57.80	57.69	58.96	60.21	60.89	60.68	61.40	61.89
河南	55.56	56.08	57.33	57.93	58.13	57.96	59.71	60.98	61.19	61.42	62.49	62.00
湖北	53.98	55.37	55.59	56.98	57.67	57.40	59.36	60.10	59.90	59.52	60.42	61.11
湖南	54.15	54.17	55.29	56.67	57.91	57.03	58.79	60.33	60.38	60.61	61.27	61.96
广东	53.58	55.17	55.37	56.62	58.74	58.09	60.39	61.24	61.71	61.70	62.08	62.99
广西	56.62	56.10	56.46	56.27	57.45	56.59	58.56	60.31	59.24	59.34	60.47	60.83
海南	54.84	52.08	51.88	55.09	55.33	55.53	55.74	57.72	57.61	58.06	59.20	60.03
重庆	52.14	53.64	55.57	56.43	57.65	55.53	56.96	58.63	59.19	60.19	60.78	62.00

续表

地区	2004年	2005年	2006年	2007年	2008年	2009年	2010年	2011年	2012年	2013年	2014年	2015年
四川	54.16	53.84	54.91	55.77	57.49	56.49	58.50	59.91	59.98	60.52	60.79	61.17
贵州	53.45	54.17	56.60	57.27	57.44	57.54	59.50	59.70	59.92	60.73	61.40	61.30
云南	55.62	57.27	59.23	56.51	58.71	58.46	60.04	61.85	60.88	60.51	60.61	61.97
西藏	55.61	53.72	55.33	56.24	54.83	54.76	56.60	56.39	58.47	58.42	60.83	60.11
陕西	56.25	55.29	55.26	55.53	56.09	55.13	57.21	59.34	59.45	59.80	61.11	60.69
甘肃	53.72	52.65	53.52	54.98	55.18	56.53	57.14	58.54	58.21	59.11	60.21	61.37
青海	54.42	54.58	53.01	55.52	58.07	55.27	57.01	58.15	58.25	58.16	60.45	61.20
宁夏	51.96	53.50	54.15	55.35	56.02	56.37	55.70	60.15	57.92	57.67	57.56	59.06
新疆	55.52	53.74	56.41	57.39	57.00	57.84	58.78	58.80	59.59	60.58	61.32	60.83
合计	55.02	55.28	56.08	56.85	57.68	57.62	59.09	60.28	60.60	60.76	61.46	62.07

资料来源：南开大学中国公司治理研究院公司治理数据库

（八）中国上市公司治理百佳分析

我们将2015年评价样本中公司治理指数排名前100位的公司（100佳）与其他样本进行比较，分析100佳的行业、地区和控股股东性质分布，以及100佳公司的相对绩效表现。表2-10的描述性统计显示，100佳上市公司治理指数为69.03，较2014年的69.08略有下降，100佳上市公司中最高治理指数为72.08，最低为68.03，极差为4.05。与表2-3对比后，我们不难发现，100佳上市公司的各级治理指数的平均值都明显高于总样本。

表2-10　2015年公司治理100佳治理指数描述性统计

统计指标	公司治理指数	股东治理指数	董事会治理指数	监事会治理指数	经理层治理指数	信息披露指数	利益相关者治理指数
平均值	69.03	73.94	65.32	59.93	65.09	75.14	69.03
中位数	68.72	74.66	65.21	58.14	65.66	76.73	68.72
标准差	0.92	5.79	1.91	6.47	4.47	5.90	0.92
极差	4.05	25.95	10.33	29.57	22.53	27.40	4.05
最小值	68.03	57.73	60.84	47.85	52.37	57.43	68.03
最大值	72.08	83.68	71.18	77.41	74.90	84.82	72.08

资料来源：南开大学中国公司治理研究院公司治理数据库

（九）中国上市公司治理评价小结

从时间序列比较来看，我国上市公司总体治理水平在2004～2015年呈现出总体上升趋势，历经2009年拐点之后，呈现逐年上升的态势，并在2015年达到历史最高水平。从行业比较分析来看，2015年评价排名中，金融、保险业的公司治理指数位居第一；紧随其后的是信息技术业，医药、生物制品类，电子类等，这些行业治理状况相对较好；而综合类和房地产业上市公司治理水平总体仍然偏低。从控股股东性质比较分析来看，继2013年和2014年之后，2015年民营控股上市公司治理指数再次超过国有控股上市公司。从地区比较分析来看，北京、广东、浙江、福建、江苏、江西、河南、重庆等地区治理指数平均值最高；而宁夏、山西等地区指数排名比较靠后。从市场板块来看，2015年评价中金融保险公司治理指数均值最高，为64.30；其次为创业板，其治理指数均值为63.84，中小企业板为63.61；而主板上市公司的治理指数平均值最低，为60.70。从样本分组比较来看，公司治理100佳的上市公司治理状况显著好于总体样本公司的治理状况（69.03～62.07）。

第三节　公司治理科学问题与文献综述的综述

一、公司治理科学问题的提出

公司治理是金融学最重要和最热门的研究领域之一。罗斯（Ross）在《新帕尔格雷夫货币金融大辞典》（*The New Palgrave Dictionary of Money and Finance*）中给出了金融学（finance）的四大课题：有效率的市场、收益及风险、期权定价理论和公司金融。国外所理解的金融学主要反映在两门课程上：一是以公司投融资、公司股利和公司治理为核心的公司金融学（corporate finance）；二是以资产定价为核心的投资学（investment）（郎咸平，2004），总体上还是偏微观的。国内对金融学的界定范围更宽泛一些，除了微观层面的金融学，还有宏观层面的金融学，以及金融学与其他学科的交叉（朱武祥等，2005）。因此，在国内外金融学科中，公司治理都是公司金融领域的核心内容之一。公司治理问题是随着公司制组织形式的出现而产生的，因此，如果以东印度公司1600年的设立作为标志，公司治理问题已经有400多年的历史。而学术界普遍认为，1932年Berle和Means的著作——《现代公司与私有财产》（*The Modern Corporation and Private Property*）中首次正式提出公司治理问题。值得一提的是，1937年Coase的论文——《企业的本质》（*The Nature of the Firm*）的发表所带来的新制度经济学的兴起，也为后续公司治理问题的研究提供了扎实的理论基础。这是因为在新古典经济学中，企业是一个黑箱，只有生产要素的投入比例安排问题，并没有考虑制度因素，企业只有生产属性，没有交易属性。诺贝尔经济学奖的得主Williamson把Coase的交易成本（transaction cost）概念向前推进了一步，给出了影响交易成本大小的重要因素之一的资产专用性（asset specificity），并基于这个核心概念在1975年首次提出治理结构这个概念，而公司治理概念最早出现在文献中的时间是20世纪80年代。可见，公司治理还是一个新兴的领域。

国内对公司治理问题的研究是伴随我国企业改革而诞生的。企业改革的大前提往往是经济体制首先发生变化。1978年之前，我国实行的是计划经济体制，之后陆续进行了一系列改革，1993年将建立社会主义市场经济体制作为改革的目标。因此，我国对作为企业改革核心的公司治理问题的探索起步相对较晚。比较早的代表性提法是，吴敬琏1993年在《大中型企业改革：建立现代企业制度》一书中提出了法人治理结构的概念，但讨论的内容实际上就是公司治理问题，他是从如何深化国有企业改革、如何在大中型企业建立起现代企业制度的角度来讨论这个问题的。而在他一年后出版的《现代公司与企业改革》一书中，正式采用了公司治理结构的提法，认为所谓公司治理结构是指由所有者、董事会和高级执行人员即高级经理人员三者组成的一种组织结构。公司治理是一套制度安排，用于支配若干在公司中有重大利害关系的团体——投资者(股东和贷款人)、经理人员、职工之间的关系，并从这种联盟中实现经济利益（钱颖一，1995)。张维迎（1996）认为，公司治理广义地讲是指有关公司控制权和剩余索取权分配的一整套法律、文化和制度性安排，这些安排决定公司的目标、谁在什么状态下实施控制、如何控制、风险和收益如何在不同企业成员之间分配等这样一些问题。因此，广义的公司治理与企业所有权安排几乎是同一个意思。杨瑞龙和周业安（1998）基于利益相关者理论，认为治理应该扬弃股东至上主义的逻辑，遵循既符合我国国情又顺应历史潮流的共同治理逻辑，即企业不仅要重视股东的权益，而且要重视其他利益相关者对经营者的监控。李维安（1998）给出了比较经典的公司治理定义，所谓公司治理是指通过一套包括正式或非正式的、内部或外部的制度或机制来协调公司与所有利益相关者之间的利益关系，以保证公司决策的科学化，从而维护公司各方面利益的一种制度安排。公司治理有结构和机制两个层面问题，治理目标是公司决策的科学化，而非制衡。实际上，目前关于公司治理的内涵还存在一定的争议（郑志刚，2010)。

通过以上不同学者对公司治理内涵的理解可以看出，自公司治理作为一个重要问题提出以来，随着时间的推移和治理实践的发展，已经受到越来越多学者的关注和重视。公司治理问题由最初一个孤零零的矿山，发展到目前已经吸引了无数采矿者。公司治理已经从单一的、某一方面的问题研究转向知识体系研究，公司治理成为一个研究领域。具体体现在研究内容、研究方法和研究对象上的变化，公司治理理论研究不断拓宽，从法人治理结构到公司治理机制、从公司治理到企业治理、从定性研究到定量实证研究、从单个法人治理到集团治理、从国内公司治理到跨国公司治理、从传统形态的公司治理到网络治理、从被治理者的研究到治理者的研究、从营利性企业的治理到非营利组织的治理、关注政府和社会的治理等（李维安，2008)。此外，在教学方面也有所体现。例如，在课程设置上，目前国内很多高校都在给各层次学生开设公司治理课程，涉及博士、硕士研究生，高级管理人员工商管理硕士（executive master of business administration，EMBA）和工商管理硕士（master of business administration，MBA）学生，甚至本科生开设选修课程等；在专业设置上，教育部管理学科研究生招生专业自2005年增设公司治理专业（代码为120220），南开大学中国公司治理研究院从2005年开始招收培养公司治理专业的博士、硕士研究生。

二、对公司治理文献综述的综述

自从公司治理问题提出以来，国内学者开展了大量的公司治理研究，也有部分学者对国内公司治理研究文献进行了综述。已有公司治理研究综述按照综述内容可以将其分为关于公司治理基础理论研究、股东股权结构研究、董事会治理研究、高管治理研究、控制权问题研究、投资者关系研究、企业社会责任研究和其他方面研究。例如，关于公司治理基础理论研究综述文献有：陆建新（1995）、郑红亮（1998）、郑红亮和王凤彬（2000）、李孔岳和罗必良（2002）、冯根福和赵健（2002）、姚伟等（2003）、郑志刚（2004）、杨宗昌等（2004）、冯根福（2006）、徐宁和徐向艺（2009）、郑志刚（2010）、李维安等（2010）、陈仕华和郑文全（2010）等。关于股东股权结构研究综述文献有：朱武祥（2002）、潘新兴（2003）、邱国栋（2003）、王奇波（2006）、严若森（2006）、张祥建等（2007）、马晓维等（2010）等。关于董事会治理研究综述文献有：佘明桂等（2003）、赖建清等（2004）、任广乾等（2009）等。关于高管治理研究综述文献有：袁春生和杨淑娥（2006）、卢静和胡运权（2007）、张长征和李怀祖（2008）、赵青华（2010）等。关于控制权问题研究综述文献有：高洁（2004）、金雪军和张学勇（2005）、贾明等（2007）等。关于投资者关系研究综述文献有：马连福和赵颖（2006）、许年行等（2008）、万晓文等（2010）。关于企业社会责任研究综述文献有：赵颖和马连福（2007）、杨海燕和许家林（2009）、王晶晶等（2010）等。其他方面研究综述文献有：熊鹏和任荣（2005）关于民营银行治理的研究综述；郑志刚（2007）关于法律外制度的公司治理角色研究综述；曾勇等（2008）关于风险投资合约及治理机制的研究综述；牛建波（2008）关于治理溢价研究综述；唐志豪等（2008）关于信息技术（information technology，IT）治理研究综述等。

文献综述是指就某一时间内，针对某一研究主题，对大量原始研究文献中的数据、资料和主要观点进行归纳整理、分析提炼而写成的论文，主要目的是反映出这一主题的历史背景、研究现状和未来发展趋势。通过对上述文献综述的疏理可以看出，国内已有公司治理文献综述在研究方法上多采用规范研究方法，即以公司治理研究内容的逻辑为主线展开综述。在研究内容上，既有公司治理理论综合性的综述，也有各个要素的深入研究综述，但对于反映公司治理研究状况的一些信息揭示还不够深入。例如，国内目前对公司治理进行研究的主体、这些主体采用的主要方法、研究的问题及其分布状况等缺少宏观层面的把握。在综述文献数量上，均以小样本的文献为基础展开分析，这可能与国内期刊参考文献数量有所限制有关系，从而影响到结论的可靠性。此外，已有公司治理研究文献综述的时间跨度比较短，往往集中于某一时期，难以从动态视角揭示公司治理研究的状况。

随着国外 20 世纪 90 年代公司治理的研究范围不断扩展、研究内容不断创新、研究方法不断优化，目前已经形成相对完善的理论架构，预期将来中国公司治理问题的研究将会引起更大的关注（曹廷求和于建霞，2007）。因此，本章在我国公司治理实践和理论研究 30 多年的背景下，对我国公司治理研究文献进行了系统地疏理。与以往公司治理文献综述相比，可能存在如下贡献：第一，在研究定位上，本章主要是偏宏观的文献综述，为后续公司治理研究提供指引。Machi 和 McEvoy（2011）在著作《怎样做文献综述：六步走向成功》（*The Literature Review：Six Steps to Success*）中，根据研究目的或性质的不同，将文献综述分为两大类：一类是基本文献综述，研究的目的是展现有关某个研究课题的现有知识，对现有知识进行总结和评价，最后提出研究论题（thesis），为后续的研究奠定基础；另一类是深入文献综述，研究的目的是揭示某一个研究问题，随着综述的进行，这个问题将不断被缩小和澄清，最终成为一个研究主题（topic），从而进行深入研究。本章的综述属于第一种类型，目前已有公司治理文献综述多为第二种类型。第二，在研究内容上，本章主要关注国内公司治理研究的现状及发展历程，为中国式公司治理理论研究奠定基础。目前已有的文献综述多以国外研究文献为主或者国内外同时采用，这样选择的文献不利于总体上精确把握我国公司治理的研究历程、现状及存在的主要问题。第三，在研究方法上，本章采用在进行规范分析的基础上导入文献计量学的方法，为公司治理文献研究提供新视角。文献计量学在我国的真正兴起是从 20 世纪 70 年代后期开始的。经过 20 多年的艰苦努力，我国文献计量学的发展已经初具规模，基本上形成了研究、教育和实际应用全面发展的局面，已成为图书情报与科学评价领域中一个重要的分支学科（邱均平和邹菲，2003）。近年来这种方法也被引入管理学科的研究中，如对某一杂志刊载的文献进行计量分析，范丽娟和温素彬（2011）对《会计研究》（1980～2009 年）的 3511 篇文献进行了全面的统计分析。也有对某一研究主题进行文献综述的，林菡密和孙绍荣（2011）对近 10 年来 CSSCI 来源经管类期刊中刊载的行为经济学研究文献进行了计量分析。本章采用后一种研究思路，对公司治理研究这一主题进行全面的文献计量分析。这种方法决定了分析文献数量较多，从而增加分析结论的全面性和可靠性。一般公司治理综述文献数量一般在 100 篇以下，大部分为 30 篇左右，而本章分析文献数量接近 2000 篇。同时，文献计量方法的研究时间跨度长，能更好地反映公司治理领域的动态发展趋势。本章综述文献的时间是1980～2010年，与我国公司治理实践走过的探索、治理结构构建和治理机制建立三个阶段相吻合。因此，利用文献计量学的方法，能更全面地分析我国公司治理研究的现状、问题与未来。

本章接下来的安排依次分别为数据来源与统计，介绍本章文献综述期刊来源及数据统计方法；公司治理文献基本信息计量分析，主要分析公司治理文献数量和研究主体的有关信息；公司治理的研究内容、方法与对象分析，这是本章分析的重点，对目前我国公司治理研究的内容、方法与对象按照设立的框架进行了分析；研究结论与展望，总结了我国1980～2010年公司治理研究取得成绩及未来进一步研究的方向。

第四节　公司治理文献基本信息计量分析

一、公司治理文献来源

本章选择了25种国内重要期刊作为统计来源。选择过程分为三步：第一步，确定遴选期刊范围。遴选范围包括全部经管类CSSCI期刊（管理类期刊26种，经济类期刊72种，不含增补期刊），外加《中国社会科学》《法学研究》，以及没有进入CSSCI的《系统工程理论与实践》（SCI检索）合计101种期刊。第二步，对遴选期刊范围内的期刊进行评价打分。确认遴选范围后，由公司治理研究方向的五名教授、三名副教授和两名博士生组成期刊遴选小组，对每一种候选期刊进行打分（0分表示不推荐入选本研究；1分表示推荐入选；2分表示比较推荐；3分表示强烈推荐）。第三步，选择本章分析所用的重要期刊。遴选期刊打分后，按照每种期刊遴选小组10人简单平均得分排序确认25种期刊。从遴选结果来看，25种期刊占101种期刊的24.75%，统计上具有很好的代表性；遴选结果中包括了经管一级学科的权威期刊，如《经济研究》《管理世界》，以及很多二级学科的权威期刊，如《金融研究》《会计研究》等，使得本章的综述更具权威性。期刊名称、创刊时间、期刊载文数量及公司治理领域文献数量见表2-11。

表2-11　公司治理文献综述来源期刊基本情况

期刊名称	创刊时间	载文总数/篇	治理文献/篇
《财经科学》	1975	5 882	113
《财经研究》	1980	4 866	90
《当代财经》	1980	6 832	162
《当代经济科学》	1979	3 359	81
《法学研究》	1979	1 470	6

续表

期刊名称	创刊时间	载文总数/篇	治理文献/篇
《管理科学》	1986	2 372	78
《管理科学学报》	1992	1 361	22
《管理评论》	1989	3 384	49
《管理世界》	1985	6 078	123
《会计研究》	1980	4 374	136
《金融研究》	1958	7 342	53
《经济科学》	1979	2 881	41
《经济理论与经济管理》	1981	3 713	69
《经济学家》	1989	3 080	37
《经济研究》	1955	5 102	128
《经济与管理研究》	1980	4 344	94
《南开管理评论》	1998	1 795	177
《软科学》	1987	3 248	66
《系统工程》	1983	4 840	27
《系统工程理论与实践》	1981	5 661	10
《证券市场导报》	1991	3 735	173
《中国工业经济》	1984	4 088	149
《中国管理科学》	1984	2 000	25
《中国软科学》	1986	6 043	73
《中国社会科学》	1980	5 173	7
合计		103 022	1 989

二、公司治理文献统计

确认期刊来源后，使用 NoteExpress 软件下载了 1980～2010 年期刊所载文献，共计 103 022 篇。经过认真复查、消除重复和去除不相关的干扰论文（主编寄语、新闻报道、书评等非学术性论文及非公司治理领域的学术性论文），最终筛选出公司治理领域的相关文献 1989 篇。在整理数据时，除了每篇文献的篇名、发表期刊、发表年份、作者名称利用 NoteExpress 软件获得之外，其他信息均采取手工录入方法，包括文献第一作者单位、文献第一作者职称、文献第一作者学历、基金资助情况、引文篇次等基础信息，以及研究内容、研究方法和研究对象等重要信息（这三类信息在录入确认前，由期刊遴选小组先建立了分类框架，具体见后文相关内容分析）。文献数据信息数据库完成后，运用 SPSS17.0 对数据进行计量分析。

三、公司治理文献数量计量分析

《经济研究》《管理世界》《南开管理评论》《金融研究》等25种重要期刊1980～2010年共载文103 023篇，其中，公司治理文献1989篇，占比1.93%。这些期刊过去平均每年发表公司治理文献64.16篇。文献在某一时期出现的数量和速度在某种程度上可以反映该领域研究的理论水平和发展速度。从公司治理文献数量的年度分布来看，公司治理的发文数量在逐年增多。1986年以前，公司治理文献的年发表量仅是个位数，20世纪80年代末和20世纪90年代初公司治理文献发表量还未超过20篇；而1994年公司治理文献数量骤增至59篇，贡献率增至近3%。2000年，公司治理文献的年发表量达54篇；2001年以后公司治理文献在期刊上的年发表总量急速增加，并于2009年突破200篇。2010年公司治理文献发表量巨增至215篇，仅此一年贡献率已达10.81%。公司治理文献数量年度分布详见图2-4。

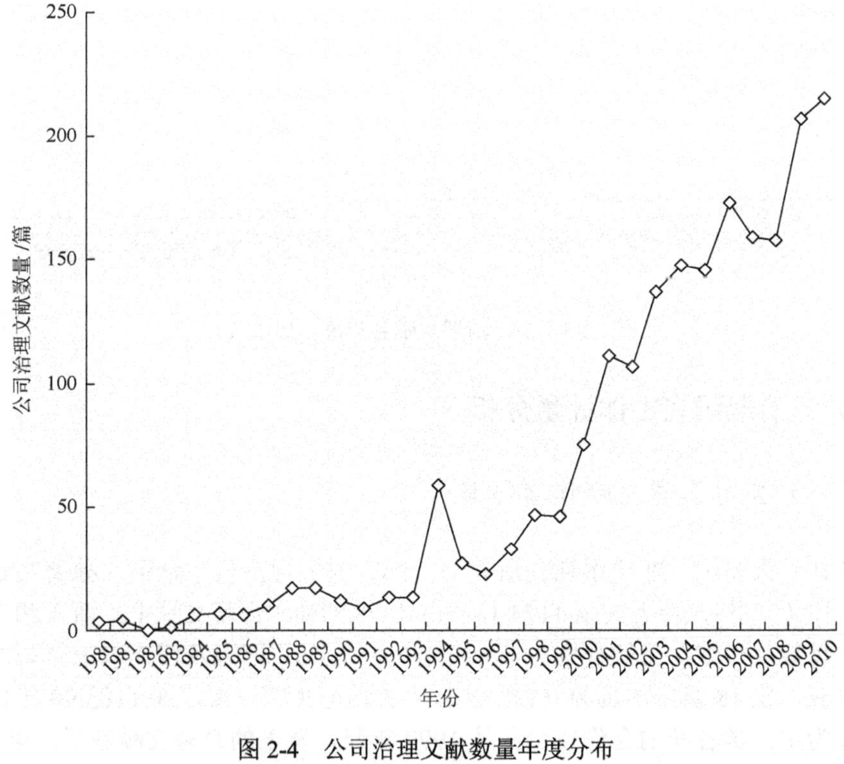

图2-4 公司治理文献数量年度分布

20世纪90年代中期以后，公司治理越来越成为一个热点问题，受到学界的重视，该领域的重要研究成果也随之越来越多。无论是某年发表公司治理文献的数量占某年发表全部文献数量的比例（比例 1），还是某年发表公司治理文献的数量占 1980～2010 年公司治理文献总量的比例（比例 2），在 1994 年以后均呈现出快速增长态势，详见图 2-5。

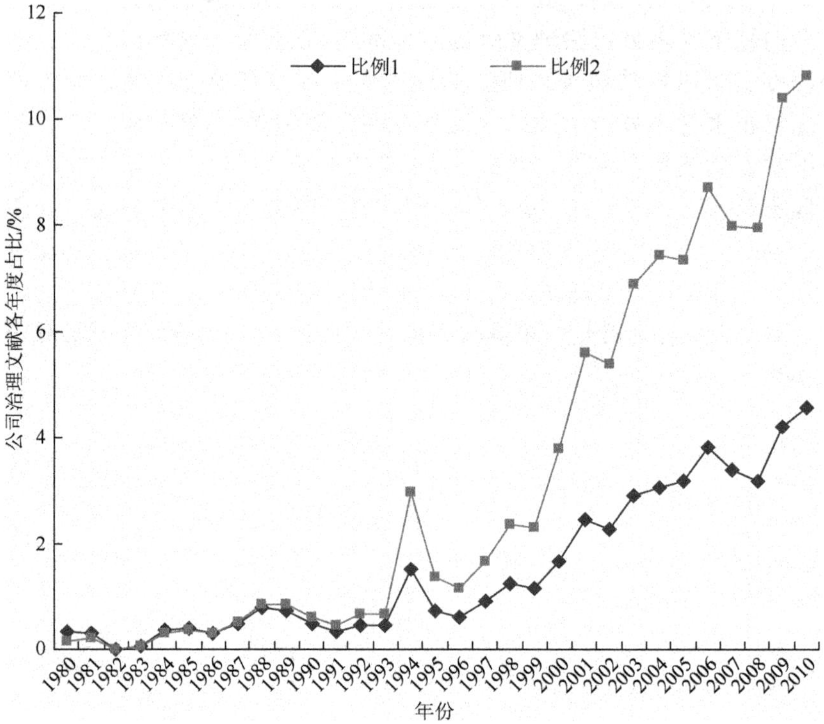

图 2-5　公司治理文献各年度占比情况

四、公司治理研究主体计量分析

（一）公司治理文献作者数量

统计结果显示，在样本期刊所载的 1989 篇公司治理文献中，独著文献 816 篇，占比 41.03%；合著文献 1173 篇，占比 58.97%。合著文献中，两人和三人合著的文献数量最多，比例分别为 39.42%和 16.64%；四人及四人以上合著的文献数量鲜有，仅 18 篇，比例为 0.90%。从历史动态角度来看，20 世纪 90 年代之前以独著为主，学者间的合作较少；从 1997 年起，发表的合著文献数量逐渐上升；2004 年合著文献数量首次过半，并稳步上升；至 2010 年，合著文献占当年所发公司治理文献总量的比例高达 82.79%。由此可见，我国对公司治理的研究开始以个人研究为主，随着研究的深入和成熟，研究也越来越朝着合作的方向发展。

（二）公司治理文献第一作者单位

在 1989 篇文献中，第一作者未标明所属单位的有 88 篇，因此，我们仅对剩下的 1901 篇有该信息的文献进行分析，得出公司治理文献第一作者所属单位的情况。在这 1901 篇公司治理文献中，共有第一作者 1365 人，分布在 347 个单位（第一作者标注多个所属单位情况的，我们取排序第一的单位）。

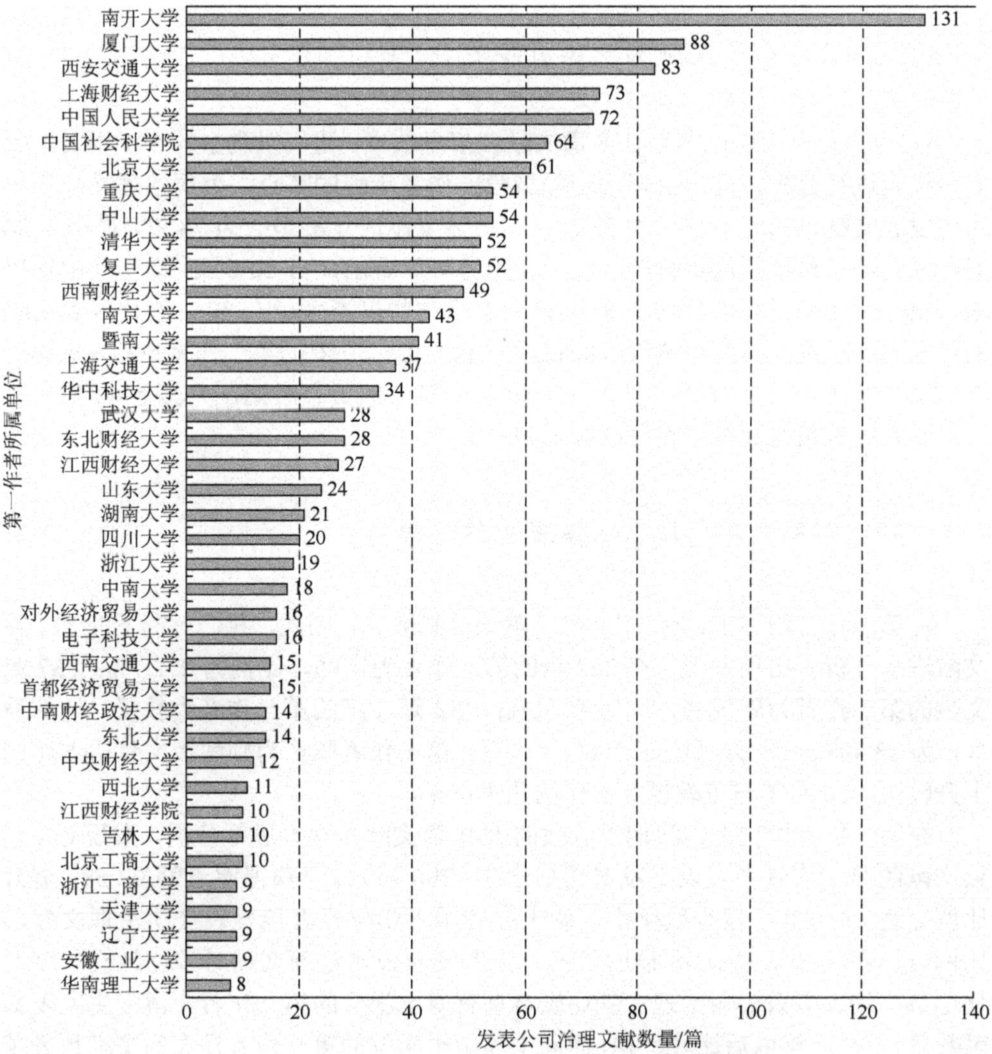

图 2-6　第一作者所属单位发表公司治理文献数量情况

统计出的341家单位涵盖了222所高校，所发公司治理文献占总数的87.78%，说明高校是公司治理研究的主要阵地；119家非高校单位，发文数量所占比例较低，但在非高校单位中，中国社会科学院发文数量较多。1980～2010年平均每家单位发表公司治理文献5.57篇。其中，超过一半的单位文献发表数量仅为1篇，近九成的单位发表数量不足10篇。具体见图2-6。

发文数量最多的单位为南开大学，发文数量高达131篇，发文比例为6.9%。此外，厦门大学、西安交通大学、上海财经大学、中国人民大学、北京大学、中国社会科学院、中山大学、重庆大学、复旦大学和清华大学等发文数量也较多。

（三）公司治理文献第一作者年龄

在第一作者年龄上，有1398篇文献该信息缺失，我们以剩余的591篇文献数据为样本进行分析，得出公司治理领域第一作者年龄的特点。公司治理文献第一作者发表文献时的年龄平均为38.78岁，发表文献时年龄最大为78岁，最小为24岁。通过第一作者平均年龄的年度变化趋势可以看出，自20世纪90年代中期以来，第一作者的平均年龄均为37～40岁，变化幅度不大。在30～40岁发表文献的作者共291位，占总作者人数的将近一半；40～50岁的第一作者也相对较多，有175位，占比近30%。可见，30～50岁是学者的黄金时期，尤其是40岁左右时，学者既有精力又有了充分的学术积累。

（四）公司治理文献第一作者职称与学位

在第一作者职称上，有1178篇文献该信息缺失，因此，我们对剩下的811篇文献进行分析。结果发现，有222篇的第一作者为讲师，比例为27.37%；237篇文献的第一作者为副教授，比例近30%；352篇文献的第一作者为教授，比例最大，为43.40%。图2-7显示，2000年以后，第一作者职称为副教授文献所占比例上升较快，2009年与正教授所占比例几乎持平。

在第一作者学位上，我们以有效的899篇文献为样本进行分析，发现有849篇文献的第一作者在发表文献时为博士生（206篇）或已获得博士学位（589篇），比例高达94.44%；极少数硕士、硕士生和学士学位作者能发表公司治理文献，比例合计不到8%。图2-8描述了第一作者发表公司治理文献时学位结构年度变化趋势。绝大多数公司治理文献均出自具有博士学位的第一作者，博士生发表文献数量自2004年以后比较平稳，而硕士和学士学位的第一作者发表的文献数量越来越少。

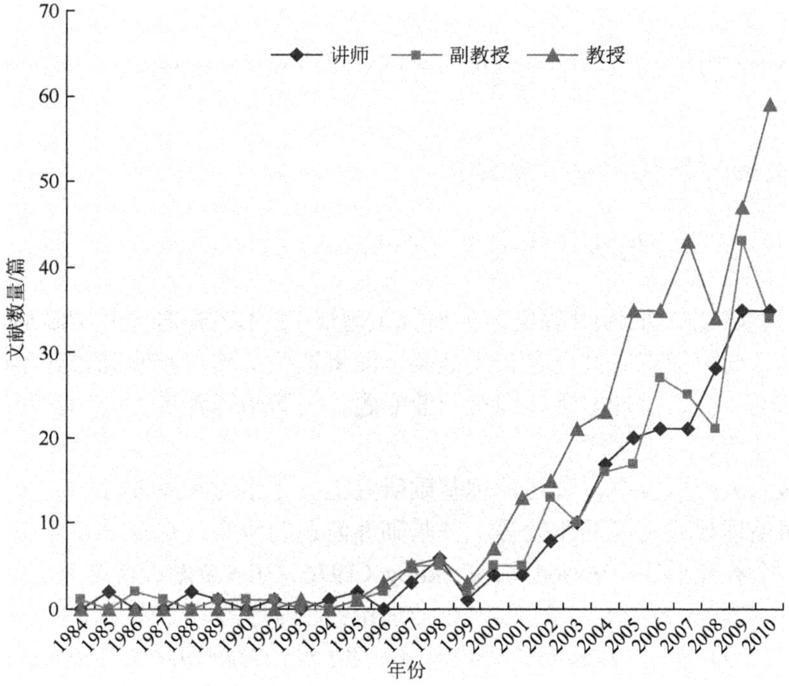

图 2-7　第一作者职称情况趋势分析

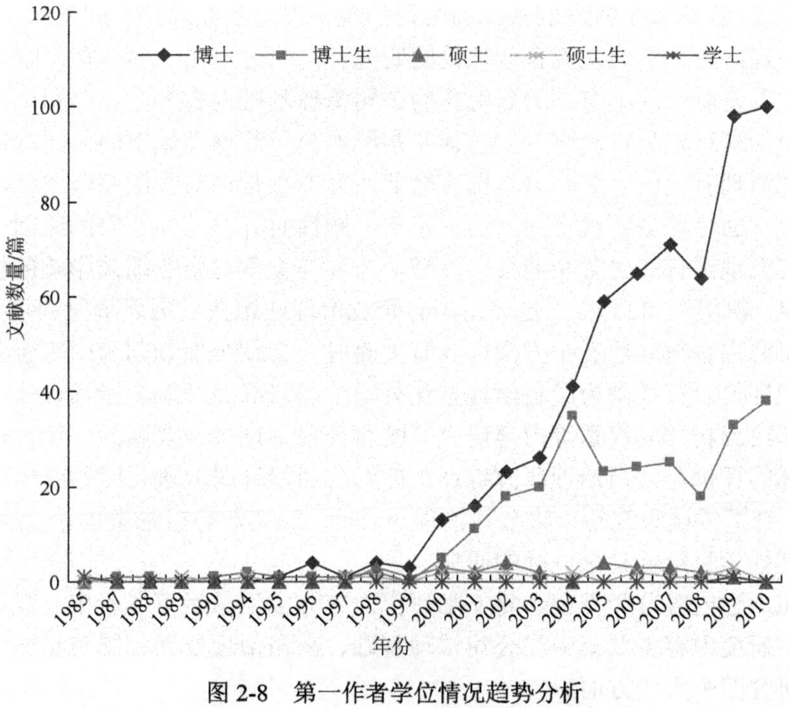

图 2-8　第一作者学位情况趋势分析

第五节 公司治理研究内容、方法与对象计量分析

一、公司治理研究内容计量分析

（一）公司治理研究内容总体分析

为了更好地分析 1989 篇文献的研究主题情况，本节在对这些文献通读的基础上，建立了公司治理研究内容分类框架，即将这些文献按照研究内容不同分成公司治理基础、公司治理要素、国有企业专题、公司治理评价、公司治理研究综述和交叉领域研究六个大类。

在这六大类内容中，公司治理基础研究主要是指对于企业理论、公司治理概念和公司治理模式与国际比较等一些基础性问题的研究。这里需要对企业理论的分类做一个补充说明。Jensen 和 Meckling（1976）在《金融经济学杂志》（*Journal of Financial Economics*）上发表的《企业理论：管理行为、代理成本和所有权结构》（*Theory of the Firm：Managerial Behavior，Agency Costs and Ownership Structure*）一文中提出代理成本（agency cost）的概念。该文把作为委托人的股东与代理人、经理人之间的利益冲突明确为企业的代理问题，从此降低代理成本成为公司治理研究的主题。代理成本概念的提出为公司治理与现代企业理论之间架起一座桥梁，使公司治理问题与现代主流企业理论的研究有机地融合在一起（郑志刚，2004）。因此，本节将企业理论有关的研究作为公司治理基础内容之一。公司治理要素研究即公司治理结构与机制研究，具体是指经典公司治理理论下的公司内部治理和公司外部治理有关内容的研究。国有企业研究专题是针对我国在转型经济时期的特殊环境下面临的主要现实问题而提出的专题性研究。这样分类的原因一是考虑已有研究发现国有和民营企业公司治理、产权与竞争对企业绩效影响的机理是不同的（胡一帆等，2005）；二是突出国有企业治理问题在我国现阶段的重要性，在其具体研究内容与其他五个方面内容有重叠时，文献全部划归为国有企业专题。公司治理评价研究是指为了科学地量化公司治理状况而开展的指标设计、评价标准建立和给出科学的权重等内容研究，既有公司治理某一要素的评价，也有公司治理整体的评价。公司治理研究综述，即对公司治理研究进行回顾分析和疏理类的文献。交叉领域研究是指将公司治理与会计、经典财务投融资理论、战略管理、法学等其他学科结合起来进行的研究。

按照上述内容分类框架，将文献研究内容分类汇总后可以看出，我国公司治理文献的研究内容主要集中在公司治理基础、公司治理要素、国有企业专题、交叉领域研究四个大的方面。

从文献数量上看，公司治理要素研究和国有企业专题研究的文献分别占到全部治理文献数量的 44.49%和 19.51%，是学术界研究的核心和焦点。在国外，公司治理要素的研究也是公司治理研究的最核心内容，国内外很多经典的公司治理文献综述结构都是按照治理要素内容来展开的。国有企业公司治理专题作为一项专题性的研究，在我国经济转型过程中一直是理论界和实务界所关注的问题，这一类的研究文献占到了全部文献总量的 19.51%。鉴于国有企业在我国国民经济和资本市场中所占据的重要地位，国有企业改革和治理问题势必在将来相当长一段时期继续作为理论与学术研究的热点问题。

交叉研究领域文献总量达到了 367 篇，文献所占比例为 18.45%，排在六类中的第三位。其中，财务及会计是与公司治理结合最紧密的学科，相关文献分别达到了 191 篇和 108 篇，如姜付秀等（2008）对投资者利益保护与股权融资成本关系的研究。近几年兴起的交叉领域是法律学科，关注外部法律环境对公司治理的影响。传统上，公司治理研究主要关注治理与公司绩效之间的关系，虽然取得了很多成果，但这一研究思路忽略了治理背后更重要、更基本的因素，即公司所处的制度环境。公司总是处于特定的制度环境中，并且其行为倾向于趋利避害，适应所处环境，因此，公司治理结构在很大程度上内生于公司所处的制度环境（夏立军和陈信元，2007）。实际上，除了法律制度外，媒体、公司税、公司间股利税和遗产税等税务实施都发挥着公司治理角色的作用（郑志刚，2007）。交叉领域研究还有审计、战略管理、社会学和宏观经济等。

公司治理基础研究的文献数量是 254 篇，反映出我国学者对于公司治理基础性问题的重视。治理综述类和评价类研究文献相对较少，综述类的公司治理文献为 51 篇，比例为 2.56%；公司治理评价领域的研究文献占到文献总量的 2.21%，详见图 2-9。随着我国公司治理原则的制定和推广，公司治理实践的深入，公司治理评价体系的确立和规范都具有十分重要的理论和现实意义。文献研究内容在时间维度上发生的变化可以反映出本领域的研究热点和发展趋势。

从图 2-10 中可以明显观察到，我国公司治理领域的研究大致可以划分为三个阶段。第一阶段（1980～1990 年）是公司治理理论体系探索阶段，也是国有企业专题研究阶段。该阶段的文献研究主要集中于国有企业专题研究方面，该阶段发表的 83 篇治理文献中有 82 篇文献是国有企业专题的研究，仅在 1986 年出现 1 篇关于公司治理模式与国际比较的文献。第二阶段（1991～2000 年）是我国公司治理研究理论体系形成阶段，公司治理领域的研究正处在厚积薄发时期。这一阶段研究的特点是理论研究与我国公司治理实践的融合，文献研究的领域开始向公司治理要素、交叉领域研究及公司治理研究综述等多领域扩展。第三阶段（2001～2010 年）是我国公司治理研究理论体系深化阶段，公司治理作为一门新兴学科领域进入了全面快速发展时期。在此阶段，公司治理文献总量显著高于前两个阶段，特别是公司治理要素研究和相关交叉领域研究两个领域的文献数量有了十分明显的增加。

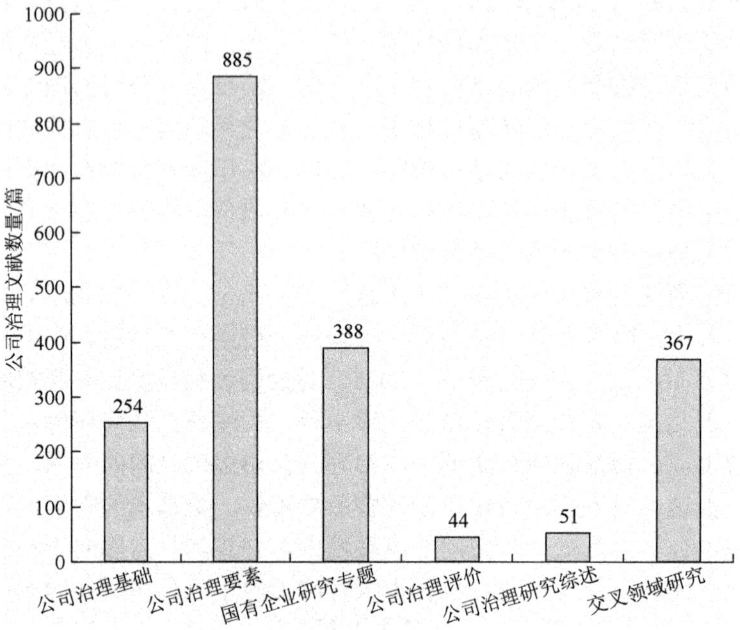

图 2-9 公司治理文献研究内容情况统计

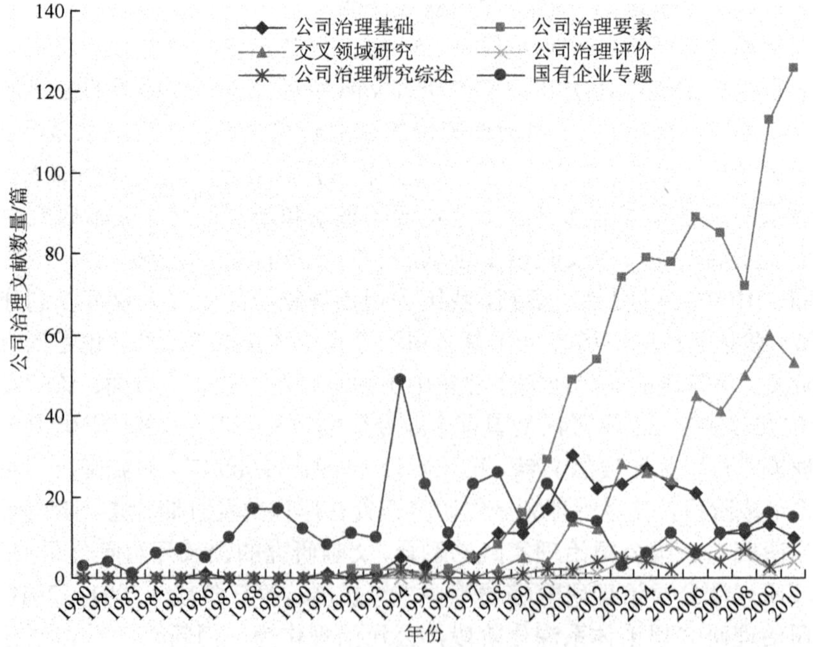

图 2-10 公司治理文献研究内容趋势分析

（二）公司治理要素研究分析

本章借鉴参考 Shleifer 和 Vishny（1997）、Denis（2001）、Denis 和 McConnell（2003）、Gillan（2006）、郑志刚和孙娟娟（2009）、Bebchuk 和 Weisbach（2010）公司治理研究中，对内外部公司治理要素研究内容的分类框架。公司内部治理要素研究可以分为股东股权结构、董事会治理、独立董事、高管治理、监事会治理（这是英美治理模式所不具有的治理要素）、政治联系（一个新兴研究领域）等方面；而公司外部治理要素可以分为债权治理、并购与控制权、产品市场竞争、利益相关者、声誉机制与第三方、投资者关系、信息披露等方面。近 20 年来，公司治理与公司业绩之间实证研究结果存在矛盾，导致这种结果的主要原因是，已有的实证研究在方法论上存在缺欠；研究内容过于局限在对单一治理要素的作用进行分析，而对多种治理要素的互动性缺乏研究，需要建立一种公司治理研究的“均衡观”（宁向东，2003）。因此，还有一类公司治理要素研究是涉及多个治理要素的，可能是多个内部治理要素或者多个外部治理要素，也可以是内外部治理要素均有，这类研究本章将其划分为综合类。

通过对公司治理要素的具体研究内容进行分类汇总分析发现，我国学者对于公司治理要素的研究主要集中在公司内部治理要素研究领域，该类文献占治理要素文献的比例达 71.64%，见图 2-11。

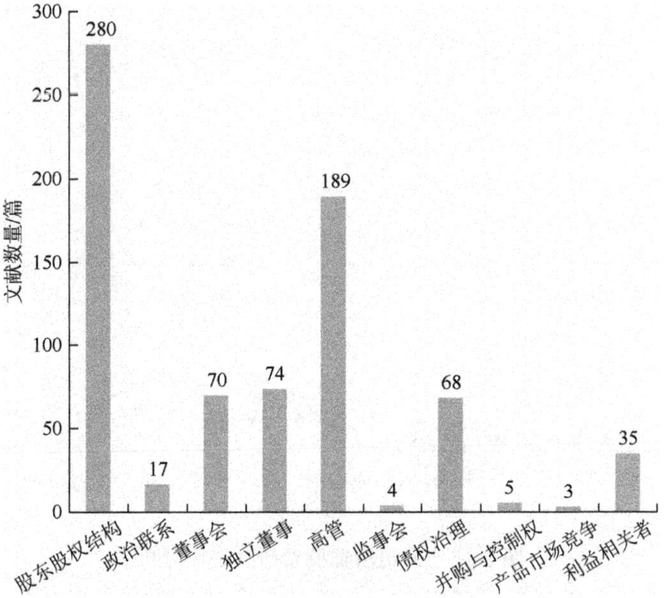

图 2-11　公司治理要素研究情况统计

在内部治理要素研究的文献中，绝大多数研究的是公司股东股权结构、高管治理和董事会治理问题（包括董事会规模结构、董事激励约束等一般董事会治理问题和独立董事制度两个方面）。而有关监事会治理研究的文献相对而言非常少，仅有 4 篇。这一现象也反映出了我国当前的公司制度建设所面临的现实问题和困惑。监事会在我国公司治理实践中难以发挥积极作用，关于监事会制度与独立董事制度的关系、监事会在公司权力机构设置中的位置、监事会成员的构成、监事的提名、责任与权力的配置等问题还没有统一的认识，而这些恰恰正是需要学术界充分关注的研究领域。在内部治理要素中，还有一个新兴的领域——研究董事、高管等政治联系对公司的影响（罗党论和刘晓龙，2009），本章将其单独划分为一类。此外，通过历年公司治理要素研究内容的动态比较，不难发现，作为公司治理基础的股东股权结构一直是公司治理要素研究的核心，而且自 2004 年以来，对股东股权结构进行研究的文献数量增长速度远远高于其他要素研究；对高管相关问题的研究自 2004 年后保持相对稳定的态势，见图 2-12。

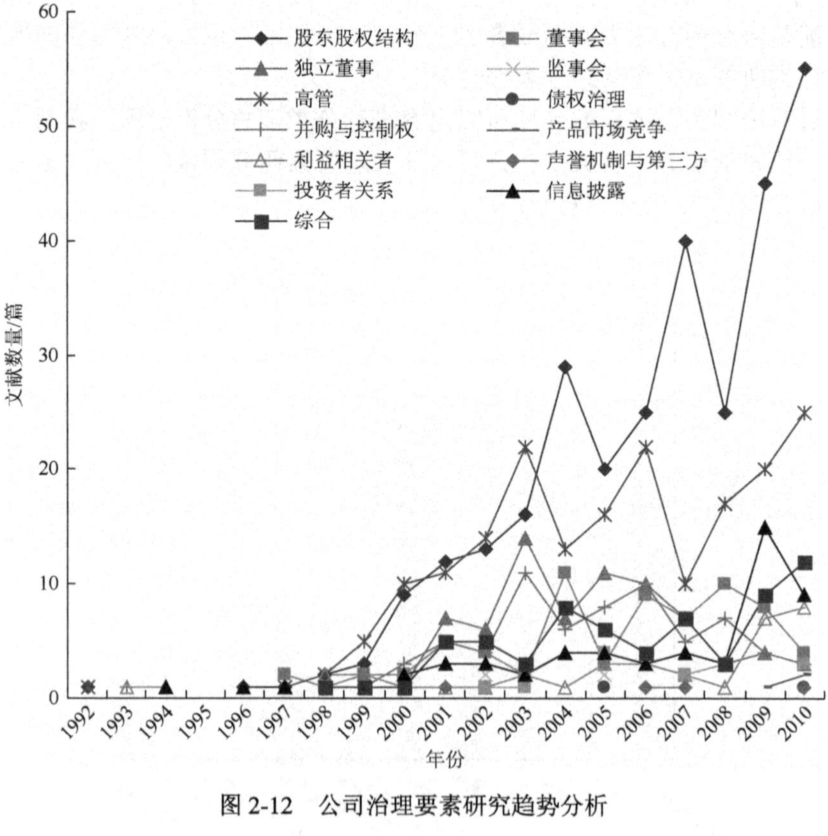

图 2-12　公司治理要素研究趋势分析

在公司外部治理要素研究方面，总体文献数量较少，这与我国“用手投票”

的公司治理模式相吻合，而与“用脚投票”的英美治理模式恰恰相反。外部治理要素文献主要集中在债权治理、信息披露和利益相关者方面的研究，而并购与控制权、产品市场竞争和声誉机制与第三方方面研究的文献数量相对较少，尤其是产品市场竞争方面的文献数量仅有3篇，这与我国市场垄断程度有一定关系。随着我国市场化程度的进一步提高，这方面研究会有所增加。从动态来看，除了信息披露方面研究数量最近两年有较大增加，其他外部治理要素的研究仍然保持较低比例，见图2-12。

二、公司治理研究方法计量分析

（一）公司治理研究方法总体分析

管理学的基本研究方法可以分为演绎法、归纳法和实验法三大类。其中，演绎法是一种从简化的事实出发，通过逻辑分析寻找一般性规律的方法，规范研究就是演绎法的一种。归纳法是从典型到一般的研究方法，实证研究法就是典型的归纳法。实验法理论上可以获得接近真理的结论，但是管理活动十分复杂，实验设计难以完全模拟，因此这种方法处于刚刚起步的阶段。实证研究法是通过对研究对象进行观察、调研等，获得客观信息和数据，从典型个别到一般，归纳出事物本质属性和发展规律的研究方法。本章对实证研究法的理解采用狭义的定义，即基于计量方法的大样本分析方法，而将实证研究中的调查研究和案例研究作为独立的一种研究方法。因此，公司治理研究文献所使用的研究方法可分为五大类，即规范研究、调查研究、案例研究、实证研究和实验研究。

在界定好研究方法分类框架后，本章逐一对每一篇文献的研究方法进行确认，当样本文献选择多种研究方法时，选择研究主要问题时所使用的核心方法作为该文献的研究方法。统计结果显示，有1090篇即超过一半文献研究采用了规范研究方法。规范研究方法是管理领域特别是工商管理领域最为普遍使用的研究方法，一般适用于研究公司治理领域的基本概念、企业理论、国有企业专题等基础性问题。在数量上仅次于规范研究方法的是实证研究，合计有803篇文献；采用案例研究方法的文献有48篇；采用调查研究方法的有42篇；而采用实验研究方法的只有6篇，见图2-13。

各种研究方法的采用比例动态变化趋势如图2-14所示。规范研究法的使用频率大幅度下降，在采用规范研究法的文献中，超过800篇是2005年之前发表的；而2000年以后基于大样本计量的实证研究法逐渐被大量采用，调查研究法、案例研究法尽管比例较低，但是数量也逐渐增多。鉴于现有数据库大都只涵盖了上市

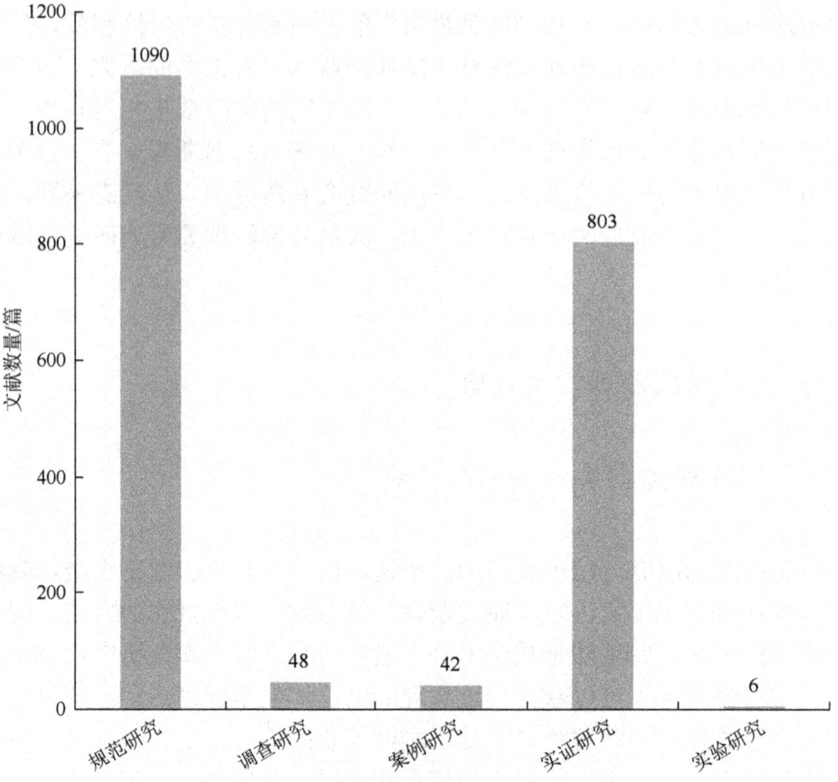

图 2-13　公司治理研究方法情况统计

公司的信息，学者往往在研究上市公司有关内容没有数据库支持及研究非上市公司问题时开展调查工作。例如，田志龙等（1998）通过实际访问、查阅报刊、通信索取等方式调查分析了我国百家股份公司治理结构的一些基本特征；谷书堂等（1999）通过发放调查问卷对中国上市公司内部治理状况进行了详细分析。还有学者着眼于典型案例，寻求问题的解决方案。例如，陈信元等（2003）对佛山照明公司治理与现金股利关系进行了研究；陈汉文等（2005）对开我国上市公司双股东大会先河的宏智科技案例进行分析；吕长江和肖成民（2006）基于阳光集团对民营上市公司所有权安排与掏空行为进行研究。近年来，实验研究也逐渐受到重视，成为公司治理领域新兴研究方法。

（二）公司治理实证研究方法分析

考虑到实证研究是公司治理研究领域目前和未来一段时间主要的研究方法，本部分对相关实证研究方法做了进一步分析。通过对这些文献研究方法的初步分

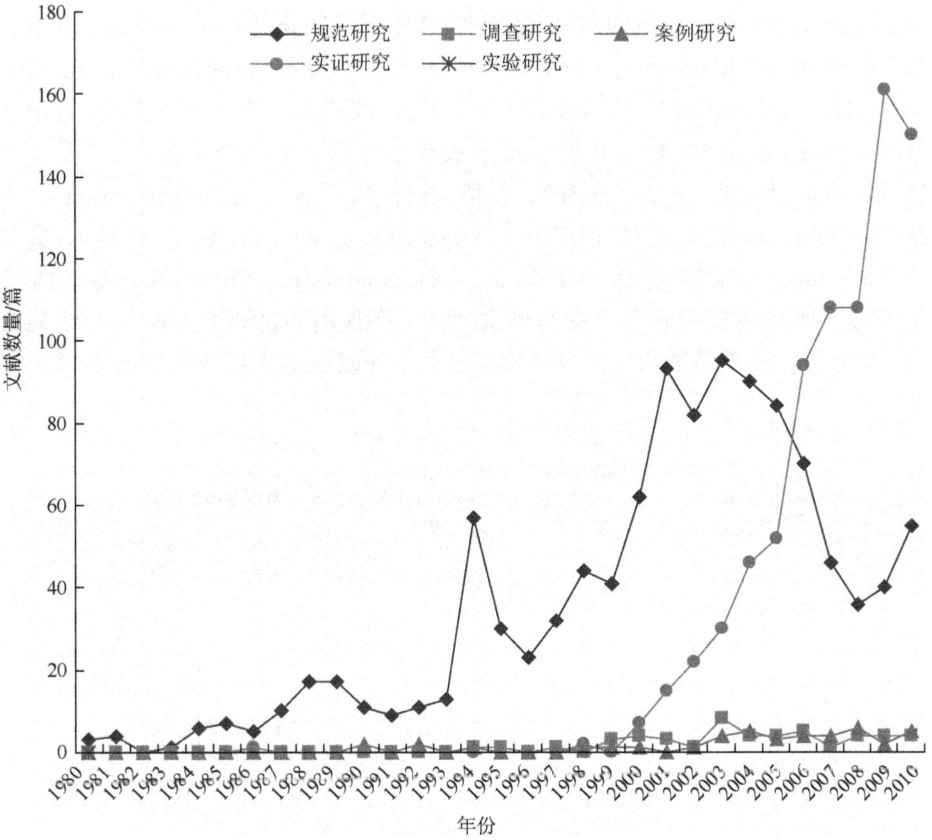

图 2-14　公司治理研究方法趋势分析

析，我们发现，已有公司治理研究涉及的实证方法主要有统计方法、回归分析方法、交叉学科方法三大类。当然每篇文献使用到的实证研究方法可能是一种，也可能是多种。统计发现，803 篇文献使用的实证研究方法涉及的统计方法有：描述统计（descriptive statistics）、相关分析（correlation analysis）、参数非参数检验（parametric and nonparametric tests）、层次分析（analytic hierarchy process，AHP）、方差分析（analysis of variance，ANOVA）、灰色关联（grey relational analysis）、聚类分析（cluster analysis）、路径分析（path analysis）、判别分析（discriminant analysis）、因子分析（factor analysis）。回归方法有：最小二乘回归分析（ordinary least squares，OLS）、偏最小二乘回归分析（partial least squares，PLS）、加权最小二乘回归分析（weighted least squares，WLS）、广义最小二乘回归分析（generalized least squares，GLS）、层级回归（hierarchical regression）、差分回归（differential regression）、分组回归（grouped regression）、广义线性模型（generalized linear model，GLM）、逻辑回归（logistic regression）、两阶段最小二乘回归分析（2 stage least squares，2SLS）、三阶段最小二乘回归分析（3 stage least squares，3SLS）、结构方程（structural equation model，SEM）、联立方程（simultaneous equation）、广义矩估计（generalized method of moments，GMM）、似不相关回归（seeming unrelated regression，SUR）、面板（panel data）、时间序列（time series）。交叉学科方法有：事件研究法（event study）、蒙特卡洛模拟（monte carlo simulation）、神经网络（neural networks）、数据包络分析（data envelopment analysis，DEA）、数据挖掘（data mining）、随机前沿（stochastic frontier analysis，SFA）等。图 2-15 给出了使用频次较高的实证研究方法的频次统计。在使用实证研究方法的 803 篇文献中，使用两种实证方法的有 111 篇文献，使用三种或以上实证方法的有 14 篇文献。

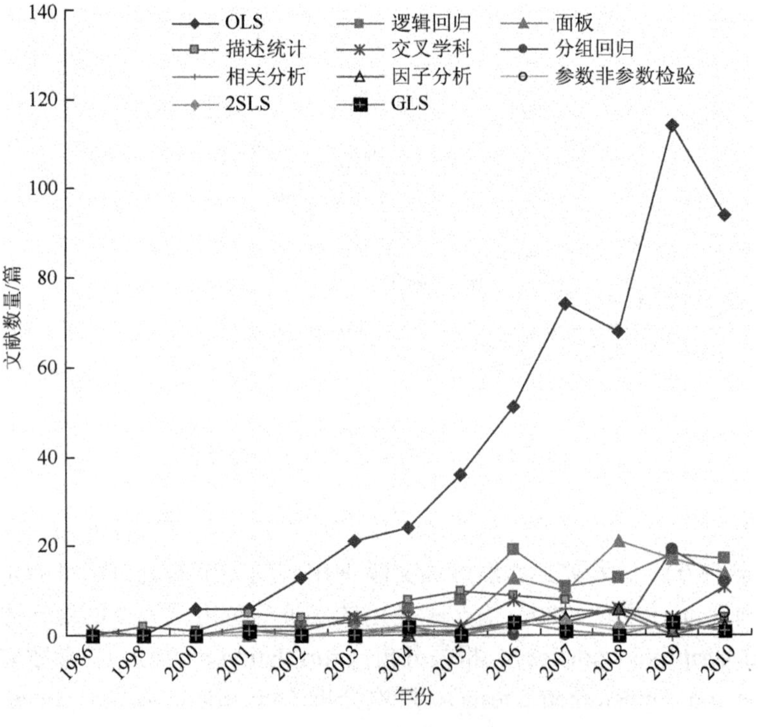

图 2-15　公司治理实证研究方法趋势分析

分析发现，在诸多实证研究方法中，最常采用的是最小二乘回归分析，有 507 篇文献涉及该方法，而且大都出现在 2000 年以后，见图 2-15。最小二乘回归分析是计量经济学首先介绍的回归分析方法，而且在软件中的操作相对简单。同时，最小二乘回归分析既适应于截面数据，也可以应用于面板数据，因此最小二乘回归分析广泛被公司治理研究者所使用，但实际上应用最小二乘回归分析对于随机误差项等有很多计量要求。近年来，公司治理领域研究的问题更加细致，更加注重各种方法的应用前提，实证方法更为多元化。例如，对最小二乘回归分析适用假设进行完善，加权最小二乘回归分析、偏最小二乘回归分析、两阶段最小二乘回归分析、三阶段最小二乘回归分析等被逐渐采用；对于因变量为顺序变量或者名义变量的情况，导入了逻辑回归（logit、probit 和 tobit）方法。伴随着 CSMAR、WIND、CCER 和 RESSET 等数据库的发展，研究样本的期间越来越长，特别是上市公司，目前可以获得 10 年或者更长周期的数据，这使得 2005 年以后很多公司治理文献使用 Panel Data 方法来进行研究，见图 2-16。

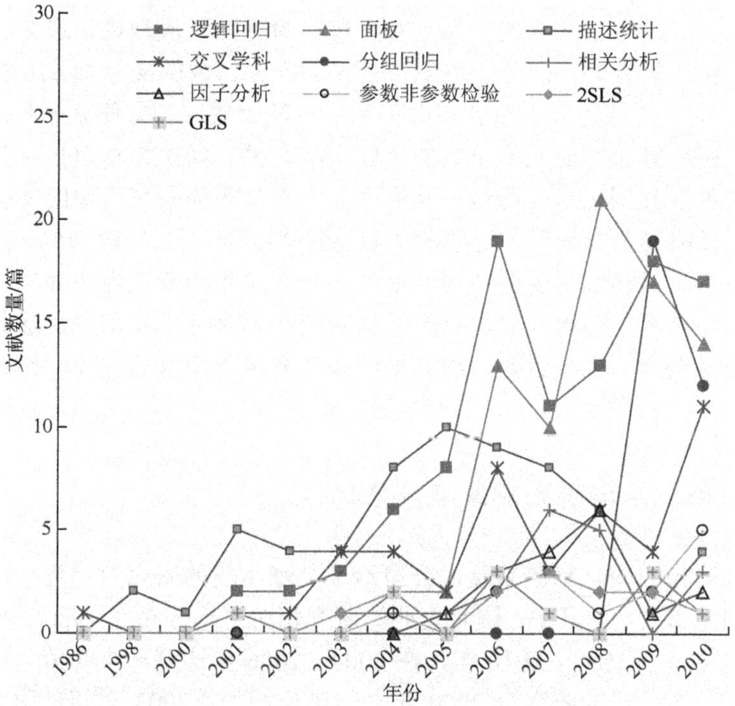

图 2-16 OLS 之外的实证研究方法趋势分析

三、公司治理研究对象计量分析

（一）公司治理研究对象总体分析

研究对象是研究过程的载体，是分析特定研究问题所需要样本和信息的来源。本章首先将研究对象划分为若干大类，并对其主要构成做分析。具体来说，首先，第一大类研究对象是一般企业，即概念上的企业；第二，研究对象按照控股股东性质分为国有企业、民营企业、家族企业、集体企业；第三，按照上市与否，分为一般上市公司和特定控股股东的上市公司，其中特定控股股东的上市公司划分到国有企业、民营企业、家族企业、集体企业相应的研究对象中；第四，对于金融机构来说，其治理具有较强的特殊性，因此单独划分为一类，不考虑其控股股东和上市与否的问题；第五，特殊行业（如传媒、风险投资、高科技企业、航空公司和会计事务所等）和网络组织特殊组织形态（如供应链、企业集团、跨国公司、企业间网络、战略联盟）的研究对象。

对公司治理研究不同对象的统计分析发现，在 1989 篇文献中，以一般企业为研究对象的有 869 篇，占全部的 43.69%，占绝大多数。这表明公司治理领域的研究选取一般企业是十分普遍的，而且对于公司治理的一般理论，选取一般企业这一研究对象也是契合的。同时，以上市公司为研究对象的文献有 576 篇，占全部的 28.96%。这一方面因为上市公司数据和信息较为透明，方便获得和研究；另一方面和实证研究方法逐渐成为研究的主要方法有关。如果将特定控股股东作为研究对象的文献划分到上市公司这一类中，以上市公司为研究对象的文献数量将达到 635 篇。以国有企业为研究对象的文献总计 380 篇，占比 19.11%。此类研究也是关注的重点，这和我国的特殊国情密不可分，国有企业在经济地位中的突出地位和特殊治理难题，使得针对国有企业的研究格外具有现实意义。除此以外，金融机构、民营企业、家族企业、网络组织的研究也逐渐获得关注，研究成果也丰富起来。

（二）公司治理研究对象趋势分析

从研究对象的变化趋势来看，公司治理文献主要的研究对象包括国有企业、一般企业和上市公司。其中，国有企业的研究相对平均分布在 1980～2010 年；一般企业主要集中于 1998～2010 年，在 2004～2006 年达到一个峰值，之后开始逐年降低；而上市公司的研究自 2000 年之后迅速增加，2003 年超过国有企业研究对象的数量，2009 年与一般企业研究对象的数量持平，2010 年上市公司作为研究对象的文献远远多于其他对象，见图 2-17。

此外，剔除国有企业、一般企业和上市公司三大主要研究对象后，图 2-18 显示，2000 年以后，以包括银行、证券公司、基金等在内的金融机构作为研究对象的文献数量有显著增加的趋势。一方面，银行等金融机构治理确实存在一定的特殊性，银行业具有很高的财务杠杆，保护存款人的利益是银行业公司治理的关键，这使银行业需要政府监管职能的介入以实现有效治理（阎庆民，2005）；另一方面，1998 年和 2008 年两次金融危机使得监管部门和学者认识到金融机构治理的重要性，与一般企业相比，金融机构治理风险具有累积性和超强的破坏性。2004 年以后，民营企业和家族企业的研究也在稳步增加，尽管它们占总体的比例不是很高。

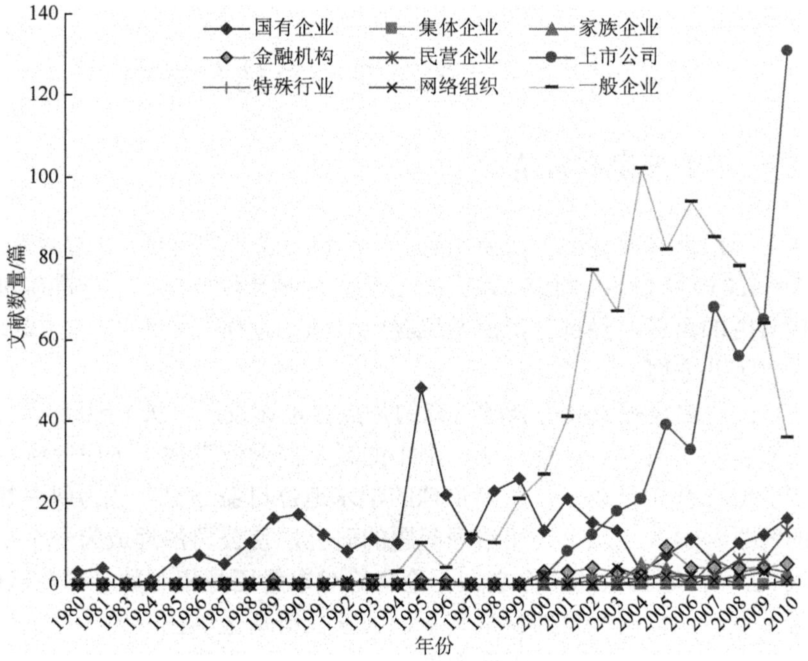

图 2-17　公司治理研究对象趋势分析

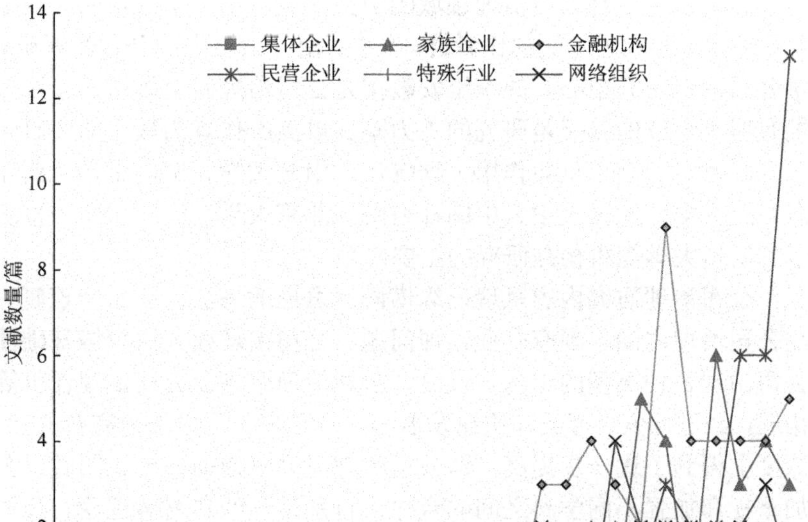

图 2-18　部分公司治理研究对象趋势分析

第六节 公司治理研究总结与展望

一、我国公司治理研究总结

我国公司治理研究经历了从无到有、从基础到深入的过程，通过对 25 种重要期刊 1980～2010 年发表的 1989 篇公司治理文献的计量分析，以期准确刻画我国公司治理研究的路径。经过分析，发现我国公司治理研究取得了一定成绩，具体来说，有以下几方面。

第一，公司治理领域成为金融研究的热点并迅速发展。从 1980 年至今，公司治理从不被关注到被学者重视，从一个小的科学问题演变成一个研究领域，特别是 20 世纪 90 年代中期以来，公司治理的学术地位日益凸显，成为研究热点，越来越多的跨学科学者在从事公司治理问题的研究，使公司治理成为一个新兴且热门的领域。公司治理相关的研究文献无论是绝对数量还是相对数量都在迅速增长。当然，统计发现包括国家自然科学基金、国家社科基金等在内的各种类型基金的资助也是推动公司治理研究的重要力量。

第二，一批人员和机构成为公司治理研究的主力军。作者是推动研究发展的第一要素，高产作者更是公司治理领域的中坚力量。统计结果表明，我国公司治理作者已达千人，形成了广泛的作者群。其中，南开大学中国公司治理研究院（原南开大学公司治理研究中心）的李维安教授是公司治理研究领域的领军人物。40 岁左右拥有博士学位的教授是研究的主力军。以高产作者为核心的科研团队对公司治理研究的发展起到了重要作用，据统计，南开大学、厦门大学、西安交通大学、上海财经大学、人民大学、中国社科院、北京大学、中山大学、重庆大学、复旦大学和清华大学等机构是研究的主要阵地。

第三，公司治理研究内容呈现出纵横同时发展的态势。公司治理研究已经由最初关注公司治理内涵、国有企业治理问题、公司治理模式比较等基础性问题，逐步向公司治理各种类型的结构与机制、公司治理原则及公司治理评价等重要研究内容拓展，经过探索、形成和快速发展等研究阶段，形成较为完善的理论体系，在研究深度上得到了进一步提高，即公司治理研究纵向的拓展。同时，公司治理研究更加重视和加强不同学科之间的合作，特别是与经典财务理论、公司会计和法律等领域的结合，使得公司治理理论发挥了更大的解释力，这是公司治理研究的横向拓展。

第四，公司治理研究及时回应重大现实问题。理论研究服务于实体经济是任何理论常青的基石。对公司治理的兴趣不仅来自学术界，政策制定者和公司管理者也将很大的精力与注意力放在了如何制定良好的公司治理制度上（姜国华等，

2006）。20 世纪 80 年代，我国公司治理研究领域完全集中于我国国有企业的治理专题，体现了学术界在国有企业公司制改革这一特定任务情景下的探索和思考。自 20 世纪 90 年代开始，随着我国证券交易所的成立，上市公司数量日益增加，公司治理文献研究的领域开始向公司治理要素、交叉领域研究等多领域扩展。进入 21 世纪后，我国公司治理研究进入了应用的新阶段，公司治理原则和公司治理评价的研究开始出现。

第五，研究方法实现了从规范到实证的转变。在研究方法方面，早期主要采用的是规范分析方法，通过逻辑推理和演绎研究相应的问题，而实证研究方法较少。最近 10 年，规范分析方法占所有方法的比例逐渐下降，而实证研究方法则逐渐增多，与国际期刊接轨。在各种实证研究方法中，普通最小二乘回归分析所占比例最大。近两年随着研究严谨性的提高，偏最小二乘回归分析、广义最小二乘回归分析、两阶段最小二乘回归分析和三阶段最小二乘回归分析也被部分学者采用。2005 年以后，随着上市公司数据的积累，面板数据的分析逐渐增多。

第六，公司治理研究对象日益多元化。从总体上看，研究对象的选取涵盖了一般企业、上市公司、国有企业、家族企业、金融机构、特殊行业公司、网络组织等，覆盖面极其广泛。前期公司治理研究主要是以一般企业和国有企业为主体，具有很强的中国特色；而 2000 年以来，随着公司治理实践的不断深入，基于上市公司的公司治理研究数量迅速扩大，并成为主要研究对象。2008 年金融危机之后，以银行、证券公司、保险公司、基金等金融机构作为研究对象的相关研究也日益增加。

第七，公司治理研究的规范性越来越高。在研究方法应用、文献篇幅、引文等方面公司治理研究的规范性逐渐增强，并逐步与国际接轨。例如，研究方法上应用实证研究方法时，一般都进行了假设前提检验、稳健性检验。文献篇幅上已经摆脱了最开始的低于 5 页，篇幅平均达到 8～10 页，篇幅不长可能是由于杂志篇幅限制等原因。目前的篇幅就研究问题详细程度来说，已经做出了较大的提高。从引文来看，引证文献是学术论著撰写中不可或缺的组成部分，而公司治理文献的引文质量越来越高，外文引文比例也逐年增加，2010 年外文引文比例已超 60%。

二、我国公司治理研究展望

我国公司治理研究在过去 30 多年间取得了不少成绩，就未来公司治理领域研究来说，以下方向或者问题还有待进一步深入。

第一，公司治理理论基础问题研究。已有基础理论研究涉及公司治理含义、公司治理原则、公司治理模式、企业理论等问题，但是对于公司治理领域中的核心概念，如公司治理成本与收益、公司治理风险与溢价、公司治理有效性、公司治理周期等，以及它们之间的逻辑关系需要深入研究，形成一个逻辑自洽的核心概念体系，为公司治理其他方面的研究提供基础支撑，这也是一个学科的立足之本。

第二，公司治理外部制度环境研究。公司治理制度的形成具有路径依赖的特性，这与各个国家和企业所处的环境因素是分不开的，制度环境决定治理效率（刘汉民，2002）。由于我国公司治理实践起步较晚，这种后发劣势导致与规范的公司治理相配套的制度环境、机构建设等方面还不成熟，影响了治理功能的行使（华锦阳，2002）。因此，需要关注外部环境，特别是法律环境、政策环境等对公司治理影响的机理及传导路径。

第三，公司治理要素问题研究。目前，在公司治理要素研究中，股东股权结构作为公司治理的基础，已经受到重视，研究文献也较多，其次是董事会和高管方面研究，而监事会有关研究较少。随着2006年新公司法的实施，监事会职能的强化与逐步完善，相关问题也会受到学者重视。在外部治理中，利益相关者共同治理对全球范围内的公司治理和公司立法改革产生了重要影响，随着利益相关者理论越来越被认可，关于利益相关者的多维细分与属性评分等问题都将是关注的热点（徐宁和徐向艺，2009）。

第四，公司治理有效性问题研究。在治理发展初期，公司按照法律法规的要求完善了内部治理结构，并在此基础上界定了股东大会、董事会和经理层的职责，即治理制度建立的过程。有了制度，就需要让这些制度发挥作用。公司治理有效性问题已经受到部分学者的关注（郑志刚和范建军，2007；郑志刚等，2007；汪昌云等，2010）。评价一个治理机制是否有效，最关键的因素就是看各种投资者（或利益相关者团体）受保护且不被公司管理层和有控制权的大股东侵害的程度（姚伟等，2003），这也是我国企业建设公司治理的重要目标。从这个意义上来说，随着我国公司法规和制度环境的逐步完善，公司治理有效性是未来治理领域的重要研究问题。

第五，中国特色公司治理问题研究。研究任何公司治理问题都需要将其融入一定的制度环境中。目前，对于公司治理研究层面已由微观和中观层面上升至宏观层面，涉及法律、政治、文化、历史、政府行为及其他（陈仕华和郑文全，2010），而中国是转轨经济新兴市场国家，公司治理存在很多特殊性。传统委托代理理论本质上是一种单委托代理理论，主要是针对以股权分散为主要特征的上市公司而构建的一种公司治理理论，不适合作为以股权相对集中或高度集中为主要特征的上市公司治理问题的分析框架（冯根福，2004），需要提炼和总结出中国式公司治理的研究主线和分析框架，揭示复杂背景下中国公司治理的演进逻辑与研究方向（李维安等，2010）。实际上，本书关于公司治理市场效应与溢价问题的研究就是中国特色公司治理问题的研究之一。

第六，特殊行业或者对象治理问题研究。除了宏观因素外，行业层面或者特定对象的中观层面因素也会影响公司治理的具体做法。例如，银行业公司治理问题的研究。商业银行治理所要解决的主要代理问题是股东与债权人、股东与监管者之间的利益冲突；在商业银行的公司治理机制中，外部治理的作用非常有限，内部治理机制是其核心（潘敏，2006）。还有很多行业或者特定的研究对象存在自己的特殊性，需要进一步挖掘其内在的本质。例如，郝臣（2011；2013；2015）关注保险公司治理问题，构建了保险公司治理研究的理论框架，并进行了相关的实证研究。公司治理的产生是与现代公司相联系的，但这一概念的使用已扩展到其他非公司制企业，如对医院、高校等非营利组织的治理研究，这也是未来的研究领域。

第七，交叉领域问题研究。公司治理的研究主线和核心内容决定了它必须综合性地运用多学科的分析方法。其中，最重要的就是管理学、法学和经济学研究方法，回答“是什么”这样问题，需借助于管理学的分析方法；由于公司治理的运行是在现有法律框架下进行的，为了回答清楚“是什么”的问题，还需借助于法学的分析方法（冯根福，2006）；回答“为什么”的问题，就需要经济学的分析方法。因此，公司治理研究必然涉及与法学、经济学内容的交叉，以及与管理中其他学科的交叉。

第三章　理论基础与相关文献述评

公司治理的市场效应和溢价研究除了涉及公司治理理论之外，还涉及估值理论、有效市场理论、信息披露理论和预期理论。本章分析了五大基本理论之间的关系，并在此基础上对公司治理与财务绩效、公司治理与股票价格、公司治理与超额收益之间关系的研究文献进行了梳理和分析。

第一节　理 论 基 础

一、公司治理理论

（一）公司治理学科的形成

自20世纪80年代公司治理作为一个科学问题提出以来，经过20多年的理论研究，公司治理作为一门独立学科存在的条件已经成熟（李维安，2005a）。公司治理已经从单一的某一方面的理论问题研究转向知识体系研究。目前，公司治理理论的研究正在发生以下转变：从法人治理结构到公司治理机制、从单个法人治理到集团治理、从国内公司治理到跨国公司治理、从传统形态的公司治理到网络条件下的公司治理、从定性研究到定量实证研究、从公司治理到企业治理、从被治理者的研究到治理者的研究、从营利性企业治理到非营利组织的治理、关注政府和社会的治理等。上述转变表明，公司治理的理论体系已经趋于成熟。随着理论研究的不断完善，公司治理的研究范围也已从一般理论研究拓展到应用研究。一是拓展到了公司治理实务，即公司治理原则的研究。自1992年英国制定出世界第一份公司治理原则《卡德伯利报告》（*Cadbury Report*）以来，目前全世界的国际组织、政府机构、中介组织、金融机构、企业等已经制定出100多份较有影响力的公司治理原则。二是拓展到了公司治理状况衡量标准，即公司治理评价的研究。目前，国际上许多著名的机构与组织都建立了自己的公司治理评价体系，如标准普尔、戴米诺、里昂证券和中国公司治理指数等。三是拓展到了公司治理设计，即公司治理实验模拟的研究。目前，一些发达国家的学者和研究机构正在采用实验模拟的方法对单个公司治理方案的设计问题展开个性化的研究，以便为公司治理实践服务。公司治理已经成为全球关注的焦点问题，公司治理实践与研究正在趋同化。另外，公司治理教育已经成为全球高校工商管理教育体系的重要组成部分。上述三个方面的情况表明，公司治理从一种理论发展成为公司治理学，既是公司治理理论发展的必然产物，也是公司治理实践和公司治理人才培养的客观需要。

（二）公司治理理论框架体系

一个学科必然有自己的核心概念，并围绕这些核心概念形成自己的理论框架体系。公司治理学作为一门新兴的学科也不例外，公司治理以公司治理机制、公司治理结构、公司治理主体、公司治理客体、公司治理边界、公司治理成本、公司治理质量、公司治理风险、公司治理溢价等为基础，在发展的过程中，产生了公司治理与财务绩效关系研究的理论、各种公司治理机制之间关系研究的理论、公司治理质量评价研究的理论、公司治理模式比较研究的理论、不同形态组织的公司治理研究的理论、公司治理风险评价及其防范研究的理论。李维安教授早在1998 年就明确提出了公司治理和公司治理边界的概念，并对其进行了界定，随后又在国内率先提出了公司治理成本、公司治理风险和公司治理溢价等公司治理理论中的核心概念。而对公司治理与股票价格关系的研究，以及公司治理与超额收益关系的研究是对现有公司治理理论体系的有效拓展和完善。

二、估值理论

（一）传统估值理论

传统的估值理论包括内在价值理论和相对估值理论两大基本的内容。内在价值模型包括红利折现估值模型（根据考虑的周期长短可分为单阶段红利折现估值模型、两阶段红利折现估值模型、三阶段红利折现估值模型和 H 阶段红利折现估值模型；根据股利增长率的情况又可将其分为股利零增长率模型、股利固定增长率模型和股利非固定增长模型)、自由现金流贴现估值模型（根据考虑的周期长短可分为单阶段自由现金流折现估值模型、两阶段自由现金流折现估值模型、三阶段自由现金流折现估值模型和 H 阶段自由现金流折现估值模型；根据自由现金流增长率的情况又可将其分为自由现金流零增长率模型、自由现金流固定增长率模型和自由现金流非固定增长模型)、盈余折现模型（现金流替代假说、Beaver 的三级关联假说、Modingliani 和 Miller 的盈余资本化模型)、期权估值模型（option valuation model，OPT）和剩余收益估值模型（EVA 模型和 Feltham-Ohlson 模型）（袁明哲，2006)。相对估值模型包括市盈率估值模型（P/E)、市净率估值模型

（P/B）、托宾 Q 值模型（Tobin's Q）（市场价值/重置成本）（金永红等，2004）等。

（二）现代估值理论

资本资产定价问题是最近几十年西方金融理论中发展最快的一个领域。1952 年，Markowitz 发展了资产组合理论，形成现代资本资产定价理论。该理论把投资者选择的问题系统地阐述为不确定性条件下投资者效用最大化的问题。资本资产定价模型是第一个不确定性条件下的资本资产定价均衡模型，核心思想是证券的期望报酬率取决于证券的系统风险，而不是证券的非系统风险。资本资产定价模型曾经是资本资产定价理论的主流，但其严格假定条件给实际应用带来了很大的障碍。1970 年以来，许多学者纷纷致力于对其假定条件进行修改和对模型进行扩充，主要体现在三个方面：对假设条件的放宽；在模型中引入新的因素；在时期上的扩展。形成的模型包括套利定价模型（arbitrage pricing theory，APT）、多因素定价模型（Fama-French 的三因素模型、Carhart 的四因素模型和 Chen-Roll-Ross 的五因素模型）、跨期资本资产定价模型、税负调整的资本资产定价模型、存在卖空限制和交易费用的模型、存在价格影响者和预期不一致的模型等。

三、有效市场理论

1965 年，Fama 在总结前人研究成果的基础上，正式提出了一个广为接受的证券市场有效性定义，即“如果在一个证券市场中，价格完全反映了所有可获得（利用）的信息，那么就称这样的市场为有效市场（或者说我们认为该市场达到了市场有效性）”。Fama 将证券的有关信息分为三类：一是历史信息；二是公开信息；三是内部信息。并由此定义了三种不同的市场：弱式有效市场（weak form efficiency）、半强式有效市场（semi-strong form efficiency）、强式有效市场（strong form efficiency），而且不同市场有效性检验方法不同，如图 3-1 所示。

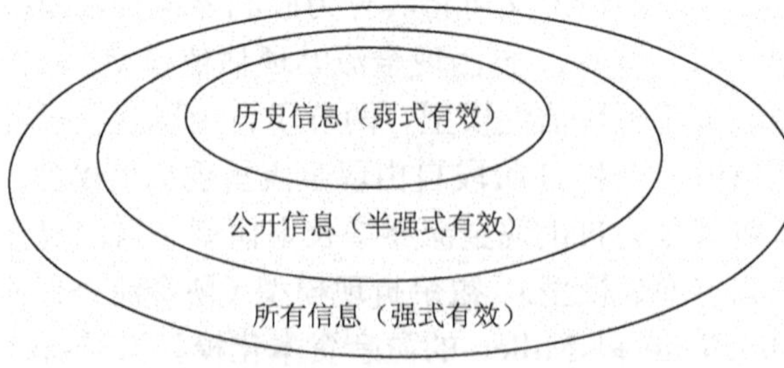

图 3-1　信息类型及其对应的市场有效性类型

资料来源：Ross S A，Westerfield R W，Jaffe J F. 2012. Corporate Finance（9th）[M].New York：McGraw-Hill Company.

对弱式有效市场的检验主要是采用随机游走模型；对半强式有效市场的检验主要是采用 Fama 所谓的事件研究法；对强式有效市场的检验主要是检验内幕交易能否获得超额收益。Jensen 于 1978 年提出了一个可检验性更强的有效市场定义，即“对于一组信息和 Φ，如果根据该组信息从事交易无法赚取超额利润，则市场是有效的”。Jensen 的定义将市场的有效性集中在证券价格的表现上，认为在一个有效的证券市场上，价格在任何时点上都是证券内在价值的最佳评估，可用证券的预期报酬来推断市场的有效性。换句话说，在考虑到定价信息时，某一证券预期价格等于今天的价格加上下一时期的预期报酬。

四、信息披露理论

信息披露起源于复式簿记，在其漫长的发展变迁中大致经历了账簿披露时代、财务报表披露时代、财务报告披露时代，以及多层次信息披露时代四个阶段（蒋顺才等，2004）。我们国家上市公司信息披露规范文件包括《公开发行股票公司信息披露实施细则（试行）》《股票发行与交易管理暂行条例》《公开发行证券的公司信息披露规范问答》《公开发行证券的公司信息披露内容与格式准则》《公开发行证券公司信息披露编报规则》等。关于信息披露的理论研究主要分为两个分支：内生性信息披露理论和外生性信息披露理论。内生性信息披露理论主要是将信息披露作为结果来研究，因为信息披露也有成本与收益问题，所以研究的内容主要是围绕信息披露博弈过程和决策机制展开的（汪炜，2005）。自愿性信息披露的研究也属于该框架下。本章主要是从外生性信息披露角度来进行研究的，外生性信息披露理论主要是研究信息披露对价格的影响，其自身被视为一种原因。而在实证会计的研究中，关于公司基本面与股票价格关系的研究形成了三种研究范式，即信息观、计价观与契约观（赵宇龙，2000）。

（一）信息观

经济收益观认为，会计的目的是通过特定的会计确认、计价等程序得到企业的“真实收益”，而信息观（information perspective）的提出最初恰是针对长期占据会计学理论统治地位的经济收益观而来的。1981 年，信息观的鼻祖 Beaver 教授写的《财务报告：一场会计革命》（*Financial Reporting：An Accounting Revolution*）一书出版。信息观认为，在市场不完全和充满不确定性的现实经济世界中，任何会计方法都不可能得到企业的“真实收益”。会计盈余数字的功能是向投资者传递某种有助于判断和估计经济收益的“信号”（signal），而不是经济收益本身。如果会计盈余数字的确能扮演这种信号角色，那么我们必然可以观察到投资者在接收到该信号后，对未来股票价格各种可能状态的概率分布（常用“信念”（beliefs）来表达）会发生改变，包括均值变化、方差变化或者二者同时变化。在信息观下，研究通常使用事件研究（event study）法来探查会计盈余报告等信息的信号功能及其特征。

（二）计价观

计价观有时又被称为计量观（measurement perspective）。Beaver（1998）批判古典计价观的理论是建立在完全市场（complete market）、完善市场（perfect market）和不存在不确定性的假设之上的，与现实世界格格不入，是难以成立的。古典计价观在遭到信息观的挑战后迅速衰落，直到20世纪80年代后期才开始借助Ohlson和 Feltham 等的工作，经过对自身的修正，重新成为一个与信息观并列、补充、对照的研究框架。当代计价观关注信息（如会计盈余）是如何完全决定和反映资产价值（股价）的。

（三）契约观

契约观（contract perspective）的代表人物是 Watts 和 Zimemerman 两位教授。他们认为，只有研究利益集团之间对会计政策的主张和选择，以及解释和预测会计事务，而不是规范会计实务的理论才是客观和可行的。为此，他们提出了“实证会计理论”（positive accounting theory，PAT）这个概念，并且在 1986 年合作出版了《实证会计理论》（*Positive Accounting Theory*）一书。在信息观和计价观看来，如果会计（盈余）数据与股价变动或股价水平没有关联，那么会计（盈余）数据就是无用的。实际上，即使会计数据与股价没有关系，它仍然可能是有用的，这就是它在构成企业的各种契约中扮演着重要的角色（林钟高和章铁生，2001）。

五、预期理论

（一）经济学中的预期

古典微观经济学建立在未来是确定性的基础上，因此没有对预期进行深入分析。美国经济学家莫德凯·伊奇基尔（Mordecai Ezekiel）1938 年在《经济学季刊》

（*The Quarterly Journal of Economics*）上发表的《蛛网理论》（*The Cobweb Theorem*）一文，首次在经济学中把预期纳入经济行为分析。静态预期的形成机制最为简单，它直接把前期的实际价格当成现期的预期价格。美国经济学家劳埃德·梅茨勒（Lloyd Metzler）于 1941 年提出了外推预期的观点。对时期 t 价格的外推预期定义为 $P^*_t=P_{t-1}+\alpha(P_{t-1}-P_{t-2})$。1956 年，美国经济学家菲利普·卡根（Philip Cagan）提出了适应性预期的概念，行为主体可以根据他们自己以前的预期误差程度来修正每一时期的预期。

1961 年，约翰·穆思（John Muth）在《理性预期和价格变动的理论》（*Rational Expectation and the Theory of Price Movements*）中分析比较了静态预期、外推预期和适应性预期的形成机制，并将这三种预期统称为非理性预期，提出了“理性预期”假设，理性的经济主体在形成预期时，会利用他们所能得到的关于经济系统的知识，如图 3-2 所示。理性预期理论中的预期是建立在行为主体的理性基础之上的，作为追求自身利益最大化的行为主体，不仅要有追求利益的理性欲望，而且要有追求利益的理性能力。理性预期理论中的预期的信息来源于行为主体利用一切可能所得的信息。

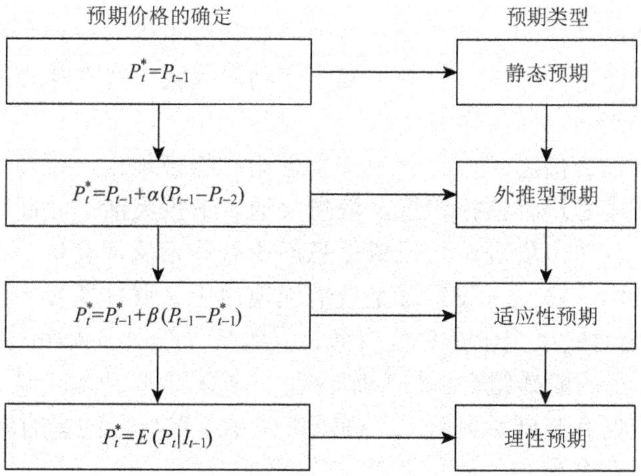

图 3-2　预期演进示意图

（二）资本市场中的预期

预期产生以后，心理学家、经济学家和金融学家对其进行了研究，随着资本市场的发展，结合资本市场预期问题进行了广泛探索，形成了不同的资本市场预期理论，包括心理论、价值论和信息论（江世银，2005）。

心理论包括空中楼阁理论和相反意见理论。空中楼阁理论是约翰·凯恩斯（John

Keynes）于1936年提出的，他在《就业、利息和货币通论》（*The General Theory of Employment, Interest and Money*）一书的第十二章“长期预期状态”中，专门论述了投资者预期对于股票价格的重要性。空中楼阁理论认为，股票价格并不是由其内在价值决定的，而是由投资者心理决定的。人类由于知识与经验的限制，对长期预期的准确性缺乏信心，加上人生短暂造成的短期行为，一般投资大众将用一连串的短期预期取代长期预期。该理论否认股票的内在价值，是凯恩斯不确定预期理论在投资领域中的应用。相反意见理论由汉弗莱·尼尔（Humphrey Neill）首创，它的一个基本思想是：由于人类的乐群性和对偏离大多数人的恐惧，当人们处于主流之中时，心理上会感觉安全些。因而，人们提示了一个重要原则——要实行与一般群众心理相违背的反向操作。

价值论包括稳固基础理论和传统业绩理论。稳固基础理论与空中楼阁理论相反，它认为股票具有内在价值，内在价值是股票价格的稳固基点。当市场价格低于（或高于）这一稳固基础内在价值时，就会出现一个买进（或卖出）的机会，因为这一价格波动最终将被纠正，返回其内在价值。这一理论马克思在《资本论》（*Das Kapital*）中早有论述，直到1934年本杰明·格雷厄姆（Benjamin Graham）的《证券分析》（*Security Analysis*）才对该理论予以全面阐述。传统业绩理论是建立在稳固基础理论之上的，该理论认为公司盈利与股价的决定有密切关系，投资者应审慎研究一切足以影响公司盈利发生变动的因素。在选择交易时机方面，应在基本因素发生变化之前买卖股票。

信息论包括投资信息理论、有效市场理论和噪声理论。投资信息理论认为，进行证券投资其实是进行情报较量，消息灵通、情报灵活，才能把握机会，确保获得最大利益。有效市场理论与投资信息理论截然相反，它认为有关股票的公开信息都反映在市场价格上，股票总是被恰当地定价。普林斯顿大学教授马尔基尔这样说道：“市场对股票定价是如此有效，以致蒙住双眼的人用投镖法从《华尔街金融杂志》中选出的股票组合，与专家管理一样好。”噪声理论认为，理性交易者所面临的风险不仅有基础性风险，还有噪声交易者自身所创造的风险。长期来看，噪声交易者主导整个市场，从而使市场效率消失。

我们关注公司治理与股票价格及超额收益的关系（公司治理理论→估值理论），投资者通过公司治理披露（典型公司治理事件）来对公司股票进行估值（公司治理理论→信息披露理论→传统估值理论），而投资者是否预期到公司治理对股票价格的作用将决定是否存在公司治理溢价（公司治理理论→信息披露理论→预期理论→估值理论），治理溢价是有效市场的一个异象（公司治理理论→信息披露理论→有效市场理论→现代估值理论或公司治理理论→信息披露理论→预期理论→有效市场理论→现代估值理论）。各相关理论之间的关系如图3-3所示，实箭头表示为本书所关注的重点内容。

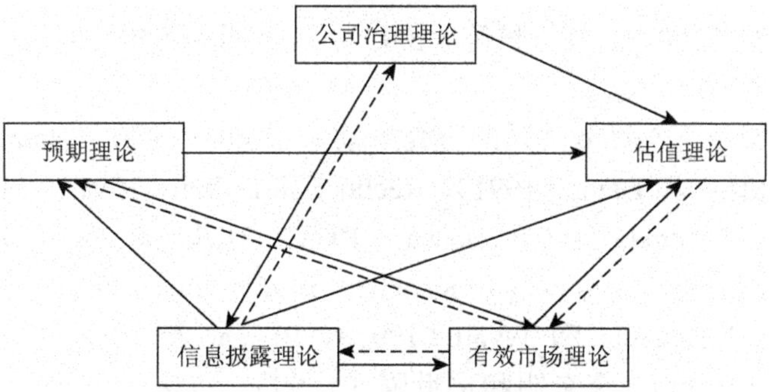

图 3-3　相关理论及其之间的关系

第二节　相关文献述评

一、公司治理与财务绩效关系研究文献

公司治理与财务绩效关系按照研究方法大体可以分为基于公司治理具体指标和基于公司治理整体视角。基于公司治理具体指标的研究相对较多，早期研究多利用这种方法；而随着治理研究的深入，近年来从整体视角来进行的研究越来越多。从公司治理整体来研究公司治理与财务绩效关系的文献主要是通过构建公司治理指数来研究公司治理与财务绩效的关系。这其中有关于公司治理“大整体”与公司绩效的关系的研究，也有“小整体”与公司绩效关系的研究。

（一）公司治理具体指标与财务绩效关系研究

公司治理具体指标与绩效关系研究包括多个方面。例如，关于股权结构与绩效关系的研究文献有：Jensen 和 Meckling（1976）、Grossman 和 Hart（1980）、Demsetz 和 Lehn（1983）、Morck 等（1988）、Holderness 和 Sheehan（1988）、McConnell 和 Servaes（1990）、Chirinko 和 Elston（1996）、Pederson 和 Thomsen（1999）、Weig 和 Lehmann（1999）、许小年和王燕（1999）、孙永祥和黄祖辉（1999）、Holderness 等（1999）、周业安（1999）、刘国亮和王加胜（2000）、许小年和王燕（2000）、陈晓和江东（2000）、施东晖（2000）、张红军（2000）、Lehmann 和 Weig（2000）、徐二明和王智慧（2001）、高明华（2001a）、陈小悦和徐晓东（2001）、Demsetz 和 Villalonga(2001)、朱武祥和宋勇(2001)、高明华(2001b)、董麓和肖红叶(2001)、费鹏和屠梅曾（2002）、李涛（2002）、于东智（2002）、杜莹和刘立国（2002）、吴淑琨（2002a）、宾国强和舒元（2003）、施东晖（2003）、张宗益和宋增基（2003）、徐晓东和陈小悦（2003）、刘芍佳等（2003）、肖作平（2003）、宋敏等（2004）、

王克敏和陈井勇（2004）、胡一帆等（2005）、曾德明等（2006）、Goergen（2007）、Greenaway 等（2014）等。

关于董事会特征与绩效关系的研究文献有：Fama（1980）、Hambrick 和 Mason（1984）、Donaldson 和 Davis（1991）、Rechner 和 Dalton（1991）、Lipton 和 Lorsch（1992）、Byrd 和 Hickman（1992）、Jensen（1993）、Tricker（1994）、Beasley（1996）、Borokhovich 等（1996）、Agrawal 和 Knoeber（1996）、Lin（1996）、Yermack（1996）、Elron（1997）、Rosenstein 和 Wyatt（1997）、Bhagat 和 Black（1997）、Barnhart 和 Rosenstein（1998）、李东明和邓世强（1999）、Vafeas（1999）、孙永祥和章融（2000）、吴淑琨等（2001）、谷祺和于东智（2001）、孙铮等（2001）、胡铭（2001）、Litz 和 Folker（2002）、朱杏珍（2002）、高明华和马守莉（2002）、胡勤勤和沈艺峰（2002）、靳云汇和李克成（2002）、魏立群和王智慧（2002）、王小娥和赵守国（2002）、吴淑琨（2002）、Hillman 和 Dalziel（2003）、赵学彬和王立杰（2003）、于东智（2003）、于东智和池国华（2004）、胡晓阳等（2005）、赖建清等（2004）、孙敬水和孙金秀（2005）、袁萍等（2006）、陈艺灵（2015）、陈鹏和张安祥（2015）等。

关于高管特征与绩效关系的研究文献有：Jensen 和 Meckling（1976）、Stulz（1988）、Shleifer 和 Vishny（1989）、McConnell 和 Servaes（1990）、Oswald 和 Jahera（1991）、Mehran（1995）、Hall 和 Liebman（1998）、袁国良等（1999）、魏刚（2000）、李增泉（2000）、高明华（2001）、施东晖（2001）、于东智和谷立日（2001）、陈朝龙（2002）、吴淑琨（2002b）、宋增基和张宗益（2002）、胡铭（2003）、周建波和孙菊生（2003）、宋德舜（2004）、王克敏和陈井勇（2004）、赵西亮（2004）、施东晖和司徒大年（2004）、白重恩等（2005）、李维安和李汉军（2006）、赵相忠和张莹（2015）、李争光（2015）、高琪（2015）、陈林佳和郑佳峰（2015）、陈文强和贾生华（2015）等。

关于监事会特征与公司绩效关系的研究文献，这方面研究主要集中于国内，具体包括胡铭（2001）、赵学彬和王立杰（2003）、孙敬水和孙金秀（2005）、袁萍等（2006）等。

关于利益相关者治理与绩效关系，如 Shahzad 等（2015）用 24 个国家 342 家公司四年间的样本数据来测试利益相关者中心治理和企业社会绩效之间的关系，并发现某些公司治理机制确实可以被视为“利益相关者中心主义”（stakeholder-centric），因为他们积极地影响企业社会绩效。

还有部分文献，同时关注多个公司治理指标与公司绩效之间的关系，如徐二明和王智慧（2000）、赵海峰等（2002）、向朝进和谢明（2003）、张俊喜和张华（2004）、张德明等（2004）、曾凌和蒋国云（2005）、刘玉敏（2006a）、袁春燕（2014）、郭春林（2015）等。

（二）公司治理“大整体”与财务绩效关系研究

1. 国外代表性研究

Black 等（2002）根据 2001 年韩国证券交易所对上市公司问卷调查的 540 份回馈结果，提出了公司治理指数（0～100）。结果发现，公司治理的适度提高，如公司治理指数增加 10，则托宾 Q 值的公司资产账面价值会增加 15%，或者公司普通股权益的账面价值增加 40%。他们还用托宾 Q 值、市/账值、市值/销售额分别代表绩效变量，对结果进行了稳健性检验。每一个次级指标（股东权利、董事会、外部董事、审计、披露和所有权不对等）都是托宾 Q 值的重要指示器。

Leal 和 Carvalhal-da-Silva（2005）设计的公司治理指数包含了 24 个可以从公开信息中获得客观回答的问题，以此来测量尽可能多的公司治理实践的总体质量，并且避免了定性调查的主观偏见和低回收率的缺陷。随着时间的推移，巴西的公司治理指数有显著的提高，并且信息披露方面比其他治理方面做得好。由于间接控股和无投票权股份的广泛运用，投票权高度集中，特别是 1998～2002 年。但是，Leal 和 Carvalhal-da-Silva 并没有发现隧道效应或激励效应，然而现金流权与控制权相分离导致了价值毁损。公司治理指数与公司价值之间存在显著正相关关系，并且经过了稳健性检验。

Gompers 等（2003）用 24 项公司治理条款构建了公司治理指数，研究了 1990～1999 年美国 1500 家上市公司的公司治理状况与公司绩效的关系，他们发现公司治理指数与公司股票回报呈高度相关关系，其表现为：如果使用以下投资策略，即买进具有最低公司治理指数（对应最强的投资者权利）的公司股票，同时卖出具有最高公司治理指数（对应最弱的投资者权利），将获得年度 8.596%的异常回报。并且，公司治理指数和公司价值显著相关，1990 年，治理指数增加了一个百分点，托宾 Q 值降低了 2.4 个百分点；1999 年，公司治理指数增加了一个百分点，托宾 Q 值降低了 8.9 个百分点。Gompers 等还发现，高的公司治理指数（对应最弱的投资者权利）与低的利润、低的资产增长率、高的资本成本及频繁的公司接管相关。

Beiner 等（2003）主要研究了瑞士证券交易所上市的 275 家公司，并通过数据分析考察公司治理同企业价值的相关关系。为了研究分析，他们认为尽可能地把所有的公司治理机制考虑在内是非常有必要的。但是，与很多同类型研究不同的是，他们构建了一个公司治理综合指数。另外，为了更好地分析公司之间治理水平的差异，Beiner 等还引入了五个附加的控制变量：公司董事的持股份额、外部大股东持股份额、董事会规模、杠杆作用和外部董事数量。在指标构建时，他们在通过发放调查问卷获得数据的基础上，对问卷的问题进行了筛选，最终确定了38个衡量公司治理的指标。然后他们将这些指标归入参与公司治理类、股东权利类、透明度类、管理和监管类及审计类五大类。在此基础上，给每一个衡量指标赋值（最小值为1，最大值为5），然后将赋值以后得到的38个数字加总，再对所得到的和进行标准化，使之变成介于0和100之间的数字。公司治理水平较高的公司其所得到的数值就较大，这样就得出了公司治理综合指数。第一，公司治理综合指数对企业价值确实有显著的正面影响，这表明那些治理水平较好的公司能够获得较高的市场估价。第二，公司治理综合指数上升一个百分点，用托宾Q值衡量的企业价值就会增加8.56%。第三，通过使用行业调整因素的托宾Q值及市价/账面价值比率作为衡量企业价值的指标来进行回归，Beiner等再次得出了公司治理水平和企业价值正相关的结论，并证明了公司治理衡量指标构建的科学性，即使在构建公司治理水平综合指标时对这五种分类赋予不同的权重，也不会影响回归结果。Beiner等（2006）使用了一个包含更广的公司治理指数，添加了五个变量，包括所有权结构、董事会特征、杠杆来详细描述样本中瑞士公司具体层面的治理特征。为了控制这六个治理机制的潜在的内生性，运用了联立方程和三阶段最小二乘回归分析，结果支持公司治理与托宾Q值之间的正相关关系。

Rachinsky（2003）收集了1999～2002年俄罗斯最大的超过40家公司的数据，分析后发现，公司治理、财务结果、市场增长都会提高公司的市场价值。公司治理等级系数增加15%，则相应的公司市场价值增加37%。

Cheung等（2007）针对168家上市公司构建了公司治理指数，并指出公司的市场价值与公司治理指数显著正相关。他对结果包括控制变量，进行了稳健性检验，即公司治理好的公司，其在香港的市场价值较高。Cheung等还指出，透明度指标和市场价值之间存在显著正相关关系。投资者更关注中国内地公司的公司治理实践，而不是香港公司。

Zheka（2005）研究了乌克兰合资公司的公司治理总体及单个因素对企业绩效的影响，数据来源为2000～2002年三年的超过5000家公司的公司治理选择。他使用公司治理整体指数及分指数来表述股东权利、信息披露/透明度、董事会独立性、董事长独立性和所有权结构，其新颖之处在于运用社会信任指标作为公司治理选择的工具。Zheka使用了一整套有关“信任”的工具变量，特别是政策差异、地区和民族差异、私有化，来追踪可能的内生性，并运用最小二乘回归分析、二阶段最小二乘回归分析、二阶段广义矩估计等方法来分析治理影响。他发现，有证据支持转轨时期公司治理预测公司业绩，但没有发现逆向因果关系或者其他内生性问题。最小二乘回归分析结果预示了该指数增加一个百分点，则业绩增加0.5个百分点，该指数最差到最好（worst-to-best）的变化，绩效增加40%。股东权利、透明度和董事会独立性与绩效之间在统计存在显著性。董事会主席独立性对绩效有负面影响。

Black 等（2006a）主要考察了韩国公司治理水平和企业价值之间是否存在正相关关系。他们同样构建了反映公司治理状况的综合指标。在构建指标的基础上，主要采用了三种指标，即托宾 Q 值、市价/账面价之比和市价/销售额来衡量企业价值。在加入适当控制变量以后，他们发现公司治理指数表现出与企业价值很强的相关关系，具体来说，公司治理指数上升 10 个百分点，就能使企业价值上升 5.5%。Black 等将托宾 Q 值同公司治理指数的六个次指标进行回归，发现每个次指标同企业价值之间都有很显著的相关关系，进一步将托宾 Q 值同单个的公司治理指标进行回归的结果表明，绝大多数企业价值衡量指标同企业价值显著正相关，说明将所有的指标整合为一个综合指标以后具有了更强的解释能力。除此之外，Black 等还考察了在有关公司治理水平的研究中需要注意的两个问题：发信号问题和内生性问题。一方面公司实行较高的治理水平会向市场发出"我是业绩优良公司"的信号，从而是"信号"而不是治理水平影响了公司价值；另一方面，那些市值比较高的公司通常会采用较高的治理水平，因此很容易得出被解释变量（公司价值）为因，而解释变量（公司治理水平）反而为果的结论。Black 等用两步法检验研究了这个问题，认为市场价值较高的公司会选择比较低的公司治理水平，部分原因可能是他们面临的提高公司治理水平的压力较小。

Black 等（2006b）采集了俄罗斯 16 家上市公司作为样本，研究在原始市场化条件下公司治理等级与公司价值的关系。通过简单的线性回归，结果显示，在市场化程度不高的国家，公司治理行为是影响公司价值的显著决定性因素，并进一步证明了公司层面公司治理的董事会测量预示着更高的股价。因为存在内生性或者缺失值的可能性，Black 等又采用了时间序列法，运用一系列可获得的治理指数对俄罗斯 1999 年至今的数据进行了检验，发现良好的治理和市值在最小二乘回归分析中存在着经济重要性和统计上相关性。实际上，Black（2001）很早就开始关注俄罗斯的公司治理状况。

Brown 和 Caylor（2006）根据股东服务机构提供的新数据，提出了测量公司治理水平的主要方法——公司治理指数，该指数分为审计、董事会章程/制度、董事培训、激励、所有权、累积实践、公司形式等部分，共 51 个指标。他们检验了公司治理指数同经营绩效、公司价值评价、股东支付之间的关系，样本容量为 2327 家公司，结果发现，公司治理越好，相对应利润越高，公司越有价值，向股东支付的现金股利越多。公司治理指数下八个部分中的每一部分都与公司绩效高度相关。用经理和董事会的薪酬作为测量公司治理的指标，发现良好的治理与优秀的业绩高度相关；用章程/制度来测量，则二者之间呈负相关关系。他们还检验了 51 个指标与公司绩效的关系，发现这些关系均高度相关。一些呈正相关关系的指标以前并没有被检验过（如每年的治理委员会会议、提名委员会的独立性）；相反的，呈负相关关系的指标以前经常被检验（如支付给审计的顾问费比审计费要低、缺少董事会轮选制、毒丸计划的缺失）。

Silveira 和 Barros（2006）调查了 2002 年公司治理质量对 154 家巴西上市公司市场价值的影响。为了更好地代表公司治理质量，他们采用了一个包含范围很广的治理指数，通过采用不同的计量经济学方法增加了复杂性，包括最小二乘回归分析的多元回归、工具变量方法和联立方程组。所有经济方法结果显示，公司治理质量对公司市场价值有积极的显著影响。用托宾 Q 值和 PBV 倍数表示市场价值，其最小二乘回归分结果显示，假定其他变量不变的情况下，公司治理的最差到最好（worst-to-best）的改变将会导致市场价值（托宾 Q 值和 PBV 倍数）分别增加大约 85%和 100%。他们还发现，公司治理变量的内生性问题，利用工具变量方法，提出不同工具来预测。另外，他们还联立方程组指出了公司治理和公司价值之间存在逆向因果关系。

Gruszczynski（2006）旨在检验波兰公司治理水平同上市公司绩效之间的关系。公司治理程度采用 2003 年波兰公司治理论坛的评价结果；模型采用有序多项式类型；内生变量代表评价结构（A–，B+，B，B–，C+）；外生变量包括 2002 年财务报表上的各财务指标。次序罗吉士估计模型显示，波兰公司治理水平与其处理财务困境的能力相关，表现为流动性、利润率和财务杠杆变量。

2. 国内代表性研究

国内代表性研究有，白重恩等（2005）从内部治理机制和外部治理机制两个方面八项控制变量构建了中国的上市公司治理指数，并考察了上市公司治理与公司价值的关系。他们发现，所有权结构、董事会结构、经理人员薪酬、公司控制权市场和财务透明度是影响公司治理最重要的因素，公司治理水平越高的公司，在股票市场上的价值也越高，并且中国的投资者愿意为公司治理水平支付溢价。

潘福祥（2004）从外部机构的审核评价、股权结构、董事会治理机制和经理人员激励情况四个方面 11 个细项构建了上市公司治理指数，并利用托宾 Q 值和市净率作为衡量公司价值的指标分析了上市公司治理指数与公司价值之间的关系。结果发现，公司治理指数对公司价值具有显著的正面影响，公司治理水平提高 1 个百分点，公司价值将上升 0.01 个百分点。

施东晖和司徒大年（2004）从控股股东的行为、关键人选聘和激励与约束、董事会的结构与运作和信息披露透明度四个方面 12 个考察细项构建了中国 2001 年上市公司治理水平的指数，并利用他们构建的治理指数分析了中国上市公司治理水平与公司绩效之间的关系。结果发现，中国上市公司总体治理水平不高；股权结构对公司治理水平有显著影响，政府控股型公司的治理水平最高，国有资产管理机构控股型公司的治理水平要高于国有法人控股型公司，而一般法人股控股型及股权分散型公司的治理水平介于前两者之间，不存在显著差异；公司治理水平对资产收益率具有正向影响，但对市净率却具有负向影响。

南开大学中国公司治理研究院评价课题组利用其所推出的中国上市公司治理评价指标体系——中国上市公司治理指数（$CCGI^{NK}$）进行了公司治理与财务绩效关系的研究。南开大学中国公司治理研究院评价课题组（2004）在对公司治理指数模型稳定性与可靠性检验的基础上，对中国上市公司治理状况进行了实证分析。对2002年样本的研究发现，股权结构是决定公司治理质量的关键因素，国有股一股独大不利于公司治理机制的完善；良好的公司治理将使公司在未来具有较高的财务安全性、有利于公司盈利能力的提高，投资者愿意为治理状况好的公司支付溢价；控股股东的行为具有很强的负外部性；董事会治理状况尚有待改善，董事会参与战略决策的功能并没有发挥应有的作用；监事会治理水平对公司治理绩效并没有显著影响；我国经理层治理的总体水平较低，激励约束方面需要进一步完善制度建设；公司治理水平对信息披露质量产生了影响。

南开大学中国公司治理研究院评价课题组（2006）以中国上市公司公开的信息为依据，基于2003年的样本，从中国公司治理指数及其所涉及的六个维度（控股股东治理指数、董事会治理指数、监事会治理指数、经理层治理指数、信息披露指数、利益相关者治理指数）进行比较研究，总结了中国上市公司的治理特征和年度差异。2003年公司治理状况较之2002年有较大改善，公司治理对公司绩效产生了积极作用，良好的公司治理有利于提高信息披露质量，且有利于保护利益相关者权益。该文对公司治理评价与指数未来研究提出了规划。这是目前国内对公司治理整体与公司绩效关系最为系统和深入的研究。

李维安（2005b）基于2003年的评价样本，从中国上市公司治理指数（$CCGI^{NK}$）及其所涉及的六个维度进行实证研究发现，上市公司治理指数对总资产收益率、每股净资产、加权每股收益、每股经营性现金流量、总资产周转率、总资产年度增长率、财务预警值均有显著的正面影响，这表明拥有良好的公司治理机制有助于提升企业的盈利能力、股本扩张能力、运营效率、成长能力，有助于增强财务弹性和财务安全性。公司治理中所涉及的控股股东治理、董事会治理、经理层治理、信息披露、利益相关者治理、监事会治理机制，在很大程度上决定了上市公司是否能够拥有一套科学的决策制定机制与决策执行机制，而这将对公司业绩和公司价值产生直接而深远的影响。

（三）公司治理“小整体”与财务绩效关系研究

公司治理小整体与公司绩效关系的研究主要是集中在国内，且是基于中国上市公司指数（$CCGI^{NK}$）平台来进行的研究。例如，关于股东行为的研究，武立东

（2006）指出，控股股东与中小股东之间的代理问题已经成为上市公司治理改革的焦点。从分析影响控股股东收益结构的因素出发，分上市公司独立性、股东大会有效性、中小股东权益保护、关联交易状况四个方面，采用 12 个指标构建控股股东行为效应评价指标体系，并以中国上市公司为样本展开评价。结果显示，中国上市公司控股股东行为效应指数偏低，其行为具有引发较强负外部效应的倾向，根源在于中国现有的公司治理制度安排强化了控股股东的控制收益，激励其实施隧道行为。只有通过一系列旨在增加控股股东攫取私人收益成本的制度建设，才能抑制其行为的负外部效应，激发正外部效应。

关于董事会治理状况评价的研究，李维安和张耀伟（2004）认为，董事会治理是公司治理的核心，董事会治理状况的改善对公司绩效的提高至关重要。他们从不同角度对我国上市公司董事会治理状况与公司绩效之间的关系进行的实证分析表明，公司治理绩效与董事会治理水平之间呈现一种倒 U 形曲线关系。该结论的政策含义是，在当前董事会治理缺乏外部治理机制、大股东治理弱化、内部董事间的相互监督和经理人持股的激励效应都不强的情况下，董事会治理改革的关键是引入战略投资者，完善董事会专业委员会的制度建设，强化内部治理机制。

关于经理层治理评价的研究，李维安和牛建波（2004）从人事任免制度、执行保障和激励与约束机制三个方面 17 个细项编制了中国上市公司经理层治理指数，并以 2002 年的上市公司数据，比较了不同行业及不同第一大股东性质的公司经理层治理水平。他们使用每股收益、每股经营现金流和每股净资产作为衡量企业绩效的指标，分析了公司经理层治理水平对公司绩效的影响，发现经理层治理指数对企业绩效有显著的正面影响，并且经理层的行政度、薪酬水平、持股比例、薪酬动态激励等因素较其他因素具有更加显著的影响。因此，李维安和牛建波认为，我国企业在加强经理层治理方面应弱化经理层的行政治理，适度提高经理层的薪酬水平，实现或加大动态激励、长期激励与显性激励。李维安和张国萍（2006）在对国内外经理层治理评价进行评述的基础上，从公司治理客体——经理层视角构建中国上市公司经理层治理评价指数，并借此从任免制度、执行保障、激励约束机制三个基本维度，以及第一大股东不同性质等多视角对 931 家中国上市公司样本进行治理状况实证研究。同时，构造上市公司综合绩效评价体系，从最优化和安全性两个视角考察公司效能，并对两个评价指数进行综合相关性和回归研究。评价结果显示，经理层治理状况总体偏低，各主因素得分有较大的差异，经理层治理水平的改善，有利于治理绩效的提高。

关于利益相关者治理评价的研究，李维安等（2005）认为，利益相关者的相关问题已成为现行公司治理框架中不可或缺的一部分，设置代理投票制度、累积投票制度、职工监事制度三个利益相关者治理评价指标，考察中国上市公司利益相关者参与公司治理和利益相关者权益的保护状况。评价结果显示，我国上市公司利益相关者治理水平很低，还处在建立健全的初级阶段，不足以对企业业绩和企业价值产生显著影响。我国上市公司亟待建立和完善利益相关者治理机制，以便充分重视和解决利益相关者问题，提升整体公司治理绩效，最终达到提高公司业绩和价值的目的。

关于监事会治理评价的研究，李维安和王世权（2005）在对现有监事会评价理论与实践回顾基础上，结合中国自身环境条件及改革进程，设计了中国上市公司监事会治理绩效评价指标体系，并且利用调研数据，对上市公司监事会治理水平进行了评价与实证研究。结果显示，监事会治理总体水平较低，不同行业、不同企业性质之间的治理水平存在着很大差别，大股东的持股比例亦对监事会治理的有效性具有显著影响。李维安和郝臣（2006）从监事会运行状况、监事会结构与规模和监事胜任能力三个方面对我国上市公司监事会治理的状况进行了评价，评价结果显示，我国上市公司监事会治理水平总体偏低，监事会虚置现象仍然存在。监事会治理水平不高并不是制度本身存在着问题，而是由运行过程中存在着诸多不足、监事会结构与规模方面有待进一步优化、监事胜任能力低下造成的。对监事会治理水平与公司绩效的实证关系分析显示，在我国经济转轨背景下，监事会仍应作为法定的公司监督机构发挥其不可替代的监督作用。

关于信息披露评价的研究，唐跃军等（2005）借鉴中外有关上市公司信息披露的研究成果和法律法规，以信息透明度为核心选择信息披露完整性、真实性、及时性三项评价指标，依据实证调研的数据对上市公司信息披露的真实性、及时性和完整性进行统计分析并做出初步评价。中国上市公司在信息披露真实性、及时性、完整性及信息披露指数上的表现均不尽如人意，并且具有明显的不平衡性。

（四）公司治理与财务绩效关系研究小结

当然也有部分学者的研究指出公司治理与财务绩效之间存在负相关的关系或者不存在相关关系。Bauer 等（2004）分析了欧洲地区良好的公司治理是否会引起更好的普通股回报，推动市场价值的增加。Bauer 等使用了戴米诺公司治理评价指数对泛欧绩优股指标 300 指数中的公司进行了评价。沿用 Gompers 等（2003）的方法，将公司分为两个组合——治理好的和治理不好的，并比较其绩效。Bauer 等还检验了公司治理对公司价值的影响，发现这些变量与公司治理之间存在正相关关系，国家差异调整后，关系明显减弱。在用净边际利润率和权益回报来近似代表绩效检验与公司治理之间的关系时，Bauer 等发现，治理标准和绩效盈余之间存在负相关关系，这与 Gompers 等（2003）的结论不同。

Lehn 等（2005）对 Gompers 等（2003）及 Bebchuk 等（2004）的研究提出质疑，认为公司治理不能够解释公司价值。20 世纪 90 年代的价值倍数与声称能够测量公司治理结构的治理指数显著相关，结果满足两个假设：治理影响价值倍数；价值倍数影响治理。该研究支持后一种解释。他们发现，20 世纪 80 年代早期（在采用治理指数之前的时期）的价值倍数与 20 世纪 90 年代的价值倍数、治理指数高度相关，在控制价值倍数后，1980～1985 年的价值倍数与 20 世纪 90 年代的治理指数没有关系，结果支持了价值倍数是治理原因的假设。

Gupta 和 Kennedy（2005）指出，美国、加拿大和欧洲爆发的财务丑闻，包括大量的虚假报表、过多的首席执行官（chief executive officer，CEO）薪酬、最基本的公司治理机制的崩溃，前所未有地将公司治理推到了全球资本市场的最前沿。许多市场参与人会询问基本问题来评价公司整体的治理状况，以此作为投资和信用决策的依据。因此，公司治理信息中介行业在全球迅速发展。在加拿大，Globe & Mail 的投资者服务每年利用 TSX/S&P 指标，至少发布 270 家公司的治理水平，一共有四个次级指标：董事会组成、董事和 CEO 薪酬、股东权利和董事治理披露。Gupta 和 Kennedy 想要探求在加拿大资本市场中，Globe & Mail 发布的公司治理分数及各次级指标分数与财务绩效之间是否存在关系。他们检验了 2002 年、2003 年、2004 年公开可获得的评价分数与相应的财务和市场之间的关系，并没有发现二者之间存在关系。

综上所述，从公司治理具体指标和整体视角来研究公司治理与财务绩效关系已经受到广大研究者的重视，但这方面研究所得到的结论并不完全统一，这可能与选择的治理指标、构建公司治理指数的方法，以及具体样本的选择有关系。Renders 和 Gaeremynck（2006）研究了内生性和样本的选择偏见是如何影响公司治理系数的。他们使用 FTSE Eurotop300 公司的面板数据，发现最小二乘回归分析中公司治理系数无关，甚至为负。在控制了样本选择的主观性和内生性后，公司治理系数为正，且显著。因而，两个原因对系数产生相同的影响，控制样本选择主观性和内生性都很重要。

二、公司治理与股票价格关系研究文献

（一）信息含量与价值相关性

在会计学上，公司治理被视为公司基本面的一部分，即公司治理披露，进而与股票价格联系起来。关于公司基本面与股票价格的关系的研究形成了信息观、计价观和契约观的经典理论。信息观主要是回答公司治理披露是否影响股票价格，

体现为公司治理披露信息含量（information content）的研究；而计价观主要是回答公司治理如何影响股票价格，体现为公司治理价值相关性（value relevance）的研究。目前，学术界对价值相关性一词尚未有一致定义，早期文献对价值相关性概念的表述倾向于使用信息含量一词。Holthausen 和 Watts（2001）认为，会计信息的价值相关性研究被划分为：相对关联研究（relative association studies），该类研究对比股价（或变化值）与各种竞争性收益性指标之间的关联程度（长窗口研究）；增量关联研究（incremental association studies），该类研究主要探讨在给定一定会计变量的前提下，增加披露其他会计信息是否能够有助于增进对公司价值的解释力度（长窗口研究）；边际信息含量研究（marginal information content studies），该类研究一般基于“事件研究”（短窗口研究）的方法，探讨某一特别会计数字是否能给投资者带来有预测价值的信息含量（Negakis，2005）。信息含量与价值相关性的区别在于：信息含量是指盈余或其他信息对股价或其他经济变量的解释力与预测价值，因此，信息含量一词运用于“事件研究”（一般基于因果联系）或“预测研究”中比较合适；价值相关性是指资本市场环境下盈余或其他信息与公司价值（一般以股价作为替代变量）之间不仅限于因果联系的关联程度，正如 Holthausen 和 Watts 的划分，广义的价值相关性概念包括了信息含量范畴（王化成等，2004）。本书中的“价值相关性”正是狭义上的价值相关性，以更好地区别于信息含量。

（二）公司治理信息含量相关研究

国外对公司治理的信息含量研究主要集中在并购、关联交易方面，如 Stoughton（1988）对并购信息含量进行了研究。Kang 和 Shivdasani（1996）曾对日本 1985～1990 年 432 家公司高管变更信息含量进行了研究，结果发现，高管变更宣布与超额回报显著正相关，并且被迫离职比正常离职的信息含量高。汪涛和胡敏杰（2013；2015）分析了 2006～2010 年我国上市公司实施股权激励方案引致的长期股价效应，表明股权激励的实施日后两年时间里，相对于大盘指数，公司股票价格存在显著正向的买入持有异常收益。从股价效应的角度看，我国实施股权激励是有效的。田高良等（2013）以中国 A 股上市公司 2004～2010 年的 8868 家公司年数据为样本，研究上市公司董事会多元化特征对股价信息含量的影响。他们发现，董事会年龄多元化与性别多元化对股价信息含量有显著影响。在小公司中，董事会年龄多元化有助于提升公司信息透明度，从而增加股价中公司特质信息的含量；在大公司中，董事会年龄多元化则是通过鼓励套利者收集私有信息进行套利交易来增加股价信息含量的。女性董事比例对股价信息含量的影响在市场化程度较高的地区更为明显。类似地，叶继英（2014）认为，董事会性别多元化的公司股价反映了更多公司层面信息，而在公司盈余质量较差的环境下，董事会性别多元化与股价信息含量之间正相关关系较强，表明在信息环境较差的情况下，任命更多的女性董事能够部分修正信息环境较差的后果。而且机构投资者持股比例越高，董事会性别多元化对股价信息含量积极效果越显著。巫舒婷（2015）通过事件研究法，认为大股东的减持对股票价格产生下跌的影响，尽管在减持公告发布的几天后有小幅的股票价格上涨，但在整个事件窗口期，减持行为对股票价格产生下跌的影响。康玲（2015）通过 2011 年我国 20 家实施股权激励的上市公司数据，对其首次披露实施股权激励方案前后 30 个交易日和前后 5 个交易日的股价进行统计分析，管理层股权激励政策对上市公司股价有显著的正向影响。

目前，对于公司治理整体信息含量的研究还较少。李维安和牛建波（2006）针对 2003～2005 年沪深两市 3179 个样本，采用面板数据模型首次研究了中国股票市场的治理溢价。数据主要来源于南开大学中国公司治理研究院公司治理指数数据库，还有部分财务指标来源于 CSMAR 和 CCER 数据库。该文献借鉴 Fan 和 Wong（2002）等研究的方法，克服已有大部分研究集中在一个或多个独立的公司治理变量的局限，利用中国上市公司治理指数（$CCGI^{NK}$）来表示企业整体的治理水平。研究发现，从总体的治理状况来看，公司治理存在显著的治理溢价效应，在同等情况下，对于那些公司治理水平越高的公司，投资者越愿意为此支付一个溢价。从公司治理的各个维度来看，董事会治理、经理层治理和利益相关者治理均产生显著的治理溢价，而股东治理、监事会治理和信息披露治理尚没有产生显著的治理溢价。该文献是国内和国际上第一篇真正基于信息观的公司治理溢价问题研究的文献，属于公司治理溢价研究领域的开创性研究。

（三）公司治理价值相关性相关研究

国内外对信息如何影响股票价格的研究主要集中在会计盈余，近年来，一些实证研究结果显示，会计盈余与股票价格相关性呈现降低的趋势，因此，研究的焦点也开始转向非会计盈余信息与股票价格的相关性。例如，关于无形资产与股票价格相关性的研究（Aboody and Lev，1998；Easton，1998；Xu，2002；Cazavan-Jeny，2003），关于公司治理与股票价格相关性的研究（Claessens et al.，1998；Matolcsy et al.，2002；Karathanassis，2004；陈振远等，2005；Cools and van Praag，2007），关于年报中自愿性披露价值相关型的研究（Banghoj and Plenborg，2008），以及其他关于非财务信息与股票价格相关性的研究（Amir and Lev，1996；Shevlin，1996；Hirschey et al.，2001；Jorion and Talmor，2001；Richardson and Zmud，2001；Riley et al.，2003）。

Claessens 等（1998）曾对东亚地区的上市公司的情况进行实证研究，发现这些公司存在的治理问题主要表现为大股东通过各种方式掌握了超过其所持股权的控制权，这种不相符合的差距越大，大股东掠夺中小股东的机会就越大。他们的实证研究显示，二者的差距与公司股价呈负相关，差距扩大 10%，公司股价降低 5%。由此可以看出，公司治理对公司股价有很大影响。

陈振远等（2005）采用 Ohlson（1995）模型，以我国台湾上市电子公司为研究对象，探讨了公司治理特性所传递的信息的相关性。实证结果发现，公司治理变量中，机构董监事比例、外部董事比例及参与管理对股权价值的影响为显著正相关，机构董监事与外部董事的比例越高，越能提升董事会的专业性与独立性，并有效的发挥其监督功能，进而为公司创造价值。该文献首次研究公司治理整体如何影响股票价格，而不是针对某方面公司治理指标的检验，主要是利用因子分析方法。研究公司治理与股票价格的相关性所采用的模型是价格模型 Ohlson（1995），但也存在一些不足。例如，选择公司治理变量不够全面，10 个变量能否代表公司治理值得怀疑；没有采用收益模型进行稳健性检验，结论的稳健性不高；样本容量仅为 58 家四年数据，但没有采用面板数据模型，结论的稳健性也值得怀疑。类似地，Tekera 和 Yuksel（2014）认为公司治理的分数与公司的市场价格呈正相关。

Kim 等（2014）对减轻企业社会责任是否会导致股票价格下跌进行了研究。他们认为，如果有社会责任感的公司追求高水准透明度和减少公司坏消息，公司股票价格崩溃的风险就会降低；如果经理人通过参与企业社会责任来掩盖坏消息，企业社会责任会导致更高的股价崩溃风险。

世界银行经济学家 Claessens 等（1998）和我国台湾学者陈振远等（2005）的研究均属于会计学研究视角，即将公司治理作为一种信息来研究公司治理与股票价格的关系，属于实证会计研究当中的计价观范畴或者研究范式。

此外，大量的研究表明，公司治理能够增加盈余的信息含量和对股价的解释能力。例如，赵景文（2006）依据南开大学中国公司治理研究院公开的中国上市公司治理指数（$CCGI^{NK}$）选择高治理质量公司，并根据自行计算的治理指数选择低治理质量公司，研究了公司治理水平高低对盈余质量的影响。他基于收益盈余模型，使用 2002 年和 2004 年的数据研究发现，公司治理质量显著影响了盈余质量，高治理质量公司的盈余反应系数显著高于低治理质量公司，高治理质量公司的盈余变化较低治理质量公司的盈余变化具有更为显著的价值相关性。

（四）公司治理信息含量和价值相关性研究小结

对公司治理本身即公司治理披露的信息含量和公司治理如何影响股票价格的

研究是本章所关注的重点。从上述研究我们不难看出，专门进行年度公司治理披露信息含量的研究较少，仅局限于个别临时公司治理披露的信息含量的检验；对于公司治理整体如何影响股票价格的研究也比较少，仅有陈振远等（2005）这一项。Aboody（2002）研究发现，市场效率对价值相关性具有一定的影响。因此，在上市公司舞弊事件频发、盈余价值相关性降低和投资者越来越关注非盈余信息的转轨经济背景下，特别是随着公司治理水平的逐渐提高，对公司治理是否影响股票价格和如何影响股票价格的研究具有一定的创新性。

三、公司治理与超额收益关系研究文献

财务学上，公司治理被视为影响股票收益率的一个风险因素，这也是公司治理与超额收益联系起来的原因。根据郎咸平关于金融学知识的介绍，财务学或金融学包括投资和公司财务两大块内容，投资学主要关注金融市场和资产定价问题，因此，更准确的说法应该是在投资学上，公司治理被视为影响股票收益率的一个风险因素。这方面的研究主要是检验公司治理风险因子是否存在超额收益。Grandmont 等（2004）研究发现，公司治理评估与股价的波动性、公司的获利能力和股价的业绩有一个比较清楚的联系。通过这些联系，Grandmont 等指出，对公司治理标准的评估是衡量股票风险的一个有效方法。考虑到美国和英国的股票估值过程中，存在一个时间和信息的间隙（gap），导致大部分投资者只能对坏的公司治理信息做出反应，而不能预测潜在的问题。在新兴市场国家，投资者更加注重公司治理风险，因此，在对股票进行估值时必然进行折价。随着投资者对公司治理风险测量并将公司治理风险考虑到投资决策过程中能力的提高，公司治理标准将在一个公司的估值过程中发挥越来越重要的作用。

这方面较早的探索是 Gompers 等（2003）利用投资者责任研究中心（Investor Responsibility Research Center，IRRC）数据研究了美国 1500 家公司 1990～1995 年的公司治理与超额收益的关系。第一步，通过企业反并购的有关条款，构建了一个公司治理指数，最大值为 24，指数的值越大，股东的权利就越小，反之越大。第二步，该文献将指数小于 5 的公司定义为“治理好的组合”（democratic portfolio），大于 14 的定义为“治理差的组合”（dictatorship portfolio），指数越低，公司治理越好；指数越高，公司治理越差。第三步，进行投资，其中在治理好的组合上投资可以获得 0.29%的月超额汇报；而投资在治理差的组合，获得的月超额收益为–0.42%，这样套利组合的月超额收益为 0.71%，年超额收益为 8.5%，其中所采用的定价模型为四因子定价模型。对这种结果的解释，只能是因为不同组合的风险差别或者风格不一样所致。Gompers 等分别进行了三个假设的检验，以更好解释为什么会获得超额收益。第一，假设投资者低估了 20 世纪 90 年代差的

公司治理所带来的代理成本；第二，这些条款没有带来代理成本，是经营者估计到20世纪90年代公司绩效的下降，而“故意”做出的摆设；第三，这些条款没有带来代理成本，而是与其他风险因子相关。这篇发表在著名杂志《经济学季刊》（*The Quarterly Journal of Economics*）关于公司治理与超额收益关系的研究的文献，从财务学角度来看，开创性地研究了股东权利（shareholder rights）与投资回报之间的关系，实际上就是外部治理机制（接管机制）的溢价问题，为研究公司治理溢价问题提供了一个很好的借鉴框架。而且，此文献也引发了大量的“跟进式”研究，从各个方面对其研究不足进行完善，包括样本选择时间、指数构建的方法等。

对此研究进行拓展的有Core等（2006）发表在《金融学杂志》（*The Journal of Finance*）的文章《差的公司治理会带来较低的股票收益吗？——基于企业经营绩效和投资者预期角度的检验》（*Does Weak Governance Cause Weak Stock Returns: An Examination of Firm Operating Performance and Investors' Expectations*）。他们将数据的时间段进行了拓展，2000～2003年数据的研究结果显示，超额收益为−10.1%；1990～2003年数据的研究结果显示，超额收益为2.6%；1990～1999年数据的研究显示，超额收益为9.2%。换句话说，超额收益与特定的时间段有关系。因此，他们的结论是公司治理与超额收益之间不存在关系。

另一项拓展研究为Cremers和Nair（2006）发表在《金融学杂志》（*The Journal of Finance*）的文章《治理机制和股票价格》（*Governance Mechanisms and Equity Prices*）。Cremers和Nair不但考虑了外部的公司治理即并购机制的作用，而且考虑了内部治理即股东主义，探究了二者之间的交互作用。若买进一个较高接管概率的公司，而卖出一个接管概率较低的公司，只有在公共基金持股比例较高或者是Blockholder时才能获得10%～15%的超额收益；不考虑内部的股权结构时，超额收益仅为8%。而且这种互补效应在产业调整后的较低财务杠杆的企业和小企业较强。

Bebchuk等（2009）也是利用投资者责任研究中心（IRRC）的数据，研究了在24个公司治理条款中，哪些与企业价值和投资收益相关。经过分析，Bebchuk等提炼出了一个由六个条款组成的防御指数（交错董事会、股东章程修正案限制、并购的绝对多数需求、章程修正案多数需求、毒丸计划和金色降落伞）。研究发现，随着指数的提高，托宾Q值越来越低。较高指数的公司在1990～2003年表现出较大的负超额收益。该文献从改进公司治理指数的计算方法入手来拓展Gompers等的研究，对本书的启示也非常大。

Bauer和Guenster（2003）也是沿着Gompers等的思路，比较了公司治理好的组合和公司治理差的组合的收益，但其样本来自FTSE Eurotop 300 Index中欧洲地区的公司。公司治理的分类是根据穆迪公司的公司治理披露指数来进行的。

Bauer 和 Guenster 认为，一个公司具有较高的公司治理披露指数必然具有较好的股东权利和义务，而且这种关联性在 0.7 以上，因此利用公司治理披露指数来进行研究。研究数据的时间为 1997～2002 年，购买公司治理较好的公司与卖出公司治理较差的公司存在一个正的回报差异，也就是说穆迪公司指数对股票的回报具有一个正的影响。这种差异经过部门影响的调整之后为每年 3%，这样的投资策略能够为投资者创造价值。该研究对样本及公司治理指数构建方法均进行了创新。

Drobetz 等（2004）调查了治理公司层面的差异是否能解释企业横截面的预期回报问题。利用德国公司的公司治理指数，发现了该指数与公司价值之间的正相关关系。另外，如果用股利范围和市盈率作为资本成本，预期回报与该指数显著负相关。因为治理实践与公司基础之间的因果关系，大多数结果存在内生性。在报告期内，投资治理水平高的公司和投资治理水平低的公司的战略间，其回报每年存在着大约 12%的差异。这也证实了治理水平高的公司，代理成本低，治理障碍少。

Larcker 等（2005）对 2106 个样本的公司治理与企业绩效和超额收益的关系进行了研究。利用 39 个公司治理指标，包括董事会特征、股权结构、高管的激励和反并购条款等，进行主成分分析，得出 14 个主成分变量。这 14 个主成分变量与企业的未来绩效、托宾 Q 值和股票的超额收益都存在联系。

然而，除了上述 Core 等的研究之外，也有个别研究得出了公司治理与超额收益不存在关系的结论。例如，Aman 和 Nguyen（2006）利用几个已知的与公司绩效及市场价值有关系的治理指标，构建了一个公司治理指数。然而他们发现，公司治理好的组合的业绩表现显著低于公司治理差的组合，经过市场风险因子、账面市值比风险因子的调整之后，所有投资组合的超额收益均不显著，也就是说公司治理属性已经准确反映到股票价格当中。Johnson 和 Moorman（2009）认为，超额收益的计算方法受到产业集群的影响，利用两种方法计算产业调整后的收益，发现利用 Gompers 等和 Bebchuk 等的分组方法获得的超额收益显著为 0。Moorman（2004）发现，通过控制企业组合纠正资产定价模型的错误后，根据公司治理指数进行的分组不存在长期超额收益，这与有效资本市场相一致。

通过上述研究可以看出，目前理论界已经开始关注公司治理与超额收益的关系，突破了原有的对公司治理与财务绩效关系的研究框架，但也不难看出存在着的一些值得深入探讨的问题。例如，所有的研究没有明确提出公司治理溢价定义；关于公司治理与超额收益关系的研究并非真正的公司治理与超额收益关系的研究，主要是关注公司治理的一个方面——接管机制，这可能与数据取得的难易程度及数据评价难易的程度有关；所有研究的稳健性检验不是很充分，因此导致了存在公司治理超额收益与不存在公司治理超额收益两种结果的对立。另外，已有的研究多数关注的是发达国家的资本市场，目前还没有从资本资产定价角度来研究中国上市公司治理与超额收益的关系。这些正是本书研究的突破点，即利用综合公司治理指数来反映公司治理质量的好坏，这样才是真正研究公司治理与超额收益的关系，并结合公司治理事件信息含量和公司治理价值相关性来解释公司治理溢价存在的原因。

第四章　公司治理、估值理论与投资者预期

公司治理的全过程都离不开信息，而公司治理的成果应集中反映在公司的财务业绩和财务状况上。定期并及时对外披露以财务信息为主的经营管理信息是上市公司必须承担的持续责任。完整、透明的对外报告是提高公司治理水平的关键（葛家澍，2002）。一个强有力的信息披露制度是对公司进行有效监督的典型特征，是股东行使表决权能力的关键。如果没有完善的信息披露制度，股东和董事会就无法了解管理层经营公司的状况及内部控制状况，股东和董事会对管理层的监督和控制也就无从谈起。资本市场发达国家的经验表明，信息披露制度也是影响公司行为和保护潜在投资者利益的有利工具。完善的信息披露制度有助于吸引资金，维持对资本市场的信心。股东和潜在投资者需要得到定期、可靠、可比和足够详细的信息，从而使他们能对管理层是否称职做出评级，并对股票的价值估值、持有和表决做出有根据的决策（李维安，2001a；2001b）。本章主要关注公司治理与股票价格之间是否有联系、如何联系起来的公司治理投资决策有用性基本问题，以及公司治理溢价的内涵和产生机理。

第一节　公司治理与股票价格关系机制

一、基于传统估值理论：三级关联假说的分析

信息观认为，在市场不完全和充满不确定性的现实经济世界中，任何会计方法都不可能得到企业的“真实收益”。公司信息（会计盈余）数字的功能是向投资者传递某种有助于判断和估计经济收益的“信号”而不是经济收益本身。如果公司信息（会计盈余）数字的确能扮演这种信号角色，那么我们必然可以观察到投资者在接收到该信号后，对未来股票价格各种可能状态的概率分布，或者说投资者的“信念”会发生改变。在信息观下，模型的因变量通常是股票的报酬率，因为股票报酬率是股价变动的结果，刚好符合信息观有关投资者“信念”改变的概念。信息观对公司信息（会计盈余）功用的理解可以用以下简单的回归模型来表示：

$$\mathrm{AR}=a+b\mathrm{UE}+\varepsilon \tag{4-1}$$

其中，AR 表示事件时窗（Windows）内股票的非正常报酬率（abnormal return）；

UE 表示与此时窗相对应的市场未预期盈余（unexpected earnings）。如果会计盈余具有信息含量，模型总的估计参数 b 应该在统计意义上显著大于零。

在信息观下，关于公司信息（会计盈余）为什么及如何与股票价格联系起来的假说或模型有以下两种。

第一种假说是现金流量替代假说。例如，Watts 和 Zimmerman（1986）认为，会计盈余可以被认为是已实现现金流量的替代变量（surrogate），通过多期间资本资产定价模型和股价建立内在联系。

第二种假说是 Beaver（1998）的三级关联假说。通过三个假定把会计盈余与股价联系起来：第一级关联是现在的会计盈余与未来的会计盈余；第二级关联是未来的会计盈余与未来的股利；第三级关联是未来的股利与现在的股价。

通过上述两个假说的分析可以看出，在信息观下，以现金流替代假说为基础，不能直接建立公司治理与股票价格的关系，只有通过公司治理与财务绩效（会计盈余）的关系来间接建立公司治理与股票价格的关系，即公司治理—当期盈余—未来盈余—未来股利—股票价格。已有的公司治理理论和实证研究表明，公司治理不仅对提高当期的公司绩效有作用，而且对提高未来的公司绩效也有作用，即公司治理存在滞后效应。这样，Beaver 的三级关联假说的第一个关联就可以直接替换为现在的公司治理与未来的会计盈余，后面的两个关联保持不变，公司治理与股票价格关系的三级关联假说就建立起来了。本章将其称为公司治理与股票价格关系的新三级关联假说。

二、基于传统估值理论：二级关联假说的分析

在以计价观为背景的研究中，模型的因变量通常是股价。计价观对会计盈余的理解可以用下面的回归模型来表达：

$$P=a+bE+\varepsilon \tag{4-2}$$

其中，P 表示某一时点股票的价格；E 表示相应时段的会计盈余。

与信息观的研究设计往往只关心模型的估计系数 b 是否显著异于零所不同的是，计价观的重点在于解释和预测估计系数 b 的大小，以及 E 和 P 的确切函数关系。

在计价观下，关于公司信息（会计盈余）为什么，以及如何与股票价格联系起来的假说或模型有以下两种。

第一种是最常用的模型——盈余资本化模型。盈余资本化模型最早被 1990 年诺贝尔经济学奖得主 Miller 和 Modigliani（1966）用来估计美国电力行业的资本成本。

$$P=E^{*}/r \tag{4-3}$$

其中，E^*表示公司的永久盈余；r 表示盈余资本化率。

Miller 和 Modigliani（1966）把会计盈余直接作为永久盈余的替代变量（proxy variable），$E^*=E+\varepsilon$，即假设二者之间的差异是一个服从 $N(0, \sigma^2)$ 的随机变量。

盈余资本化模型在实务中得到广泛应用。如果公司利润表中会计盈余是永久盈余的一个性质良好的替代变量，那么该模型所体现的思想是股市投资中再简单不过的分析技术，即

$$P=E\times(1/r)=E\times(P/E) \tag{4-4}$$

会计盈余通过市盈率 P/E 与股价建立起直接的联系，这也是会计盈余有用性在人们头脑中最直观的反映。

第二种是 Feltham-Ohlson 模型，也称会计基础计价模型（accounting-based valuation model），即二级关联假说。Feltham-Ohlson 模型是经过 Ohlson（1990；1991；1995），以及 Feltham 和 Ohlson（1994；1995；1996）等一系列研究文献的基础上发展起来的。该模型为探讨会计盈余与股价之间的关系提供了一个新的理论基础。研究者不再需要把研究设计建立在 Beaver 的三级关联假说基础之上，现在只需要两级关联：第一级关联是当期会计盈余与未来会计盈余，第二级关联是未来会计盈余与股票价格。从财务报表的角度来看，Feltham-Ohlson 模型将资产负债表和损益表有机结合在一起，净资产和会计盈余都进入了计价模型之中，成为决定股价的因素。

$$P_t=\alpha \mathrm{BVE}_t+\beta \mathrm{NI}_t+\varepsilon \tag{4-5}$$

其中，P_t 如果表示市值，BVE_t 则表示年末净资产，NI_t 表示净利润；如果 P_t 表示收盘价，则 BVE_t 则表示每股净资产，NI_t 表示每股收益。

通过上面的两个假说可以看出，在计价观下，以盈余资本化模型为基础，也不可能建立公司治理与股票价格的直接关系，中间必须借助会计盈余这一个环节；而对于 Feltham-Ohlson 模型来说，我们可以替换二级关联假说中的第一个关联，即将当期会计盈余与未来会计盈余替换为当期公司治理与未来会计盈余，这样就可以建立起公司治理与股票价格的直接关系，而不用经过会计盈余（当期的）这一环节。本章将其称为公司治理与股票价格关系的新二级关联假说。

三、传导机制分析的小结

无论是信息观还是计价观，对于公司基本面（公司信息）关注的落脚点是在会计盈余这一最重要的财务指标上，因此，各种研究范式下的假说或者模型也是以会计盈余与股票价格的关系为主的。在上市公司会计盈余舞弊案频发的今天，投资者已经开始动摇上市公司盈余至上的观念，转而开始关注较重要的公司治理指标，或者在一定意义上比会计盈余指标更重要的非财务信息。在这样的背景下，

研究公司治理的资本市场反应，即公司治理与股票价格的关系就需要拓展已有的研究理论基础，来搭建公司治理与股票价格之间的桥梁。

从上述关于外生性公司信息披露的理论内容可以看出，信息观与计价观在对会计信息的作用机制方面似乎在形式上存在着截然不同的认识。信息观是以“公司信息—股票价格”的思路展开研究；而计价观则以“公司信息—估值模型—股票内在价值—股票价格”的思路展开研究。但在两种观点下的研究出发点和落脚点完全相同，计价观所包含的内容要比信息观更为丰富，因而也能得出对公司信息有用性更为丰富的认识。在计价观下，公司信息作为估值的变量调整投资者对股票价值的判断，这说明公司信息是一个“信号”。因此，计价观与信息观的不同之处在于，在计价观中，公司信息数字本身虽然不直接等于企业的经济收益，但它被赋予了公司信息与股票价格之间的直接联系；而在信息观中，公司信息数据只是一种“信号”，这种信号必须通过某种更具有资产价值属性的变量（股利）才能与股票价格相关联，Beaver 的三级关联假说便是如此。

综上所述，关于公司治理与股票价格之间的关系，无论是信息观下的假说或者模型，还是计价观下的假说或者模型，均可以通过公司治理与财务绩效（会计盈余）的关系（大量的国内外文献已经证明这一点），来建立公司治理与股票价格的间接关系；而新三级关联假说和新二级关联假说则可以建立公司治理与股票价格的直接关系，即同等条件下，公司治理好的公司股票价格越高，无须通过当期会计盈余这一环节，这一直接关系建立的前提条件是公司治理与会计盈余的关系存在滞后效应，即公司治理能够显著解释下一期的会计盈余。

第二节　公司治理、投资者预期与超额收益

一、公司治理与投资者预期

公司治理与股票价格之间的桥梁搭建起来以后，我们更进一步关注的是多少投资者能够理解（预期）这种关系，并将其应用到自己的投资决策中去。如果所有的投资者都能够预期到公司治理与股票价格的关系，那么，投资者根据公司的治理状况来构建的投资组合将很难获得超过市场平均收益水平的回报。这部分回报会随着上市公司治理水平的积极提升和投资者理性预期能力的提高而逐渐降低。上市公司提升公司治理水平是为了将股票卖一个更高的价格，投资者提升自己的理性预期能力是为了追逐更高的超过市场平均收益水平的回报。恰恰是在上市公司和投资者的这种“努力”中，上市公司不但治理质量得到了提升，而且市场效率得到了改进。

我国的投资者已经能够接触到大量的公司治理信息，但由于信息的传播需要一个渐进的过程，并且获得信息与正确理解信息是两个不同的概念。因此，投资者个体所掌握的信息是有差别的，信息的价值可能因人而异，投资者对未来所形成的预期也就不尽相同，图 4-1 为投资者决策过程示意图。预期的性质是由行为主体获取信息和处理信息的方式所决定的。预期的行为主体对信息资源的利用程度取决于其理性程度。这种理性程度是其追求利益过程中利用信息资源的欲望和能力的统一表现。如果每个投资者真的都认为市场价格已经反映了现时可获得的所有信息，并且最真实地反映了公司的内在价值，那么市场就不可能再有追求超额报酬率的交易，每个投资者都只能期望获得风险调整后的市场平均收益。从现代公司估值理论，即资本资产定价的角度来看，情况恰恰相反，正是由于投资者根据所掌握的信息对公司内在价值做出了不同的估值，才促成了交易的进行；取得信息和分析信息并非没有成本，这些成本要求更高的期望收益来补偿。

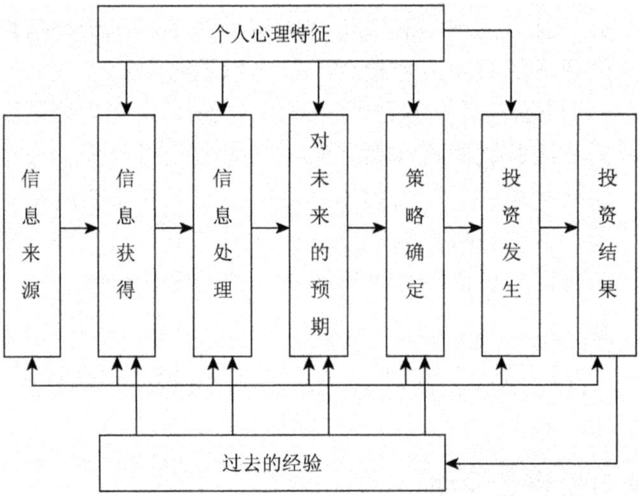

图 4-1　投资者决策过程示意图

从本书几种预期的定义可以看出，从信息的获取角度出发，静态预期仅搜集到经济变量前期特定方面的信息；外推预期只是包含了经济变量的前两时期真实值中特定方面的信息；适应性预期搜集到以数列形式表示的经济变量过去特定方面的全部信息；而理性预期则充分有效地获取了一切可能得到的信息，这些信息不仅包括经济变量过去的特定信息，而且包括经济变量现在的相关信息，因而理性预期的行为主体对信息的搜集更为充分。从信息的处理角度观察，静态预期、外推预期和适应性预期有关预期形成机制的假定比较任意，静态预期的行为主体是以决策当时经济变量的实际信息水平作为自己的预期；外推预期的行为主体是在确定经济变量变化方向的基础上，对经济变量过去两期的信息进行处理的；适应性预期的行为主体是在不断修正前期预期误差前提下，对进行经济变量过去水平进行信息处理的；而理性预期理论认为，预期应完全随经济变量的变动而变动，并与经济变量的实际变动一致。成思危和李自然（2004）基于行为金融学对投资者行为的心理学研究成果，构建了一个反映投资者预期形成过程的行为模型。模型考察了外部冲击对股价影响的长短期效应，较好地解释了实证研究发现的金融市场上普遍存在的一些异常现象，如收益率分布的厚尾现象、股价对信息反映不足或过度。

有效市场假设的真实含义是市场价格应是资产真实价值的无偏估计，但这并不意味着在每一个时点上市场价格都恒等于资产的真实价值。市场价格可以偏离资产的真实价值，只要这种偏离是随机的，资产被高估和低估的概率就相等。有效市场假设并不排除部分投资者获得超过市场平均水平的收益。市场的无效状态总会不断出现，但当投资者发现这些无效状态并制定相应的策略进行交易后，这种无效状态就会消失，从而使市场达到新的平衡，对无效状态的充分挖掘和利用维持着市场的效率。也许这就是有效假说悖论的背后所隐藏的玄机吧！从公司估值的角度看，研究的重点就是通过估价充分地发掘市场无效的部分。Grossman 和 Stiglitz（1980）认为："只要能产生更多的收益，投资者就会有动机花费时间和资源去发现和分析新信息。"市场不会自动变得有效，正是由于投资者为获取超过市场平均收益水平而对包括公司治理信息在内的信息进行竞争性地充分挖掘，从而提高了市场的有效性，有效市场是以理性预期为基础的，投资者会充分挖掘包括公司治理信息在内的所有信息。需要特别说明的是，公司治理信息并不是像会计盈余那样一个简单的数字，而是需要投资者通过多个公司治理指标来分析判断上市公司治理质量的状况，因此，公司治理信息对投资者自身的分析能力要求较高，即使上市公司完整、正确和及时地披露治理信息。

二、公司治理与超额收益

（一）超额收益的来源

超额收益又称超常收益或超额回报，对于超额收益可以从以下几个方面理解。从直观的含义上讲，它是在风险不增加的情况下所获得的收益，即经过风险调整或市场调整后仍大于零，与风险溢价有着本质的区别；从产生的原因上，超额收益产生于股票价格与基本价值的偏离，或者说是因错误定价而得的收益，在"一价定律"的作用下，股票价格最终都会向其基本价值回归，理性投资者在此之前买进（或卖出）则可以获得超额收益；从其可获得性上，超额收益可以通过"择时选股”来获得，即通过制定一定的投资策略获得，这些投资策略的主要依据就是证券市场中所存在的种种“异常现象”（杨代平，2005）。

显然，完全有效市场不存在超额收益，因为股票的价格已经充分反映了其基本价值，不存在错误定价。在现实中，完全有效的市场是不存在的，在各个国家与地区的证券市场中，超额收益都可能获得，但市场的有效程度越高，其获得的时间越短，获得的难度越大。作为一个新兴市场，中国证券市场有效性较低，超额收益应该可以长期容易地获得。

有很多学者和投资家发现价值投资策略（value strategies）能获得超额收益。虽然这一现象获得了广泛的认可，但对这一超额收益的来源和解释却仍然存在很大的争议。总的来说，可以简单地把这种争议归为三类（李寿喜，2004；杨代平，2005；施鲲翔，2005）。

第一类是 Black（1993）和 MacKinlay（1997）提供的解释，他们认为是样本区间的特殊性造成了统计上价值投资的超额收益，并指出美国股市过去存在的超额收益不大能在未来发生。如果从风险溢价的角度来看，这似乎得到了 Jagannathan 等（2001）近期研究所表明的美国股市风险溢价下降趋势的支持。

第二类是以 Fama-French 为代表的有效市场假说（efficient markets hypothesis，EMH）的信奉者，他们认为价值股获得的超额收益只是对其所承受的额外风险的补偿，而这些风险被正统的资本资产定价模型遗漏掉了。他们是基于证据得出上述结论的：价值股的收益率方差不能由单一的市场收益率来解释。Fama 和 French（1992；1995；1997）认为，多因素定价模型能够包含价值股所承受的额外风险，可以解释价值股获得的超额收益。Fama 和 French 在一个包括市场因素、与市值规模和账面市值比（*B*/*P*）相关的基本面风险因素的多因素资产定价模型中，解释了股票收益率在横截面上的方差（cross-sectional variance）。这也正是本章所采用的定价模型。

第三类是所谓的投资者非理性行为（Irrational Behavior）（Lakonishok et al.，1994; La Ports et al.，1997）。Lakonishok 等提出了一个著名的反向操作模型（contrarian model）：由于许多行为和制度上的原因，对应于其风险和收益的特征价值股被低估了，其获得的超额收益是由于投资者的预期错误导致的。具体来说，投资者倾向于把过去的成长率向未来外推得太远，价值投资策略正是作为上述天真策略（naive strategies）的反向操作者（contrarian）而取得长期超额收益的。

（二）公司治理溢价

产品溢价是指较正常竞争条件下所确定的市场价格高出的那部分价格。例如，一件普通衬衣的成本可能是 50 元，而一件高品质衬衣的成本可能是 100 元，如果前者定价 100 元，后者定价 200 元（市场平均的利润率是 100%），则会被认为是正常定价，因为高品质产品理应收取更高的价格。然而，如果后者定价 300 元甚至更高，此时，产品存在溢价。

那么，为什么产品会存在溢价？在什么条件下消费者愿意而企业也能够获得溢价？溢价大小又是由哪些因素所决定和影响的呢？持心理学分析思路的学者认为，由于市场信息不全，消费者对产品实际品质缺乏了解，多会依据“一分钱，一分货”的信条对产品质量做出推断，即认为高价产品一定具有高的品质，由此，价格被作为判断质量高低的线索。正由于价格和质量之间存在推断与被推断的关系，企业可能通过调查了解消费者的心理，通过影响消费者的品质预期来获得溢价。换言之，溢价被认为是企业影响和操纵的结果。

与此不同，持经济学分析思路的学者认为，消费者为确保其产品的品质，愿意支付溢价，但溢价的支付不一定是企业影响的结果，而是消费者的理性思考使然。从消费者角度来看，溢价是其对企业提供质量担保的回报。只要消费者对产品质量不能确认，而企业承诺且确实提供一致的产品质量，消费者将愿意为此支付溢价。同时，溢价的存在又为企业出售一致的和高品质的产品提供了刺激。正是上述两方面的结合，产生了溢价得以存在和维持的机制。

1981 年，Klein 和 Leffler 提出了反上述思想的模型——K&L 模型。K&L 模型实际上是将产品溢价作为矫正潜在道德风险的一种手段，溢价的大小将随潜在道德风险变动。根据这 思路，凡是影响道德风险或者说影响卖方是否从事品质欺诈行为的因素均会对溢价大小产生影响（符国群，1999）。一般来说，有三类因素：买方对产品品质的评价，影响买方对产品品质评价的主要因素有其对产品质量的关心程度、产品品质的变动幅度、产品的最低质量发现水平或“门槛质量”、购买前产品品质的可观测性、从购买日起到产品品质最终被揭示或证实的时间间隔；卖方的影响，即卖方对品牌的投资、供应商的数量、卖方的垄断力；市场因素，即信息被揭示、被披露的速度、购买频率、利息率。

上述有关产品溢价的分析，为我们进行公司治理溢价的分析提供了有益的启示。上述影响产品溢价的因素同样适合分析股票相关溢价，但股票不同于一般的商品，其特殊之处在于其投资者买卖互为供给，一般的商品存在消费者和供应商，供应商供给满足消费者的需求。消费者所支付的产品溢价，实际上就是供应商所获得的超过市场平均利润水平的回报，二者在数量上是相等的，但在意义上不同，一个是多支付的货币，一个是多收入的货币。而在股票上，不存在消费者和供应商的差异，都是投资者。一个股票持有者在持有一只股票或者一个投资组合一段时间后，卖出股票的时候，获得了超过市场平均收益水平的回报，我们将其称为股票溢价，那么购买该股票的投资者必然为此支付了股票溢价；相反，如果卖出股票时，获得了低于市场平均收益水平的回报，我们将其称为股票折价，或者称为负的股票溢价，购买该股票的投资者获得折价。

那么到底什么是公司治理溢价呢？结合产品溢价的分析，本章认为，从现代估值理论的角度来看，治理溢价首先是超额收益的一部分，因公司治理的好坏（治理风险的高低）而引起的超额收益，即在影响股票收益率其他因素相同的情况下，公司治理的好坏而带来的实际收益率与市场收益率之间的差异，是持有公司治理较差公司的股票而要求的回报，公司治理较好公司的股票而支付的溢价。如图 4-2 所示。A 和 B 分别代表两个公司治理质量（风险）不同的股票或者投资组合，其中 B 的公司治理质量高于 A，根据上述公司治理溢价的定义，公司治理溢价在数量上等于差 2 减去差 1 中能够由公司治理因素所解释的部分。此处公司治理溢价的界定假设不存在规模、价值等其他因子，否则需要进行调整。治理溢价是一种校正上市公司潜在道德风险的手段或者机制，是投资者理性思考使然，但并不是全部投资者。因此，治理溢价是有效市场的一个异常现象。完全有效的市场是不存在超额收益的，更不能存在治理溢价。

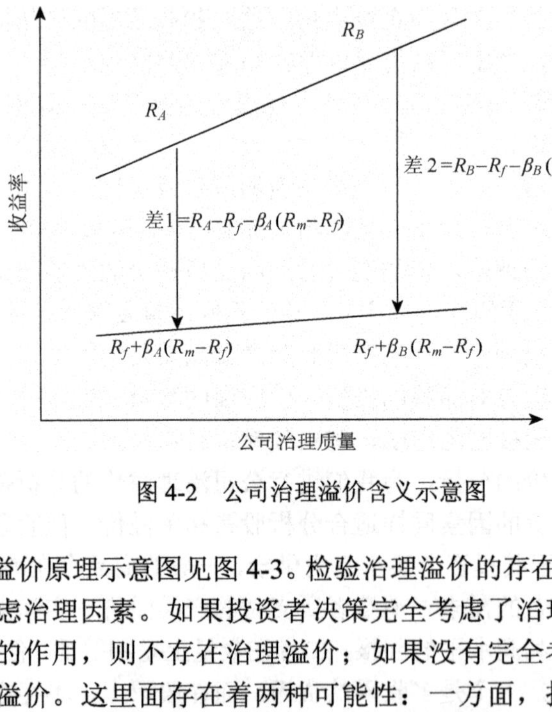

图 4-2 公司治理溢价含义示意图

公司治理溢价原理示意图见图 4-3。检验治理溢价的存在，首先要检测投资者决策时是否考虑治理因素。如果投资者决策完全考虑了治理因素，或者完全预期了公司治理的作用，则不存在治理溢价；如果没有完全考虑治理因素，则就可能存在治理溢价。这里面存在着两种可能性：一方面，投资者没有能力识别公司治理质量的高低；另一方面，投资者没有预期到好的治理能够带来较高的股价。这可能有公司治理信息披露不健全的原因，也可能与投资者自身对于公司治理与股票价格之间关系的认识程度有关，在治理信息披露以后感到震惊，同时调整自己的预期。

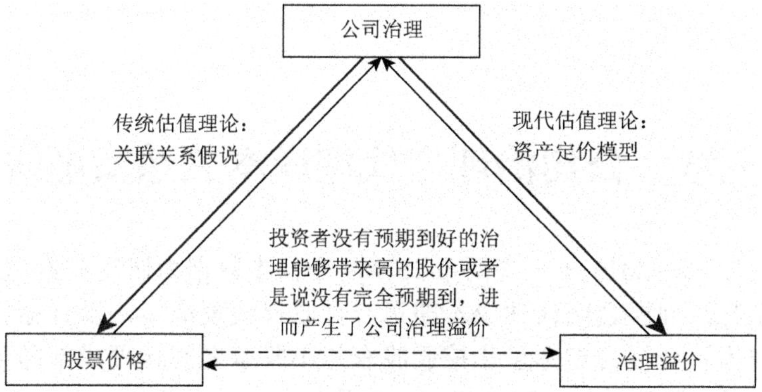

图 4-3　公司治理溢价原理示意图

实际上，公司治理溢价也同样涉及产品溢价分析中的三个影响溢价的因素：第一，投资者对上市公司品质（治理状况）的评价，包括投资者是否关注公司的治理状况、公司治理状况识别的难易程度或可观测性和投资者是否对公司治理有一个最基本的要求（治理门槛）等；第二，上市公司的影响，包括上市公司发行宣传、上市公司的投资者关系管理情况等；第三，一些市场因素的影响，包括公司治理披露的情况、交易机制、机构投资者情况和宏观经济状况等。这些都是影响公司治理溢价大小的重要因素。

本章通过分析会计盈余与股价之间的关系，提出了关于公司治理与股票价格之间关系的新三级关联假说，即公司治理—未来会计盈余—未来股利—股票价格，和新二级关联假说，即公司治理—未来会计盈余—股票价格。在分析投资者关于公司治理预期的基础上，明确了公司治理溢价的内涵，论述了公司治理溢价产生的机理，提出了公司治理额外风险补偿假说。本章提出的公司治理与股票价格之间关系的新三级关联假说和新二级关联假说能否得到印证，即较好的公司治理能够带来较高的股票价格，还需要进行相关的实证检验，详见第五章相关内容，这将为接下来关于公司治理信息含量即公司治理事件市场效应（公司治理短期市场效应）、公司治理相对于增量价值相关性（公司治理长期市场效应），以及公司治理溢价（公司治理市场效应结果）的研究提供逻辑前提基础。

第五章　公司治理与代理成本关系实证研究

本章以 2000～2013 年沪深两市 15 989 个样本数据为研究对象，以资产周转率衡量股东与经理层之间代理成本即第一种股权代理成本，以其他应收款占总资产比例作为资金侵占指标量化控股股东与小股东之间代理成本即第二种股权代理成本，考察股权结构、运作机制、决策机制、监督机制、激励机制共 12 个经典公司治理要素对两种股权代理成本的影响。研究方法为：首先，利用最小二乘回归分析分年度考察公司治理要素在短期内对两种股权代理成本的影响；其次，通过面板数据回归方法从中长期视角考察新公司法颁布前后、股权分置改革前后、金融危机前后六个阶段及全年样本 12 个公司治理要素与代理成本之间的关系；最后，通过滞后一期数据进行稳健性检验。结果发现，公司治理要素能够起到降低两种股权代理成本的作用，但部分要素与代理成本呈现 U 形相关关系。

第一节　问 题 提 出

20 世纪 30 年代，Berle 和 Means 提出所有权与控制权分离的观点后，代理问题成为中外学者研究的一个热点话题。1976 年，Jensen 和 Meckling 对代理关系、股权代理成本、债权代理成本进行了具体的研究。Grossman 和 Hart（1980）进一步研究了控股股东与中小股东之间的代理成本问题。1983 年，Fama 和 Jensen 进一步提出能否控制代理问题的发生是影响公司存亡的重要因素。随着经济的不断发展及公司的变革，代理问题成为当今每个公司亟须解决的问题。经过实践与探索，公司治理成为解决代理问题的有效途径之一。1993 年，《中共中央关于建立社会主义市场经济体制若干问题的决定》提出在我国国有企业中建立现代企业制度，自此我国开始了对公司治理的积极探索。在此探索阶段，关注的主要问题是公司治理机制的合规性与否，即企业是否建立健全公司治理机制。2001 年，独立董事制度的建立标志着我国的公司治理实践进入了深入阶段。随着 2002 年的《上市公司治理准则》、2005 年的《关于提高上市公司质量的意见》、2008 年的《企业内部控制基本规范》的颁布，我国公司治理制度日趋完善。由于金融危机的爆发，各公司开始关注自身应对外界环境变化抵抗风险的能力，公司治理的重要性愈加凸显。因此，在后危机时代，对于公司治理的关注焦点从合规性转化为公司治理的有效性问题。本章就 10 多年来的公司治理有效性进行研究，即研究我国上市公司建立的公司治理机制是否真正达到了降低代理成本、保护股东权益的效果。

代理成本是影响股东利益的重要因素。在我国，由于外部制度的不完善及不健全，股东的利益未能得到较好的保障。代理成本作为公司内部因素，对于股东的利益造成了进一步的侵害。因此，降低代理成本、保障股东利益是当前中国股票市场和上市公司亟需完成的工作。我国的公司治理探索从 20 世纪 90 年代开始至今已有了一定的成果，因此，对公司治理要素有效性的考察是十分有必要的，从而为调整公司治理结构、制定相关政策提供依据。在理论界，关于公司治理要素对于代理成本影响的研究较多，但是多数研究的样本数据数量不够多，代理成本指标的选取不够充足，不同的样本及不同代理成本量化指标的选择会产生不同的实证结果。因此，研究公司治理要素对代理成本的作用在我国具有重要的现实和理论意义。

第二节 代理成本量化与影响因素文献综述

一、代理成本的量化研究

（一）股东与管理层之间的代理成本量化研究

Ang 等（2000）提出在 Jensen 和 Meckling（1976）的零代理成本参照公司的前提下，使用期间费用率（销售费用率、营业费用率和财务费用率三种费用之和）和资产周转率衡量代理成本，研究了小公司的所有权结构与代理成本的关系。他们认为，期间费用率反映了公司管理者对于运营成本的控制情况，资产周转率则反映了公司管理者对于资产的配置运用程度。管理者的无效率投资、工作懈怠、滥用公司补贴等行为将增加代理成本，即增加管理费用率，降低资产周转率。吕长江和张艳秋（2002）等考虑到财务费用中包含手续费问题、利息支出等与代理成本的联系并不十分紧密的部分，并不是管理层能够随意控制的费用支出，因此将期间费用率中的财务费用率剔除，使用管理费用率、营业费用率和资产周转率作为代理成本的量化指标。Singh 和 Davidson（2003）拓展了 Ang 等（2000）对小公司的研究范围，将大公司也纳入其中，并使用销售费用与管理费用之和占营业收入之比，以及总资产周转率量化代理成本。他们认为，销售费用与管理费用之和更能有效地反映出经理层可以自由或随意支配的费用，因而可以更好地衡量代理成本。宋力和韩亮亮（2005）运用管理费用率、总资产周转率计量代理成本，研究大股东持股比例对代理成本的影响。肖作平和陈德胜（2006）直接运用 Singh 和 Davidson（2003）的代理成本量化方法，即总资产周转率，以及销售费用与管理费用之和占销售收入之比即销售管理费用率衡量代理成本。高雷等（2007）运用总资产周转率、销售费用与管理费用之和占营业收入的比例衡量代理成本，分析公司治理因素与代理成本的关系。张欣和宋力（2007）运用总资产周转率、管理费用率、销售费用率作为代理成本的衡量变量。张兆国等（2008）运用资产周转率及管理费用率衡量代理成本，考察资本结构对代理成本的影响。李明辉（2009）、姜付秀等（2009）运用总资产周转率及管理费用与主营业务收入之比即管理费用率两种方法度量代理成本，揭示股权结构、公司治理对股权代理成本的影响。郝臣等（2009）运用总资产周转率度量代理成本对公司治理要素对于代理成本的影响进行实证研究。吕景胜和邓汉（2010）运用管理费用率衡量代理成本，分析上市公司股权结构对代理成本的影响。罗付岩和沈中华（2013）利用管理费用占营业收入的比例替代代理成本，考察股权结构、代理成本和企业投资效率之间的关系。李放（2014）利用资产周转率和管理费用率替代代理成本，分析股权结构对其的影响。尤华和李恩娟（2014）运用管理费用率衡量股东与经理层之间代理成本，以及控股股东与小股东之间的代理成本，考察股权结构对两种股权代理成本的影响。李小荣和张瑞君（2014）、刘孟晖和高友才（2015）利用总资产周转率和管理费用率量化代理成本。

参考文献指标分类整理如下，见表 5-1。

表 5-1　股东与管理层之间代理成本量化指标

分类	指标	参考文献
资产利用程度类	资产周转率	Ang 等（2000）
		吕长江和张艳秋（2002）
		Singh 和 Davidson（2003）
		宋力和韩亮亮（2005）
		肖作平和陈德胜（2006）
		高雷等（2007）
		张欣和宋力（2007）
		张兆国等（2008）
		李明辉（2009）
		姜付秀等（2009）
		郝臣等（2009）
		李放（2014）
		刘孟晖和高友才（2015）

续表

分类	指标	参考文献
管理者可支配费用类	管理费用率	吕长江和张艳秋（2002）
		宋力和韩亮亮（2005）
		张欣和宋力（2007）
		张兆国等（2008）
		李明辉（2009）
		姜付秀等（2009）
		吕景胜和邓汉（2010）
		罗付岩和沈中华（2013）
		李放（2014）
	销售管理费用率	Singh 和 Davidson（2003）
		肖作平和陈德胜（2006）
		高雷等（2007）
		刘孟晖和高友才（2015）
	销售费用率	吕长江和张艳秋（2002）
		张欣和宋力（2007）
	期间费用率	Ang 等（2000）

（二）控股股东与中小股东之间的代理成本量化研究

Grossman 和 Hart（1980）将控股股东拥有的控制权收益分为两个方面：一方面是股东通过持有一定比例的股票而得到的股利，即货币收益；另一方面是其他中小股东不可获得，唯有控股股东可以获得的私人利益即控制权收益，也就是通过关联交易、侵占公司资金或机会、高额报酬和在职消费等侵占小股东利益获得的金钱利益和非金钱利益。李增泉等（2004）认为，从上市公司的年报中可以看出控股股东侵占上市公司的资金，获得方法为年报中的“关联方关系及其交易的披露”，控股股东侵占上市公司的资金主要在应收账款、预付账款与其他应收款三个会计科目中反映，而上市公司对控股股东资金的侵占情况通过应付账款、预收账款和其他应付款反映。李源（2006）在控股股东与中小股东之间代理成本的衡量指标选择上，选取了资金侵占这一个维度。他认为大股东对公司的资金侵占可以通过“其他应收款”的年末余额来反映；“其他应收款与年末总资产的比值”可以作为资金侵占率以此衡量第二种股权代理成本。秦彬和肖坤（2008）认为，大股东对中小股东的侵害方式有多种，但是考虑到数据的可获得性，选取第一大股东占用上市公司资金的净占用率来近似地衡量第二类股权代理成本。净占用率为第一大股东净占用上市公司资金与上市公司总资产的比例衡量。其中，第一大股东净占用上市公司资金=（应收账款+预付账款+其他应收款）–（应付账款+预收账款+其他应付款）。尤华和李恩娟（2014）选择资金侵占指标，用其他应收款年末数与公司的年末净资产的比例来衡量第二种股权代理成本。

二、公司治理要素对代理成本影响研究

（一）国外相关研究

Jensen 和 Meckling（1976）认为，经理层持股比例的提高可以有效阻止代理成本的发生。Fama 和 Jensen（1983）提出，过高的管理层持股比例会促使壕沟效应的发生，从而增加代理成本。Byrd 和 Hickman（1992）的研究显示，独立董事比例的提高可以促进公司业绩的增长，有效降低股权代理成本。Ang 等（2000）对 1708 家小公司的数据进行分析，在控制行业、规模和资产负债率后，采用管理费用法和总资产周转率两个财务指标作为代理成本的衡量，经理中外部人员比例与代理成本正相关，管理者持股比例与股权代理成本显著负相关。Singh 和 Davidson（2003）扩展了 Ang 等（2000）的研究，其中代理成本用资产周转率和销售管理费用率来量化。他们发现，外部大股东对代理成本的影响并不显著；董事会规模与资产周转率负相关即与代理成本正相关，但是这一关系在销售管理费用率做被解释变量时并不显著；当使用资产周转率度量代理成本时，管理层持股比例的提高可以降低代理成本。

（二）国内相关研究

1. 公司治理对股东与经理层之间代理成本影响

宋力和韩亮亮（2005）研究了 1080 家上市公司，代理成本利用管理费用率、总资产周转率这两个财务指标衡量，结果显示，股权集中度的提高显著地降低了代理成本，股权制衡度能够增加代理成本。高雷等（2007）发现，股权集中度、董事会规模、监事会规模与代理成本负相关；股权制衡度与代理成本正相关；高管持股比例、独立董事比例对于代理成本的影响不显著。郝臣等（2009）利用最小二乘回归分析、面板数据回归分析对 2000～2007 年沪深两市 6264 家上市公司进行了实证研究。他们以总资产周转率衡量代理成本，在控制公司规模、资本结构、公司成长性、最终控制人类型、行业五个变量后，结果发现，第一大股东持股比例与代理成本负相关、前五大股东持股比例无关、管理层的薪酬激励和持股激励都可以有效降低代理成本董事会规模、董事会持股比回归效果不显著、持股

董事在董事会中比例的提高反而增加了代理成本、监事会规模与代理成本不显著的回归结果。李明辉（2009）对2001～2006年上市公司的数据进行了分析，在控制公司规模、资本结构、公司成长性、行业四个变量后发现，股权集中度的提高对于降低股权代理成本是有很大帮助的。管理层持股比例的结果因代理成本的量化变量而变，与管理费用率回归时，呈现U形关系；与资产周转率回归时，却无显著关系。另外，提高董事会独立董事比例、提高董事长和总经理两职分离程度都可以起到降低代理成本的作用。

2. 公司治理对控股股东与小股东之间代理成本影响

李增泉等（2004）对2000～2003年的4150个上市公司样本进行考察，发现第一大股东持股比例与第二类股权代理成本为非线性关系，呈现倒U形相关。非国有企业控股公司没有国有企业控股公司的股东掏空现象严重。秦彬和肖坤（2008）利用最小二乘方回归分析对2005年前A股的所有上市公司进行研究，结果显示，第一大股东持股比例与第一类股权代理成本无关，却能够降低第二类股权代理成本，股权制衡度对两种股权代理成本都未起到降低的作用。国有股比例、法人股比例的提高却增加了第一类股权代理成本，对第二类股权代理成本的回归效果不够显著，公众股比例与两种股权代理成本的结果都不显著。尤华和李恩娟（2014）对2011年创业板的上市公司进行考察，结果发现，股权集中度的提高可以起到降低两种股权代理成本的作用，而股权制衡度的提高起到了增加第一种股权代理成本的作用，同时起到了对第二种股权代理成本显著降低的作用。管理层持股和机构投资者持股与两种代理成本呈正比，即会增加两种股权代理成本。

对于公司治理对控股股东与中小股东之间的代理成本的公司治理要素，前人学者主要考察股权结构这一治理要素，对于董事会规模、独立董事比例、会议次数等经典公司治理要素考察得较少。

三、文献综述小结

（一）前人研究贡献

前人对于股东与经理层之间的代理成本即第一种股权代理成本、大股东与小股东之间代理成本即第二种代理成本进行了较多研究，运用了不同代理成本的衡量指标，运用最小二乘回归分析、面板数据回归分析等方法从不同的角度考察了代理成本的影响因素，尤其是公司治理要素的考察，包括股权集中度、股权制衡度、股权性质、股东大会次数、董事会规模、董事会次数、董事薪酬、董事持股比例、独立董事比例、监事会规模、职工监事比例、监事会持股比例、高管薪酬、高管持股比例等众多公司治理要素，对于我国制定相关制度措施、促进公司完善公司治理结构、提高公司运作效率、保护相关利益起到了重要作用。

（二）前人研究不足

理论界很多学者对公司治理要素对于代理成本的影响进行了研究，但是对于二者之间的关系并没有一致的结论，主要有以下四个方面的原因。

首先，很多文章没有同时关注两种股权代理成本。大多数学者实际上探讨的主要是第一类代理成本（股东与管理层之间的代理成本），较少学者探讨第二类代理成本（大股东与中小股东之间的代理成本），或分类分别讨论两种代理成本。

其次，代理成本的量化指标选择差异较大。股东与管理层之间的代理成本从资产利用程度出发选择资产周转率作为替代指标，或从费用支出角度出发，选取管理费用率、营业费用率、销售管理费用率三费率作为量化指标。大股东与中小股东之间的代理成本的指标选取多从资金侵占角度出发，选取其他应收款占资产或净资产比例作为替代指标。

再次，公司治理要素的选择差异较大。学者研究的公司治理要素可分为以下几个方面，股权结构的要素选择多为股权制衡度与股权集中度，董事会相关指标为董事会规模、董事会独立董事比例、董事薪酬、董事持股比例、委员会个数等，监事会指标主要有监事会规模、监事董事薪酬、监事持股比例，高管相关指标有高管薪酬、高管持股比例及 CEO 与董事长的两职兼任情况。一部分学者会选择其中一方面进行研究，一部分学者会每部分选取一些指标进行研究，但是整体来说，公司治理要素选取并不十分全面。

最后，数据选取的不同。多数学者研究选取的数据样本多为剔除金融行业及 ST 公司，鲜有学者全面考察全部上市公司的情况。另外，样本的年度跨越较小，有的短则 1 年，多则 3～8 年，10 年以上的样本数据较少。

第三节　公司治理理论分析及研究假设

我们将从股权结构、运作机制、决策机制、监督机制和激励机制五个方面对影响代理成本的公司治理因素进行研究。

一、股权结构理论基础及研究假设

（一）股权结构理论基础

股权结构是公司治理的基础。首先，股东通过持有公司股票，根据持股比例的多少决定对公司的控制权的多少。而控制权的多少可直接体现在股东大会上对公司事务的决策力量，可以决定董事会的人选、规模及结构，从而间接地实现对经理层的管理和监督，进而对公司业务运营的业绩表现产生影响。

（二）股权结构研究假设

随着所有权和控制权的分离，股东需要对管理层进行监督以避免管理层做出侵害股东利益的事情，但是监督需要花费成本，并不是每一个股东都愿意花费时间和精力投入在这件事上。在股权较为分散的公司，这种情况更为严重，由于股东持股比较分散，持股比例较小的股东对公司的业绩好坏并不敏感，并抱着有别的股东替我监督的想法，更不会重视监督管理层这件事，这便是“搭便车”问题。股权的集中有效地解决了这个问题。由于大股东持有的公司股份比例较高，大股东较小股东更关心公司的经营状况，也就产生了足够的动力去投入时间和经理去监督管理层，减少信息不对称，从而降低了第一种股权代理成本。

Jensen 和 Meckling（1978）研究发现，当企业家自己经营公司，拥有企业的全部资源时，企业家的懒惰行为程度由该懒惰行为给他带来的非经济效益和该懒惰行为导致的公司价值下降程度二者共同决定；当企业家让渡了自己公司部分股权给外人时，企业家的懒惰程度会增加，因为这时他只拥有部分股权，按照以前的懒惰程度，他获得的经济效益没有变但是他的股权代表的公司价值却变小了，所以他会增加自己的懒惰程度。但股市会预期到企业家出售股权，企业家的懒惰程度会增加，因此股价会下降，股价下跌造成企业价值的下降会低于公司原来的价值，这意味着企业家的懒惰行为可能需要自己全部承担。这就可以推断出，企业家持股比例越高，懒惰造成的公司价值的损失对其懒惰行为产生的效用的抵消程度越大，因此，控股股东的所有权比例越高，控股股东的“掏空”行为就会越少。

高雷等（2007）、张兆国等（2008）、秦彬和肖坤（2008）、郝臣等（2009），李明辉（2009）等对第一种股权代理成本进行验证，发现集中的股权可以起到降低代理成本的作用。李增泉等（2004）、秦彬和肖坤（2008）对第二种代理成本进行考察后发现，集中的股权对第二种代理成本也能起到降低的作用。尤华和李恩娟（2014）研究发现，控股股东持股比例越高，其“掏空”行为就会越少。根据我国国情来看，我国资本市场发展较不成熟，投资者保护制度亟待完善，股东尤其是中小股东利益保护意识较薄弱，因此，集中的股权可以使大股东有动力监督经理层的行为，从而有效地降低股东与经理层之间的代理成本。而集中的股权也会和其他中小股东利益协同，从而降低控股股东和中小股东之间的代理成本。

因此，我们提出第一个假设，股权集中度的提高可以有效降低两种股权代理成本。

假设 5-1A 第一大股东持股比例越大，第一类股权代理成本越低。

假设 5-1B 第一大股东持股比例越大，第二类股权代理成本越低。

二、运作机制理论基础及研究假设

（一）运作机制理论基础

董事会会议次数、监事会会议次数和股东大会会议次数直观地体现了公司在各项事务上的运作效率。

董事会的成员由公司各位股东选出，代表股东利益制定公司未来发展战略、日常监督管理层行为。董事会是拥有公司所有权的股东与拥有公司大部分控制权的管理层之间的桥梁，是一个公司治理机制的重要核心所在，起到非常重要的作用。因此，董事会的运作效率直接决定了股东利益被保护的程度，董事会运作效率的最直接体现便是董事会会议次数。

监事会是我国 1993 年要求设立的法定机构，作用是监督董事会及高管的行为，监督其是否按照公司法及公司章程的程序做出决策、处理日常事务及考察公司财务是否有重大事项发生。监事会可以通过现场考察、现场询问、参加董事会会议或要求高管人员提供资料等方式履行其监督职能，但是召开监事会会议是其日常运作的重要方式，因此，监事会会议的召开次数也直接反映了监事职能的履行效率及监事会的运作效率。

股东大会的作用是公正决策公司的重大事务，包括公司的投资计划、经营方针，董事、监事和高管等公司关键人物的任免，以及公司的利润分配政策等。某一个股东不能直接对公司事务进行决策，必须通过股东大会的表决来完成。因此，股东大会的运作效率也直接关乎决策的科学性和正确性，如何选举出能够代表股东利益的董事会、监事会，从而对经理层进行有效监督和控制，维护好各股东利益，是股东大会运作效率的直接体现，而股东大会的会议次数便是一个较好的衡量变量。

（二）运作机制研究假设

Lipton 和 Lorsch（1992）指出，拥有足够多的时间才能使董事履行监管职责，但是，摆在各位董事面前一个最具有代表性的问题是董事没有时间去履行相应的职责，因此，董事会会议频率的提高可以起到增加效率和效果的作用。Congeretal（1998）发现，董事会会议时间在提高董事会效力方面显得很重要。牛建波和李胜楠（2008）指出，应该利用成本收益的思维去思考董事会会议的召开，会议的召开具有会议成本，包括时间上对于各董事的时间侵占、各董事的旅行费用及为筹备会议发生的金钱支出。但董事会的召开给各位董事会面对面的机会去进行交流，提高了会议效率，对于公司的日常经营及监督管理层都具有重要意义。如果只看重会议成本而缩减会议次数，使得会议次数少于应发生次数，那么董事会会议次数会与治理绩效呈正相关；相反地，如果过多地看重强调召开董事会会议所带来的好处，那么召开次数将与治理绩效呈负相关。因此，董事会会议次数和治理绩效之间存在的是非线性关系，他们对民营公司的董事会治理绩效进行考察后发现，董事会会议次数与公司的每股收益及资产报酬率之间存在着显著的非线性的关系，呈现倒U形相关。

李维安和郝臣（2006）指出，我国的监事会水平整体上偏低。卿石松（2008）指出，监事会会议可能只是形式的存在，在会议的召开过程中没有对关乎公司利益、股东利益的议题进行实质性的审查，只是形式会议，出具的报告也为形式报告，因此监事会会议的治理绩效较小。李维安和王世权（2005）研究发现，监事会会议次数与治理效果无关。高雷和宋顺林（2007）经过实证研究发现，监事会会议次数与代理成本无关。李明辉（2009）也经过检验发现，监事会会议次数与代理成本无显著关系。蒲娟（2010）认为，股东大会的召开不同于董事会、监事会的日常运作功能，因为股东大会主要是决策公司重大事务的。会议次数的增多，表明股东决策程度较高，从管理层手中剥夺了控制权收益，导致经理层参与管理的积极性不高，效率低下，反而有可能提高公司代理成本。但开会次数少了，表明控制权被过多的转移给管理层，增加了代理成本。因此，股东大会会议次数与代理成本之间呈现U形相关的关系。

因此，提出以下分假设。

假设5-2（1）A　董事会会议次数与第一种股权代理成本呈U形。

假设5-2（1）B　董事会会议次数与第二种股权代理成本呈U形。

假设5-2（2）A　监事会会议次数与第一种股权代理成本无关。

假设5-2（2）B　监事会会议次数与第二种股权代理成本无关。

假设5-2（3）A　股东大会会议次数与第一种股权代理成本呈U形。

假设5-2（3）B　股东大会会议次数与第二种股权代理成本呈U形。

三、决策机制理论基础及研究假设

（一）决策机制理论基础

我国公司法规定，董事会是公司最重要的决策和管理机构，公司的事务和业务均在董事会的领导下，由董事会选出的董事长、董事具体执行。具体事务为：负责召集股东会，执行股东会决议并向股东会报告工作决定公司的生产经营计划和投资方案聘任或解聘公司总经理、副总经理、财务部门负责人，并决定其奖惩等。Fama 和 Jensen（1983）提出了股份公司中董事会批准、监督组织中最重要的决策，并雇佣、解雇及监督高管的职责，体现了董事会的在决策监督方面重要作用。李维安等也提出，董事会是一个公司治理机制的重要核心所在。而董事会的人员规模直接影响了公司董事会所蕴含的知识储备及经验值，也间接反映了董事会的决策能力和决策效率。

（二）决策机制研究假设

Lipton 和 Lorsch（1992）认为，董事会规模的扩大可能导致董事会工作的效率低下，最优董事会人员个数为八个或九个。他们认为，虽然规模的提高会增加董事会的监督决策力度，但是相应代理的效率低下，如决策速度变慢、会议时间拉长侵占其他重要事务的时间等，可能超过其代理的好处。Jensen（1993）认为，人数较少的董事能够更好地发挥决策监督作用，而大规模的董事会更容易出现沟通不畅及各种协调问题，从而削弱对管理层的管控能力，产生“内部人”决策问题。但是董事人员变多，能够输送更多的知识和经验，各董事之间的知识程度形成互补，从而弥补了大规模董事会的不足。董事会规模是否为最优结构，取决于该规模的收益是否大于成本的发生。Yermack（1996）经过实证研究，董事会规模与公司价值之间呈现负相关的 U 形关系。于东智和池国华（2004）经过研究认为，董事会规模与上市公司业绩之间呈现显著的倒 U 形关系，说明董事会规模和代理成本呈现 U 形关系。王新新（2006）、曲丽清（2007）发现，董事会规模对公司业绩的影响为倒 U 形关系；袁春生和韩洪灵（2008）发现公司的董事会规模与监督能力呈倒 U 形关系。

因此，对于决策机制，我们提出以下分假设。

假设 5-3A 董事会规模与第一种股权代理成本呈 U 形相关。

假设 5-3B 董事会规模与第二种股权代理成本呈 U 形相关。

四、监督机制理论基础及研究假设

（一）监督机制理论基础

Jensen 和 Meckling（1976）认为，委托人与代理之间存在信息不对称，是产生代理成本的关键原因之一，通过监督能够对信息不对称所造成的道德风险和逆向选择起到抑制作用。在我国，侧重于事前的独立董事制度及侧重于事后监督的监事会制度形成互补的监督治理机制对代理成本进行影响，李维安和王世权（2005）也指出，内部监督机制的建立健全是提高公司治理效率、减少公司治理风险产生的关键。

在我国上市公司中，监事会是专门履行监督职能的部门。监事会监事的监督对象为各董事及各高管，监督公司的日常经营活动及公司的财务状况，并且有权利随时要求各高管和董事纠偏自己的行为或停止越权行为。由于上市公司占有巨大的社会资源，并且财务复杂，因此，要求监事具有法律、财务等多方面知识才能有效发挥监督职能，而监督职能的有效发挥首先必须实现监事规模的有效。2001 年中国证监会规定，上市公司董事会成员中至少包括 1/3 的独立董事，中国证监会认为独立董事比例的增加有助于其更有效地履行建议和监督的职能，这就是说，独立董事在监督大股东、董事和高管的同时，可以用非关联的方式提供战略层面的建议及各方面资源的支持，因而起到了提高董事会运作效率、降低代理成本的作用。

（二）监督机制研究假设

李维安和郝臣（2006）指出，我国的监事会水平整体上偏低；高雷和宋顺林（2007）、刘忠瑞（2007）经过实证检验后发现，监事会规模与代理成本无关，起不到降低代理成本的作用。在监事会规模方面，郝臣等（2009）认为，我国的上市公司的监事会中部分监事来自上市公司即职工监事，而职工监事对于监事会能够发挥监督功能起到重要作用，而我国监事会独立性不强，因此，在当前情况下，监事会规模对降低代理成本的作用不大。他们通过实证检验发现，监事会规模与代理成本之间无显著关系。王淑慧等（2009）认为，监事会规模对业绩影响不显著。章志平（2010）经过检验发现，监事会规模和公司绩效关系不显著。

Fama 和 Jensen（1983）提出，董事会当中包含独立董事时，可以减少经理层勾结侵害股东权益事件的发生。白重恩等（2005）研究发现，治理水平较高的上市公司在股票市场上更倾向于获得较高的估值水平，而健全的公司治理结构的特征之一便是董事会中的外部独立董事占据主要地位。很多研究也显示，董事会的独立性是董事能否较好发挥董事会治理功能的关键因素，而独立董事的存在是保证董事会独立的关键。王跃堂等（2006）经过实证考察得出，独立董事比例的提高促进公司绩效提升的结论。李明辉（2009）也提出，独立董事在董事会中的组成比例越高，越容易与内部人形成抗衡，代表投资人利益，从而降低代理成本。因此，我们提出以下分假设。

假设 5-4（1）A　监事会规模与第一种代理成本无关。

假设 5-4（1）B　监事会规模与第二种代理成本无关。

假设 5-4（2）A 独立董事比例与第一种股权代理成本负相关。

假设 5-4（2）B 独立董事比例与第二种股权代理成本负相关。

五、激励机制理论基础及研究假设

（一）激励机制理论基础

Jensen 和 Meckling（1976）认为，产生代理成本的原因之一是管理者没有剩余利益索取权，从而缺乏努力工作的动力。因此，恰当的激励是解决代理问题的有效方法。我国上市公司对于董事、监事、高管的激励方式主要有两种，以薪酬方式体现的短期激励和以股权方式体现的长期激励。薪酬激励提高了高管的劳动报酬率，但只具有短期的激励效果，激励的边际效果递减。股权激励使管理层参与到剩余利益的分配之中，减少了所有权和控制权的分离，具有长期的激励效果。

（二）激励机制研究假设

在对董事的激励上，董事持股的增加使得董事利益与股东利益一致程度提高，使得董事更能够站在股东的角度处理问题，因而能够降低代理成本。Shivdasani（1996）研究表示，提高董事会的持股比例，可以减少敌意接管的可能性，能够更好保护股东利益。Hillman 和 Dalziel（2003）认为，公司中董事持股比例的大小不仅影响其对管理层的激励强度，还决定其投入企业中资源的多少。因此，提高董事的持股比例可以有效地解决代理成本。于东智（2003）经过实证分析发现，提高董事持股的激励程度对公司绩效的提高有一定作用。刘玉敏（2006b）也印证了该观点。

在对监事持股的激励上，高雷和宋顺林（2007）研究表示，监事持股比例与公司绩效显著正相关；卿石松（2007）也认为，监事持股比例的增加可以促进公司绩效的提升；王砚书等（2009）也发现，监事持股与公司绩效显著正相关；高倩（2011）认为，将一部分股份授予监事能够有效激发监事监督的积极性和有效性。

在对高管的激励上，Shleifer 和 Vishny（1997）提出，管理层在追求自身利益最大化的过程中会侵害股东利益，从而降低公司效益，通过持股激励可以在一定程度上解决这一情况；张俊瑞等（2003）发现，公司高管持股比例的提高可以提高公司绩效；李善民等（2009）认为，股权激励能够阻止经理层发动恶意并购损害股东利益以获得私人收益；Morck 等（1988）、Jensen（1993）却发现高管的薪酬并未起到相应的激励作用，Bebchuk 等（2003）则进一步发现，公司高管可以影响其本身薪酬的高低，若高管的薪酬并未起作用，那么管理层就不会致力于降低公司的代理成本，反而会增加在职消费，提高公司的代理成本；刘银国等（2009）发现，国有企业薪酬的增加导致在职消费和腐败现象的出现，增加了公司的代理成本；吴育辉和吴世农（2010）发现，高薪并未有效降低公司的代理成本，反而增加了代理成本。

因此，我们在这一机制中做出如下假设。

假设 5-5（1）A　董事持股比例与第一种股权代理成本负相关。

假设 5-5（1）B　董事持股比例与第二种股权代理成本负相关。

假设 5-5（2）A　监事持股比例与第一种股权代理成本负相关。

假设 5-5（2）B　监事持股比例与第二种股权代理成本负相关。

假设 5-5（3）A　高管持股比例与第一种股权代理成本负相关。

假设 5-5（3）B　高管持股比例与第二种股权代理成本负相关。

假设 5-5（4）A　董事薪酬与第一种股权代理成本正相关。

假设 5-5（4）B　董事薪酬与第二种股权代理成本正相关。

假设 5-5（5）A　高管薪酬与第一种股权代理成本正相关。

假设 5-5（5）B　高管薪酬与第二种股权代理成本正相关。

第四节　样本数据与研究设计

一、数据来源及样本分布

（一）数据来源及样本选取

本章数据来自 CSMAR 数据库中的上市公司财务指标数据库、上市公司财务数据库、上市公司治理数据库。首先，2003～2013 年上市公司数据共 21 205 个，剔除 4901 个缺失值后剩余 16 304 条数据。其次，对于每个变量剔除大小极值各 5 个，一共 170 条数据记录。最后，再剔除无法识别的实际控制人数据 145 个，最终用于实证检验的数据共 15 989 个。表 5-2 为样本的筛选剔除过程。

表 5-2　样本的筛选剔除过程

样本情况	剔除数	剔除后
数据总数	—	21 205
缺失值	4 901	16 304
总资产周转率极值	10	16 294
其他应收款/总资产	10	16 284
第一大股东持股比例极值	10	16 274

续表

样本情况	剔除数	剔除后
董事会次数极值	10	16 264
监事会次数极值	10	16 254
股东大会次数极值	10	16 244
董事会规模极值	10	16 234
监事会规模极值	10	16 224
独立董事比例极值	10	16 214
董事持股比例极值	10	16 204
监事持股比例极值	10	16 194
高管持股比例极值	10	16 184
前三名董事薪酬极值	10	16 174
前三名高管薪酬极值	10	16 164
总资产极值	10	16 154
营业收入增长率极值	10	16 144
净利润增长率极值	10	16 134
实际控制人类型无法识别	145	15 989

（二）样本分布

表 5-3 为剔除后样本的年度分布，2003～2013 年的样本数分别为 939、1087、1199、1171、1146、1237、1333、1479、1928、2225 和 2245 个。

表 5-3　样本年度分布

年度	样本数
2003	939
2004	1 087
2005	1 199
2006	1 171
2007	1 146
2008	1 237
2009	1 333
2010	1 479
2011	1 928
2012	2 225
2013	2 245
合计	15 989

表 5-4 为剔除后样本的行业分布，行业根据证监会 2012 年新发布的行业分类指引分类为 19 个行业，其中制造业、批发零售业和房地产行业公司数量位列前三位，分别有 9993 个、1061 个和 906 个。

表 5-4　样本行业分布

行业全称	行业代码	样本数
农、林、牧、渔业	A	309
采矿业	B	330
制造业	C	9 993
电力、热力、燃气及水生产和供应业	D	620
建筑业	E	354
批发和零售业	F	1 061
交通运输、仓储和邮政业	G	646
住宿和餐饮业	H	90
信息传输、软件和信息技术服务业	I	653
金融业	J	30
房地产业	K	906
租赁和商务服务业	L	179
科学研究和技术服务业	M	41
水利、环境和公共设施管理业	N	139
居民服务、修理和其他服务业	O	41
教育	P	2
卫生和社会工作	Q	11
文化、体育和娱乐业	R	87
综合	S	497
合计	19 个行业	15 989

二、变量选取

（一）解释变量的选取

在股东与经理层之间代理成本的量化指标选择上，本章选取资产周转率（Singh and Davidson，2003），其也是中外学者研究中量化该成本频率较高的指标。

在控股股东与小股东之间的代理成本的选取上，考虑数据的易得性，使用多数学者采用的资金侵占指标衡量，其中选取其他应收款/总资产的比例（李源，2006）具体量化。

（二）被解释变量的选取

本章选取了第一大股东持股比例、董事会次数、监事会次数、股东大会次数、董事会规模、监事会规模、独立董事比例、董事持股比例、监事持股比例、高管持股比例、前三名董事薪酬之和、前三名高管薪酬之和共 12 个公司治理要素。股权结构方面，控股股东性质作为控制变量考量，本章重点考察第一大股东持股比例，董事会次数、监事会次数、股东大会次数三个治理要素体现的公司运作机制，董事会规模体现公司决策机制，监事会规模、独立董事比例体现的公司监督机制董事持股比例、监事持股比例、高管持股比例、前三名董事薪酬之和、前三名高管薪酬之和体现的公司激励机制。

（三）控制变量的选取

本章对公司规模、资产负债率、成长性、实际控制人类型、行业进行了控制。其中，实际控制人按照 CSMAR 数据库分类分为七种类型，国有企业控股、外资企业控股、其他企业控股、国有机构控股、其他非企业机构控股、中国公民控股、外国公民控股。增设六个虚拟变量，所属股东为 k，$real_k=1$，否则为 0。行业按照证监会 CSRC 行业分类方法（2012）分为 19 个行业，具体的变量设计如表 5-5 所示。

表 5-5　变量设计

变量	变量		符号	变量定义
被解释变量	股东与管理层之间代理成本	资产周转率	AG1	营业收入/资产期末余额
	大小股东之间代理成本	资金占用	AG2	其他应收款/资产期末余额
解释变量	股权结构	前一大股东持股比例	cr_1	第一大股东持股数量/总股本数
	运作机制	董事会次数	dm	董事会会议次数的自然对数
		（董事会次数）^{2}	dm^2	董事会会议次数的自然对数的平方
		监事会次数	jm	监事会会议次数的自然对数
		（董事会次数）^{2}	jm^2	监事会会议次数的自然对数的平方
		股东大会次数	gdm	股东大会会议次数的自然对数
		（股东大会次数）^{2}	gdm^2	股东大会会议次数的自然对数的平方
	决策机制	董事会规模	dsize	董事会规模的自然对数
		（董事会规模）^{2}	dsize^2	董事会规模的自然对数的平方

续表

变量	变量		符号	变量定义
解释变量	监督机制	监事会规模	jsize	监事会规模的自然对数
		（监事会规模）^{2}	jsiz^2	监事会规模的自然对数的平方
		独立董事比例	dr	独立董事个数/董事会规模
	激励机制	董事持股比例	dhr	董事会持股数量/总股本数
		监事持股比例	jhr	监事会持股数量/总股本数
		高管持股比例	ghr	高管持股数量/总股本数
		前三名董事薪酬	dpay	金额最高的前三名董事薪酬之和
		前三名高管薪酬	gpay	金额最高的前三名高管薪酬之和
控制变量	规模	总资产	size	期末总资产的自然对数
	资本结构	资产负债率	debt	期末负债总数/期末总资产
	成长性	营业收入增长率	growth	（营业总收入本年本期金额–营业总收入上年同期金额）/（营业总收入上年同期金额）
	最终控制人	最终控制人	real_k	k=1，2…7 若所属控制人为 k，则 real_k=1，否则为 0
	行业	行业	csrc_t	t=a、b、c…s，所属行业为 t，则 csrc_t=1，否则为 0

三、研究模型设计

本章基于表 5-5 的变量设计，运用最小二乘回归分析考察公司治理要素对股东与经理层之间的代理成本、控股股东与小股东之间的代理成本的影响，并建立多元回归模型，具体模型设计如下。

$$\begin{aligned}\text{Agency Cost}_1 = {} & \beta_0+\beta_1\text{cr\_1}+\beta_2\text{dm}+\beta_3\text{dm}^2+\beta_4\text{jm}+\beta_5\text{jm}^2+\beta_6\text{gdm}\\ & +\beta_7\text{gdm}^2+\beta_8\text{dsize}+\beta_9\text{dsize}^2+\beta_{10}\text{jsize}+\beta_{11}\text{jsize}^2\\ & +\beta_{12}\text{dr}+\beta_{13}\text{dhr}+\beta_{14}\text{jhr}+\beta_{15}\text{ghr}+\beta_{16}\text{dpay}+\beta_{17}\text{mpay}\\ & +\beta_{18}\text{size}+\beta_{19}\text{debt}+\beta_{20}\text{growth}+\beta_{21}\sum_{k=1}^{7}\text{real}_k+\beta_{22}\sum_{l=1}^{18}\text{csrc\_1}+\varepsilon\end{aligned} \tag{5-1}$$

$$\begin{aligned}\text{Agency Cost}_2 = {} & \beta_0+\beta_1\text{cr\_1}+\beta_2\text{dm}+\beta_3\text{dm}^2+\beta_4\text{jm}+\beta_5\text{jm}^2+\beta_6\text{gdm}\\ & +\beta_7\text{gdm}^2+\beta_8\text{dsize}+\beta_9\text{dsize}^2+\beta_{10}\text{jsize}+\beta_{11}\text{jsize}^2\\ & +\beta_{12}\text{dr}+\beta_{13}\text{dhr}+\beta_{14}\text{jhr}+\beta_{15}\text{ghr}+\beta_{16}\text{dpay}+\beta_{17}\text{mpay}\\ & +\beta_{18}\text{size}+\beta_{19}\text{debt}+\beta_{20}\text{growth}+\beta_{21}\sum_{k=1}^{7}\text{real}_k+\beta_{22}\sum_{l=1}^{18}\text{csrc\_1}+\varepsilon\end{aligned} \tag{5-2}$$

其中，Agency Cost_1 表示第一种股权代理成本，即股东与经理层之间的代理成本；Agency Cost_2 表示第二种股权代理成本，即控股股东与中小股东之间的代理成本。

第五节　公司治理对代理成本影响实证研究

一、描述性统计

（一）被解释变量描述性统计

表 5-6 为被解释变量各年度的平均值统计。在衡量代理成本的变量方面，从表 5-6 中我们可以看出，上市公司的资产周转率平均值为 0.68，2003 年均值最小，为 0.57；2007 年和 2008 年最大，为 0.75，呈现先增长后下降再小幅增长后下降的趋势。反映资金占比的其他应收款/期末总资产比率样本平均值为 0.04，2003 年占比 0.08，之后逐年上升至 2005 年，达到最大值 0.10，之后逐年下降。

表 5-6　被解释变量均值描述性统计

年份	AG1	AG2
2003	0.57	0.08
2004	0.65	0.09
2005	0.67	0.10
2006	0.70	0.08
2007	0.75	0.03
2008	0.75	0.03
2009	0.67	0.02
2010	0.71	0.02
2011	0.70	0.02
2012	0.66	0.02
2013	0.65	0.02
2003～2013	0.68	0.04

（二）解释变量描述性统计

表 5-7 和表 5-8 是解释变量的描述性统计。在股权结构变量方面，第一大股东持股比例样本平均值为 37.36%，但自 2003 年起呈现出波动下降的趋势，表明我国第一大股东持股比例较高，但股权集中程度已慢慢下降。

在运作机制变量方面，上市公司每年平均召开董事会会议 8.80 次，其中 2007 年召开次数最多，平均 9.75 次；2004 年召开次数最少，平均 7.28 次，但总体呈波动上升趋势。上市公司每年平均召开监事会会议 4.28 次，其中 2011 年召开次数最多，平均 5.53 次；2005 年召开次数最少，平均 3.09 次；2012 年和 2013 年有下降趋势。上市公司每年平均召开股东大会会议 2.75 次，其中 2012 年召开次数最多，平均 3.38 次；2004 年召开次数最少，平均 1.94 次。

在决策机制方面，上市公司董事会规模的平均值为 9.17，其中 2003 年平均值最大为 9.87；2013 年平均值最小，为 8.75。由此可以看出，我国上市公司正在不断缩小董事会规模。

在监督机制方面，上市公司监事会规模的平均值为 3.90，其中 2003 年平均值最大，为 4.29；2013 年平均值最小，为 3.64。由此可以看出，我国上市公司的监事会规模正在不断缩小。独立董事比例的平均值为 0.36，年度平均值最大为 0.37，最小为 0.33，每年波动小幅上升，比例变化幅度不大，说明上市公司仅完成公司法独立董事比例至少达到 1/3 的规定，并未有意识增加独立董事比例，对于独立董事的设置仍停留在合规层面。

在激励机制方面，上市公司董事持股比例平均值为 0.061，从 2003 年的 0.002 增长至 2013 年的 0.125，每年呈递增趋势。上市公司监事持股比例平均值为 0.002，从 2003 年的 0.000 增长至 2013 年 0.004，每年呈小幅增长趋势。上市公司高管持股比例平均值为 0.030，从 2003 年的 0.001 增长至 2013 年的 0.068，每年呈增长趋势。前三名董事薪酬平均值为 107.32 万，其中 2003 年平均值最小，为 45.55 万；2013 年平均值最大，为 157.36 万，每年呈现逐渐增长趋势。前三名高管薪酬平均值为 119.15 万，其中 2003 年平均值最小，为 47.67 万，2013 年平均值最大，为 172.77 万，每年呈递增趋势。由此可以看出，我国上市公司对于董事监事高管的激励程度及激励额度每年都有提升。

表 5-7 解释变量描述性统计

年份	cr_1	dm	jm	gdm	dsize	jsize
2003	43.09	7.65	3.57	2.07	9.87	4.29
2004	42.91	7.28	3.18	1.94	9.67	4.21
2005	40.82	7.38	3.09	2.12	9.57	4.17
2006	36.18	8.13	4.09	3.00	9.41	4.09
2007	36.03	9.75	4.60	2.73	9.39	4.08
2008	36.47	9.62	4.96	2.79	9.18	3.96
2009	36.25	8.52	4.85	2.70	9.11	3.88
2010	35.92	8.98	5.12	2.82	9.04	3.84
2011	36.12	9.48	5.53	2.80	8.95	3.75
2012	36.33	9.44	3.63	3.38	8.89	3.69
2013	35.95	9.02	3.99	2.96	8.75	3.64
2003～2013	37.36	8.80	4.28	2.75	9.17	3.90

表 5-8　解释变量描述性统计

年份	dr	dhr	jhr	ghr	dpay/万	gpay/万
2003	0.33	0.002	0.000	0.001	45.55	47.67
2004	0.34	0.006	0.000	0.003	53.80	59.39
2005	0.35	0.012	0.000	0.004	54.02	62.11
2006	0.35	0.012	0.000	0.004	62.80	71.86
2007	0.36	0.018	0.001	0.006	81.72	92.68
2008	0.36	0.034	0.001	0.014	92.95	104.58
2009	0.36	0.039	0.001	0.017	105.97	116.69
2010	0.37	0.061	0.002	0.029	124.48	139.95
2011	0.37	0.094	0.003	0.044	135.21	151.58
2012	0.37	0.118	0.004	0.065	147.59	161.29
2013	0.37	0.125	0.004	0.068	157.36	172.77
2003～2013	0.36	0.061	0.002	0.030	107.32	119.15

二、公司治理对股权代理成本影响实证检验

（一）第一种股权代理成本实证回归结果

表 5-9 显示的是使用资产周转率作为衡量股东与经理层之间代理成本的财务指标，与经典公司治理要素的分年度最小二乘回归结果。其中，在股权结构方面，第一大股东持股比例变量在 11 年样本回归中，所有年份均呈现与资产周转率的正相关关系，且均在 1%～10%的水平显著，表明在短期内与代理成本显著负相关，即在短期内第一大股东持股比例的增加能够有效降低代理成本，与假设 5-1 相符。在运作机制方面，董事会会议次数的回归结果仅 2011 年呈显著负相关关系，其他年份均无显著性；监事会会议次数在 2005 年、2007 年、2009 年、2011 年的回归中与资产周转率呈现倒 U 形关系，即与代理成本呈现 U 形关系，表明在一定区间内监事会会议次数的提高能够降低代理成本，但是在超过该区间继续增加监事会会议次数，会增加代理成本；股东大会会议次数仅在 2006 年呈现与代理成本的 U 形关系，但结果并不稳健，不能表明股东大会会议次数在短期能与代理成本具有显著的 U 形关系。在决策机制方面，董事会规模指标仅在 2006 年、2008 年具有和代理成本 U 形的显著关系，结果不是十分稳健，不能表明董事会规模能够在一定程度上降低代理成本。在监督机制方面，独立董事比例在 2003 年和代理成本呈显著负相关关系，在 2012 年、2013 年和代理成本显著正相关，其余年份结果均不显著，并不能明确判断独立董事比例在短期内对于代理成本的影响。监事会规

表 5-9　第一种股权代理成本的分年度回归结果

AG1	2003 年	2004 年	2005 年	2006 年	2007 年	2008 年	2009 年	2010 年	2011 年	2012 年	2013 年
cr_1	0.004***	0.004***	0.003***	0.002*	0.003***	0.003***	0.003***	0.002***	0.003***	0.003***	0.003***
	(4.101)	(3.760)	(2.740)	(1.80)	(2.670)	(3.110)	(2.790)	(2.570)	(3.160)	(3.980)	(4.300)
dm	0.064	0.250	0.038	−0.328	−0.532	−0.223	0.103	−0.131	−0.580*	0.239	0.221
	(0.210)	(0.740)	(0.120)	(−1.07)	(−1.180)	(−0.550)	(0.390)	(−0.440)	(−1.920)	(1.040)	(1.010)
dm^2	−0.024	−0.074	−0.017	0.075	0.117	0.035	−0.036	0.013	0.110	−0.069	−0.071
	(−0.32)	(−0.890)	(−0.210)	(1.05)	(1.190)	(0.390)	(−0.580)	(0.190)	(1.630)	(−1.330)	(−1.390)
jm	0.160*	0.009	−0.170**	0.081	0.320**	0.140	0.429**	0.253	0.377*	0.058	−0.031
	(1.720)	(0.100)	(−2.02)	(0.570)	(2.060)	(0.760)	(2.070)	(1.100)	(1.870)	(1.090)	(−0.580)
jm^2	−0.059	0.009	0.084*	−0.014	−0.106*	−0.058	−0.128*	−0.085	−0.116*	−0.017	0.010
	(−1.410)	(0.200)	(1.920)	(−0.240)	(−1.860)	(−0.920)	(−1.870)	(−1.170)	(−1.900)	(−0.680)	(0.420)
gdm	0.028	0.063	0.070	0.200**	0.051	0.087	−0.020	−0.001	0.083	−0.053	0.031
	(0.360)	(0.700)	(0.420)	(1.910)	(0.640)	(1.080)	(−0.290)	(−0.010)	(1.300)	(−0.690)	(0.540)
gdm^2	−0.026	−0.012	−0.072	−0.147***	−0.026	−0.064	0.006	0.020	−0.035	0.044	−0.003
	(−0.450)	(−0.170)	(0.270)	(−2.630)	(−0.570)	(−1.390)	(0.170)	(0.500)	(−0.970)	(1.270)	(−0.110)
dsize	1.106	1.513	0.324	2.063**	1.206	1.560*	0.894	−0.016	0.233	0.118	0.654
	(1.250)	(1.610)	(0.730)	(2.240)	(1.320)	(1.810)	(1.230)	(−0.020)	(0.330)	(0.170)	(0.950)
$dsize^2$	−0.230	−0.332	−0.082	−0.445**	−0.256	−0.346*	−0.195	0.015	−0.058	−0.044	−0.161
	(−1.180)	(−1.600)	(0.690)	(−2.130)	(−1.240)	(−1.750)	(−1.170)	(0.080)	(−0.350)	(−0.280)	(−1.00)
jsize	−0.032	−0.059	0.186	0.215	0.269	−0.465	−0.411	−0.629	−0.067	0.063	0.067
	(−0.080)	(−0.170)	(0.440)	(0.560)	(0.700)	(−0.970)	(−1.110)	(−1.600)	(−0.190)	(0.160)	(0.190)
$jsize^2$	0.037	0.056	−0.048	−0.060	−0.091	0.155	0.148	0.242*	0.052	0.001	−0.004
	(0.270)	(0.470)	(−0.330)	(−0.450)	(−0.680)	(0.920)	(1.120)	(1.730)	(0.420)	(0.010)	(−0.040)
dr	0.953***	0.258	−0.445	0.299	0.164	−0.202	−0.277	−0.013	−0.115	−0.381*	−0.432*

续表

AG1	2003 年	2004 年	2005 年	2006 年	2007 年	2008 年	2009 年	2010 年	2011 年	2012 年	2013 年
dr	（3.690）	（0.780）	（−1.270）	（0.870）	（0.480）	（−0.680）	（−1.030）	（−0.050）	（−0.460）	（−1.670）	（−1.890）
dhr	−0.624	−0.583	1.268***	1.298***	0.912***	0.715***	0.363**	0.070	0.009	−0.055	−0.078
	（−0.650）	（−0.920）	（4.730）	（3.570）	（3.060）	（3.430）	（2.180）	（0.520）	（0.090）	（−0.590）	（−0.860）
jhr	−3.641	3.729	−4.851	−0.472	−0.109	1.698	0.145	−1.003	−0.687	0.205	0.719
	（−0.260）	（0.520）	（−1.080）	（−0.080）	（−0.030）	（0.590）	（0.080）	（−0.700）	（−0.730）	（0.270）	（0.920）
ghr	2.767	1.769*	−1.643**	−2.019**	−0.833	−0.703**	−0.536*	−0.240	−0.291**	−0.219*	−0.131
	（1.000）	（1.710）	（−2.220）	（−2.480）	（−1.460）	（−1.960）	（−1.880）	（−1.170）	（−2.070）	（−1.840）	（−1.130）
dpay	−1.03E-08	4.56E-08	6.04E-09	−9.77E-08**	−8.95E-09	−1.12E-08	−5.21E-08**	−4.51E-08**	−8.21E-09	−3.61E-08**	−1.83E-08
	（−0.210）	（1.310）	（0.120）	（−2.430）	（−0.310）	（−0.460）	（−2.600）	（−2.290）	（−0.430）	（−2.270）	（−1.270）
gpay	1.44E-07**	6.93E-08*	1.15E-07**	2.07E-07***	7.94E-08***	4.76E-08	1.00E-07***	7.24E-08***	3.10E-08	5.86E-08***	5.22E-08***
	（2.490）	（1.950）	（2.160）	（5.400）	（2.600）	（1.620）	（4.190）	（3..440）	（1.580）	（3.530）	（3.560）
size	0.062***	0.056***	0.076***	0.044**	0.028*	0.040**	0.019	0.021	0.015	0.005	−0.007
	（3.350）	（2.970）	（4.370）	（2.560）	（1.690）	（2.570）	（1.420）	（1.590）	（1.220）	（0.480）	（−0.590）
debt	0.026	0.046*	0.015	−0.010	0.022	0.054**	0.000	0.012	0.093***	0.106***	0.286***
	（1.470）	（1.820）	（0.650）	（−0.330）	（0.800）	（1.850）	（−0.050）	（0.890）	（4.850）	（4.930）	（6.590）
growth	0.033***	0.001	0.032***	0.019***	0.002	−0.002	0.012*	0.001	0.001	0.000	0.009
	（3.200）	（0.810）	（3.120）	（2.890）	（0.630）	（−0.820）	（1.820）	（0.780）	（1.300）	（0.040）	（5.000）
_cons	−2.935**	−3.221**	−1.634	−3.079**	−1.475	−1.712	−1.183	0.102	0.068	−0.203	0.214
	（−2.540）	（−2.490）	（−1.350）	（−2.560）	（−1.180）	（−1.460）	（−1.280）	（0.100）	（0.070）	（−0.230）	（0.340）
R^2	0.266	0.226	0.253	0.255	0.234	0.217	0.216	0.226	0.220	0.220	0.226
AdjR^2	0.023	0.194	0.225	0.227	0.203	0.188	0.189	0.202	0.202	0.205	0.210
Prob＞F	0.000	0.000	0.000	0.000	0.000	0.000	0.000	0.000	0.000	0.000	0.000

注：括号内数值表示 t 统计量的值

*、**和***分别表示在 10%、5%和 1%的显著性水平下显著

模各年的回归结果均不显著，未能表明其与代理成本具有何种关系。在激励机制方面，董事持股比例在2005～2009年均与资产周转率呈显著正相关关系，即与代理成本呈显著负相关关系，表明董事持股比例的增加有利于公司降低代理成本。监事持股比例在各年与资产周转率的回归结果均不显著。高管持股比例在2004～2006年、2008～2009年、2011～2012年均与资产周转率显著负相关，即与代理成本显著正相关，表明代理成本可以随着高管持股比例的增加而增加。前三名董事薪酬在2006年、2009年、2010年、2012年和资产周转率具有显著负相关关系，和代理成本呈显著正相关关系，说明董事薪酬在一定程度上会增加代理成本。前三名高管薪酬除2008年和2011年外均与资产周转率显著正相关，与代理成本显著负相关，说明提高高管薪酬能够降低代理成本。

表5-10为股东与经理层之间代理成本的分年度回归结果总结，仅有第一大股东持股比例、董事会持股比例、高管持股比例、前三名高管薪酬在短期内与代理成本负相关；前三名董事薪酬与代理成本正相关；监事会次数与代理成本呈现U形关系，其他变量与代理成本短期内无显著关系。

表5-10　第一种股权代理成本的分年度回归结果总结

变量	短期		总结
	相关性	显著数量	
前一大股东持股比例	(−)	11	负相关
董事会次数	—	—	—
监事会次数	U	4	U型
股东大会次数	U	1	—
董事会规模	U	2	—
监事会规模	—	—	—
独立董事比例	(−)(+)	1，2	—
董事持股比例	(−)	5	负相关
监事持股比例	—	—	—
高管持股比例	(−)(+)	1，6	负相关
前三名董事薪酬	(+)	4	正相关
前三名高管薪酬	(−)	9	负相关

注：判定短期显著标准为超过1/3年度显著，(+)、(−)和U分别表示正相关、负相关和U形相关

（二）第二种股权代理成本实证回归结果

表5-11显示的是使用其他应收账款率，即其他应收款占总资产的比例作为衡量控股股东与小股东之间代理成本的财务指标，与经典公司治理要素的最小二乘

表 5-11　第二种股权代理成本的分年度回归结果

AG2	2003 年	2004 年	2005 年	2006 年	2007 年	2008 年	2009 年	2010 年	2011 年	2012 年	2013 年
cr_1	−0.001**	−0.000	−0.000	−0.000	−0.000***	−0.000**	−0.000***	−0.000***	−0.000***	−0.000***	−0.000***
	(−2.440)	(0.670)	(0.440)	(−1.400)	(−3.090)	(−1.740)	(−2.890)	(−2.360)	(−3.350)	(−3.470)	(−3.010)
dm	−0.253**	−0.067	−0.480***	0.003	0.001	−0.029	−0.028	0.002	−0.021	−0.009	0.003
	(−2.370)	(−0.490)	(−2.670)	(0.030)	(0.010)	(−0.800)	(−1.250)	(0.080)	(−1.170)	(−0.610)	(0.200)
dm^2	0.062**	0.015	0.112**	−0.001	0.004	0.007	0.007	0.001	0.006	0.004	0.001
	(2.360)	(0.460)	(2.530)	(−0.040)	(0.370)	(0.910)	(1.250)	(0.270)	(1.390)	(1.110)	(0.230)
jm	−0.010	−0.018	−0.072	−0.064	0.002	−0.019	0.00	0.010	−0.007	0.001	−0.003
	(−0.320)	(−0.490)	(−1.520)	(−1.580)	(0.090)	(−1.170)	(0.330)	(0.600)	(−0.600)	(0.360)	(−0.920)
jm^2	0.008	0.018	0.032	0.029*	−0.002	0.008	−0.003	−0.004	0.000	−0.002	0.001
	(0.510)	(0.980)	(1.320)	(1.800)	(−0.340)	(1.490)	(−0.580)	(−0.770)	(−0.030)	(−1.130)	(0.470)
gdm	−0.026	−0.072**	0.062	−0.067**	0.000	0.001	0.001	0.002	0.001	−0.007*	−0.003
	(−0.900)	(−1.990)	(1.260)	(−2.250)	(−0.010)	(0.190)	(0.160)	(0.470)	(0.270)	(−1.410)	(−0.730)
gdm^2	0.018	0.030	−0.032	0.022	0.003	−0.001	−0.001	−0.001	0.002	0.004*	0.002
	(0.850)	(1.070)	(−0.860)	(1.420)	(0.530)	(−0.240)	(−0.370)	(−0.270)	(0.740)	(1.800)	(0.820)
dsize	−0.814***	−0.496	−1.184**	−0.565**	−0.057	−0.020	0.180***	0.018	−0.005	0.046	0.013
	(−2.620)	(−1.330)	(−2.310)	(−2.180)	(−0.600)	(−0.260)	(−2.970)	(0.320)	(−0.120)	(1.030)	(0.300)
dsize^2	0.173**	0.095	0.245**	0.120**	0.010	0.001	0.038***	−0.007	0.001	−0.010	−0.001
	(2.540)	(1.150)	(2.140)	(2.050)	(0.450)	(0.030)	(2.710)	(−0.530)	(0.090)	(−0.920)	(−0.050)
lnjsize	0.165	−0.075	−0.120	−0.162	−0.016	−0.058	−0.121***	−0.011	0.007	−0.016	0.009
	(1.160)	(−0.540)	(−0.520)	(−1.500)	(−0.410)	(−1.360)	(−3.910)	(−0.390)	(0.300)	(−0.630)	(0.430)
jsize^2	−0.058	0.029	0.046	0.050	0.006	0.022	0.040***	0.004	−0.003	0.005	−0.004
	(−1.210)	(0.590)	(0.570)	(1.330)	(0.430)	(1.470)	(3.670)	(0.380)	(−0.360)	(0.600)	(−0.500)
dr	−0.346***	−0.462***	−0.003	−0.039	−0.031	0.053**	0.036	0.012	0.014	0.013	−0.003

续表

AG2	2003 年	2004 年	2005 年	2006 年	2007 年	2008 年	2009 年	2010 年	2011 年	2012 年	2013 年
dr	(−3.790)	(−3.500)	(−0.020)	(−0.400)	(−0.880)	(1.990)	(1.610)	(0.660)	(0.930)	(0.880)	(−0.220)
dhr	−0.236	0.006	−0.013	−0.041	−0.022	−0.016	−0.006	−0.003	-0.012^{**}	−0.005	−0.011
	(−0.700)	(0.020)	(−0.070)	(−0.400)	(−0.720)	(−0.850)	(−0.410)	(−0.360)	(−1.920)	(−0.880)	(−1.890)
jhr	−2.732	0.079	−0.343	−1.015	−0.335	−0.170	−0.071	0.033	0.007	−0.031	−0.026
	(−0.570)	(0.030)	(−0.140)	(−0.530)	(−0.920)	(−0.660)	(−0.490)	(0.340)	(0.120)	(−0.620)	(−0.540)
ghr	0.132	0.039	0.078	−0.133	−0.025	−0.035	−0.030	−0.002	-0.016^{**}	−0.007	−0.002
	(0.140)	(0.080)	(0.180)	(−0.580)	(−0.430)	(−1.090)	(−1.250)	(−0.150)	(−1.900)	(−0.910)	(−0.290)
dpay	−4.79E-09	−7.76E-09	5.18E-09	−2.72E-09	−1.36E-09	1.19E-09	1.38E-09	$3.20E\text{-}09^{**}$	1.10E-09	5.37E-10	−5.62E-10
	(−0.270)	(−0.560)	(0.190)	(−0.240)	(−0.450)	(0.540)	(0.820)	(2.320)	(0.950)	(0.510)	(−0.620)
gpay	−5.72E-09	1.68E-08	3.85E-09	6.00E-09	−1.57E-09	−1.76E-09	−1.72E-09	−2.32E-09	−1.57E-09	−8.38E-10	1.09E-09
	(−0.280)	(1.190)	(0.130)	(0.540)	(−0.490)	(−0.670)	(−0.850)	(−1.560)	(−1.310)	(−0.770)	(1.180)
size	-0.043^{***}	-0.040^{***}	-0.051^{***}	-0.032^{***}	-0.008^{***}	-0.007^{***}	-0.005^{***}	-0.003^{***}	-0.003^{***}	-0.002^{**}	-0.004^{***}
	(−6.650)	(−5.290)	(−5.280)	(−6.560)	(−4.420)	(−5.360)	(−4.900)	(−2.870)	(−4.700)	(−2.300)	(−5.080)
debt	0.039^{***}	0.430^{***}	0.503^{***}	0.277^{***}	0.017^{***}	0.024^{***}	0.017^{***}	0.024^{***}	0.006^{***}	0.006^{***}	0.015^{***}
	(6.380)	(43.000)	(38.480)	(33.130)	(5.890)	(9.360)	(20.290)	(25.520)	(5.070)	(4.340)	(5.350)
growth	0.003	0.000	−0.008	−0.002	0.002^{***}	0.000	0.000	0.000	0.000	0.000	0.000
	(0.820)	(−0.070)	(−1.480)	(−0.850)	(5.880)	(−0.710)	(−0.870)	(−0.440)	(−0.530)	(0.000)	(−0.920)
_cons	2.209^{***}	1.495^{***}	2.869^{***}	1.506^{***}	0.311^{**}	0.304^{***}	0.460^{***}	0.070	0.145^{***}	0.022	0.066
	(5.500)	(2.810)	(4.250)	(4.440)	(2.390)	(2.900)	(5.940)	(1.010)	(2.640)	(0.370)	(1.200)
R^2	0.226	0.680	0.622	0.582	0.183	0.191	0.341	0.363	0.121	0.109	0.091
AdjR^2	0.191	0.666	0.608	0.566	0.150	0.161	0.318	0.343	0.101	0.091	0.072
Prob＞F	0.000	0.000	0.000	0.000	0.000	0.000	0.000	0.000	0.000	0.000	0.000

注：括号内数值表示 t 统计量的值

*、**和***分别表示在 10%、5%和 1%的显著性水平下显著

回归分析实证结果。在股权结构方面，第一大股东持股比例变量在八年样本回归中，所有与年份均呈现与代理成本具有显著负相关关系，且均在1%～10%的水平显著，短期内第一大股东持股比例的增加能够有效降低第二种代理成本，与假设5-1相符。在运作机制方面，董事会会议次数的回归结果仅2003年、2005年呈显著负相关关系，其他年份均无显著性，结果并不稳健，不能表明董事会会议次数在短期能起到显著地降低代理成本的作用；监事会会议次数与代理成本未能呈现显著关系；股东大会会议次数仅在2004年、2006年呈现与代理成本的负相关关系。因此，在运作机制方面，假设5-2的所有假设均不成立。在决策机制方面，董事会规模指标仅在2003年、2005年、2006年、2009年具有和代理成本呈U形的显著关系，表明董事会规模在一定区间内能够降低代理成本，超过临界值后反而会增加代理成本，因此，假设5-3A不成立。在监督机制方面，独立董事比例在2008年和代理成本呈显著正相关关系，在2003年和2004年和代理成本显著负相关关系，其余年份结果均不显著，并不能明确判断独立董事比例在短期内对于代理成本的影响。监事会规模仅2009年与代理成本U形相关，其余各年的回归结果均不显著，未能表明其与代理成本具有何种关系，与假设5-4（1）A、5-4（1）B不符。在激励机制方面，除董事持股比例、高管持股比例仅在2011年与代理成本显著负相关、前三名董事薪酬在2008年与代理成本显著正相关外，其余年份均无显著关系，监事持股比例、前三名董事薪酬与代理成本均无显著回归结果，说明在短期分年度的考察视角中，激励机制对于代理成本的降低作用不大，与假设5-5的所有假设不符。

表5-12为控股股东与中小股东之间代理成本的分年度回归结果总结，仅有第一大股东持股比例在短期内与代理成本负相关，董事会规模与代理成本呈现U形关系，其他变量与代理成本短期内无显著关系。

表5-12　第二种股权代理成本的分年度回归结果总结

变量	短期		总结
	相关性	显著数量	
前一大股东持股比例	(–)	8	负相关
董事会次数	U	2	—
监事会次数	—	—	—
股东大会次数	(–)	2	—
董事会规模	U	4	U
监事会规模	U	1	—
独立董事比例	(–)(+)	2，1	—
董事持股比例	(–)	1	—

续表

变量	短期		总结
	相关性	显著数量	
监事持股比例	—	—	—
高管持股比例	(–)	1	—
前三名董事薪酬	(+)	1	—
前三名高管薪酬	—	—	—

注：判定短期显著标准为超过 1/3 年度显著，(+)、(–) 和 U 分别表示正相关、负相关和 U 形相关

第六节　公司治理对代理成本影响稳健性检验

一、分阶段面板回归稳健性检验

2005 年 10 月 27 日，第十届全国人大十八次会议通过的新《公司法》，已经于 2006 年 1 月 1 日起正式实施，成为公司运行的新准则。新公司法的颁布完善了公司治理结构，更加注重维护股东权益，突出高管职责，明确了董事会、监事会各项制度。

2005 年 4 月 29 日，中国证监会发布了《关于上市公司股权分置改革试点有关问题的通知》，1124 家公司在 2006 年年底完成股权分置改革。随着股权分置问题的解决，公司治理结构得到完善。这对提升上市公司经营业绩、降低投资者风险将起到至关重要的作用。

2008 年，国际金融危机始于雷曼兄弟公司的破产，大批的银行等金融机构遭受重创，而导致这场金融危机的根本原因便是公司治理的失效。金融危机让人们开始思考重新建立一个坚固的金融监管系统，而各公司也已经意识到只有建立完善的公司治理机制才能保障该系统的平稳运行，从而抵御风险。

公司法的颁布、股权分置改革的实施和金融危机的到来都令公司的治理结构不断得到完善，因此，这三个事件对于代理成本影响的有效性急需考察。

（一）第一种股权代理成本分阶段面板回归稳健性检验

表 5-13 是股东与经理层之间代理成本中期回归结果。在股权结构方面，第一大股东持股比例在公司法颁布后阶段、股权分置改革后阶段、金融危机后阶段均存在显著正相关关系，即与代理成本显著负相关，在这三个阶段起到了显著降低代理成本的作用。在运作机制方面，董事会会议次数、监事会会议次数在公司法颁布前后阶段、股权分置改革阶段、金融危机前后阶段均和代理成本无显著的关

系，股东大会次数在股权分置后阶段、金融危机后阶段表现出与资产周转率的显著倒 U 形关系，与代理成本的显著 U 形关系，表明股东会议次数在一定程度上的增加能够有效地降低代理成本。在决策机制方面，董事会规模在此六个阶段中均无显著性。在监督机制方面，监事会规模在此六个阶段也未表现出和资产周转率的显著相关性，独立董事比例在公司法颁布后阶段、股权分置改革后阶段、金融危机后阶段均存在与代理成本的显著负相关关系，表明独立董事比例的增加能够起到有效降低代理成本的作用。在激励机制方面，董事持股比例、监事持股比例在此六个阶段未体现出与资产周转率的显著的回归效果，高管持股比例在公司法颁布前、股权分置改革前和资产周转率呈现显著正相关关系，与代理成本呈显著负相关关系，提高高管持股比例具有降低代理成本的作用。前三名董事薪酬在金融危机前就有和代理成本显著的负相关关系，但是在其他五个阶段均无显著关系。前三名高管薪酬在公司法颁布前阶段、股权分置改革前阶段、金融危机前阶段和资产周转率具有显著正相关关系，和代理成本具有显著的正相关关系，并未起到降低代理成本的作用。

表 5-13　第一种股权代理成本的分阶段回归结果

变量	公司法颁布前	公司法颁布后	股权分置改革前	股权分置改革后	金融危机前	金融危机后
cr_1	0.000	0.002***	0.001	0.002***	0.001	0.001**
	（0.160）	（4.690）	（0.890）	（3.010）	（0.920）	（2.170）
dm	–0.027	0.070	–0.011	0.076	–0.011	0.046
	（–0.280）	（1.120）	（–0.130）	（1.230）	（–0.140）	（0.750）
dm^2	0.003	–0.019	0.002	–0.020	0.002	–0.011
	（0.140）	（–1.270）	（0.090）	（–1.360）	（0.120）	（–0.750）
jm	–0.016	0.025	0.000	0.017	0.008	0.020
	（–0.60）	（1.580）	（0.010）	（1.110）	（0.330）	（1.340）
jm^2	0.007	–0.008	–0.003	–0.006	–0.008	–0.006
	（0.510）	（–1.170）	（–0.250）	（–0.830）	（–0.790）	（–0.960）
gdm	0.074***	0.010	0.041**	0.006	0.048***	–0.002
	（3.350）	（0.750）	（2.110）	（0.430）	（2.680）	（–0.180）
gdm^2	–0.054****	0.000	–0.029**	0.005	–0.034***	0.010
	（–3.570）	（–0.060）	（–2.270）	（0.600）	（–3.030）	（1.220）
dsize	–0.196	0.146	–0.170	0.005	–0.039	0.189
	（–0.480）	（0.500）	（–0.480）	（0.020）	（–0.130）	（0.560）
$dsize^2$	0.055	–0.050	0.050	–0.024	0.025	–0.067
	（0.600）	（–0.730）	（0.630）	（–0.320）	（0.360）	（–0.850）
jsize	0.141	0.207**	0.008	0.128	–0.065	0.086
	（0.870）	（2.000）	（0.060）	（1.180）	（–0.510）	（0.810）

续表

变量	公司法颁布前	公司法颁布后	股权分置改革前	股权分置改革后	金融危机前	金融危机后
jsize^2	−0.032	−0.049	0.010	−0.023	0.029	−0.004
	(−0.530)	(−1.290)	(0.200)	(−0.560)	(0.620)	(−0.100)
dr	−0.055	−0.156**	−0.100	−0.302***	−0.041	−0.330***
	(−0.450)	(−1.920)	(−0.960)	(−3.510)	(−0.450)	(−3.680)
dhr	0.301	−0.002	0.232	−0.007	0.042	−0.054
	(0.640)	(−0.020)	(0.690)	(−0.090)	(0.170)	(−0.720)
jhr	0.947	−0.468	−1.340	−0.779	−1.653	−1.208
	(0.330)	(−0.670)	(−0.590)	(−1.100)	(−1.000)	(−1.700)
ghr	−1.057**	−0.015	−0.776*	−0.025	−0.464	−0.012
	(−2.220)	(−0.260)	(−1.950)	(−0.450)	(−1.570)	(−0.220)
dpay	−1.110E-08	2.900E-09	−1.730E-08	5.140E-09	−1.870E-08**	7.620E-09
	(−0.710)	(0.510)	(−1.520)	(0.890)	(−2.010)	(1.300)
gpay	3.600E-08**	9.140E-09	3.710E-08***	4.470E-09	2.790E-08***	2.380E-10
	(2.450)	(1.510)	(3.120)	(0.720)	(2.660)	(0.040)
size	−0.103***	−0.093***	−0.115***	−0.086***	−0.118***	−0.080***
	(−5.670)	(−13.230)	(−8.690)	(−11.370)	(−11.100)	(−9.820)
debt	−0.039***	−0.022***	−0.043***	−0.020***	−0.031***	−0.020***
	(−3.320)	(−3.110)	(4.240)	(−2.750)	(−3.420)	(−2.860)
growth	0.002***	0.000	0.002***	0.000	0.002***	0.000
	(3.220)	(0.020)	(4.250)	(0.070)	(3.460)	(0.040)
_cons	3.211***	2.234***	3.611***	2.402***	2.996***	2.118***
	(5.000)	(6.020)	(6.470)	(5.970)	(6.760)	(4.990)
R^2	0.078	0.052	0.086	0.051	0.091	0.056
F	7.760	9.700	10.280	8.480	12.670	8.090
Prob>F	0.000	0.000	0.000	0.000	0.000	0.000

注：括号内数值表示 t 统计量的值，*、**和***分别表示在 10%、5%和 1%的显著性水平下显著

表 5-14 展示的是股东与经理层之间代理成本的分阶段面板回归结果总结，由表 5-14 我们可以看出，前一大股东持股比例、前三名高管薪酬与资产周转率正相关、与代理成本负相关，独立董事比例与高管持股比例与资产周转率负相关，股东大会会议次数与代理成本呈现倒 U 形，与代理成本呈现中期 U 形的关系。另外，公司法颁布后，第一大股东开始降低第一种股权代理成本，股东大会与代理成本的 U 形关系、高管持股比例对代理成本的增加作用，以及高管薪酬对代理成本的降低作用开始消失，但是独立董事比例对代理成本的增加作用却开始显现。股权分置改革前后的效果与公司法颁布前后效果一致，不再赘述。金融危机后，第一

大股东开始降低第一种股权代理成本，股东大会与代理成本的U形关系、前三名董事薪酬对代理成本的增加作用，以及高管薪酬对代理成本的降低作用开始消失，但是独立董事比例对代理成本的增加作用却开始显现。

表 5-14　第一种股权代理成本的分阶段面板回归结果总结

变量	中期						总结
	公司法颁布前	公司法颁布后	股权分置改革前	股权分置改革后	金融危机前	金融危机后	
前一大股东持股比例	—	(–)	—	(–)	—	(–)	负相关
董事会次数	—	—	—	—	—	—	—
监事会次数	—	—	—	—	—	—	—
股东大会次数	U	—	U	—	U	—	U
董事会规模	—	—	—	—	—	—	—
监事会规模	—	—	—	—	—	—	—
独立董事比例	—	(+)	—	(+)	—	(+)	正相关
董事持股比例	—	—	—	—	—	—	—
监事持股比例	—	—	—	—	—	—	—
高管持股比例	(+)	—	(+)	—	—	—	正相关
前三名董事薪酬	—	—	—	—	(+)	—	—
前三名高管薪酬	(–)	—	(–)	—	(–)	—	负相关

注：判定中期显著标准为超过1/3阶段显著，(+)、(–)、U分别表示正相关、负相关、U形相关

（二）第二种股权代理成本分阶段面板回归稳健性检验

表5-15是控股股东与小股东层之间代理成本中期回归结果。在股权结构方面，第一大股东持股比例在公司法颁布后阶段、股权分置改革前后阶段、金融危机前后阶段均存在显著负相关关系，即与代理成本显著正相关，在五个阶段都起到了显著降低代理成本的作用。在运作机制方面，董事会会议次数在公司法颁布前阶段、股权分置改革前后阶段、金融危机前后阶段均存在显著U形关系，即与代理成本显著U形相关，在五个阶段内一定范围上能够起到降低代理成本的作用。监事会会议次数在股权分置改革前阶段、金融危机前阶段均和代理成本U形相关，股东大会次数与代理成本无显著U形关系。在决策机制方面，董事会规模在此六个阶段中均无显著性。在监督机制方面，监事会规模在公司法颁布后、股权分置改革后与代理成本呈显著U形关系，在金融危机后与代理成本显著负相关，说明将监事会规模控制在一定的程度内能够有效降低第二种代理成本。独立董事比例在公司法颁布后阶段和金融危机前后阶段均存在与代

理成本的显著负相关关系，表明独立董事比例的增加能够起到有效降低代理成本的作用。在激励机制方面，董事持股比例在公司法颁布后、股权分置改革后、金融危机后阶段与代理成本显著负相关，而监事持股比例、高管持股比例、前三名董事薪酬、前三名高管薪酬在此六个阶段未体现出与代理成本的显著的回归效果。

表 5-15　第二种股权代理成本的分阶段检验结果

变量	公司法颁布前	公司法颁布后	股权分置改革前	股权分置改革后	金融危机前	金融危机后
cr_1	−0.001	0.000***	−0.001***	0.000***	−0.001***	0.000*
	(−1.410)	(−4.550)	(−2.750)	(−3.220)	(−3.110)	(−1.700)
dm	−0.093*	−0.009	−0.167**	−0.013*	−0.13**	−0.014*
	(−1.670)	(−1.120)	(−2.440)	(−1.670)	(−2.240)	(−1.830)
dm^2	−1.670	0.003	0.041**	0.004*	0.035**	0.004**
	(−1.670)	(1.520)	(2.480)	(1.920)	(2.430)	(2.020)
jm	−0.024	−0.002	−0.049**	−0.003	−0.039**	0.000
	(−1.530)	(−0.920)	(−2.510)	(−1.530)	(−2.190)	(−0.010)
jm^2	0.013*	0.000	0.025***	0.000	0.021***	−0.001
	(1.650)	(−0.130)	(2.700)	(0.510)	(2.610)	(−0.930)
gdm	0.019	0.000	−0.001	−0.001	−0.005	−0.002
	(1.440)	(−0.120)	(−0.050)	(−0.760)	(−0.390)	(−1.280)
gdm^2	−0.012	0.000	−0.008	0.001	−0.007	0.001
	(−1.370)	(0.330)	(−0.810)	(0.760)	(−0.800)	(1.210)
dsize	0.032	−0.059	−0.279	−0.074*	0.140	−0.099**
	(0.130)	(−1.570)	(−0.970)	(−1.830)	(0.590)	(−2.340)
$dsize^2$	−0.009	0.011	0.054	0.014	−0.035	0.020**
	(−0.160)	(1.240)	(0.830)	(1.530)	(−0.650)	(2.060)
jsize	−0.066	−0.033**	0.034	−0.038***	0.024	−0.024*
	(−0.700)	(−2.460)	(0.310)	(−2.790)	(0.240)	(−1.820)
$jsize^2$	0.026	0.012**	−0.002	0.013***	0.004	0.007
	(0.740)	(2.430)	(−0.050)	(2.600)	(0.130)	(1.450)
dr	−0.063	−0.019*	−0.121	−0.012	−0.235***	−0.023**
	(−0.880)	(−1.840)	(−1.410)	(−1.090)	(−3.370)	(−2.040)
dhr	−0.110	−0.024**	−0.229	−0.031***	−0.253	−0.029***
	(−0.400)	(−2.470)	(−0.830)	(−3.300)	(−1.350)	(−3.110)
jhr	0.267	−0.052	−0.391	−0.041	−0.186	−0.027
	(0.160)	(−0.580)	(−0.210)	(−0.460)	(−0.150)	(−0.310)
ghr	0.060	0.000	−0.053	−0.001	−0.053	0.003

续表

变量	公司法颁布前	公司法颁布后	股权分置改革前	股权分置改革后	金融危机前	金融危机后
ghr	(0.220)	(-0.010)	(-0.160)	(-0.120)	(-0.230)	(0.420)
dpay	8.510E-09	2.620E-10	5.890E-09	3.830E-10	1.200E-09	-2.290E-11
	(0.940)	(0.360)	(0.630)	(0.530)	(0.170)	(-0.030)
gpay	7.200E-09	-1.000E-09	8.090E-09	-3.250E-10	7.200E-09	3.080E-10
	(0.840)	(-1.310)	(0.830)	(-0.420)	(0.890)	(0.390)
size	-0.104***	-0.007***	-0.014	-0.008***	-0.002	-0.009***
	(-9.800)	(-9.610)	(-1.290)	(-9.400)	(-0.260)	(-9.280)
debt	0.527***	-0.003***	0.399***	-0.004***	0.349***	-0.007***
	(76.330)	(-2.880)	(48.470)	(-4.950)	(49.750)	(-7.680)
growth	0.000	0.000	-0.001	0.000	0.000	0.000
	(-1.370)	(0.690)	(-1.800)	(0.710)	(-0.940)	(0.660)
_cons	1.890***	0.321***	0.729	0.342***	0.140	0.394***
	(5.020)	(6.880)	(1.590)	(6.900)	(0.410)	(7.430)
R^2	0.700	0.050	0.400	0.044	0.355	0.043
F	9.670	4.110	3.240	4.160	3.000	4.420
Prob＞F	0.000	0.000	0.000	0.000	0.000	0.000

注：括号内数值表示 t 统计量的值

*、**和***分别表示在 10%、5%和 1%的显著性水平下显著

表 5-16 展示的是控股股东与小股东之间代理成本的分阶段面板回归结果总结，由表 5-16 中我们可以看出，前一大股东持股比例、独立董事比例、董事持股比例与代理成本负相关，董事会会议次数、监事会会议次数、监事会会议规模对代理成本呈现中期 U 形的关系。公司法颁布后，第一大股东持股比例、监事会规模、独立董事比例、董事持股比例对与降低第二种股权代理成本的影响开始显现。股权分置改革后，董事会规模、监事会规模、董事持股比例对降低第二种代理成本的效果也开始显现金融危机后，董事会规模、监事会规模、董事持股比例的效果开始显现。

表 5-16　控股股东与小股东之间代理成本的分阶段面板回归结果总结

变量	中期						总结
	公司法颁布前	公司法颁布后	股权分置改革前	股权分置改革后	金融危机前	金融危机后	
前一大股东持股比例	—	(–)	(–)	(–)	(–)	(–)	负相关
董事会次数	(–)	—	U	U	U	U	U
监事会次数	—	—	U	—	U	—	U

续表

变量	中期						总结
	公司法颁布前	公司法颁布后	股权分置改革前	股权分置改革后	金融危机前	金融危机后	
股东大会次数	—	—	—	—	—	—	—
董事会规模	—	—	—	(–)	—	U	—
监事会规模	—	U	—	U	—	(–)	U
独立董事比例	—	(–)	—	—	(–)	(–)	负相关
董事持股比例	—	(–)	—	(–)	—	(–)	负相关
监事持股比例	—	—	—	—	—	—	—
高管持股比例	—	—	—	—	—	—	—
前三名董事薪酬	—	—	—	—	—	—	—
前三名高管薪酬	—	—	—	—	—	—	—

注：判定中期显著标准为超过 1/3 阶段显著，(+)、(–) 和 U 分别表示正相关、负相关和 U 形相关

二、全样本面板回归稳健性检验

（一）第一种股权代理成本全样本面板回归稳健性检验

表 5-17 是股东与经理层之间代理成本 2003～2013 年面板数据回归的结果。在股权结构方面，第一大股东比例与资产周转率在 1%的水平显著正相关，与代理成本在长期呈现显著负相关的关系，说明第一大股东持股比例越大越能降低代理成本。体现工作运作机制的董事会会议次数、监事会会议次数、股东大会会议次数在长期的面板回归中未体现与代理成本的显著相关关系。在决策机制中，董事会规模在长期面板回归中，与资产周转率呈现倒 U 形，与代理成本具有 U 形关系，即董事会规模增加可以降低代理成本，但是当董事会规模超过某一值后，却会增加代理成本。监督机制的独立董事比例和监事会规模这两个变量在长期的面板回归中，未体现与代理成本的显著相关关系。在激励机制中，反映长期激励的董事持股比例、监事持股比例、高管持股比例未反映出显著关系，而反映短期激励的董事薪酬、高管薪酬与资产周转率分别呈现出显著负相关、显著正相关的关系，即与代理成本显著正相关和显著负相关关系，说明在长期内，董事薪酬的提高会增加代理成本，而增加高管薪酬会降低代理成本。综上所述，在 11 年的长期面板回归中，只有前一大股东持股比例、前三名高管薪酬与代理成本显著负相关、前三名董事薪酬与代理成本显著正相关、董事会规模与代理成本成 U 形的显著关系。

表 5-17 第一种股权代理成本全样本面板回归结果

变量	变量符号	系数	t 值	总结
前一大股东持股比例	cr_1	0.002***	（5.130）	负相关
董事会会议次数	dm	0.054	（0.980）	—
	dm^2	–0.017	（–1.320）	
监事会会议次数	jm	0.015	（1.040）	—
	jm^2	–0.006	（–0.900）	
股东大会会议次数	gdm	0.015	（1.200）	—
	gdm^2	–0.002	（–0.250）	
董事会规模	dsize	0.409*	（1.880）	U
	$dsize^2$	–0.092*	（–1.860）	
监事会规模	jsize	0.035	（0.390）	—
	$jsize^2$	0.008	（0.240）	
独立董事比例	dr	–0.050	（–0.770）	—
董事持股比例	dhr	0.002	（0.020）	—
监事持股比例	jhr	–0.364	（–0.490）	—
高管持股比例	ghr	–0.044	（–0.650）	—
前三名董事薪酬	dpay	–1.060E-08**	（–2.000）	正相关
前三名高管薪酬	gpay	1.920E-08***	（3.430）	负相关
规模	size	–0.086***	（–16.000）	—
资本结构	debt	–0.011**	（–2.110）	—
成长性	growth	0.000	（0.310）	—
—	_cons	1.853***	（6.470）	—
—	R^2	0.069	0.000	—

注：括号内数值表示 t 统计量的值

*、**和***分别表示在 10%、5%和 1%的显著性水平下显著

（二）第二种股权代理成本全样本面板回归稳健性检验

表 5-18 是控股股东与小股东之间代理成本 2003～2013 年面板数据回归的结果。在股权结构方面，第一大股东比例与资金占用在 1%的水平显著负相关，与代理成本在长期呈现显著负相关的关系，说明提高第一大股东持股比例能够起到降低代理成本的作用。体现工作运作机制的董事会会议次数与代理成本呈现长期 U 形的关系、监事会会议次数未体现与代理成本的显著相关关系、股东大会会议次数在长期的面板回归中与代理成本呈现显著的负相关关系。在决策机制中，董事会规模在长期面板回归中，与其他应收款占总资产的比例呈现 U 形关系，与代理

成本呈 U 形关系，即董事会规模增加可以降低代理成本，但是当董事会规模超过某一值后，反而增加代理成本的作用。监督机制的监事会规模在长期的面板回归中未体现与代理成本的显著相关关系，独立董事比例呈现与代理成本的负相关关系。在激励机制中，反映长期激励的董事持股比例、监事持股比例、高管持股比例，反映短期激励的董事薪酬、高管薪酬均未体现出与代理成本的显著关系，说明激励机制未能有效降低相应的代理成本。综上所述，在 11 年的长期面板回归中，只有前一大股东持股比例、股东大会会议次数和独立董事比例与代理成本显著负相关；董事会会议次数与董事会规模与代理成本呈 U 形的显著关系。

表 5-18　第二种股权代理成本全样本面板回归结果

变量	变量符号	系数	t 值	总结
前一大股东持股比例	cr_1	−0.000***	(−2.740)	负相关
董事会会议次数	dm	−0.119***	(−4.390)	U
	dm^2	0.028***	(4.530)	
监事会会议次数	jm	−0.005	(−0.680)	—
	jm^2	0.005	(1.480)	
股东大会会议次数	gdm	−0.016**	(−2.370)	负相关
	gdm^2	0.005	(1.210)	
董事会规模	dsize	−0.234***	(−3.140)	U
	dsize^2	0.045**	(2.640)	
监事会规模	jsize	0.007	(0.190)	—
	jsize^2	0.000	(−0.040)	
独立董事比例	dr	−0.106***	(0.470)	负相关
董事持股比例	dhr	−0.007	(−0.510)	—
监事持股比例	jhr	−0.013	(−0.100)	—
高管持股比例	ghr	0.009	(−0.650)	—
前三名董事薪酬	dpay	9.220E-10	(0.430)	—
前三名高管薪酬	gpay	1.450E-09	(0.640)	—
规模	size	−0.014***	(−10.770)	—
资本结构	debt	0.088***	(47.770)	—
成长性	growth	0.000	(−0.110)	—
—	_cons	0.767***	(7.970)	—
—	R^2	0.188	0.000	—

注：括号内数值表示 t 统计量的值

*、**和***分别表示在 10%、5%和 1%的显著性水平下显著

三、滞后一期稳健性检验

（一）第一种股权代理成本滞后一期稳健性检验

为避免可能存在的内生性问题，本章对前文中的分年度回归及面板数据回归进行滞后一期回归，以进一步验证回归结果的稳健性。表 5-19 是对股东与经理层之间的代理成本滞后一期的回归结果。

在股权结构方面，第一大股东持股比例在 10 年分年度回归中，有九年与资产周转率正相关，在公司法颁布前后两个阶段及 2003～2013 年的面板数据中呈现正相关关系，说明第一大股东持股比例在短、中、长期内都起到了降低代理成本的作用。在运作机制方面，董事会次数在分年度回归中有一年与资产周转率 U 形相关，在金融危机后阶段呈现倒 U 形，其他并未呈现显著关系。监事会次数在分年度回归中仅 2011 年、2012 年与资产周转率呈现倒 U 形关系，在公司法颁布后阶段、股权分置改革前后阶段、金融危机前阶段呈现倒 U 形，其他并未呈现显著关系，说明监事会次数在中期内与代理成本 U 形相关，在一定区间内可以降低代理成本。股东大会会议次数在 2007 年与资产周转率显著倒 U 形相关，全年份样本回归中与代理成本显著正相关，说明在长期考察中，股东大会次数的增加反而增加了代理成本。体现决策机制的董事会规模在仅 2004 年、2006 年与资产周转率倒 U 形相关，与第一种股权代理成本 U 形相关，在公司法颁布后阶段、金融危机后阶段与代理成本 U 形相关，在长期无显著相关关系，说明董事会规模与代理成本中期呈 U 形相关关系。体现监督机制的监事会规模仅 2009 年、2011 年与资产周转率 U 形相关，与第一种股权代理成本倒 U 形相关，仅在公司法颁布后阶段倒 U 形相关，在长期无显著相关关系，说明监事会规模与代理成本在短长期无显著关系。独立董事比例仅在 2004 年、2013 年与代理成本分别显著负相关、正相关，在公司法颁布前、股权分置改革前后与代理成本显著负相关、正相关，结果较矛盾，无法说明独立董事比例对代理成本的确切影响。在激励机制方面，董事持股比例在 2006～2010 年与代理成本呈显著负相关关系，在公司法颁布前后阶段、股权分置改革后阶段、金融危机后阶段与代理成本显著负相关，说明董事持股比例在短中期与代理成本显著负相关。监事持股比例除在金融危机前阶段呈现与代理成本负相关关系外，与代理成本无显著关系。高管持股比例在分年度回归中四年与代理成本正相关、一年负相关，分阶段中仅公司法颁布后与代理成本正相关，长期无显著关系。董事薪酬在分年度回归中一年与代理成本负相关、两年正相关，分阶段中仅公司法颁布后与代理成本正相关，长期显著负相关。高管薪酬在分年度回归中八年与代理成本负相关、一年负相关，分阶

表 5-19　第一种股权代理成本的滞后一期回归结果

时间	2004 年	2005 年	2006 年	2007 年	2008 年	2009 年	2010 年	2011 年	2012 年	2013 年	公司法颁布前	公司法颁布后	股权分置改革前	股权分置改革后	金融危机前	金融危机后	2003～2013 年
cr_1	(+) ***	(+) ***	(+) *	(+)	(+) *	(+) *	(+) ***	(+) ***	(+) ***	(+) ***	(+) ***	(+) ***	(–)	(–)	(–)	(–)	(+) **
lndm	(+)	(+)	(–)	(–) *	(–)	(–)	(+)	(–)	(–)	(+)	(+) *	(–)	(+)	(+)	(+) **	(+)	(+)
$lndm^2$	(–)	(–)	(+)	(+) *	(+)	(+)	(–)	(–)	(+)	(–)	(–)	(+)	(–)	(–)	(–) *	(–)	(–) *
lnjm	(+)	(–)	(–)	(+)	(+) *	(+)	(+) **	(+) *	(+)	(+)	(+)	(+) *	(+)	(–)	(+)	(–)	(+)
$lnjm^2$	(–)	(+)	(+)	(–)	(–)	(–)	(–) *	(–)	(–) *	(+)	(–)	(–) *	(–) **	(+)	(–) **	(+)	(–)
lngdm	(+)	(–)	(–)	(+) **	(+)	(+)	(–)	(–)	(+)	(–)	(–) ***	(+)	(–) ***	(–)	(–) ***	(–)	(–) *
$lngdm^2$	(–)	(+)	(+)	(–) *	(–)	(–)	(+)	(+)	(–)	(+)	(+) ***	(–)	(+) ***	(+)	(+) ***	(+)	(+) **
lndsize	(+)	(–)	(+)	(+)	(+) *	(+) **	(+)	(–)	(+)	(+)	(+)	(+) **	(–)	(+)	(–)	(+) *	(+)
$lndsize^2$	(–)	(+)	(–)	(–)	(–) *	(–) **	(–)	(+)	(–)	(–)	(–)	(–) **	(+)	(–)	(+)	(–) *	(–)
lnjsize	(+)	(–)	(+)	(–)	(+)	(–) *	(–)	(–) *	(–)	(+)	(+)	(–) *	(+)	(+)	(–)	(+)	(+)
$lnjsize^2$	(–)	(+)	(+)	(+)	(–)	(+) *	(+)	(+) *	(+)	(–)	(+)	(+) **	(+)	(+)	(+)	(+)	(+)
dr	(+) *	(+)	(–)	(+)	(–)	(–)	(–)	(–)	(–)	(–) *	(+) *	(–)	(–)	(–) **	(–)	(–)	(–)
dhr	(–)	(–)	(+) ***	(+) *	(+) ***	(+) ***	(+) **	(+)	(+)	(–)	(+) ***	(+) **	(–)	(–) *	(–)	(–) **	(+)
jhr	(–)	(+)	(–)	(+)	(+)	(+)	(+)	(–)	(–)	(+)	(–)	(–)	( )	(–)	(–) *	(–)	(–)
ghr	(+)	(+) **	(–) **	(–)	(–) **	(–)	(–) *	(–)	(–) *	(–)	(–)	(–) ***	(+)	(–)	(+)	(–)	(–)
dpay	(–)	(+) **	(–)	(–)	(–)	(–)	(–) **	(–)	(–)	(–) **	(–)	(–) ***	(–)	(+)	(–)	(+)	(–) **
gpay	(+)	(+)	(+) ***	(+) **	(+) **	(+) *	(+) ***	(+) ***	(+) *	(+) ***	(+) **	(+) ***	(+)	(+)	(+)	(+)	(+) ***

*、**和***分别表示在 10%、5%和 1%的显著性水平下显著

段中仅公司法颁布后与代理成本正相关，长期为显著正相关。

（二）第二种股权代理成本滞后一期稳健性检验

表 5-20 是对控股股东与小股东之间的代理成本滞后一期的回归结果。在股权结构方面，第一大股东持股比例在 10 年分年度回归中，有八年与代理成本负相关，在公司法颁布后、金融危机前两个阶段，以及 2003～2013 年的面板数据中呈现负相关关系，说明第一大股东持股比例在短、中、长期内都起到了降低代理成本的作用。在运作机制方面，董事会次数在分年度回归中各有一年与代理成本呈 U 形、倒 U 形相关，在公司法颁布前阶段呈现倒 U 形，其他并未呈现显著关系。监事会次数在分年度回归中仅 2007 年、2009 年与代理成本呈现 U 形相关，在股权分置改革后阶段其他并未呈现显著关系。股东大会会议次数在 2005 年、股改前阶段，以及长期面板回归中与代理成本负相关。体现决策机制的董事会规模在仅 2004 年、2006 年与资产周转率倒 U 形相关，与第一种股权代理成本 U 形相关，在公司法颁布后阶段、金融危机后阶段与代理成本 U 形相关，在长期无显著相关关系，说明董事会规模与代理成本中期呈 U 形相关。体现监督机制的监事会规模仅 2006 年、2010 年与代理成本 U 形相关，在公司法颁布后阶段、股改后阶段、金融危机后阶段呈 U 形相关，在长期显著 U 形相关，说明监事会规模与代理成本在中长期内与显著 U 形相关系。独立董事比例仅在 2004 年、2005 年、2006 年与代理成本分别显著负相关在公司法颁布前、股权分置改革前和金融危机前阶段与代理成本显著负相关，长期视角的考察中，与代理成本显著负相关。因此，独立董事比例的提高能够在中长期内有效降低第二种股权代理成本。在激励机制方面，除高管薪酬与代理成本在长期面板回归中显著负相关外，其他变量并无显著关系，说明激励机制对于降低第二种代理成本的作用不大。通过以上滞后一期的检验，我们发现所得实证结果与之前的检验结果基本一致，更加证明了之前实证结果的稳健性。

第七节　研究结论与政策建议

一、研究结论

本章根据 2000～2013 年我国上市公司的数据，将公司治理要素划分为股权结构、运作机制、决策机制、监督机制和激励机制五大类分别进行实证分析，以考察公司治理要素对代理成本的影响。实证结果总结如表 5-21 所示。

表 5-20　第二种股权代理成本的滞后一期回归结果

时间	2004 年	2005 年	2006 年	2007 年	2008 年	2009 年	2010 年	2011 年	2012 年	2013 年	公司法颁布前	公司法颁布后	股权分置改革前	股权分置改革后	金融危机前	金融危机后	2003～2013 年
cr_1	(+)	(+)	(–) ***	(–) **	(–) **	(–) **	(–) ***	(–) ***	(–) ***	(–) ***	(–)	(–) ***	(–)	(–)	(–) ***	(+)	(–) ***
lndm	(–)	(–)	(+) **	(+)	(+)	(+)	(–) **	(–)	(–)	(+)	(+) *	(–)	(–)	(–)	(+)	(–)	(–)
$lndm^2$	(+)	(+)	(–) *	(+)	(–)	(–)	(+) **	(+)	(+)	(–)	(–) *	(+)	(+)	(+)	(–)	(+)	(+)
lnjm	(+)	(–)	(+)	(–) ***	(–)	(–) *	(–)	(+)	(–)	(–)	(–)	(–)	(–)	(–) **	(+)	(–)	(–)
$lnjm^2$	(+)	(+)	(–)	(+) **	(–)	(+) *	(+)	(–)	(+)	(+)	(+)	(+)	(+)	(+) *	(–)	(+)	(–)
lngdm	(–)	(–) ***	(–)	(–)	(–)	(–)	(–)	(+)	(–)	(–)	(+)	(–)	(–) **	(–)	(–)	(+)	(–) ***
$lngdm^2$	(+)	(+)	(–)	(+)	(+)	(+)	(+)	(–)	(+)	(–)	(–)	(+)	(+)	(–)	(+)	(–)	(+)
lndsize	(–) **	(–)	(–) **	(–)	(+)	(+)	(–)	(+)	(+)	(–)	(–) ***	(+)	(–) *	(–) *	(–) **	(–) **	(–)
$lndsize^2$	(+) *	(+)	(+) *	(+)	(–)	(–)	(–)	(–)	(–)	(+)	(+) ***	(–)	(+) *	(+) *	(+) **	(+) **	(+)
lnjsize	(+)	(–)	(–) ***	(–)	(–)	(–)	(–) ***	(+)	(+)	(–)	(–) **	(–) ***	(–)	(–) ***	(–)	(–) **	(–)
$lnjsize^2$	(–)	(+)	(+) ***	(+)	(+)	(+)	(+) ***	(–)	(–)	(+)	(+) **	(+) ***	(+)	(+) ***	(+)	(+) **	(+) **
dr	(–) **	(–) ***	(–) **	(–)	(+)	(+)	(+)	(+)	(+)	(+)	(–) **	(+) *	(–) ***	(–)	(–) ***	(–)	(–) ***
dhr	(–)	(+)	(–)	(+)	(–)	(–)	(+)	(–)	(–)	(–)	(–)	(–)	(–)	(–) *	(–)	(–)	(–)
jhr	(+)	(–)	(–)	(–)	(–)	(–)	(–)	(+)	(+)	(–)	(+)	(+)	(–)	(+)	(–)	(–)	(+)
ghr	(+)	(–)	(–)	(–) *	(+)	(–)	(–)	(–)	(–)	(–)	(–)	(–)	(–)	(–)	(–)	(+)	(+)
dpay	(–)	(–)	(+)	(–)	(+)	(+)	(+) **	(+)	(+)	(+)	(–)	(+) *	(–)	(+)	(+)	(–)	(+)
gpay	(+)	(+)	(–)	(–)	(–)	(–)	(–)	(–)	(–)	(–)	(–)	(–) *	(+)	(+)	(+)	(+)	(–) **

*、**和***分别表示在 10%、5%和 1%的显著性水平下显著

表 5-21　公司治理与代理成本关系实证结果总结

变量		股东与经理层之间代理成本	控股股东与小股东之间代理成本
股权结构	前一大股东持股比例	负相关	负相关
运作机制	董事会次数	—	中长期 U 形
	监事会次数	短期负相关	中期 U 形
	股东大会次数	短中期 U 形	长期负相关
决策机制	董事会规模	长期 U 形	短长期 U 形
监督机制	监事会规模	—	中期 U 形
	独立董事比例	中期正相关	中长期负相关
激励机制	董事持股比例	短期负相关	中期负相关
	监事持股比例	—	—
	高管持股比例	中短期正相关	—
	前三名董事薪酬	短长期正相关	—
	前三名高管薪酬	负相关	—

所得具体研究结论如下。

第一，在股权结构方面，股权集中度的增加可以在短中长期分别降低两种股权代理成本。

第二，在运作机制方面，体现运作机制的三会会议次数变量在一定程度上能够起到降低两种股权代理成本的作用，尤其是从中长期对第二种股权代理成本的影响更为明显。董事会会议次数与第二种代理成本在中长期内呈现 U 形相关，监事会会议次数与第一种代理成本在短期内负相关、在中期内呈现 U 形相关，股东大会会议次数在短期中期内与第一种代理成本呈现 U 形相关，与第二种代理成本长期内负相关。

第三，在监督机制方面，监督机制在一定程度上对第二种股权代理成本的降低作用较明显。其中，监事会规模对第一种代理成本的作用不明显，但从中期来看与第二种代理成本呈 U 形相关，控制监事会规模能够起到降低代理成本的作用。独立董事比例对于两种股权代理成本起到相反的作用，即增加第一种代理成本、降低第二种代理成本。

第四，在决策机制方面，董事会规模在长期内与两种股权代理成本呈 U 形关系，在一定程度上可以降低两种代理成本。

第五，在激励机制方面，激励机制对于降低股东与经理层之间的代理成本的效果更为显著，但是效果各异，董事会持股比例、高管薪酬的增加可以有效降低的第一种股权代理成本，但高管持股比例的增加及董事薪酬的增加却会增加第一种代理成本。对于第二种代理成本的影响上，仅有董事持股比例能够对之起到降低作用。

本章研究了两种股权代理成本，仅选择一种财务指标去衡量它们未必能全面地反映代理成本的大小。因此，如何寻找最适合的变量尤其是符合中国国情的变量去量化两种股权代理成本是未来研究中需要注意的。另外，个别公司治理要素在不同方法的回归中出现了矛盾的结果，尤其是在对第二种股权代理成本的回归中，这可能是由于变量的选取未能全面反映影响代理成本的因素，在今后的研究中应涉及更多的变量以深化研究成果。

二、政策建议

在近 10 多年的公司治理历程中，股权集中有效地降低了两种股权代理成本，表明我国股权集中度代理的有利效应大于不利效应，但是，过于集中的股权势必增加新的代理成本，因此，如何调整股权结构保护股东利益是每个公司势必践行的准则。

激励机制作为公司治理的重要部分之一，已显现出较多问题。激励机制对于降低股东与经理层之间代理成本的效果要好于控股股东与中小股东的代理成本，但是在分阶段考察来看，激励机制都呈现出激励效应消失的现象，说明我国的激励机制仍然不合理，急需改革。对短期激励和长期激励效果的比较上，对于董事来说，长期激励方式好于短期激励，薪酬越高反而起到了增加代理成本的作用，而对高管来讲，支付薪酬的方式要好于持股的激励，增加持股比例增加了代理成本。在本章样本中，约有 41.4%的董事及 44.4%的高管人员持股比例为 0，这说明我国还有一些企业并未建立董事、高管持股激励制度。因此，国家应尽快出台董事、高管持股的政策以更好地规范企业公司治理行为。各企业也应对董事、高管建立不同的激励体系和激励标准，做到长期激励和短期激励相配合，适当提高董事、监事持股比例及高管薪酬，增加激励强度，从而更好地解决代理问题。

完善监事会制度，寻求最优监事会规模，避免规模变大增加协调难度，从而降低监督效率，同时提高监事会的独立性以提高监督效力。控制董事会规模，从而提高董事会的工作效率，更好地降低代理成本，解决代理问题。

总而言之，在公司治理实践的深化阶段，公司治理的有效性是我们一直密切关注的问题。随着我国公司治理制度的不断完善，各公司都形成了自身的公司治理机制。但是在我们的分析中，一些公司治理要素表现出与代理成本不相关或反相关的关系，这表明为了建立公司治理机制投入到公司的资源没有产生效果和回报，公司治理的无效性已经产生了新的代理问题，这是需要引起重视并制定相关政策解决的。

第六章　我国上市公司审计意见市场效应研究

公司年报审计意见反映公司财务报表是否符合会计准则，是否公允反映公司的财务经营状况，这为投资者和管理者提供了重要信息。本章通过研究 2009～2012 年沪深两市公司之间不同的审计意见，用事件研究法和多元线性回归（multiple linear regressions，MLR）等方法，来探讨审计意见对股票市场产生的影响。通过计算累计超额收益，本章发现市场在审计意见为标准无保留意见公司和保留、否定、无法表示意见公司之间有着明显的反应差异，同时又通过多元线性回归分析验证了公司的累计超额收益和保留、否定、无法表示意见等审计意见之间存在负相关性。

第一节　问 题 提 出

一、引言

中国股票市场起步较晚，1990 年上海证券交易所的成立标志着我国股市的基本确立，而会计审计制度也随之逐步完善。公司年报则主要反映了公司的财务状况、经营状况和现金流量状况，能够为投资者、政府机构、管理层提供关于公司重要的财务经营等信息，年报信息的可靠性对股票市场有着重大的影响。自从 2006 年中国审计制度改革之后，证监会加大了对公司年报披露的管理，处理了一批不合格的会计事务所，严格监管审计机构，以保证年报的可信性。

而审计机构则扮演第三方角色，主要负责审计公司的资产负债表、利润表、现金流量表、所有者权益变动表及附注，并通过发表不同审计意见来反映公司的年报是否符合我国会计准则，是否公允反映公司财务经营状况，向股票市场释放公司经营好坏的信号。

审计意见主要分为五种：标准无保留意见、带强调事项段的无保留意见、保留意见、否定意见及无法表示意见。标准无保留意见表示公司年报符合会计准则，并公允反映公司财务、经营、现金流量等状况。另外四种则反映出公司存在一定问题，无法达到标准无保留条件。本章主要通过研究标准无保留意见和保留意见、否定意见、无法表示意见等非标准无保留意见两大类审计意见，探讨这两类不同的审计意见对股票市场产生的影响。

二、相关研究文献回顾

西方学者对审计意见的市场效应研究起步较早，但是结论并不一致。而我国由于股票市场起步较晚，从20世纪90年代开始才有学者对此进行研究探讨。当然，我国股票市场有自己的独特性，因此，研究结果和国外也有差异，但总体来说方法基本上都是使用事件研究法或累计超额收益法，加上多元线性回归法的进一步检验。

Baskin（1972）较早地使用累计超额收益法来研究违反一贯性原则的审计意见公司，研究市场是否做出了显著反应，最后得出的结论是：违反一贯性原则的审计报告对该公司的股票价格并没有显著影响。Firth（1978）则通过研究英国公司样本，选择了标准无保留意见公司和保留意见公司作为对照，运用市场模型预测窗口期的正常收益率，从而比较平均超额收益率和累计超额收益率，发现涉及公司持续经营问题的保留意见，市场有明显的负面反应。因此，Firth认为，采用不同问题的保留意见，市场的反应程度也是存在差异的。Elliott（1982）通过选取非标准保留意见公司作为研究样本，比较标准无保留意见公司与非标准保留意见公司的累计超额收益率，而样本选择上尽可能保持与行业和财务指标如每股盈余（earning per share）等相近。但最终的结论是，市场并没有对不同的审计意见做出显著反应，即审计意见并没有太多的信息含量。Dodd等（1984）通过选取760家被出具保留意见和26家被出具否定意见的公司为样本，验证审计意见的市场效应，同样并没有得出审计意见具有信息含量的结论。Choi和Jeter（1992）主要探索保留意见的公布对股票盈余反应系数的影响，基于信号传递理论，他们认为保留意见信号会对市场传递公司经营财务状况等信息，进而得出保留意见减弱股票盈余反应系数的结论。Frederick（1996）使用多元回归方法，通过控制部分相关变量，计算累计超额收益率，探究不同审计报告的市场效应。整体方法有所改进，更加严谨，最后得出了投资者对审计意见会做出相应反应的结论，也就是说，审计意见向市场传递了信息，具有信息含量。Chen等（2000）同样使用多元回归分析的方法，以我国上海证券交易所的上市公司为研究样本，探讨1996年和1997年被出具保留意见公司的市场效应，从而发现公司股票价格对此审计意见产生了负效应，即保留意见具有较强的信息含量。

总体来讲，西方对审计意见研究成果较多，但结论存在差异，有的研究表明审计意见具有信息含量，有的则认为对市场没有太大影响。国内对此研究起步较晚，较为系统、全面的是李增泉（1999）在《实证分析：审计意见的信息含量》一文中，将审计意见划分为标准无保留意见和非标准无保留意见两大类，选取了1993～1997年五年间的188份上市公司非标准审计意见作为研究样本，同时筛选了188

家具有相近净资产收益率或每股收益、相同行业、相同年度及相近总资产的标准无保留意见的公司作为控制对照样本，利用累计超额收益率和均值检验等方法验证他的五个假设，得出以下结论：标准无保留审计意见公司和非标准审计意见公司，它们在年报公布日前后有着不同的市场表现；审计意见会对投资者决策产生影响；不同类型的非标准审计意见，市场效应也不尽相同，而投资者不能严格区分它们的差异；我国证券市场远非半强式有效市场。这篇研究成果对后来的研究具有重大的指导意义，而本章也正是沿循这种探究方法对审计意见的市场效应进行的研究。

陈晓和单鑫(1999)运用多元回归分析方法探究 1997 年审计意见的市场效应，发现股票市场对保留审计意见的公布有着明显的负面效应，而且效应是缓慢地影响和渗透市场。陈晓和王鑫（2001）则在上述的研究基础上进一步检验了市场对 1998 年审计意见的市场效应，考察我国股票市场是否对审计意见效应具有一致性的问题。通过筛选，选取了 33 个保留审计意见样本和 33 个无保留审计意见样本，运用累计超额收益法和多元回归分析法，得出了不同的结论：我国股票市场对 1998 年非标准审计意见没有显著的负面效应，意味着我国股票市场可能在不同年度对审计意见的效应有所差异，但是盈余信息在我国证券市场上具有信息含量。陈梅花（2003）针对审计意见与股价的关系进行了研究，选取了沪深两市 1995～1999 年年报被出具非标准审计意见的上市公司中的 403 家为研究样本，通过配对抽取 355 家标准无保留意见公司作为对照样本，并提出了三条假设，而方法上使用问卷调查研究和市场研究两类实证方法，计算累计超额收益率，探寻国内证券市场审计意见信息含量及股票市场是否会因为审计意见不同而做出显著的效应差异等问题。最终研究发现，现阶段我国上市公司年报审计意见对投资者的投资决策没有显著影响，审计意见并不具有信息含量。而随后张展（2006）通过实证检验认为，我国审计意见的有效性和理论预期还存在一定差距，其中审计市场的低质激励过多而约束不足是重要原因之一。他以 2004 年 4 月 24 日到 2004 年 4 月 30 日这一周为研究时间，选取了被出具审计报告的 125 家公司为样本，沪深两市分别 69 家和 56 家，通过审计意见类型进行分类，研究被出具不同审计意见公司股票价格的上涨和下跌情况，得出审计意见对投资者资金流向有着显著影响，但审计意见的有效性表现并不充分的结论。恽碧琰（2006）从 2000～2002 年沪深两市上市公司年报中选取了首次和连续被出具保留意见的公司为研究样本，使用市场调整模型计算累计超额收益率，通过实证研究发现，我国证券市场中首次被出具保留意见的审计报告具有一定的信息含量，而连续被出具保留意见公司的市场效应并不显著，也就是说，首次和连续被出具保留意见公司的市场效应存在差异。

本章在前人研究成果的基础上，根据 2009～2012 年的数据提出假设，同时增加公司治理等变量，力求更为全面地探讨审计意见的市场效应。

第二节　理论基础与研究假设

一、信号传递理论

西方学者的研究成果表明，在信息不对称的条件下，公布公司的相关信息会对市场产生一定的影响，信号的接受者则会根据公布的信号做出相应的反应。这一理论主要运用于股利政策研究方面，认为如果公司宣告分红，那么向市场传递经营良好的信号，会增加投资者信心，有利于股价的稳定上涨。在此用来分析年报审计意见的公布对市场的影响，年报的披露包含着巨大的信息量，如公司的经营情况销售额、利润等信息。审计意见则从另一个角度反映公司经营财务状况的好坏，不同类型的审计意见向市场传递或好或坏的信号。

根据要求，被出具标准无保留意见的上市公司，审计师认为被审计公司的财务报表符合会计制度和相关准则，能够在所有重大方面公允反映该公司的财务、经营、现金流量状况。而被出具带强调事项段的无保留意见公司，说明审计师认为该公司编制的财务报表基本符合准则，并在重大方面公允反映公司状况，但是存在需要说明的事项，如对该公司的持续经营能力产生疑虑或存在重大不确定事项等。保留意见则说明审计师认为该公司财务报表整体公允，但存在重大的错报情况。否定意见表明审计师认为财务报表并没有公允反映经营业绩等或没有按照会计准则编制，而无法表示意见则说明审计师审计受到限制，无法获取充分的审计证据。

因此，认为被出具保留意见、否定意见、无法表示意见的审计报告相当于向市场传递了一个不良的信号，投资者也应该会认为是个坏的消息，会谨慎考虑自己的投资决策，最终导致市场对此产生一定的反应。

当然，我国审计制度正处在不断完善之中，在此过程中发生了一些审计机构做出虚假审计意见的事件。由于市场竞争，部分审计机构向公司妥协，帮助其粉饰报表甚至做出虚假报告，这无疑对市场产生了重大影响。例如，会导致市场对部分公司审计意见并无明显的反应，这是投资者对审计意见不信任的一种表现，当然这只是个别情况。

审计机构不仅面临客户的压力，还会受到监管机构的监管，一旦出现问题，审计机构的声誉将严重受损，如早年的安然破产事件。加之 2006 年审计制度改革后，查出了一批存在问题的审计机构，审计制度逐渐完善，监管逐渐加强。因此，审计机构的审计意见具有较强的可信度，本章的研究也正是建立在此基础上的。投资者相信审计机构所出具的审计意见，并会根据不同意见做出相应的投资决策。

市场对审计意见这一信号的效应也受投资者预期的影响，如果公司的审计意见和投资者预期的相同，那么该公司股票价格的市场反应可能弱于和预期不同的公司。所以，如果公司被出具保留意见等审计报告，不同于投资者的预期结果，那么市场会做出反应。因此，用信号传递理论去解释不同审计意见对市场产生效应存在差异是具有合理性的。

二、有效市场假说

有效市场假说是由 Fama 整合并提出的，认为如果一个证券市场，价格可以完全反映所有可以获得的信息，那么这样的市场可以称之为有效市场。根据这一假设，投资者在股票市场中会迅速利用相关信息进行投资决策，因此，所有已知的信息都会反映在价格中，很难获得超额收益。他提出了三种形式的市场假说：弱式有效市场假说，即市场价格反映了过去一切的历史信息，投资者通过历史信息无法获取超额收益；半强式有效市场假说，即价格反映了所有已经公开的信息，投资者根据公开信息也无法保证获取超额收益；强式有效市场假说，即价格充分反映所有关于公司的信息，包括内部未公开信息，也就是说技术分析和基本面分析都无效，投资者无法通过这些信息获取超额收益。

审计师通过审核上市公司的年报，掌握公司的财务经营状况信息，而年报审计意见的披露则公开了这一信息，一个有效市场会对此迅速做出反应，主要体现在股票价格上。如果中国市场符合半强式有效市场假说，审计意见等新的消息公布，股价会迅速调整变化，投资者根据这一信息很难获得超额收益。如果他们能够通过审计报告的公布在较长时间内获取超额收益，那么表明中国证券市场尚未达到半强式有效市场标准。

三、研究假设

本章通过筛选近几年被出具保留意见、否定意见、无法表示意见等公司，把它们作为研究样本，同时匹配相应的标准无保留意见公司作为对照样本，检验不同类型审计意见的市场效应，探讨审计意见的信息含量，并得出一定结论。

根据审计准则，上市公司必须有第三方审计机构对公司的年报等进行审计，并在规定时间内公布审计报告。这在某种程度上压缩了上市公司做假账，进行盈余管理的空间，独立的审计机构有助于公允地反映公司的财务经营状况，为投资者投资决策提供重要参考依据。而本章正是根据审计意见传递的公司财务、经营、现金流量等信息，研究我国股票市场是否会在年报公布日前后对此产生一定的反应，并对此提出两个假设。

假设 6-1 标准无保留意见和保留、否定、无法表示意见等审计意见的市场效应有显著差异。

假设 6-2　累计超额收益和保留、否定、无法表示意见等审计意见存在负相关性。

第三节　审计意见市场效应的实证研究设计

一、事件研究法

本章根据 Brown 和 Fama 开创的事件研究法，也称为超额收益率法，根据某个特定事件，研究事件发生前后样本股票收益率的变化，通过计算超额收益率（abnormal returns），探究股价的波动与该事件的相关性，从而发现公司股票对该事件的反应程度。当然该方法也是建立在有效市场假说基础之上的，即审计报告的公布可以迅速反映到股价上，对市场产生影响。因此，在样本股票的实际收益中剔除假定某个事件没有发生时的正常收益就可以得到超额收益，用这个超额收益来衡量股价对事件发生或信息披露的异常反应程度。

运用这种方法，一般来说要先确定研究假设，然后决定研究事件的种类，以及事件日、估计期及事件期，并以股价的每日回报率来估算预期正常收益率，再通过计算实际收益率和预期正常收益率之差，观察事件发生是否有超额收益率产生，最后还需要借助统计检验来验证其值是否显著。一般认为，超额收益率如果是正值，我们认为事件对股价有正面的影响；如果超额收益率为负值，我们可以推论事件对股价有负面的影响。但只知道超额收益率的正负还不足以证明有正面或负面影响，因此，必须通过显著性检验来验证这种影响是否明显，才能得出结论。

本章利用 2009～2012 年的数据，通过计算累计超额收益和平均超额收益，并做出折线图进行对比，再加上均值检验，来验证本章假设是否合理。根据事件研究法的要求，本书已经做出了假设，即标准无保留意见和保留、否定、无法表示意见等审计意见的市场效应有显著差异，累计超额收益率和保留、否定、无法表示意见等审计意见存在负相关性。随后需要确定的是事件日和窗口期。

事件日的确定一般是选择年报审计报告公布的日子，前人的研究成果也主要是选取这一日子作为事件日，因此本章延续这一方法。而窗口期的选择，以往研究成果有选择前后 15 日、前后 10 日、前后 5 日的，考虑到中国市场的特殊性，本章选择前后 10 日作为研究窗口期。如果窗口期选择的过长，事件研究法的准确性将大大降低，因为时间过长会有太多的影响因素，对市场效应产生诸多影响，很难确定是否是主要研究对象所导致的。如果选择过短，我国股票市场可能无法完全消化审计报告信息，毕竟年报的公布信息量太大，从经营业绩到公司财务信息甚至管理层变动等都通过年报披露出来，而中国股市还处于逐步完善的过程中，选择前后 10 日有利于市场消化效应，考虑更为全面，因此，本章最后选择了报告披露日前后 10 天作为窗口期。

二、估计模型选择与超额收益率计算

运用超额收益率法时，需要计算股票的实际收益率和正常收益率，从而算出它的超额收益率。然而，实际收益率可以用股价变动率来表示，而正常收益率则较为复杂。通用的有三种方法：市场调整模型，即指数模型，利用市场指数的收益率来代替个股的正常收益率；市场模型，即利用 $R_{it}=\alpha_i+\beta_i R_{mt}+\varepsilon_{it}$ 来计算正常收益率；均值调整模型，该模型主要取股票在事件日前的某段时间内的实际收益率平均值作为正常收益率。当然从前人的研究发现，运用市场模型和指数模型的占了绝大多数，而本章则同时使用三种方法来计算正常收益率，检验不同方法的使用是否对结果产生较大影响。

本书利用市场模型计算正常收益率时，使用报表披露日前 110 天到 11 天的 100 个交易日的股票收益率，然后进行回归：

$$R_{it}=\alpha_i+\beta_i R_{mt}+\varepsilon_{it} \tag{6-1}$$

其中，R_{it} 表示股票 i 在第 t 日的实际收益率；α_i、β_i 表示回归系数；R_{mt} 表示利用指数模型计算的第 t 日的正常收益率；ε_{it} 表示随机误差项。

通过回归计算出 $\hat{\alpha}_i$，$\hat{\beta}_i$，根据下面公式：

$$E(R_{it})=\hat{\alpha}_i+\hat{\beta}_i R_{mt} \tag{6-2}$$

估计出市场模型计算出的正常收益率，之后就可以利用下列公式计算出实际收益率和超额收益率：

$$\mathrm{AR}_{it}=R_{it}-E(R_{it}) \tag{6-3}$$

其中，AR_{it} 表示股票 i 在第 t 日的超额收益率；$E(R_{it})$ 表示股票 i 在第 t 日的预期正常收益率。

之后，再计算平均超额收益率和累计超额收益率，公式分别为

$$\mathrm{AAR}_t=\sum_{i=1}^{N}\frac{\mathrm{AR}_{it}}{N} \tag{6-4}$$

其中，N 是股票样本个数。

$$\mathrm{CAR}=\sum_{t=B}^{E}\mathrm{AAR}_t \tag{6-5}$$

其中，B 表示窗口期开始日；E 表示窗口期结束日。

而指数模型计算正常收益率，只用将由式（6-3）中的 $E(R_{it})$ 用市场当日指数收益率来代替即可，本章则针对沪深两市公司分别使用 A 股市场的指数收益率代替。至于均值调整模型，本章则使用报表披露日前 110 天到 11 天的共 100 个交易

日的股票收益率进行平均求值，用它来代替由式（6-3）中的 $E(R_{it})$ 即可算出正常收益率。

三、多元线性回归模型设计

多元线性回归通常用于多个自变量来共同预测估计因变量，估计出回归系数，发现因变量和自变量的正负线性关系。

本章则通过计算一定窗口期内的累计超额收益率，选择一定期间的样本，选取自变量指标，建立累计超额收益和审计意见等多个变量之间的多元回归方程，从而计算出回归系数，判断累计超额收益和审计意见的相关性，从而探究审计意见的市场效应。

本章选取累计超额收益率（CAR）为因变量，国内外学者多用此变量来衡量市场对审计意见的效应，具有合理性。

研究变量主要是把审计意见（audit opinion，AO）作为虚拟变量，如果某公司的审计意见为标准无保留意见，则该变量取 0；如果是保留意见、否定意见或无法表示意见，则该变量取 1。本章主要研究该变量和累计超额收益之间的关系，如果回归系数显著小于 0，则说明二者之间有着明显的负相关性，市场对保留意见、否定意见或无法表示意见等信息做出了明显的负面效应。

控制变量 1：上市公司的规模指标。用总资产（asset）衡量。企业规模在某种程度上反映了公司整体实力，可以反映出一个公司的经营和财务情况。同时，大规模的公司在股票市场上更容易受到人们关注，因此，这些公司审计意见的披露也会受到市场注意。但同时也必须指出，小规模的公司更容易受到市场炒作影响，面临的风险更大，因此，规模指标对因变量有着一定影响。为了减小公司间资产规模差距，通常取公司资产规模的自然对数作为控制变量。

控制变量 2：公司未来盈利能力。公司当年的净资产收益率（return on equity，ROE）减去前一年的收益率记作 ΔROE，该变量用来表示未预期的收益率，衡量公司股票未来盈利能力。陈晓等（1999）使用累计超额收益和多元回归分析法进行实证研究，认为用净资产收益率来衡量企业盈利能力比使用每股收益（EPS）、净利润等指标更为合理，并且证明了中国 A 股市场盈余信息同样具有很强的信息含量，因此本章选择这一指标作为控制变量，避免盈余信息对结果的影响。

控制变量 3：年报是否披露分红计划。股利分红具有很强的信号传递性，它传递了一个公司上一年经营情况的好坏，对市场有着较大影响。公司通过宣告分红向市场传递了公司经营稳定或收益较好等信号，有利于鼓舞投资者，抬高股价，从而提高公司自身价值。尤其是在年报中披露分红计划，势必对市场的累计超额收益产生影响，因此本书将其作为控制虚拟变量，用 DIV 表示，如果公司披露分红信息则取 1，如果没有则取 0。

控制变量 4：公司治理状况。本章还抽取了独立董事比例（DR）、第一大股东持股比例（HD）、是否国有企业（SOE）三个指标作为公司治理指标来研究公司治理对审计意见市场效应。探讨公司治理对其窗口期内的累计超额收益的影响，认为独立董事较高的公司有着更好的外部监督，应该更有可能被出具标准无保留意见，因此，会对窗口期的累计超额收益产生影响。同样第一大股东持股比例反映了公司股权的集中度，如果公司股权集中度过高，则更容易出现侵犯小股东利益、为自身谋福利的现象，对公司经营有着负面的影响。是否国有企业，把它作为虚拟变量，如果该公司是国有企业，则取 1，不是则取 0。理论上认为，国有企业面临更多的监督和关注，同时国有企业通常和政府有着紧密的联系，而且规模较大，资金相对富裕，更容易受到会计事务所的信任，也就是说更有可能被出具标准无保留意见。

根据以上分析，下面建立多元回归方程：

$$\mathrm{CAR}_{it}=\alpha_0+\beta_1\mathrm{AO}_i+\beta_2\mathrm{In}A_i+\beta_3\Delta\mathrm{ROE}_i+\beta_4\mathrm{DIV}_i+\beta_5\mathrm{DR}_i+\beta_6\mathrm{HD}_i+\beta_7\mathrm{SOE}_i+\varepsilon_{it} \quad (6\text{-}6)$$

其中，CAR_{it} 表示股票 i 在 t 这段窗口期内的累计超额收益；α_0 表示横截距；β_1、β_2、β_3、β_4、β_5、β_6、β_7 表示回归系数；AO_i 表示股票 i 公司的审计意见；$\ln A_i$ 表示股票 i 公司年末资产取自然对数；$\Delta\mathrm{ROE}_i$ 表示股票 i 公司当年净资产收益率和前一年之差；DIV_i 表示股票 i 公司是否在窗口期内宣告股利分配；DR_i 表示股票 i 公司独立董事比例；HD_i 表示股票 i 公司第一大股东持股比例；SOE_i 表示股票 i 公司是否国有企业；ε_{it} 表示随机误差项。

同时，做出了以下预期，如表 6-1 所示，本章认为，累计超额收益和审计意见负相关，即如果审计意见为保留意见、否定意见、无法表示意见，则累计超额收益越小；累计超额收益和资产规模正相关，也就是说公司规模越大则累计超额收益越大；累计超额收益和 ΔROE 正相关，表明如果和前一年的净资产收益率相比差值越大，累计超额收益越大，验证了市场是否对盈余信息的有反应；累计超额收益和是否股利分配正相关，如果分红会传递公司经营稳定甚至业绩较好的信息，增加投资者投资信心，因此，认为分红公司累计超额收益偏大；对于独立董事变量，认为独立董事越大的公司监督效果越好，更有可能有着越好的业绩，所以预测正相关；认为第一大股东持股比例越高，公司的累计超额收益越大；针对是否为国有企业，一般认为，国有企业相对稳定，累计超额收益相对较小，因此认为是负相关的关系。

表 6-1　回归方程中变量定义和符号预测

变量	定义	变量类型	符号预测
CAR	公司在窗口期内的累计超额收益	被解释变量	N/A
AO	如果审计意见为保留等意见则取 1，否则取 0	解释变量-虚拟变量	–
In*A*	公司当年总资产取自然对数	控制变量-连续变量	+

续表

变量	定义	变量类型	符号预测
ΔROE	公司当年 ROE 与前一年之差	控制变量-连续变量	+
DIV	如果年报披露分红计划则取 1，否则取 0	控制变量-虚拟变量	+
DR	公司独立董事占董事比例	控制变量-连续变量	+
HD	公司第一大股东持股比例	控制变量-连续变量	+
SOE	如果是国有企业则取 1，否则取 0	控制变量-虚拟变量	–

四、样本筛选过程

为了保证数据的可靠性和时效性，本章选取了 2006 年审计制度改革后的审计意见数据。将审计报告公布前后 10 日作为主要研究窗口期，结合累计超额收益法和多元线性回归等方法进行实证检验。考虑到 2007～2008 年金融危机及中国股市在此期间波动较大等因素，本章剔除了 2006～2008 年的数据，主要研究 2009～2012 年共四年沪深 A 股上市公司的数据样本。同时，在筛选样本时建立了以下标准。

（1）公司须在 2006 年年底前上市，考虑到新上市公司会受到更多的市场关注，股价波动不稳定，可能会影响检验结果，同时新的审计制度于 2006 年实行，因此以后的审计报告更具有可信度，有利于实证研究。此外，计算 ΔROE 需要使用前一年的数据，因此必须满足这一筛选标准。

（2）样本公司的股票连续停盘不能超过 3 日，很多公司在年报披露前后采取停盘等方式来缓和市场效应，这样一来势必对计算累积超额收益产生影响，干扰市场正常反应，导致检验结果存在偏差。

（3）剔除了在窗口期内有重大事件发生的公司样本，减少其他重大事件对窗口期内计算累计超额收益的影响。

（4）剔除了被 ST 和特别转让（particular transfer，PT）的公司，由于连续亏损，面临退市的危险，投资者必定对其较为关注，并且有所预期，不符合条件。

（5）剔除了在研究期间数据缺失的样本及比较特殊的金融行业样本。

由于本章使用累计超额收益法和多元线性回归法，需要对照样本进行对比配对，同时为了减弱其他因素的干扰，对照样本筛选也符合一定的标准：保证研究样本和配对样本在同一年度，以减小年度差异的影响，也就是说在同一年中选取和研究样本配对的对照样本；研究样本和对照样本的行业尽量保持一致，同一行业的波动正常情况下趋于一致，这样能避免行业因素对本章研究产生影响；研究样本和对照样本的资产规模相近，减少企业规模因素对实证研究的影响；对照样本和研究样本的 ΔROE 的符号尽量一致，大小相近，符号一致至少能反映相同的盈余信息，减弱盈余信息对研究干扰，避免差距过大对后文实证产生影响；研究样本和对照样本的公司治理指标应尽量相近，减少过大差异对最终回归结果的影响。

五、研究样本确定

根据以上筛选标准，本章从沪深 A 股市场 2009～2012 年数据中选取了共 60 个样本，其中 30 个是被出具标准无保留意见的对照样本，另外 30 个被出具保留意见、否定意见、无法表示意见的研究样本。年报审计意见类型、年报公布日等数据主要来源于 Choice 资讯数据库，而个股日收益率、股指日收益率、净资产收益率、资产规模、股利分配、独立董事比例、第一大股东持股比例、是否国有企业等数据均来自 CSMAR 数据库，以确保数据的真实可信。

此外，本章统计了 2006～2012 年被出具标准无保留意见、带强调事项段无保留意见，以及保留、否定、无法表示意见的公司所占比例，如表 6-2 所示。从表 6-2 中可以看出，自从审计制度改革以来，加强了对审计公司的监管，严格保证审计信息的可靠性，标准无保留审计意见占总体比例不断增长，说明我国上市公司年报质量整体好转，呈现的问题有所下降。保留、否定、无法表示意见比例逐年下降，这也是本章研究样本较少的原因之一。同时，由于公司迫于监管，自我进行改善，而审计机构从严审计也强化了审计的独立性，提高了审计意见的可信度。

表 6-2　2006～2012 年审计意见类型统计表

年份	标准无保留意见比例/%	带强调事项段无保留意见比例/%	保留、否定、无法表示意见比例/%
2006	92.38	4.18	3.44
2007	94.55	4.13	1.31
2008	95.21	3.34	1.44
2009	95.34	3.38	1.27
2010	95.35	3.50	1.15
2011	95.59	3.50	0.91
2012	96.54	2.79	0.68

资料来源：CSMAR 数据库

第四节　描述统计与实证结果

一、描述性统计分析

本章在进行实证分析前，先对研究样本和对照样本数据进行描述性统计分析，如表 6-3 所示。由于审计意见研究变量（AO）采用配对方式，一半是标准无保留意见，一半是保留、否定、无法表示意见等审计意见，因此均值为 0.5。对于采用自然对数处理后的资产规模变量，标准差明显减小，使不同公司之间规模差异不是特别大，以确保研究结论的合理性。而对于变量ΔROE，其标准差较大，即存在不合理的极大值和极小值，可能由于数据整理过程出现失误，本章在下面的实证分析中会适当剔除部分偏离过大的样本，减少对实证研究的影响。从分配股利变量（DIV）可以看出，大部分样本公司并没有宣告分红，这样一来也会减少股利分配对窗口期超额收益计算的影响，有利于本章的实证研究。此外，根据近几年数据统计可以看出，很多中国上市企业普遍存在不愿意分红的现象，即“铁公鸡”较多，当然这和中国股市发展完善程度有关。独立董事比例（DR）和是否国有企业变量（SOE）标准差较小，由于公司法的规定，一般独立董事不得低于1/3，大多数公司独立董事比例处于这一水平，部分公司独立董事比例较高，同时本章选取样本时国有公司样本和非国有公司样本各占一半，这样便于研究是否国有对审计意见的市场效应影响。最后，第一大股东持股比例（HD）变量标准差较大，主要因为有一半公司是国有企业，第一大股东持股比例普遍较高，而非国有公司股东持股相对分散，所以差异较大。

表 6-3　主要变量描述性统计

变量	样本数	极小值	极大值	均值	标准差
AO	60	0.00	1.00	0.500 0	0.504 22
Asset	60	18.82	23.61	20.607 3	1.048 09
ΔROE	60	–10.94	3.56	–0.080 4	1.650 14
DIV	60	0.00	1.00	0.183 3	0.390 20
DR	60	0.33	0.57	0.369 5	0.058 00
HD	60	3.89	64.14	28.706 5	14.286 37
SOE	60	0.00	1.00	0.500 0	0.504 22

资料来源：CSMAR 数据库

二、平均和累计超额收益分析

首先，计算标准无保留意见样本和保留、否定、无法表示意见样本的超额收益，使用三种不同方法计算正常收益率，从而算出窗口期[–10，+10]共21个交易日的平均超额收益率和累计超额收益率，见表6-4、表6-5和表6-6。

表 6-4　窗口期内指数模型计算的平均超额收益率和累计超额收益率

窗口	AAR0	AAR1	CAR0	CAR1
–10	0.000 0	0.000 4	0.000 0	0.000 4
–9	0.001 6	0.004 9	0.001 6	0.005 2
–8	0.002 8	0.002 5	0.004 4	0.007 8
–7	0.005 8	–0.000 4	0.010 2	0.007 4

续表

窗口	AAR0	AAR1	CAR0	CAR1
−6	0.001 5	0.000 8	0.011 7	0.008 2
−5	−0.002 7	0.001 9	0.009 0	0.010 1
−4	0.006 2	−0.010 0	0.015 1	0.000 1
−3	−0.002 1	−0.004 9	0.013 0	−0.004 8
−2	0.008 8	−0.002 4	0.021 9	−0.007 3
−1	0.008 4	−0.002 9	0.030 3	−0.010 1
0	−0.006 5	−0.013 7	0.023 9	−0.023 8
+1	0.001 7	−0.004 4	0.025 5	−0.028 2
+2	−0.007 1	0.001 7	0.018 4	−0.026 5
+3	−0.003 7	0.010 4	0.014 7	−0.016 1
+4	0.000 4	0.009 5	0.015 2	−0.006 6
+5	0.002 2	0.000 7	0.017 3	−0.005 9
+6	−0.000 3	−0.003 4	0.017 1	−0.009 2
+7	−0.001 5	−0.002 3	0.015 6	−0.011 5
+8	−0.003 4	0.000 6	0.012 2	−0.010 9
+9	0.001 0	−0.001 8	0.013 2	−0.012 8
+10	0.002 1	−0.006 5	0.015 3	−0.019 3

注：AAR0 表示标准无保留意见样本的平均超额收益率；AAR1 表示保留意见、否定意见、无法表示意见样本的平均超额收益率；CAR0 表示标准无保留意见样本的累计超额收益率；CAR1 则表示保留意见、否定意见、无法表示意见的累计超额收益率

表 6-5　窗口期内市场模型计算的平均超额收益率和累计超额收益率

窗口	AAR0	AAR1	CAR0	CAR1
−10	0.002 6	−0.003 8	0.002 6	−0.003 8
−9	0.001 1	0.002 6	0.003 7	−0.001 2
−8	−0.000 6	−0.000 9	0.003 1	−0.002 1
−7	0.006 1	0.001 2	0.009 2	−0.001 0
−6	0.000 1	0.003 3	0.009 3	0.002 3
−5	−0.001 3	−0.000 5	0.007 9	0.001 8
−4	0.003 3	−0.009 7	0.011 2	−0.007 9
−3	−0.002 7	−0.007 4	0.008 6	−0.015 3
−2	0.008 4	−0.000 7	0.016 9	−0.016 0
−1	0.005 0	0.000 1	0.021 9	−0.015 9
0	−0.006 1	−0.015 4	0.015 9	−0.031 3
+1	0.000 0	−0.002 4	0.015 8	−0.033 7
+2	−0.006 9	−0.003 2	0.008 9	−0.036 9

续表

窗口	AAR0	AAR1	CAR0	CAR1
+3	−0.005 0	0.006 2	0.004 0	−0.030 6
+4	0.000 1	0.006 7	0.004 1	−0.024 0
+5	0.003 0	−0.003 7	0.007 1	−0.027 7
+6	−0.003 3	−0.001 8	0.003 8	−0.029 5
+7	−0.000 7	−0.005 3	0.003 1	−0.034 7
+8	−0.004 2	−0.004 3	−0.001 1	−0.039 0
+9	0.001 2	0.002 9	0.000 1	−0.036 1
+10	0.001 0	−0.007 2	0.001 2	−0.043 3

注：AAR0 表示标准无保留意见样本的平均超额收益率；AAR1 表示保留意见、否定意见、无法表示意见样本的平均超额收益率；CAR0 表示标准无保留意见样本的累计超额收益率；CAR1 则表示保留意见、否定意见、无法表示意见的累计超额收益率

表 6-6　窗口期内均值调整模型计算的平均超额收益率和累计超额收益率

窗口	AAR0	AAR1	CAR0	CAR1
−10	0.001 7	−0.000 7	0.001 7	−0.000 7
−9	0.002 4	0.001 3	0.004 1	0.000 6
−8	0.001 8	0.002 5	0.005 8	0.003 1
−7	0.006 1	−0.001 0	0.011 9	0.002 1
−6	0.000 9	0.000 5	0.012 8	0.002 6
−5	−0.003 5	−0.000 9	0.009 3	0.001 8
−4	−0.000 2	−0.008 3	0.009 1	−0.006 6
−3	−0.004 6	−0.007 2	0.004 5	−0.013 7
−2	0.004 7	0.000 2	0.009 2	−0.013 5
−1	0.010 1	−0.000 8	0.019 3	−0.014 4
0	−0.006 8	−0.008 9	0.012 6	−0.023 2
+1	0.002 6	−0.008 1	0.015 2	−0.031 3
+2	−0.006 4	−0.002 8	0.008 8	−0.034 1
+3	−0.004 0	0.009 9	0.004 8	−0.024 2
+4	−0.000 2	0.009 9	0.004 6	−0.014 2
+5	0.002 5	0.002 5	0.007 0	−0.011 7
+6	−0.000 7	−0.003 6	0.006 3	−0.015 3
+7	−0.002 1	−0.000 9	0.004 2	−0.016 2
+8	−0.003 0	0.000 8	0.001 3	−0.015 3
+9	−0.001 0	−0.001 6	0.000 3	−0.016 9
+10	0.001 8	−0.005 7	0.002 1	−0.022 7

注：AAR0 表示标准无保留意见样本的平均超额收益率；AAR1 表示保留意见、否定意见、无法表示意见样本的平均超额收益率；CAR0 表示标准无保留意见样本的累计超额收益率；CAR1 则表示保留意见、否定意见、无法表示意见的累计超额收益率

其次，对窗口期内的平均超额收益率和累计超额收益率绘制折线图，便于更加形象地对比标准无保留意见和保留意见、否定意见、无法表示意见两大类样本的差异。如图 6-1～图 6-6 所示，分别绘制了使用不同模型计算的平均超额收益率和累计超额收益率图。图 6-1、图 6-3、图 6-5 中，AAR0 表示对照样本的平均超额收益率；AAR1 表示研究样本的平均超额收益率。图 6-2、图 6-4、图 6-6 中，CAR0 表示对照样本的累计超额收益率；而 CAR1 则表示研究样本的累积超额收益率。

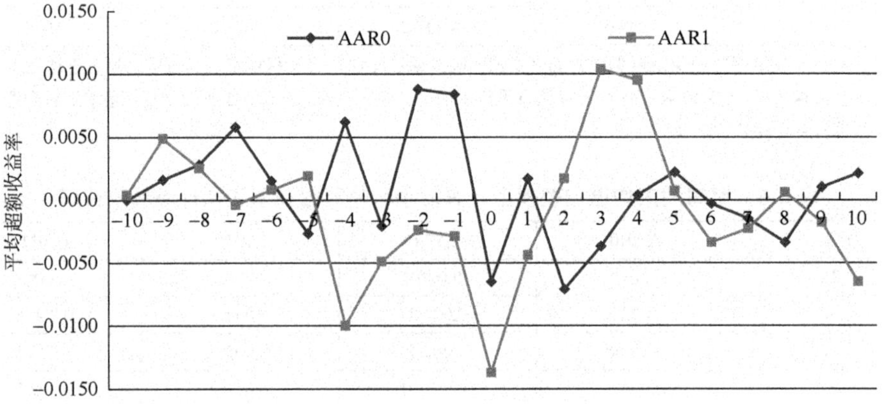

图 6-1　基于指数模型计算的平均超额收益率

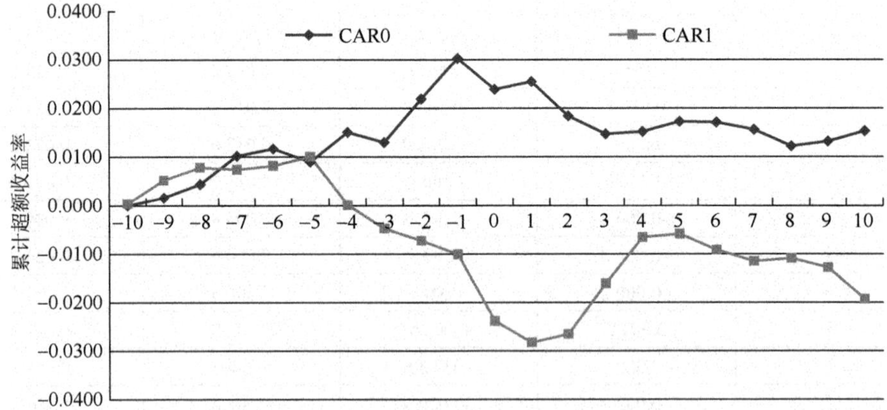

图 6-2　基于指数模型计算的累计超额收益率

从图 6-1～图 6-6 可以看出，三种方法计算出来的 AAR 和 CAR 的走势基本相同，研究样本和对照样本平均超额收益都是上下波动的，而在年报披露日呈现先下降后上升的趋势，但是研究样本的波动更为明显。这表明市场对保留意见、否定意见、无法表示意见的公司有着较强的反应。研究表明，累计超额收益在披露日前后10天呈现先下降后小幅上升然后又下降的走势，在披露日前后2天累计超额收益达到最小值，整体呈现明显负值。对比之下，对照样本的累计超额收益均为正值，且在披露日前后几天达到最大值。

我们也观察到，市场在公告日前一两天已经开始有所反应，这也符合预期。根据经验，审计机构在公布审计报告之前需要先发布公告，一般是报告日前一天，公告中会披露一些审计结果，因此市场也会及时地做出调整。此外，从图6-1～图6-6中可以观察到，报告日后的10天内，三种模型下计算的累计超额收益整体呈现持续下降的趋势，说明市场对审计报告反应时间较长，也许正是我国股票市场存在时滞性的特点表现，很多投资者并不能及时地消化审计信息，导致反应时间较长。

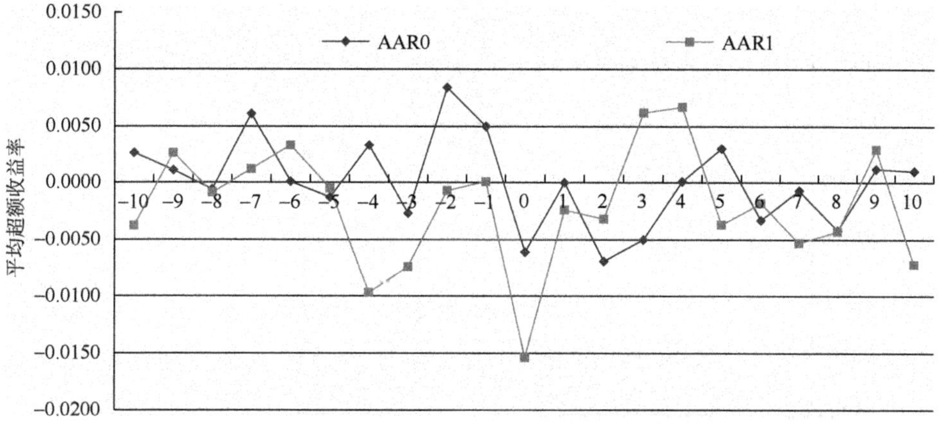

图6-3 基于市场模型计算的平均超额收益率

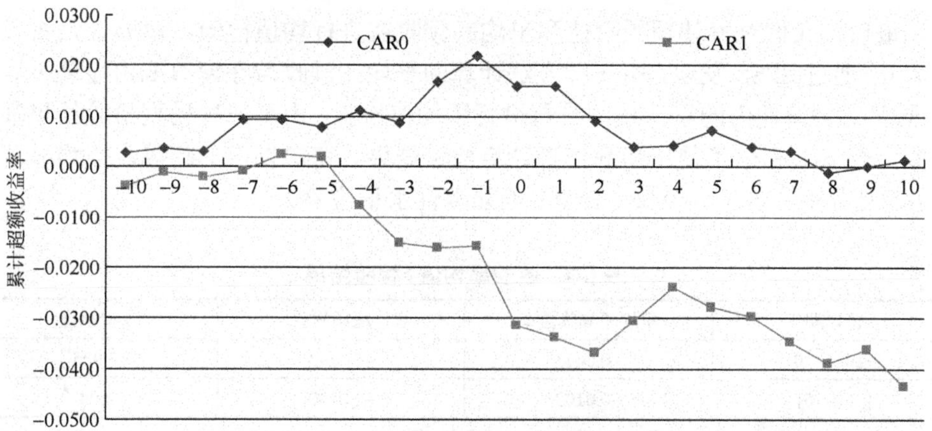

图6-4 基于市场模型计算的累计超额收益率

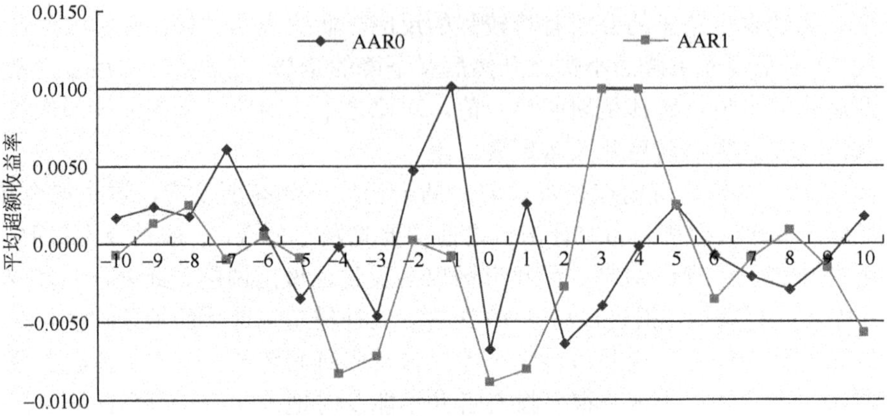

图 6-5 基于均值模型计算的平均超额收益率

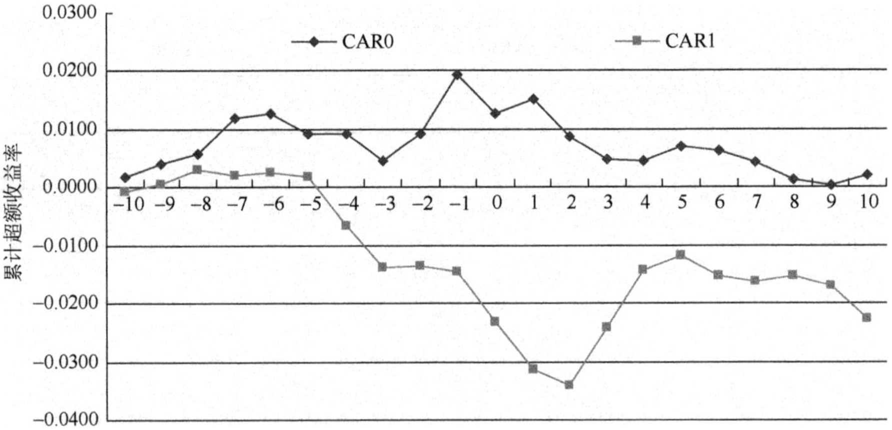

图 6-6 基于均值模型计算的累计超额收益率

最后，我们对累计超额收益和平均超额收益进行均值检验，以验证是否显著不为 0。通过 SPSS 发现，用三种方法计算的平均超额收益在窗口期内显著不等于 0，同时对窗口期内的累计超额收益进行了均值检验，由于三种模型检验结果基本相同，表 6-7 列出了使用指数模型计算检验结果。窗口期内的超额收益均显著小于 0，且分别通过了 a=0.05、a=0.1 的显著性水平检验。

表 6-7 收益率均值 t 检验结果

窗口期	平均超额收益率	累计超额收益率	t 检验值
[−10，+10]	−0.0073	−0.0193	−2.925**
[−5，+5]	−0.0108	−0.0140	−3.043*

***表示 t 检验通过 a=0.01 的显著性水平检验；**表示 t 检验通过 a=0.05 的显著性水平检验；*表示 t 检验通过 a=0.1 的显著性水平检验

根据检验结果，我们可以认为，研究样本和对照样本累计超额收益在年报披露日前后有着显著的差异，说明审计意见是具有一定的信息含量，验证了我们的假设 6-1。为了进一步验证我们的假设，在后文中我们将进行多元线性回归。同时，在回归分析中将使用披露日前后10日和前后5日的窗口期的累计超额收益作为因变量，进行多元回归分析。

三、多元线性回归分析结果

运用事件研究法虽然可以看出市场对不同的审计意见有所反映，但是不够精确，为了进一步确定保留意见、否定意见、无法表示意见等信息对市场的负面作用，我们采取多元回归分析，计算其回归系数，并进行检验。回归方程如式（6-6）所示，以窗口期[−10，+10]、[−5，+5]两个区间的累计超额收益为因变量，分别对指数模型、市场模型和均值模型计算出的累计超额收益进行回归和检验，回归之前先对 60 个样本中的异常值进行剔除，以确保结果可信度，回归和检验结果如表 6-8 所示。

表 6-8 不同窗口期间的多元回归结果

变量	指数模型		市场模型		均值模型	
	[−10，+10]	[−5，+5]	[−10，+10]	[−5，+5]	[−10，+10]	[−5，+5]
Intercept	−0.081	−0.117	−0.405	−0.340	0.017	0.004
	−0.261	−0.440	−1.220	−1.388	0.058	0.015
AO	−0.084**	−0.043	−0.069*	−0.050*	−0.076**	−0.031
	−2.356	−1.404	1.729	−1.687	−2.204	−1.106
ln*A*	−0.003	0.003	0.012	0.014*	0.006	−0.003
	−0.201	0.238	0.727	1.159	−0.394	−0.223
ΔROE	−0.077	0.003	0.008	0.076	−0.050	−0.020
	−1.248	0.056	0.104	1.296	−0.657	−0.318
DIV	−0.015	0.008	0.006	0.020	−0.017	0.023
	−0.367	0.238	0.144	0.624	−0.434	0.731
DR	0.485*	0.121	0.312	0.064	0.339	0.087
	1.767	0.517	1.053	0.291	1.261	0.399
HD	0.003**	0.002*	0.004***	0.002**	0.003**	0.002*
	2.540	1.844	2.835	2.031	2.388	1.762
SOE	−0.142***	−0.064**	−0.096**	−0.049*	−0.118***	−0.043
	−3.920	−0.342	−2.518	0.092	−3.405	−1.522

注：变量第一行为回归系数，第二行为回归估计值的 *t* 检验值

***表示 *t* 检验通过 *a*=0.01 的显著性水平检验；**表示 *t* 检验通过 *a*=0.05 的显著性水平检验；*表示 *t* 检验通过 *a*=0.1 的显著性水平检验

由表 6-8 可见，在指数模型下，窗口期[−10，+10]的累计超额收益率与保留等审计意见的负相关性通过了 a=0.05 的显著性水平检验，表明二者间的显著负相关性。同时，与第一大股东持股比例有着显著的正相关性，与是否为国有企业有着显著负相关性，这和预期基本一致。而在窗口期[−5，+5]内累计超额收益和保留等审计意见未通过检验，当然也可能存在样本误差等因素的影响，但是与第一大股东持股比例及是否为国有企业还是存在一定相关性的。

在市场模型下，窗口期[−10，+10]的累计超额收益与保留等审计意见的负相关性通过了 a=0.1 的显著性水平检验，显示二者有着负相关性，保留意见、否定意见、无法表示意见等审计报告的披露对市场会产生负面的影响。此外，累计超额收益与第一大股东持股比例、是否国有企业等也存在较强的相关性。窗口期[−5，+5]的累计超额收益和保留等审计意见也反映出了负相关性，同时与资产规模存在一定的正相关性，这和预期相同。也就是说，规模大的公司更加容易受到关注，从而使得市场对其审计报告效应更为强烈。人们普遍认为，规模大的公司经营财务等状况更加稳定，一旦被出具保留意见、否定意见、无法表示意见等审计报告，会超过投资者预期，因此会有明显的反应。

在均值模型下，回归及检验结果和指数模型类似。窗口期[−10，+10]的累计超额收益与保留意见等审计意见有着显著的负相关性，与第一大股东持股比例有着显著的正相关性，而与是否国有企业存在显著负相关性，结论和指数模型基本一致。窗口期[−5，+5]的累计超额收益与研究变量及控制变量的相关性不显著，与第一大股东持股比例存在一定的正相关性。

从整体来看，三个模型下计算窗口期[−10，+10]的累计超额收益都显示出与保留、否定、无法表示意见这一研究变量的显著负相关性。而在市场模型下，窗口期[−5，+5]的累计超额收益与保留、否定、无法表示意见研究变量之间也存在一定的负相关性，因此认为回归结果验证了本章的 6-2 假设。

通过事件研究法和多元线性回归分析发现，标准无保留意见和保留意见、否定意见、无法表示意见等非标准无保留意见信息的披露有着明显的市场效应差异，即市场能够识别两大类审计意见的区别。此外，一定窗口期内的累计超额收益与保留意见、否定意见、无法表示意见等审计意见研究变量存在负相关性。

第五节　结论、建议与启示

一、研究结论

通过对累计超额收益和多元线性回归的实证结果分析，可以得到两个结论：第一，标准无保留意见和保留意见、否定意见、无法表示意见等非标准无保留意见市场效应有着显著差异；第二，保留意见、否定意见、无法表示意见等审计意见与公司股票一定期间内的累计超额收益有着负相关性，即保留意见等审计意见对市场有着负面的影响。

以上两个结论和前人研究成果有着共同之处，这也说明随着我国审计制度的改革和完善，投资者认为审计机构的审计意见可信度较高，能够根据审计报告不同的审计意见来判断公司的经营、财务、现金流等状况，从而影响他们的投资决策，并做出相应的市场反应。当然我们还注意到，保留意见等审计意见和累计超额收益在报告日前后 10 天的负相关关系比前后 5 天的显著性高，在公布一段时间后，市场仍有着较为明显的效应，说明在我国股票市场对出具保留意见、否定意见、无法表示意见等审计报告的负面效应需要一定的时间才能完全反映到市场中，表明我国证券市场的有效性还有待于提高，我国市场并不是真正的半强式有效市场。

由于多元回归方程中还加入了公司治理的指标，经过实证检验我们发现，第一大股东持股比例和累计超额收益有着正相关性，而是否为国有企业和累计超额收益有着负相关性。前人也有类似研究，张秀梅（2009）通过选取 2005 年 A 股市场 1235 家非金融公司进行了实证分析，研究表明，非标准审计意见和股权集中度呈现正相关性，与本章实证结果具有相似性，即股权集中度越高，公司越容易进行盈余管理和利益转移，因此，被审计公司出具保留意见、否定意见、无法表示意见等审计报告可能性越高，其股价波动性更高。而杜莹和刘立国（2002）也做过关于股权结构和公司绩效的相关分析，发现股权集中度和公司绩效之间存在显著的倒 U 形关系，也就是说，过高的股权结构不利于公司长远发展，因此，第一大股东持股比例过高会影响投资者对股价的预期。至于公司性质对审计结果的影响，杜兴强等（2011）曾经做过类似研究，选取 2004～2008 年国有上市公司的数据，按照一定标准筛选样本，并通过逻辑回归模型进行实证研究，发现国有上市公司倾向于选择本地小所的会计事务所作为第三方审计机构，而且地方国有上市公司这种倾向更为明显，这种做法大大降低了国有上市公司尤其是地方政府控股的公司被出具非标准保留审计意见的可能性。也就是说，国有企业更有可能被出具标准无保留意见，当然国有企业一般规模较大，资金更为充足，和政府关联紧密，这些都降低了被出具非标准无保留意见的概率。但这样会降低投资者对审计意见的相信程度，尤其是针对国有企业，一旦这些企业被出具保留意见、否定意见或无法表示意见等审计报告，则说明公司情况远比报告糟糕，会大大降低投资者的信心，会产生明显的市场负面效应。

必须强调一点的是，本章研究的前提是审计报告的真实可信，认为审计师们出具的审计报告都是严格按照会计准则公允反映了公司的财务经营现金流等状况。然而，在实际生活中，存在着一些弄虚作假的情况，审计机构和公司串通作假，粉饰报表，这样的行为会干扰实证结果，大大降低投资者对审计报告的信任程度，影响市场效应。当然，本章相信审计质量的可靠性，并在此基础上进行了实证研究，得出了结论。

根据实证结果其他控制变量和累计超额收益的显著性不强，但并不能忽视这些变量的影响力，由于本章样本局限性，可能对结果会有所干扰，但这不是本章的研究重点。

二、政策建议

本章通过实证分析发现了标准无保留意见和保留意见、否定意见、无法表示意见公司的市场效应有着显著差异，而且累计超额收益和保留意见等变量存在负相关性。据此提出以下建议。

第一，进一步完善我国审计制度，加强审计监管，保证审计信息的可信度。审计信息对于投资者至关重要，因此，真实可靠的审计信息是市场正常运行的前提。然而，通过累计超额收益的折线图可以看出，在审计报告公布之前，市场已经开始有所反应，这说明审计报告存在提前泄露的情况，这也反映我国审计监管存在一些漏洞，同时说明审计机构的专业素养有待于提高，否则将加剧股票市场的投机行为。此外，监管部门应该加大打击、处罚力度，针对公司作假行为严惩不贷，起到警示作用。对于国有企业，尤其是地方政府控股的国有企业，应该避免就近原则选取审计单位，防止地方较小审计单位迫于企业压力出具虚假报告，降低审计意见的可信度。根据经验，一般来说国际四大会计事务所，即普华永道（PWC）、德勤（DTT）、毕马威（KPMG）、安永（EY）有着健全的审计体制和丰富的实践经验，他们的审计报告质量会更加受到投资者的信任。国内有学者作过类似研究，王咏梅和王鹏（2006）通过研究四大和非四大审计质量认可度发现，市场更加认可四大会计事务所的审计质量。因此，审计机构的选择对审计报告的可信度也有着一定影响。

第二，提高公司治理水平，强化公司内部的监管机制。公司的管理层应该建立一套完善的内部审计机制，针对公司财务方面做好自查，以维护公司全体股东的合法权益，避免公司利益受到大股东们的侵犯。尤其是第一大股东持股比例较高的公司，做好监督和激励机制十分必要，杜绝大股东牺牲公司利益追求自身利益最大化。充分发挥独立董事的外部监督职能及监事会的内部监督职能，制衡大股东违法违规行为。监管部门也应该切实制定相关的法规政策保证公司内部监管更具实际意义，而不仅流于形式，针对股东侵占公司利益行为严肃处理，打击这种不法行为。

第三，审计机构需要提高专业水平，同时保持审计的独立性，从而提高审计质量。专业水平是高质量审计报告的重要保障，注册会计师需要很高的专业知识，除了获取注册会计师证外，还需要大量的内部培训和实践经验的积累。事务所应该在此方面多下工夫，注意高水平人才的培养，尤其是后续学习的跟进，保持与时俱进，从而提高审计质量，提升自身的声誉。此外，需要加强审计师的职业道德素养，强化责任意识，除了专门的培训之外，需要建立一套评级制度，对其专业知识、职业道德等方面进行评分。同时，还需要建立信用机制，一旦发现审计师出现做假账等行为，严格处理并记入信用机制，时刻为审计师们敲响警钟。此外，还需落实三级复核制度，审计底稿应该交由项目经理、部门经理、审计机构的主任会计师或专业复核人员进行逐级核对，确保审计报告的万无一失，不能让复核制度停留在形式上，切实提高审计单位的审计质量。

第四，提高投资者的风险意识，提高投资素养，保障自身合法权益。我国证券市场的个人投资者普遍缺乏安全投资意识，专业水平偏低，而提高投资者的投资水平有利于我国证券市场的健康稳定发展。进行投资者的教育和培训是必不可少的，很多投资者学历偏低，缺乏必要投资知识和安全意识，因此，结合实际情况开通多渠道培训，如证券机构的每周培训讲座、互联网专业培训课等方式。要做到长期坚持，并建立相关的管理机制，方能有所成效。

第五，提高审计报告披露的及时性，减少内幕消息和盈余管理。通过统计被出具保留意见、否定意见、无法表示意见等审计报告的公司年报披露日发现，有76.7%的公司在 4 月公布审计报告，更有 63.3%的公司在 4 月 25 日及以后公布审计报告，远高于被出具标准无保留意见的公司比例。这也进一步说明，好消息偏向于提前向市场公布，而坏消息则还需要盈余管理甚至作假等手段进行编造才会公布，这样大大降低了审计信息的真实可靠性。虽然绝大多数公司都满足四个月内公布报告，但是很多存在问题的公司偏向月底公布，甚至部分公司选择公布后停盘等做法，避免市场迅速反应，等待市场接受信息后一段时间开盘，避免股价大跌。因此，建议对审计报告披露的及时性进行强化管理，降低盈余管理和报表粉饰的可能性，提高审计意见的可靠性，并且针对公布审计意见后的停盘行为也做出相关的规定，减少刻意违规行为，扰乱股票市场秩序。

三、研究启示

通过总结本章的不足之处，提出了一些改进方法，为后续的研究提供了一些思路和建议。

首先，本章研究样本偏少。由于建立了严格的筛选机制，同时选取年份集中在审计制度改革后，本章符合条件的样本较少。此外，主要研究非标准无保留意见、保留意见、否定意见、无法表示意见，将保留意见、否定意见、无法表示意见划为一类，没有考虑与带强调事项段保留意见的差异。因此，希望后续研究可以在扩大研究样本的基础上，将五类不同的意见分开研究，研究目的更为具体详尽。

其次，模型变量的选择可以进一步优化。在回归方程的设计方面，虽然考虑了股利分配，以及独立董事比例、第一大股东持股比例、是否国有企业等公司治理指标，将样本配对控制在同一行业、相似规模和相近的业绩变化，但是由于年报披露，信息量较大，对市场效应的影响因素较多，不能很全面的覆盖。这也是本章研究的不足之处，希望后续研究可以考虑更多较为关键的变量。

最后，本章在筛选变量时并没有考虑是否是第一次被出具保留意见、否定意见、无法表示意见等审计报告，如果是连续出具，市场会有所预期，效应会减弱，也会对实证研究结果有所影响。所以，希望后续研究可以将这一影响因素纳入考虑范围。

第七章　我国上市公司违规行为处罚市场效应研究

上市公司违规行为的发生，严重影响着投资者对证券市场的信心，一旦投资者对证券市场的信心遭到打击，会从根本上动摇证券市场的根基，造成市场波动，影响市场的健康发展。本章以公开谴责和公开处罚为例，以2001～2010年受到过公开谴责或公开处罚的273家公司为研究对象，利用事件研究法，基于三种模型确定事件期正常收益率，并分别检验当事件窗口为[−20，+20]、[−15，+15]、[−10，+10]、[−5，+5]时，累计超额收益率的显著性，探讨当前我国上市公司违规行为处罚市场效应。检验结果表明，公开谴责会导致上市公司负的超额收益率，而公开处罚的效应则并不明显。结合实证研究结果，本章提出了相应的政策建议。

第一节　问 题 提 出

自1990年12月19日和1991年7月3日上海证券交易所和深圳证券交易所分别成立后，我国不断推进着证券市场的法制化、规范化进程。经过多年努力，逐步走上了有序的发展轨道。随着《公司法》《证券法》的陆续颁布，目前基本形成了以《公司法》《证券法》为核心，包括各项法律规章、规范性文件及自律性规则的监管制度体系，这其中包括公开谴责和公开处罚制度。目前，我国对上市公司进行监管并做出谴责和处罚的主要机构为中国证监会、上海证券交易所和深圳证券交易所。除《公司法》《证券法》外，中国证监会对上市公司进行处罚的主要依据为《股票发行与交易管理暂行条例》《禁止证券欺诈行为暂行办法》，它们对上市公司的信息披露等方面的要求做出了详细的规定。另外，从交易所层面上来说，《深圳证券交易所上市规则》《上海证券交易所上市规则》也对上市公司的信息披露等方面提出了要求，从而使其成为深圳证券交易所和上海证券交易所对上市公司进行处罚的主要依据。目前，两家交易所对违规行为的主要惩罚方式为公开谴责，而证监会则主要采取公开处罚的方式进行监管。

虽然在证监会及两所的规定中，都对违规行为及其处罚做出了具体的规定，但是在实际操作的过程中，公开谴责及公开处罚的效果仍待考证，尤其是证券交易所对上市公司的惩罚仍处于道德层面，因此，研究上市公司违规行为处罚市场效应具有重要现实意义。首先，从投资者的角度来说，公开谴责和公开处罚制度的有效运行可以为投资者提供更加真实的信息；其次，从上市公司角度来说，公开谴责制度有利于管理者提高责任感和风险意识，重视信息披露及规范运营，改进内部控制制度，确保各项信息真实可靠，防止出现营私舞弊的行为，从而更加有效地保证公司良好运营；最后，从监管者角度上来说，相关制度的有效实施，有利于监管机构对上市公司的实际情况进行有效控制，树立监管机构自身威信，从而加强对上市公司的监管。

第二节　理论基础与文献综述

一、理论基础

有效市场理论认为，如果某一资本市场上证券的价格充分地包含和反映其历史价格的信息，那么该资本市场就达到了弱式有效（weak form efficiency）。如果资本市场达到弱式有效，那么通过技术分析的交易策略就无法获取利润。如果某一资本市场上的证券价格充分地反映了所有公开可用的信息，包括公司公布的财务报表和历史上的价格信息，那么该资本市场就达到了半强式有效（semi-strong form efficiency）。如果某一资本市场上的证券价格充分地反映了所有的信息，包括公开和内幕的信息，那么该资本市场就达到了强式有效（strong form efficiency）。从有效市场理论来看，建立完善的信息披露和经营行为等方面的监管制度有利于减少价格形成过程中所出现的种种问题。公开谴责及公开处罚制度的建立，是建立有效资本市场的基础，可以实现市场有效性的不断提高。

公开谴责和公开处罚从委托代理理论角度来说，可以缓解投资者、上市公司、经营者之间的信息不对称，从而避免由此可能引发的内部交易和道德风险。因此，对于上市公司违规行为的处罚实际上也是公司重要的外部治理机制之一。对于公开谴责和公开处罚市场效应的研究一方面是对市场有效性的实证检验，另一方面也是对这种治理机制有效性的研究。

二、相关研究文献综述

事件研究法主要针对半强式有效市场，而半强式有效市场的核心是对公开信息的市场反应。何海江（2002）认为，在一个充满理性投资者的市场中，某一事件对经济的影响可迅速由资产价格的变化反映出来，因此，事件研究法是指通过短期内可观测资产价格的变化来研究某一事件对经济影响程度的方法。王斐波和刘斯敖（2009）认为，事件研究法主要是分析某事件对于时间序列是否有冲击作用，其有效性基于这样一个事实：在假设市场理性的前提下，一个事件的影响会立即体现为市场的相关指标变动，因此，可用一个相对短时期的市场相关指标变动来分析和衡量该事件的影响。杨朝军和邢靖（1997）较早地对中国证券市场进行了半强式有效性检验。类似地，吴世农和黄志功（1997）通过对上海证券交易所 30 家股票的每股利润和股价变动关系做实证分析，得出上海证券交易市场还未达到半强式有效的标准。2000 年以后，多数学者的结论支持我国市场已经达到了弱式有效。例如，柳思维和刘凤根（2003）对中国股票市场的弱式效率进行了实证分析，所得实证结果表明，我国股市还不是半强式有效市场。

目前，我国学者对有效性问题的研究主要集中在验证我国证券市场是否达到半强势有效，这其中的一个重要内容就是典型事件的选择。关于上市公司违规行为处罚市场效应研究方面，毛志荣（2002）使用超额收益率的方法对我国 2001 年之前受公开处罚的上市公司样本进行了研究。他收集了从 1993 年开始至 2001 年 10 月上旬止中国证监会和深圳证券交易所、上海证券交易所有关上市公司信息披露违规处罚的资料。从 1993 年起至 2001 年 10 月上旬止，中国证监会和深圳证券交易所、上海证券交易所共进行了 218 次上市公司信息披露处罚，其中中国证监会 29 次，深圳证券交易所 124 次，上海证券交易所 65 次，所有的处罚都是以监管机构的正式文件为准。其中，公开谴责是深沪交易所以公告形式发布的，中国证监会的处罚是以处罚决定的方式发布的。由此得出，市场对上市公司信息披露违规处罚的反应程度（股价下跌）与处罚的公开性和处罚力度存在正相关，即处罚的公开性越高、力度越大，市场的反应越强烈的结论，并据此提出完善处罚机制、提高处罚的公开性、加大处罚的力度、加强公司治理以防止再犯等建议。这是国内较早的系统研究处罚市场效应的文献。之后，朱伟骅（2003）使用超额收益率的方法，通过对 1999～2002 年上海证券交易所和深圳证券交易所做出的公开谴责进行事件研究分析得出：市场对公开谴责没有明显的剧烈反应，公司将公开谴责当做“耳边风”；公开谴责对被谴责公司的声誉也没有造成太大影响；公开谴责并不能阻止公司的违规行为。从处罚的实际效果上分析，因信息披露违规而受到的处罚的有效性很低，并没有起到应有的“威慑”作用。相比较而言，处罚的公开性越高、力度越大，市场的反应就越大。相应地，朱伟骅认为，应采取提高违规成本、提高发现违规的能力及建设信息披露的新理念的措施。董君（2004）通过对 2001 年和 2002 年的相关数据进行分析得出：在公开谴责的公告日，被谴责公司的股价存在显著的负超额收益；投资者往往对公开谴责过度反应，表现在股价上可以看出股价在之后几日会出现明显恢复。陈工孟和高宁（2005）通过对 1999 年至 2001 年上市公司违规处理事件采用事件研究法分析得出，上市公司的违规行为会对自身造成损害，也会使投资者丧失信心。

通过对上述文献的疏理，可以看出，目前对违规行为处罚的市场效应研究还处于初始阶段，主要表现为以下几点。第一，缺少最新的样本研究结果。随着资本市场的发展，信息披露违规行为对市场的影响力在不断加大，市场反应也与之前年份有所差异。因此，本章选取 2001～2010 年 10 年间的全样本进行分析。第二，使用的估计方法相对单一。已有文献在估计正常收益率时，多采用了回归分析的方法，由于资本资产定价模型在中国的局限性，这一方法可能会对结果产生干扰。本章则分别使用了市场模型、调整市场模型和常均值模型进行估计，最大限度地减少不同方法所带来的研究误差。

第三节 研 究 设 计

一、研究方法选择

本章采用事件分析方法对上市公司违规行为处罚公告是否会引起超额收益进行测度。在事件研究方法中，首先需要界定事件发生作用的时间段，即事件窗口，通常设定为一个围绕突发事件发生前后 2～20 天不等的较短时间段来分析股价反应效果，突发事件在本章中即被定义为公开谴责和公开处罚公告。之后本章通过事件窗口时间内的平均超额收益率（average abnormal returns，AAR）和累计超额收益率来衡量事件的影响。超额收益率在这里可被定义为实际收益率与假设未发生该事件的期望收益率之差，累计超额收益率即为多日超额收益率求和。

本章采用的是累计超额收益率 CAR 并选取四个事件期，采用三种方法估计正常收益率来对我国2001～2011 年10年间公开谴责的实际效果进行了实证分析。

二、事件定义及样本选取

事件定义是事件分析的第一步。本章的事件即为上市公司违规行为处罚公告。有了事件定义，才可根据事件对公司的股票价格所产生的影响来确定事件窗口。事件窗口就是我们所选取的检验事件影响的检验区间。事件窗口的确定是事件分析中重要的一步，较短的区间可能不能获得关于该事件的全部影响信息，较长的期间又会受到各种其他影响因素的干扰。为了获得完整的信息，并增强检验的稳固性，本章采用四段时间作为事件窗口，分别为事件前后 20 天、15 天、10 天和 5 天，并对四个事件窗口分别进行检验。

确定了事件后，需要根据一定选取原则来选取样本，也就是对哪些公司来进行研究。可以通过样本的可获得性等方面来制定选取原则，但如果只选取某一家交易所的样本，或只选取某一行业的样本作为代表时，应注意样本的代表性，防止由于样本的选择而带来的误差。本章的研究样本分为两组，一组为深圳证券交易所和上海证券交易所 2001～2011 年所有受到公开谴责的企业；另一组为 2001～2011 年受证监会公开处罚的企业。在选取样本时，采用的是 WIND 数据库中的数据，并以上海证券交易所和深圳证券交易所网站上公布的公开谴责公告作为补充，共选择公开谴责样本 279 个，公开处罚样本 151 个。由于公开谴责样本中交易所对受公开谴责的违规公司有时会采取停牌处理，或公开谴责的公告日处于休市期，以及样本数据有误等原因，导致样本数据不全，并且由于某些公司多次受到公开谴责，均采取第一次数据，公开谴责样本中共剔除 101 个，最终使用 178 个。公开处罚样本出于同样原因，共剔除 56 个，最终使用 95 个。最终结果见表 7-1 和表 7-2。

表 7-1　上市公司受公开谴责的违规行为分类表

违规类型	公司数量
未按时披露定期报告	4
未及时披露公司重大事项	82
未及时披露公司重大事项，未依法履行其他职责	8
未及时披露公司重大事项，信息披露虚假或严重误导性陈述	17
未及时披露公司重大事项，信息披露虚假或严重误导性陈述，业绩预测结果不准确或不及时	2
未及时披露公司重大事项，业绩预测结果不准确或不及时	2
未及时披露公司重大事项，业绩预测结果不准确或不及时，信息披露虚假	2
未依法履行其他职责	9
未依法履行其他职责，未及时披露公司重大事项	4
信息披露虚假或严重误导性陈述	7
信息披露虚假或严重误导性陈述，未及时披露公司重大事项	5
信息披露虚假或严重误导性陈述，业绩预测结果不准确或不及时	3
业绩预测结果不准确或不及时	31
业绩预测结果不准确或不及时，未及时披露公司重大事项	2
合计	178

数据来源：WIND 数据库

表 7-2　上市公司受公开处罚的违规行为分类表

违规类型	公司数量
未按时披露定期报告	5
未按时披露定期报告，未及时披露公司重大事项	2
未及时披露公司重大事项	22
未及时披露公司重大事项，未依法履行其他职责	2
未及时披露公司重大事项，信息披露虚假或严重误导性陈述	14
未及时披露公司重大事项，信息披露虚假或严重误导性陈述，未依法履行其他职责	1
未依法履行其他职责	16

续表

违规类型	公司数量
未依法履行其他职责，未及时披露公司重大事项	1
未依法履行其他职责，信息披露虚假或严重误导性陈述	1
信息披露虚假或严重误导性陈述	20
信息披露虚假或严重误导性陈述，未及时披露公司重大事项	8
信息披露虚假或严重误导性陈述，未及时披露公司重大事项，未依法履行其他职责	1
信息披露虚假或严重误导性陈述，未依法履行其他职责	2
合计	95

数据来源：WIND 数据库

从行业分类来看，受公开谴责和公开处罚公司均主要分布于制造业和房地产业，见表 7-3。

表 7-3 受公开谴责和公开处罚企业行业分布

证监会行业分类	公开谴责公司		公开处罚公司	
	数量	比例/%	数量	比例/%
采掘业	3	1.69	3	3.16
传播与文化产业	4	2.25	2	2.11
电力、煤气及水的生产和供应业	8	4.49	2	2.11
房地产业	23	12.92	12	12.63
建筑业	4	2.25	3	3.16
交通运输、仓储业	3	1.69	3	3.16
金融、保险业	2	1.12	1	1.05
农、林、牧、渔业	6	3.37	3	3.16
批发和零售贸易	6	3.37	3	3.16
社会服务业	4	2.25	3	3.16
信息技术业	11	6.18	5	5.26
制造业	98	55.06	50	52.63
综合类	6	3.37	5	5.26
合计	178	100.00	95	100.00

数据来源：WIND 数据库

三、正常收益率的度量

为判断某一事件对于公司股价的影响，则需要得出超额收益率。为得出超额收益率，则先需得到假设事件并没有发生时的收益率，即正常收益率（normal returns），一般使用在事件未发生时候的预期收益率来计算。

估计正常收益率的方法有很多种，主要的模型包括市场模型、市场调整模型和常均值模型。在这些模型的使用过程中，很多学者对其从理论和实证的角度进行了分析和检验。多数结果表明，用不同模型得出的正常收益率来计算超额收益率，其检验效果几乎没有区别。本章在估计正常收益率时，采取了三种最常用方法分别估计。

（一）市场模型

在使用市场模型时，本章使用收益率这一变量作为基本变量。不同于股票价格或股票价格指数，收益率作为一种股票价格和价格指数的派生形式，在现在的资本市场理论中作为一项基本变量，本章亦使用这一变量。通常，收益率有两种计算方法：百分比收益率和对数收益率。它们的公式分别为

$$R_{it} = \frac{P_{it} - P_{it-1}}{P_{it}} \tag{7-1}$$

$$R_{it} = \ln P_{it} - \ln P_{it-1} \tag{7-2}$$

其中，R_{it} 表示股票 i 在 t 日的收益率；P_{it} 表示股票 i 在 t 日的价格。

在对各个企业不同日期的收益率及当日的市场收益率进行数据预处理后，本章使用如下模型来进行一元线性回归：

$$E(R_{it}) = \alpha_i + \beta_i R_{mt} + \varepsilon_{it} \tag{7-3}$$

其中，R_{it} 表示股票 i 在 t 日的收益率；R_{mt} 表示 t 日当日的市场收益率；ε 表示随机误差；α 和 β 表示使用最小二乘回归分析估计得出的回归方程的截距和斜率。由回归方程可得出 α 和 β 的估计值，从而得出收益率 R_i 和市场收益率 R_m 的线性关系，从而可估计出 R_i 的估计值，并以此作为正常收益率。

（二）市场调整模型

市场调整模型是以股票 i 在 t 日的市场收益率在作为当日的正常收益率的期望值，即

$$E(R_{it}) = R_{mt} \tag{7-4}$$

其中，R_{it} 为股票 i 在 t 日的收益率；R_{mt} 为 t 日当日的市场收益率。

（三）常均值模型

常均值模型是以估计期各支股票的实际收益率 R_{it} 的平均值作为事件期的正

常收益率，即

$$E(R_{it}) = \overline{R_{it}} \tag{7-5}$$

其中，R_{it} 为股票 i 在 t 日的收益率。

四、超额收益率的度量

金融学中事件分析方法的核心是对超额收益率的测度。根据界定超额是相对于何种标杆的不同，计算公司股票超额收益率的方法和模型有多种。Brown 和 Warner（1980）对这些产生收益过程的模型做了详述。本章里，计算超额收益率 AR 的公式是

$$\text{AR}_{it} = R_{it} - E(R_{it}) \tag{7-6}$$

其中，R_{it} 表示公司 i 在事件窗口内时间 t 时的实际股票历史收益率（由每日收盘价计算得到）；$E(R_{it})$ 表示公司 i 在事件窗口时间 t 时的股票正常收益。该正常收益率 $E(R_{it})$ 被定义为股票收益率的期望值，并通过上节中的三种方法求得。

我们将某事件窗口内每日的超额收益率加总即得到该事件窗口内的某只股票的累计超额收益率：

$$\text{CAR}_{it} = \sum_{t=1}^{t} \text{AR}_{it} \tag{7-7}$$

其中，CAR_{it} 表示公司 i 在指定事件窗口 $[t_1, t_2]$ 内的累计超额收益率。

$$\text{CAAR}_{t} = \frac{1}{N} \sum_{t=1}^{t} \text{AR}_{t} \tag{7-8}$$

其中，N 表示样本数或者事件个数，研究经常所用到的是 CAAR，但是一般习惯性将其简写为 CAR，本章也是采用简写的形式。

五、显著性检验

本章用对所有股票在其特定谴责及处罚事件窗口内的收益进行 t 检验来测度股票累计超额收益率是否显著。t 统计量的计算如下：

$$t = \frac{\overline{\text{CAR}}_{(t_1,t_2)}}{\hat{S}[\overline{\text{CAR}}_{(t_1,t_2)}]} \tag{7-9}$$

其中，

$$\overline{\text{CAR}}_{(t_1,t_2)} = \frac{1}{N} \sum_{i=1}^{N} \text{CAR}_{(t_1,t_2)} \tag{7-10}$$

$$\hat{S}[\overline{\text{CAR}}_{(t_1,t_2)}] = \sqrt{\frac{\hat{\sigma}^2}{N}} \tag{7-11}$$

$$\hat{\sigma}^2 = \frac{\sum_{i=1}^{N} \hat{\varepsilon}_i^2}{N-1} \tag{7-12}$$

其中，$\hat{\sigma}^2$表示收益率方差的估计量；N表示样本中在第t日可观测到超额收益的股票的数量。

以上统计量服从标准正态分布。用上述方法可以检验上市公司公开谴责公告是否会对公司股票收益产生显著影响。如果影响是显著的，我们可以预期观测到在特定事件窗口内存在显著的累计超额收益。如果公开谴责公告不会引起超额收益，t统计量应不显著。

第四节　上市公司违规行为公开谴责市场效应实证结果

一、基于窗口[–20，+20]公开谴责市场效应检验

表 7-4 为事件窗口[–20，+20]的上市公司公开谴责市场效应检验结果，我们可以发现，无论是市场模型、市场调整模型还是常均值模型，在事件发生前后累计超额收益率均呈现为负值，特别是在市场调整模型中，事件日累计超额收益率显著为负值，事件日后累计超额收益率也显著为负，常均值模型在事件日后也出现了累计超额收益率为显著为负的情况，总体说明公开谴责确实存在市场效应。

表 7-4　窗口[–20，+20]公开谴责事件累计超额收益率检验结果

日期	市场模型			市场调整模型			常均值模型		
	t	Sig	CAR	t	Sig	CAR	t	Sig	CAR
–20	0.236 4	0.813 4	0.000 5	0.160 4	0.872 7	0.000 4	1.091 3	0.276 6	0.002 9
–19	–0.190 7	0.849 0	–0.000 7	–0.565 4	0.572 5	–0.002 0	0.462 8	0.644 1	0.001 8
–18	0.404 4	0.686 4	0.001 8	–0.024 6	0.980 4	–0.000 1	1.184 3	0.237 9	0.005 6
–17	0.157 3	0.875 2	0.000 8	–0.426 8	0.670 0	–0.002 1	1.045 1	0.297 4	0.005 8
–16	–0.301 0	0.763 7	–0.001 6	–0.946 8	0.345 0	–0.004 9	0.605 7	0.545 5	0.003 7
–15	–0.065 9	0.947 6	–0.000 4	–0.862 3	0.389 7	–0.004 8	0.577 7	0.564 2	0.003 8
–14	–0.364 7	0.715 8	–0.002 3	–1.199 7	0.231 8	–0.007 5	0.361 2	0.718 4	0.002 8
–13	–0.564 7	0.573 0	–0.003 8	–1.518 0	0.130 8	–0.010 0	–0.209 2	0.834 5	–0.001 7
–12	–0.576 3	0.565 2	–0.004 2	–1.559 6	0.120 6	–0.011 1	–0.370 4	0.711 6	–0.003 2
–11	–0.472 9	0.636 8	–0.003 8	–1.466 2	0.144 3	–0.011 6	–0.089 8	0.928 5	–0.000 9
–10	–0.549 0	0.583 7	–0.004 8	–1.532 1	0.127 3	–0.013 1	0.216 1	0.829 1	0.002 3
–9	–0.634 8	0.526 4	–0.006 0	–1.725 4	0.086 2	–0.015 8	–0.213 2	0.831 4	–0.002 4
–8	–0.797 7	0.426 1	–0.007 6	–1.890 8	0.060 3	–0.017 6	–0.390 5	0.696 6	–0.004 7

续表

日期	市场模型			市场调整模型			常均值模型		
	t	Sig	CAR	*t*	Sig	CAR	*t*	Sig	CAR
−7	−0.512 6	0.608 9	−0.005 2	−1.624 5	0.106 0	−0.015 9	−0.084 9	0.932 4	−0.001 1
−6	−0.557 3	0.578 1	−0.005 8	−1.696 8	0.091 5	−0.016 9	−0.403 1	0.687 4	−0.005 3
−5	−0.646 6	0.518 7	−0.006 8	−1.785 1	0.076 0	−0.017 8	−0.335 6	0.737 6	−0.004 5
−4	−0.421 1	0.674 2	−0.004 5	−1.648 5	0.101 0	−0.016 5	0.017 0	0.986 4	0.000 2
−3	−0.284 2	0.776 6	−0.003 1	−1.664 4	0.097 8	−0.016 7	−0.126 3	0.899 6	−0.001 8
−2	−0.356 8	0.721 7	−0.004 1	−1.740 8	0.083 4	−0.018 5	−0.146 7	0.883 5	−0.002 2
−1	−0.360 0	0.719 3	−0.004 4	−1.693 7	0.092 1	−0.019 3	−0.312 6	0.755 0	−0.004 9
0	−1.248 7	0.213 4	−0.014 9	−2.712 1	0.007 3	−0.029 7	−0.893 2	0.372 9	−0.013 9
+1	−1.376 3	0.170 4	−0.016 6	−2.909 8	0.004 1	−0.032 1	−1.078 3	0.282 4	−0.016 9
+2	−1.423 2	0.156 4	−0.017 5	−3.089 0	0.002 3	−0.034 3	−1.243 2	0.215 4	−0.019 9
+3	−1.265 9	0.207 2	−0.015 8	−3.008 2	0.003 0	−0.033 1	−1.437 9	0.152 2	−0.023 6
+4	−1.389 2	0.166 5	−0.017 9	−3.248 7	0.001 4	−0.036 4	−1.467 5	0.144 0	−0.024 5
+5	−1.216 2	0.225 5	−0.015 7	−3.096 6	0.002 3	−0.034 9	−1.223 0	0.222 9	−0.020 4
+6	−1.148 9	0.252 1	−0.014 5	−3.182 8	0.001 7	−0.034 5	−1.357 1	0.176 5	−0.022 5
+7	−1.077 6	0.282 7	−0.013 6	−3.187 3	0.001 7	−0.034 2	−1.293 3	0.197 6	−0.021 7
+8	−1.169 9	0.243 6	−0.014 7	−3.452 4	0.000 7	−0.036 5	−1.511 4	0.132 5	−0.025 5
+9	−1.502 3	0.134 8	−0.019 0	−3.964 1	0.000 1	−0.042 2	−1.834 3	0.068 3	−0.031 0
+10	−1.349 5	0.178 9	−0.017 5	−3.807 9	0.000 2	−0.042 2	−1.658 3	0.099 0	−0.028 6
+11	−1.311 6	0.191 3	−0.017 7	−3.647 5	0.000 3	−0.042 2	−1.460 5	0.145 9	−0.026 1
+12	−1.213 1	0.226 7	−0.016 7	−3.599 5	0.000 4	−0.042 4	−1.493 4	0.137 1	−0.027 1
+13	−1.163 6	0.246 1	−0.016 7	−3.496 4	0.000 6	−0.042 8	−1.551 0	0.122 7	−0.028 9
+14	−1.276 8	0.203 3	−0.018 7	−3.610 2	0.000 4	−0.045 4	−1.675 2	0.095 6	−0.031 9
+15	−1.243 7	0.215 2	−0.018 4	−3.609 0	0.000 4	−0.046 1	−1.665 1	0.097 7	−0.032 2
+16	−1.212 0	0.227 1	−0.018 1	−3.628 4	0.000 4	−0.046 5	−1.707 2	0.089 5	−0.033 3
+17	−1.193 2	0.234 4	−0.018 5	−3.615 1	0.000 4	−0.047 7	−1.691 0	0.092 6	−0.034 2
+18	−1.203 0	0.230 6	−0.018 7	−3.673 7	0.000 3	−0.048 6	−1.639 3	0.102 9	−0.032 9
+19	−1.223 1	0.222 9	−0.019 1	−3.854 7	0.000 2	−0.050 2	−1.635 9	0.103 6	−0.033 0
+20	−1.259 0	0.209 7	−0.019 6	−4.113 3	0.000 1	−0.052 7	−1.756 5	0.080 7	−0.035 2

二、基于窗口[−15，+15]公开谴责市场效应检验

为了进一步说明公开谴责市场效应，我们将事件窗口由[−20，+20]缩小到[−15，+15]，以排除窗口内其他事件的影响。检验结果与[−20，+20]检验结果类似，如表 7-5 所示。

表 7-5 窗口[–15，15]公开谴责事件累计超额收益率检验结果

日期	市场模型			市场调整模型			常均值模型		
	t	Sig	CAR	*t*	Sig	CAR	*t*	Sig	CAR
–15	0.638 3	0.524 1	0.001 2	0.069 4	0.944 8	0.000 1	0.062 0	0.950 6	0.000 1
–14	–0.245 7	0.806 2	–0.000 8	–0.852 0	0.395 4	–0.002 6	–0.231 0	0.817 6	–0.000 9
–13	–0.566 0	0.572 1	–0.002 2	–1.300 8	0.195 0	–0.005 1	–1.110 9	0.268 1	–0.005 4
–12	–0.556 7	0.578 4	–0.002 7	–1.322 0	0.187 9	–0.006 2	–1.185 7	0.237 3	–0.006 9
–11	–0.403 8	0.686 8	–0.002 3	–1.211 8	0.227 2	–0.006 7	–0.667 2	0.505 5	–0.004 5
–10	–0.502 2	0.616 1	–0.003 2	–1.291 6	0.198 2	–0.008 1	–0.172 7	0.863 1	–0.001 4
–9	–0.606 7	0.544 8	–0.004 5	–1.523 6	0.129 4	–0.010 9	–0.676 3	0.499 7	–0.006 1
–8	–0.812 7	0.417 5	–0.006 1	–1.743 3	0.083 0	–0.012 6	–0.869 1	0.386 0	–0.008 4
–7	–0.452 9	0.651 2	–0.003 7	–1.418 0	0.157 9	–0.011 0	–0.458 2	0.647 3	–0.004 8
–6	–0.507 8	0.612 2	–0.004 3	–1.504 4	0.134 2	–0.012 0	–0.828 2	0.408 7	–0.009 0
–5	–0.604 9	0.546 0	–0.005 3	–1.571 3	0.117 9	–0.012 9	–0.719 4	0.472 8	–0.008 2
–4	–0.331 8	0.740 5	–0.003 0	–1.394 7	0.164 8	–0.011 6	–0.293 8	0.769 2	–0.003 5
–3	–0.167 0	0.867 5	–0.001 5	–1.394 9	0.164 8	–0.011 8	–0.448 8	0.654 1	–0.005 5
–2	–0.259 8	0.795 3	–0.002 5	–1.510 6	0.132 7	–0.013 5	–0.456 9	0.648 3	–0.005 8
–1	–0.270 2	0.787 3	–0.002 9	–1.468 3	0.143 8	–0.014 4	–0.621 4	0.535 1	–0.008 6
0	–1.309 9	0.191 9	–0.013 3	–2.673 4	0.008 2	–0.024 8	–1.279 1	0.202 5	–0.017 6
+1	–1.460 4	0.146 0	–0.015 1	–2.906 4	0.004 1	–0.027 2	–1.489 8	0.138 0	–0.020 6
+2	–1.509 2	0.133 0	–0.015 9	–3.105 9	0.002 2	–0.029 4	–1.667 7	0.097 1	0.023 6
+3	–1.315 8	0.189 9	–0.014 2	–2.985 0	0.003 2	–0.028 2	–1.871 8	0.062 9	–0.027 2
+4	–1.440 5	0.151 5	–0.016 4	–3.204 1	0.001 6	–0.031 5	–1.886 6	0.060 8	–0.028 2
+5	–1.233 4	0.219 1	–0.014 1	–2.988 4	0.003 2	–0.030 0	–1.611 1	0.108 9	–0.024 1
+6	–1.530 0	0.127 8	–0.017 4	3.074 4	0.002 4	–0.029 6	–1.764 8	0.079 3	–0.026 1
+7	–1.164 7	0.245 7	–0.013 1	–3.052 2	0.002 6	–0.029 3	–1.680 9	0.094 5	–0.025 4
+8	–1.066 4	0.287 7	–0.012 1	–3.330 7	0.001 1	–0.031 6	–1.904 2	0.058 5	–0.029 1
+9	–1.155 1	0.249 6	–0.013 0	–3.871 9	0.000 2	–0.037 3	–2.241 0	0.026 3	–0.034 7
+10	–1.375 4	0.170 7	–0.016 0	–3.765 7	0.000 2	–0.037 3	–2.054 7	0.041 4	–0.032 3
+11	–1.325 0	0.186 9	–0.016 2	–3.562 6	0.000 5	–0.037 3	–1.823 7	0.069 9	–0.029 8
+12	–1.214 6	0.226 1	–0.015 1	–3.506 4	0.000 6	–0.037 5	–1.851 6	0.065 7	–0.030 8
+13	–1.156 5	0.249 0	–0.015 1	–3.377 8	0.000 9	–0.037 9	–1.898 7	0.059 2	–0.032 6
+14	–1.284 0	0.200 8	–0.017 2	–3.518 8	0.000 6	–0.040 5	–2.035 9	0.043 2	–0.035 6
+15	–1.256 1	0.210 7	–0.016 8	–3.563 0	0.000 5	–0.041 1	–2.028 5	0.044 0	–0.035 9

三、基于窗口[–10，+10]公开谴责市场效应检验

为了进一步说明公开谴责市场效应，我们将事件窗口由[–15，+15]缩小到[–10，+10]，以排除窗口内其他事件的影响。检验结果与[–15，+15]检验结果类似，如

表 7-6 所示。

表 7-6　窗口[–10，10]公开谴责事件累计超额收益率检验结果

日期	市场模型			市场调整模型			常均值模型		
	t	Sig	CAR	*t*	Sig	CAR	*t*	Sig	CAR
–10	–0.441 7	0.659 2	–0.001 0	–0.675 9	0.500 0	–0.001 4	1.234 5	0.218 6	0.003 2
–9	–0.652 0	0.515 2	–0.002 2	–1.271 8	0.205 1	–0.004 2	–0.400 5	0.689 2	–0.001 6
–8	–0.986 6	0.325 2	–0.003 8	–1.602 6	0.110 8	–0.005 9	–0.792 3	0.429 3	–0.003 8
–7	–0.294 8	0.768 5	–0.001 4	–0.950 6	0.343 1	–0.004 3	–0.038 1	0.969 7	–0.000 2
–6	–0.377 0	0.706 6	–0.002 0	–1.059 2	0.291 0	–0.005 3	–0.663 7	0.507 7	–0.004 4
–5	–0.519 6	0.604 0	–0.003 0	–1.143 2	0.254 5	–0.006 2	–0.498 9	0.618 5	–0.003 7
–4	–0.117 2	0.906 8	–0.000 7	–0.875 1	0.382 7	–0.004 9	0.140 4	0.888 5	0.001 1
–3	0.114 4	0.909 1	0.000 7	–0.880 5	0.379 8	–0.005 1	–0.112 7	0.910 4	–0.000 9
–2	–0.035 4	0.971 8	–0.000 2	–1.050 0	0.295 2	–0.006 8	–0.144 0	0.885 6	–0.001 3
–1	–0.074 4	0.940 8	–0.000 6	–1.030 7	0.304 1	–0.007 6	–0.400 3	0.689 4	–0.004 0
0	–1.421 9	0.156 8	–0.011 1	–2.567 5	0.011 1	–0.018 1	–1.311 1	0.191 5	–0.013 0
+1	–1.568 0	0.118 7	–0.012 8	–2.766 8	0.006 3	–0.020 5	–1.585 6	0.114 6	–0.016 1
+2	–1.623 7	0.106 2	–0.013 6	–3.004 8	0.003 0	–0.022 7	–1.815 6	0.071 1	–0.019 0
+3	–1.368 5	0.172 9	–0.011 9	–2.818 1	0.005 4	–0.021 5	–2.031 4	0.043 7	–0.022 7
+4	–1.524 1	0.129 3	–0.014 1	–3.093 9	0.002 3	–0.024 8	–2.024 3	0.044 4	–0.023 6
+5	–1.269 1	0.206 1	–0.011 9	–2.835 5	0.005 1	–0.023 2	–1.667 6	0.097 1	–0.019 6
+6	–1.156 8	0.248 9	–0.010 7	–2.880 0	0.004 5	–0.022 9	–1.860 1	0.064 5	–0.021 6
+7	–1.025 6	0.306 5	–0.009 8	–2.776 5	0.006 1	–0.022 6	–1.722 4	0.086 7	–0.020 9
+8	–1.113 2	0.267 1	–0.010 9	–2.994 7	0.003 1	–0.024 9	–1.970 9	0.050 3	–0.024 6
+9	–1.531 0	0.127 6	–0.015 2	–3.588 9	0.000 4	–0.030 6	–2.361 0	0.019 3	–0.030 2
+10	–1.365 4	0.173 9	–0.013 7	–3.525 9	0.000 5	–0.030 6	–2.144 5	0.033 3	–0.027 8

四、基于窗口[–5，+5]公开谴责市场效应检验

为了进一步说明公开谴责市场效应，我们将事件窗口由[–10，+10]缩小到[–5，+5]，以排除窗口内其他事件的影响。检验结果与[–10，+10]检验结果类似，如表 7-7 所示。

表 7-7　窗口[–5，5]公开谴责事件累计超额收益率检验结果

日期	市场模型			市场调整模型			常均值模型		
	t	Sig	CAR	*t*	Sig	CAR	*t*	Sig	CAR
–5	–0.528 2	0.598 0	–0.001 0	–0.446 7	0.655 6	–0.000 8	0.308 0	0.758 4	0.000 8
–4	0.443 9	0.657 6	0.001 3	0.154 7	0.877 3	0.000 4	1.586 1	0.114 5	0.005 5

续表

日期	市场模型			市场调整模型			常均值模型		
	t	Sig	CAR	*t*	Sig	CAR	*t*	Sig	CAR
−3	0.778 4	0.437 4	0.002 7	0.062 8	0.950 0	0.000 2	0.852 0	0.395 3	0.003 5
−2	0.413 6	0.679 6	0.001 7	−0.373 1	0.709 5	−0.001 5	0.605 7	0.545 5	0.003 1
−1	0.267 5	0.789 4	0.001 4	−0.464 9	0.642 6	−0.002 3	0.063 2	0.949 7	0.000 4
0	−1.754 0	0.081 2	−0.009 1	−2.589 1	0.010 4	−0.012 8	−1.332 0	0.184 6	−0.008 6
+1	−1.784 7	0.076 0	−0.010 8	−2.603 8	0.010 0	−0.015 2	−1.618 9	0.107 2	−0.011 6
+2	−1.839 4	0.067 5	−0.011 6	−2.887 9	0.004 4	−0.017 3	−1.949 1	0.052 9	−0.014 6
+3	−1.500 8	0.135 2	−0.009 9	−2.653 6	0.008 7	−0.016 2	−2.261 8	0.024 9	−0.018 3
+4	−1.665 6	0.097 5	−0.012 1	−2.942 7	0.003 7	−0.019 5	−2.135 9	0.034 1	−0.019 2
+5	−1.319 1	0.188 8	−0.009 9	−2.583 5	0.010 6	−0.017 9	−1.660 6	0.098 5	−0.015 2

第五节　上市公司违规行为公开处罚市场效应实证结果

一、基于窗口[−20，+20]公开处罚市场效应检验

表 7-8 为事件窗口[−20，+20]的上市公司公开处罚市场效应检验结果，我们可以发现，无论是市场模型、市场调整模型还是常均值模型，在事件发生前后累计超额收益率均呈现为正值，而且没有显著变化，*t* 检验结果也不显著，总体说明公开处罚不存在市场效应。

表 7-8　窗口[−20，20]公开处罚事件累计超额收益率检验结果

日期	市场模型			市场调整模型			常均值模型		
	t	Sig	CAR	*t*	Sig	CAR	*t*	Sig	CAR
−20	0.702 0	0.484 4	0.005 0	0.189 9	0.849 8	0.000 5	−0.325 0	0.745 9	−0.001 1
−19	0.134 8	0.893 0	0.000 4	0.879 7	0.381 3	0.003 3	0.396 7	0.692 5	0.001 9
−18	0.757 2	0.450 8	0.002 9	1.092 2	0.277 6	0.005 7	0.160 8	0.872 6	0.001 1
−17	0.928 9	0.355 3	0.005 3	0.803 0	0.424 0	0.004 6	−0.091 6	0.927 2	−0.000 7
−16	0.626 5	0.532 5	0.003 9	0.827 8	0.409 9	0.005 1	0.073 1	0.941 9	0.000 6
−15	0.718 6	0.474 2	0.004 9	0.832 2	0.407 4	0.005 4	0.214 9	0.830 3	0.002 0
−14	0.680 7	0.497 8	0.005 2	0.769 6	0.443 5	0.005 1	0.470 2	0.639 3	0.004 7
−13	0.948 3	0.345 4	0.008 0	0.959 4	0.339 8	0.007 1	0.649 9	0.517 4	0.007 5
−12	0.722 4	0.471 8	0.006 7	0.799 9	0.425 8	0.006 3	0.584 3	0.560 4	0.007 1
−11	0.592 0	0.555 3	0.005 4	0.603 3	0.547 7	0.004 5	0.813 6	0.417 9	0.009 9
−10	0.739 0	0.461 8	0.007 1	0.787 4	0.433 0	0.006 3	0.956 0	0.341 5	0.012 2

续表

日期	市场模型			市场调整模型			常均值模型		
	t	Sig	CAR	*t*	Sig	CAR	*t*	Sig	CAR
–9	1.016 0	0.312 2	0.010 3	1.118 5	0.266 2	0.009 6	1.092 4	0.277 4	0.014 6
–8	0.870 6	0.386 2	0.009 5	0.924 6	0.357 5	0.008 6	0.971 6	0.333 7	0.014 2
–7	0.690 2	0.491 8	0.007 8	0.874 1	0.384 3	0.008 5	1.048 7	0.297 0	0.015 7
–6	0.295 4	0.768 4	0.003 6	0.472 2	0.637 9	0.004 8	0.574 6	0.567 0	0.009 1
–5	0.151 2	0.880 1	0.002 1	0.291 1	0.771 6	0.003 3	0.566 4	0.572 5	0.009 8
–4	0.177 4	0.859 6	0.002 6	0.229 6	0.818 9	0.002 8	0.506 6	0.613 6	0.008 9
–3	0.382 2	0.703 2	0.005 5	0.487 6	0.626 9	0.005 8	0.722 2	0.471 9	0.012 6
–2	0.525 8	0.600 3	0.007 6	0.707 7	0.480 9	0.008 3	0.737 1	0.462 9	0.012 9
–1	0.458 2	0.647 8	0.006 6	0.706 9	0.481 4	0.008 0	0.669 7	0.504 7	0.011 7
0	0.041 4	0.967 1	0.000 6	0.210 7	0.833 6	0.002 3	0.291 8	0.771 1	0.005 2
+1	0.207 8	0.835 9	0.003 1	0.425 3	0.671 6	0.005 0	0.323 8	0.746 8	0.006 1
+2	–0.067 8	0.946 1	–0.001 0	0.136 5	0.891 7	0.001 7	0.101 8	0.919 1	0.002 0
+3	–0.155 6	0.876 7	–0.002 6	0.081 6	0.935 2	0.001 1	–0.035 6	0.971 7	–0.000 7
+4	–0.056 2	0.955 3	–0.001 0	0.185 4	0.853 3	0.002 6	0.033 6	0.973 3	0.000 7
+5	–0.195 8	0.845 2	–0.003 4	0.009 2	0.992 7	0.000 1	–0.065 9	0.947 6	–0.001 4
+6	–0.243 8	0.807 9	–0.004 4	0.006 1	0.995 1	0.000 1	–0.057 1	0.954 6	–0.001 3
+7	–0.199 0	0.842 7	–0.003 7	0.054 9	0.956 4	0.000 8	–0.059 7	0.952 5	–0.001 4
+8	0.169 8	0.865 5	0.003 2	0.464 0	0.643 7	0.007 1	0.254 2	0.799 9	0.006 1
+9	0.190 1	0.849 7	0.003 7	0.485 0	0.628 8	0.007 4	0.170 9	0.864 7	0.004 2
+10	–0.044 3	0.964 8	–0.000 8	0.176 5	0.860 3	0.002 6	0.070 1	0.944 3	0.001 7
+11	–0.043 0	0.965 8	–0.000 9	0.148 3	0.882 4	0.002 3	–0.026 2	0.979 2	–0.000 6
+12	0.076 5	0.939 2	0.001 6	0.304 7	0.761 3	0.004 9	0.015 3	0.987 9	0.000 4
+13	–0.017 9	0.985 8	–0.000 4	0.227 7	0.820 4	0.003 7	–0.044 9	0.964 3	–0.001 2
+14	–0.070 3	0.944 1	–0.001 5	0.169 3	0.865 9	0.002 7	–0.192 8	0.847 5	–0.004 9
+15	–0.211 0	0.833 4	–0.004 4	–0.069 4	0.944 8	–0.001 1	–0.268 0	0.789 3	–0.007 1
+16	–0.083 1	0.934 0	–0.001 8	0.103 3	0.917 9	0.001 6	–0.195 8	0.845 2	–0.005 4
+17	0.250 8	0.802 5	0.005 5	0.546 1	0.586 3	0.009 0	–0.002 4	0.998 1	–0.000 1
+18	0.267 3	0.789 8	0.005 9	0.588 5	0.557 6	0.009 9	0.008 7	0.993 1	0.000 2
+19	0.358 8	0.720 5	0.008 0	0.687 3	0.493 6	0.011 8	0.102 1	0.918 9	0.003 0
+20	0.441 5	0.659 9	0.010 2	0.745 3	0.458 0	0.013 6	0.208 4	0.835 4	0.006 3

二、基于窗口[–15，+15]公开处罚市场效应检验

为了进一步说明公开处罚市场效应，我们将事件窗口由[–20，+20]缩小到[–15，

+15]，以排除窗口内其他事件的影响。检验结果与[–20，+20]检验结果类似，尽管累计超额收益率出现了一些负值，但是均不显著，如表 7-9 所示。

表 7-9　窗口[–15，15]公开处罚样本事件累计超额收益率检验结果

日期	市场模型			市场调整模型			常均值模型		
	t	Sig	CAR	*t*	Sig	CAR	*t*	Sig	CAR
–15	0.058 2	0.953 7	0.000 2	0.099 3	0.921 1	0.000 3	0.352 5	0.725 2	0.001 4
–14	0.076 8	0.939 0	0.000 3	0.008 9	0.992 9	0.000 0	0.654 6	0.514 3	0.004 1
–13	0.557 1	0.578 8	0.003 1	0.356 1	0.722 6	0.002 0	0.830 1	0.408 6	0.006 9
–12	0.273 8	0.784 8	0.001 8	0.197 5	0.843 9	0.001 3	0.721 2	0.472 6	0.006 5
–11	0.081 9	0.934 9	0.000 5	–0.096 0	0.923 7	–0.000 6	0.985 5	0.326 9	0.009 3
–10	0.318 3	0.750 9	0.002 2	0.185 6	0.853 2	0.001 2	1.154 3	0.251 3	0.011 6
–9	0.759 1	0.449 7	0.005 4	0.658 5	0.511 8	0.004 5	1.349 4	0.180 5	0.014 0
–8	0.573 3	0.567 8	0.004 6	0.463 5	0.644 1	0.003 6	1.155 7	0.250 7	0.013 6
–7	0.345 1	0.730 8	0.002 9	0.423 3	0.673 1	0.003 4	1.268 6	0.207 7	0.015 1
–6	–0.139 1	0.889 7	–0.001 3	–0.036 2	0.971 2	–0.000 3	0.688 3	0.492 9	0.008 5
–5	–0.275 0	0.783 9	–0.002 8	–0.201 5	0.840 8	–0.001 8	0.668 5	0.505 5	0.009 2
–4	–0.198 6	0.843 0	–0.002 3	–0.221 8	0.825 0	–0.002 3	0.577 3	0.565 1	0.008 2
–3	0.053 7	0.957 3	0.000 6	0.071 0	0.943 6	0.000 7	0.842 6	0.401 6	0.012 0
–2	0.230 8	0.818 0	0.002 7	0.315 0	0.753 5	0.003 3	0.853 3	0.395 7	0.012 3
–1	0.144 1	0.885 8	0.001 7	0.291 9	0.771 0	0.002 9	0.762 0	0.447 9	0.011 1
0	–0.362 9	0.717 5	–0.004 3	–0.271 7	0.786 4	–0.002 7	0.308 0	0.758 8	0.004 6
+1	–0.145 3	0.884 8	–0.001 8	–0.009 3	0.992 6	–0.000 1	0.347 5	0.729 0	0.005 5
+2	–0.445 9	0.656 7	–0.005 9	–0.286 8	0.774 9	–0.003 4	0.082 3	0.934 5	0.001 4
+3	–0.526 9	0.599 5	–0.007 4	–0.327 2	0.744 2	–0.004 0	–0.076 1	0.939 5	–0.001 4
+4	–0.393 8	0.694 6	–0.005 8	–0.193 4	0.847 0	–0.002 5	0.005 9	0.995 3	0.000 1
+5	–0.555 6	0.579 8	–0.008 3	–0.385 3	0.700 9	–0.005 0	–0.108 5	0.913 8	–0.002 1
+6	–0.605 9	0.546 0	–0.009 2	–0.378 1	0.706 2	–0.005 0	–0.096 6	0.923 2	–0.001 9
+7	–0.529 8	0.597 5	–0.008 6	–0.302 7	0.762 8	–0.004 3	–0.097 2	0.922 8	–0.002 0
+8	–0.100 1	0.920 5	–0.001 6	0.141 5	0.887 8	0.002 0	0.258 2	0.796 8	0.005 5
+9	–0.071 3	0.943 3	–0.001 2	0.164 8	0.869 4	0.002 3	0.161 6	0.872 0	0.003 5
+10	–0.346 2	0.730 0	–0.005 7	–0.179 7	0.857 8	–0.002 5	0.049 5	0.960 6	0.001 1
+11	–0.330 5	0.741 7	–0.005 7	–0.198 6	0.843 0	–0.002 8	–0.055 7	0.955 7	–0.001 3
+12	–0.179 9	0.857 6	–0.003 3	–0.012 2	0.990 3	–0.000 2	–0.009 5	0.992 4	–0.000 2
+13	–0.280 9	0.779 4	–0.005 2	–0.091 9	0.927 0	–0.001 4	–0.074 1	0.941 1	–0.001 8
+14	–0.339 9	0.734 7	–0.006 3	–0.153 4	0.878 4	–0.002 4	–0.233 1	0.816 2	–0.005 5
+15	–0.494 1	0.622 4	–0.009 3	–0.405 9	0.685 7	–0.006 2	–0.313 6	0.754 5	–0.007 7

三、基于窗口[–10，+10]公开处罚市场效应检验

为了进一步说明公开处罚市场效应，我们将事件窗口由[–15，+15]缩小到[–10，+10]，以排除窗口内其他事件的影响。检验结果与[–15，+15]检验结果类似，如表 7-10 所示。

表 7-10　窗口[–10，+10]公开处罚事件累计超额收益率检验结果

日期	市场模型			市场调整模型			常均值模型		
	t	Sig	CAR	*t*	Sig	CAR	*t*	Sig	CAR
–10	0.487 4	0.627 1	0.001 6	0.532 0	0.596 0	0.001 8	0.584 8	0.560 1	0.002 3
–9	1.067 3	0.288 6	0.004 9	1.079 3	0.283 2	0.005 1	0.860 9	0.391 5	0.004 7
–8	0.688 0	0.493 2	0.004 0	0.700 6	0.485 3	0.004 2	0.616 2	0.539 2	0.004 3
–7	0.364 3	0.716 4	0.002 4	0.606 4	0.545 7	0.004 0	0.743 4	0.459 1	0.005 8
–6	–0.248 9	0.804 0	–0.001 8	0.045 0	0.964 2	0.000 3	–0.085 9	0.931 8	–0.000 8
–5	–0.387 0	0.699 6	–0.003 4	–0.146 5	0.883 8	–0.001 2	–0.013 8	0.989 0	–0.000 1
–4	–0.283 2	0.777 6	–0.002 8	–0.174 5	0.861 9	–0.001 7	–0.096 6	0.923 3	–0.001 1
–3	0.007 0	0.994 5	0.000 1	0.136 5	0.891 7	0.001 3	0.246 4	0.805 9	0.002 7
–2	0.209 4	0.834 6	0.002 2	0.397 2	0.692 1	0.003 9	0.268 2	0.789 1	0.003 0
–1	0.111 3	0.911 6	0.001 2	0.375 5	0.708 1	0.003 6	0.159 1	0.873 9	0.001 8
0	–0.463 6	0.644 0	–0.004 8	–0.224 1	0.823 2	–0.002 1	–0.385 1	0.701 0	–0.004 7
+1	–0.221 5	0.825 1	–0.002 4	0.052 2	0.958 5	0.000 5	–0.300 6	0.764 4	–0.003 8
+2	–0.563 9	0.574 1	–0.006 5	–0.259 2	0.796 1	–0.002 8	–0.594 7	0.553 5	–0.007 9
+3	–0.666 5	0.506 7	–0.008 0	–0.312 3	0.755 5	–0.003 4	–0.759 3	0.449 6	–0.010 7
+4	–0.504 9	0.614 8	–0.006 4	–0.164 3	0.869 8	–0.001 9	–0.617 0	0.538 7	–0.009 2
+5	–0.711 1	0.478 8	–0.008 8	–0.391 3	0.696 5	–0.004 4	–0.753 0	0.453 3	–0.011 4
+6	–0.772 2	0.441 9	–0.009 8	–0.387 2	0.699 5	–0.004 4	–0.704 5	0.482 9	–0.011 2
+7	–0.675 5	0.501 0	–0.009 1	–0.303 4	0.762 3	–0.003 6	–0.663 7	0.508 5	–0.011 3
+8	–0.158 6	0.874 3	–0.002 2	0.214 9	0.830 3	0.002 6	–0.219 7	0.826 6	–0.003 8
+9	–0.121 4	0.903 7	–0.001 7	0.236 8	0.813 3	0.002 9	–0.318 0	0.751 2	–0.005 8
+10	–0.444 4	0.657 7	–0.006 3	–0.154 6	0.877 5	–0.001 9	–0.449 0	0.654 4	–0.008 2

四、基于窗口[–5，+5]公开处罚市场效应检验

为了进一步说明公开处罚市场效应，我们将事件窗口由[–10，+10]缩小到[–5，+5]，以排除窗口内其他事件的影响。检验结果与[–10，+10]检验结果类似，如

表 7-11 所示。

表 7-11 窗口[–5，+5]公开处罚事件累计超额收益率检验结果

日期	市场模型			市场调整模型			常均值模型		
	t	Sig	CAR	*t*	Sig	CAR	*t*	Sig	CAR
–5	–0.482 1	0.630 8	–0.001 6	–0.466 2	0.642 2	–0.001 5	0.171 9	0.863 8	0.000 6
–4	–0.202 5	0.840 0	–0.001 0	–0.388 6	0.698 4	–0.002 0	–0.051 9	0.958 7	–0.000 3
–3	0.306 2	0.760 2	0.001 9	0.167 3	0.867 5	0.001 0	0.543 8	0.587 9	0.003 5
–2	0.578 3	0.564 5	0.004 0	0.531 5	0.596 3	0.003 5	0.509 6	0.611 5	0.003 8
–1	0.393 4	0.695 0	0.003 0	0.451 8	0.652 4	0.003 2	0.306 8	0.759 7	0.002 6
0	–0.392 3	0.695 7	–0.003 0	–0.326 3	0.745 0	–0.002 5	–0.427 7	0.669 9	–0.003 9
+1	–0.064 9	0.948 4	–0.000 5	0.023 8	0.981 0	0.000 2	–0.305 1	0.761 0	–0.003 0
+2	–0.485 2	0.628 7	–0.004 7	–0.332 9	0.739 9	–0.003 1	–0.622 2	0.535 3	–0.007 2
+3	–0.609 9	0.543 4	–0.006 2	–0.391 0	0.696 7	–0.003 7	–0.812 1	0.418 8	–0.009 9
+4	–0.420 2	0.675 3	–0.004 6	–0.214 5	0.830 6	–0.002 2	–0.644 7	0.520 7	–0.008 4
+5	–0.619 9	0.536 8	–0.007 0	–0.437 4	0.662 8	–0.004 7	–0.760 1	0.449 1	–0.010 6

第六节 研究结论与政策建议

一、研究结论

我国上市公司公开谴责及公开处罚制度的发展历程比较短暂，但经历了从无到有，从不完善到日趋缜密的过程后，公开谴责和公开处罚已经成为督促公司进行有效信息披露和行为合规的重要手段。本章选用了[–20，+20]、[–15，+15]、[–10，+10]和[–5，+5]四个事件窗口，对受公开谴责的 178 家上市公司及受公开处罚的 95 家上市公司的累计超额收益率进行了实证检验，结果表明，公开谴责信息对证券市场的影响是显著的，而证券市场对受公开处罚信息的反应则不明显。具体来说，第一，公司在受到公开谴责期间，市场均出现了显著的负面反应，在 $t=0$ 时为负值并出现了大幅度下滑，表明市场对公开谴责的认可度较高。第二，公司受到公开处罚期间，股票市场价格并未出现明显的下降并呈现出随机游走的态势，累计超额收益率均值出现正值。从实证分析的结果来看，本应对上市公司起到警告惩罚作用的公开处罚，并未被投资者充分认可从而达到监管的预期效果。

从违规行为分析来看，造成公开谴责和公开处罚的违规行为主要分为以下几类：未按时披露定期报告；未及时披露公司重大事项；未依法履行其他职责；信息披露虚假或严重误导性陈述；业绩预测结果不准确或不及时。但公开谴责和公开处罚的违规类型略有区别，公开谴责的违规类型主要集中于未及时披露公司重大事项及业绩预测结果不及时或不准确，而公开处罚的违规类型较为分散，违规类型中未及时披露公司重大事项及信息披露虚假或严重误导性陈述略多于其他。违规处罚的种类不同，可能是导致投资者对公开处罚的认可程度低于公开谴责的原因之一。另外，从处罚的种类来看，公开处罚的方式主要为罚款和警告，并且在处罚中只有少数为对管理人员个人的处罚，多数为对公司管理层的整体处罚，且对个人的处罚多为警告，这可能也是造成公开处罚效力较低的原因之一。

二、政策建议

鉴于以上的结论，为了进一步加强对证券市场的监管，规范上市公司行为，控制违规行为，促使证券市场健康有序发展，本章从监管者和上市公司的角度，提出以下几点建议：第一，加大对证券市场的监控力度。虽然我国在对上市公司的违规行为方面已经出台了一系列相关法律法规，但在实际操作过程中，仍存在监控不到位、信息不对称和内幕消息操作等问题。为此应当加强对上市公司内部信息披露的控制和监管，规范上市公司的信息披露制度并加强监督。例如，对上市公司的信息披露报告的内容格式进行详细规定，并对上市公司管理层进行教育；除了强制要求外，应采取相应措施鼓励上市公司主动完善内部信息披露工作。另外，目前市场中的违规行为较少牵涉个人，或只停留在警告等道德层面，很难对上市公司造成实际的影响，违规成本过低在一定程度上鼓励了违规行为的发生。加大处罚力度，增强处罚的威慑力，增加对上市公司管理人员的个人处罚，从而降低再处罚数量，使市场健康有效运行。第二，加大宣传力度，避免短视行为。由于我国越来越重视对公司违规行为的处罚效果，表现为越来越多地运用公开谴责、公开处罚、公开批评等手段对违规行为进行监督。投资者也逐渐对公开谴责等方式进行关注并直接反映在企业的股票价格上。因此，上市公司应充分重视监管机构对违规行为的处罚，规范自身行为，确保企业健康运行，避免出现由于处罚力度较小等原因对监管机构的处罚不加以重视，从而导致投资者对企业丧失信心等长远损失。

第八章　我国上市公司高管离职市场效应研究

在近几年上市公司的治理实践中，高管离职事件频发，从 1999 年 1 月 4 日至 2012 年 6 月 30 日，上市公司共发生 8274 起离职事件。愈演愈烈的高管离职事件对上市公司的稳定经营产生了较大的影响，也在一定程度上阻碍了证券市场的健康发展。本章主要采用事件研究法，运用市场调整模型计算由于离职事件产生的超额收益率，来研究正常离职对沪深主板、创业板、中小企业板市场的影响，以及非正常离职对沪深主板市场的影响。通过选取 5 天[−2，+2]和 21 天[−10，+10]事件期，交叉组合观察分析结果，检验发现，沪深主板高管非正常离职对股市有负面影响，而沪深主板、中小企业板、创业板高管正常离职对股市没有影响。根据 Fama 的有效市场理论，可认为我国资本市场已达到弱式有效，但还没有达到半强式有效。

第一节　引　　言

公司的高层管理者是公司管理团队的核心，对于公司日常经营、盈利、重大经营事项、战略决策乃至行业前景都发挥着重要作用。高层管理者的离职行为会给公司的运营和管理带来一系列影响。而对于上市公司而言，上市公司高层管理者的离职行为不仅会影响到公司本身，还会对股票市场产生影响。一方面，公司的高管往往是公司的“招牌”，他们象征着公司发展的动力。在这种情况下，高层管理者的离职往往会造成人们对公司信心的降低。另一方面，对于公司来说，高层管理者往往持有公司的一定股份，在主动或被动离开公司之后，必然要求将自己所有的股份减持套现，这必将导致二级市场股票供应的增加。以上两方面都可以从上市公司股价上看出端倪。这其中蕴含的科学问题就是高管离职的市场效应问题，即高管离职会对公司股价产生什么样的影响，以及这种影响所反映出的市场效率状况。

1970 年，Fama 提出了有效市场假说，其对有效市场的定义是：如果市场价格能够充分、及时地反映所有有关信息，使股价位于其合理的价位上，能正确反映其内在价值，那么市场就是有效的。有效资本市场假说有三种：弱式有效市场假说；半强式有效市场假说；强式有效市场假说。检验市场效率时，先检验弱式有效是否成立；若成立，再检验半强式有效是否成立；若又成立，最后检验强式有效是否成立。弱式有效市场的检验原理是看能否通过技术分析获得超额收益；半强式有效市场的检验原理是看能否通过基本分析获得超额收益；强式有效市场的检验原理是看能否通过内幕消息获得超额收益。俞乔（1994）、吴世农（1996）、陈小悦等（1997）、黄济生和程依明（2001）、史永东等（2002）、许涤龙和吕中伟（2003）、张月飞和陈耀光（2006）、刘凡（2007）、张勇和谢芬（2011）先后对我国市场效率进行了检验，他们发现在 1998 年之前我国股市没有达到弱式有效，而从 1999 年开始，股市已经达到了弱式有效，这也是本章研究的市场效率基础。

第二节　高管离职相关研究文献综述

一、高管离职——原因分析视角

针对高管离职原因这一类的研究，通常选取某一个角度，对可能引起高管离职的因素进行研究分析，如薪酬黏性、人口特征差异性、政治关联和套现等因素，进而针对预期的原因做出一系列假设，通过建立不同样本公司关于预测因素的数据库并与其高管离职的实际情况建立联系，进行相关分析，详见表 8-1。

表 8-1　高管离职原因研究文献

作者	年份	文献名称	主要研究结论
Walsh	1988	Top management turnover following mergers and acquisitions	通过研究并购对于被兼并公司管理团队的影响，发现被兼并公司的高管变更率远高于正常的高管变更率
Denis 等	1997	Ownership structure and top executive turnover	研究表明，股权结构对于高管变更的可能性具有很大影响，高管变更与政府持股比例呈负相关关系，与外部大股东持股呈正相关关系
周俊	2008	人口特征异质性对高管离职率的作用研究	年龄异质性，学历异质性，团队任期异质性与离职正相关
曾义	2009	薪酬黏性、高管变更与公司价值	薪酬黏性的严重程度与高管离职的影响为正相关
游家兴等	2010	政治关联、职位壕沟与高管变更	高管的政治关联越密切，高管因绩效低劣而离职的可能性越小
倪冰冰	2011	创业板上市公司高管离职套现问题分析	目前，仍需时间证明高管离职是否发生了减持
顾志正和孙果	2012	创业板高管离职风潮的理性分析	套现仅仅是离职原因之一，存在着被夸大的可能
李鹏和杨凯洪	2012	创业板上市公司高管离职套现问题研究	分别从上市公司治理与法律监管两个角度提出了相应对策
杨维芝	2012	我国上市公司高管薪酬激励问题研究	我国大部分上市公司脱胎于国有企业，导致上市公司高管薪酬激励方面也存在许多问题，是高管离职的原因之一
Firth 等	2014	The double-edged sword of CEO/chairperson duality in corporatized state-owned firms: evidence from top management turnover in China	研究发现，在高管变更引起公司价值增加的边际利润公司中，CEO 兼任总经理的情况和高管变更率呈负相关关系，在高管变更不会引起公司价值增加的高利润公司中，二者同样呈负相关关系

二、高管离职——影响分析视角

我们可以把这一类的研究定义为针对结果的研究。这一类研究可以说是与高管离职有关研究中的“重头戏”，在论文、研究的数量、篇幅上占据明显优势，形成了两个主要研究方向。

（一）高管离职与盈余管理

从会计角度来分析高管离职的研究可以说是比较全面和成熟的，其中一个非常重要的观点就是高管离职会对盈余管理产生影响，详见表 8-2。所谓盈余管理就是公司管理当局在遵循会计准则的基础上，通过对公司对外报告的会计收益信息进行控制或调整，以达到主体自身利益最大化的行为。大量关于高管离职动机影响盈余管理的研究认为，即将离任的高管在离任前很可能会出现增调利润的行为，这是由于存在基于业绩的薪酬和职位契约，公司高管在离职前后会通过盈余管理来实现自身利益最大化。相反的，继任者在高管离职当年很可能会有负向的盈余管理和“利润冲洗”的行为。Geiger 和 North（2006）研究了公司首席账务官（chief financial officer，CFO）离职前后操控性应计项目的变化，发现 CFO 离职的前一年公司经营业绩大幅上升，正向的操控性应计项目大幅上升；而在 CFO 离职的后一年公司业绩大幅下降，反向的操控性应计项目大幅上升。

表 8-2　高管离职对盈余管理影响研究文献

作者	年份	文献名称	主要研究结论
Geiger 和 North	2006	Does hiring a new CFO change things? an investigation of changes in discretionary accruals	CFO 离职的前一年公司经营业绩大幅上升，正向的操控性应计项目大幅上升，而在 CFO 离职的后一年，公司业绩大幅下降，反向的操控性应计项目大幅上升
刘博和干胜道	2009	基于高管变更视角的盈余管理研究综述	高管变更事件发生后的盈余增长很大程度上有水分
吴琼和余开远	2009	上市公司高管变更前后的盈余管理初探	高管变更很可能造成巨大亏损，上市公司为获得配股资格，极可能操纵会计盈余以达到规定的净资产收益率
柳钢城	2011	基于高管变更下的关联交易与盈余管理研究	发生高管变更的上市公司发生关联交易的频率和幅度都远远大于未发生高管变更的公司
杜兴强和周泽将	2010	高管变更，继任来源与盈余管理	高管变更导致了严重的负向盈余管理行为

（二）高管离职与公司绩效

探究高管离职对公司业绩的影响这一角度的相关研究在高管离职问题领域

中占据较大比例，详见表 8-3。龚玉池（2001）在 1993 年年底之前上市的公司中选取了 150 家公司作为样本进行研究（其中剔除了金融上市公司），选取这些公司主要高管（董事长和总经理）的离职数据进行研究分析，研究了这些上市公司 1995～2000 年高管离职的情况，并且选取了这些公司在这些年间的资产报酬率和营业收入等数据，将高管的离职和公司的绩效联系起来。龚玉池发现，高管的离职与公司的绩效呈现负相关关系，公司业绩下降，收入水平下降时期往往是高管离职易发时段。此外，从 2012 年下半年开始针对高管离职市场效应分析的研究有所增加。王嘉怡（2012）认为，近两年来上市公司高管变动现象越来越频繁，而高管辞职可能导致中小投资者对公司未来经营收益和稳定性产生动摇并改变投资行为。通过选取 2011 年上证 A 股中发生高管变动的上市公司作为样本，他运用标准事件研究法对 131 家发生高管变动的公司的超额收益率进行统计研究，证实了高管离职具有负的公告效应在一定程度上导致了该公司股票收益率的异常下降。

表 8-3　高管离职对公司绩效影响研究文献

作者	年份	文献名称	主要研究结论
Mikkelson 和 Partch	1997	The decline of takeovers and disciplinary managerial turnover	通过比较高管变更活跃时期和不活跃时期美国产业公司的高管变更，发现高管变更和公司业绩相关的情况只在变更活跃时期
龚玉池	2001	公司绩效与高层更换	高管变更的原因与公司的绩效呈负相关
王嘉怡	2012	上证 A 股公司高管辞职公告的股价效应研究	高管辞职可能导致中小投资者对公司未来经营收益和稳定性产生动摇并改变投资行为
陈燕	2012	上市公司高管离职套现问题的研究	从多重视角强化对高管辞职套现行为的法律规制，将有利于营造一个多方共赢的上市公司的健康市场
曹维凯等	2013	上市公司高管离职文献综述	从高管人员更换与公司绩效的相互关系和高管人员更换的其他影响因素两个方面对国内外关于上市高管离职的文献进行了回顾和梳理
李维安等	2013	高管减持与公司治理创业板公司成长的影响机制研究	核心管理者减持对公司成长性的负面影响显著，加强对核心管理者减持行为的监管和优化股权结构有利于提升公司成长性

三、文献综述小结

通过对高管离职相关研究文献的疏理我们不难发现，从研究方法的角度看，对于高管离职问题的研究已经开始由离职原因的事前分析转向事后的绩效分析，而且从传统的财务绩效转向市场绩效。从研究对象的角度看，当前国内研究高管离职事件所选取的样本数据大都是来源于深沪两市主板上市公司，而对中小企业板块和创业板的重视不够。从研究时间周期的角度看，已有的高管离职专题研究所选用的数据以1998～2008年的为主，且时间跨度一般为4～5年，缺少对较长时间段的观察。

本章选择的数据涵盖了主板、中小企业板与创业板，并且选择了比较长的观察期，通过各个板块的对比来阐述各板块上市公司高管离职的市场效应。这是对历来研究的一个很好的补充，详见表8-4。

表8-4　高管离职相关研究小结

研究内容	市场板块	时间跨度	数据年份	研究方法	研究重点
已有研究	主板	4～5年	1998～2008年	因素回归分析	财务绩效
研究展望	中小企业板创业板	8～10年或更长	2008年以后	事件研究法	市场绩效

第三节　高管离职市场效应实证设计

一、事件要素的设计

（一）定义事件并确定事件日

事件研究法的第一步就是确定所要研究的事件。所谓的“事件日”，指市场“接收”到该事件即将发生或可能发生的时间点，而非该事件“实际”上发生的时间点，此时点通常以“宣告日”为准。时点认定的适当与否，对于研究的正确性有决定性的影响。事件包括合并、收购、信息公告或再融资行为等，本章中的事件是我国上市公司高管的正常或非正常离职对公司价值的影响程度，即对股票价格的波动影响程度，包括主板上市公司高管的正常离职和非正常离职，中小企业板和创业板上市公司高管的正常离职现象。事件日就是此事件的宣告日。

（二）确定估计期及事件窗口

明确事件的研究期间，包括估计期、事件期与事后期等。定义事件以后，确定对事件涉及的公司的证券价格进行考察的时期，这一时期称为事件期（或事件窗口）。通常以宣告日为中心，而宣告日在事件窗口内被制定为第0天。确定事件期的目的是捕获该事件对股票价格的影响。事后窗是事件发生以后的，事件期之后的一定时间，一般用于观察事件的长期影响。估计期是事件窗之前的可计算公司正常收益的时间。估计期、事件窗口和事后期一般来说不可有交集。本章只涉及事件窗口和估计期。本章中的事件窗口为[−2，+2]和[−10，+10]。

（三）计算正常收益率

研究特定事件的市场效应，需要了解发生此事件之后的超额收益率，而要计算超额收益率，首先要计算正常收益率，因为超额收益率是正常收益率与实际收益率的差额。正常收益率是假设事件没有发生的情况下，也就是没有特定事件影响的情况下，公司股价的“正常”收益。用于估计正常收益 R_{it} 的模型包括市场模型、市场调整模型和常数均值模型等。市场模型也称风险调整模型，假设市场收益和特定股票收益之间存在着稳定的线性关系，进而计算出某股票的收益率。市场调整模型也称市场指数模型，是用市场指数收益率来估算正常收益率的。常数均值模型也是需要估计期数据的，该模型认为正常情况下公司的收益率应该在正常收益率上下有所波动。因此，通过计算公司在估计期内每天收益率的均值作为事件期时的正常收益率，即假定某一证券的平均收益不随时间的改变而改变。朱伟骅（2003）认为，运用市场调整模型可避免中国股市大幅度波动带来的误差，尤其适用于中国股市。所以，本章选择市场调整模型来进行分析研究。

（四）计算超额收益率与累计超额收益率

确定计算正常收益模型并估计出公司的事件期的正常收益后，用实际收益减去正常收益后便能得出公司的超额收益率，其计算公式是

$$\mathrm{AR}_{it} = R_{it} - E(R_{it}) \tag{8-1}$$

其中，R_{it} 表示证券 i 在事件期内第 t 日时的实际股票历史收益（由每日收盘价计算得到）；$E(R_{it})$ 表示证券 i 在事件期第 t 日时的股票正常收益，也就是预期收益。该正常收益 $E(R_{it})$ 被定义为股票收益的期望值，并通过市场调整模型求得。

计算每日平均超额收益率，它衡量了 N 个事件样本公司（投资组合）在 t 天的平均超额收益率，其公式如下：

$$\mathrm{AAR}_{it} = \frac{1}{N}\sum_{j=1}^{N}\mathrm{AR}_{jt} \tag{8-2}$$

超额收益率能够较好地反映事件对窗口内每一日股价的影响，如果要了解事件对连续几日股价的影响，需要计算累计超额收益率，它定义为几日内超额收益率的和。CAR[t_1，t_2]衡量了 N 个事件样本公司在事件窗口[t_1，t_2]时间段内，平均而言获得的超额收益。具体计算公式如下：

$$\mathrm{CAR}_{[t_1,t_2]} = \sum_{t=t_1}^{t_2}\mathrm{AAR}_t = \frac{1}{N}\sum_{t=t_1}^{t_2}\sum_{i=1}^{N}\mathrm{AR}_{it} = \frac{1}{N}\sum_{i=1}^{N}\sum_{t=t_1}^{t_2}\mathrm{AR}_{it} \tag{8-3}$$

（五）检验显著性

计算出超额收益率以后，需要检验其显著性，如果检验结果显著，则说明该事件对股价影响显著，否则，说明该事件对公司股价影响并不显著，或者说影响没有通过证券市场反映出来。检验显著性的零假设通常是：超额收益率（或累计超额收益率）均值为 0。备则假设是：超额收益率（或累计超额收益率）均值不为 0。本章采用参数检验方法中的 t 检验。

（六）分析结果与解释

本章研究范围包括主板上市公司高管的正常和非正常离职的市场效应、中小企业板上市公司高管的正常离职的市场效应和创业板上市公司高管的正常离职的市场效应等部分。因为中小企业板和创业板的高管非正常离职的数据不足，所以没有选择这两个部分的数据。根据计算出来的累计超额收益率和 t 检验结果分析高管离职这一事件的市场效应，即股价的异常变动情况和其显著性。

二、研究样本的设计

（一）我国上市公司高管离职状况统计分析

在本章中，选择董事长和总经理这两个职位进行研究。首先，从 CSMAR 数据库中下载并收集了主板、中小企业板和创业板上市公司高层管理者离职数据。以上市公司发布相关公告的日期为准，数据的时间跨度从 1999 年 1 月 4 日至 2012 年 6 月 30 日，共有 8274 个离职数据。在这些数据中，高层管理者的离职原因可以分为 13 个类别，分别为工作调动、退休、任期届满、控制权变动、辞职、解聘、健康原因、个人原因、完善公司法人治理结构、涉案、结束代理、其他和原因空缺。对于上述的 13 个类别，我们分选、归纳出两个大类，即正常原因离职和非正常原因离职。正常原因离职属于公司正常人事变化，是自然而符合常规的；而非正常原因离职则往往是突发的、不在公司正常人事调整变动范畴内，公司也没有培养出下一位任职者对其进行接替。非正常原因离职对于公司负面影响较大，甚至会造成一定的打击和损失，不利于公司的进一步发展。除了对公司本身的影响外，非正常原因离职对于市场产生的效应相较于正常原因离职而言更加剧烈。

我们选择遵循 CSMAR 数据库所归纳的原因类别，将工作调动、退休、任期届满、控制权变动、辞职、健康原因、个人原因、完善公司法人治理结构、结束代理归入正常离职原因，而将解聘和涉案归入非正常离职原因。解聘多是由于高管的个人问题，或者出现决策失误、执行不力的事件，致使公司经营业绩较差，然后公司采取相关措施，解除该高层管理者在公司中的职务。涉案指的是公司的高层管理者违背相关国家法律，被公司撤销职务。另外，除去上述已归类的 11 种原因外，还有其他和空缺两种。根据 CSMAR 数据库的附注解释，离职原因空缺的案例属于正常离职原因。而至于其他类原因，由于没有充分的证据和解释来说明它是否归入正常性，考虑到数据研究的严谨性，我们将其删除。从表 8-5 中可以看出，在主板中，正常原因的“工作调动”项的数目最多，共有 2851 个，紧接下来的是“任期届满”和“辞职”两项，均超过了 1000 个，分别达到了 1593 和 1518 个。在非正常原因中，“解聘”原因项占多数，有 144 个。表 8-6、表 8-7 和表 8-8 是主板、中小企业板和创业板上市公司高层管理者离职原因数据按年度的分类。

表 8-5　主板、中小企业板和创业板上市公司高管离职原因分布表

板块原因		主板	中小企业板	创业板	合计
正常原因离职	退休	223	12	1	236
	工作调动	2 851	141	11	3 003
	任期届满	1 593	84	17	1 694
	控制权变动	177	2	0	179
	辞职	1 518	106	5	1 629
	健康原因	188	21	3	212
	个人原因	205	39	7	251
	完善公司法人治理结构	222	26	8	256
	结束代理	248	25	2	275
	原因空缺	243	9	0	252
非正常原因离职	解聘	144	2	1	147
	涉案	30	3	0	33
其他原因		103	3	1	107
合计		7 745	473	56	8 274

资料来源：CSMAR 数据库

从表 8-6 可以看出，在 14 年中，主板上市公司高管离职最多的是 2002 年，达到 655 个，除去 2012 年时间未达一年外，主板上市公司高管离职最少的是 1999 年，有 512 个。在各年中，除了 2002 年高管离职原因项数据个数最多的是“辞职”外，其余年份均为“工作调动”。

表 8-6　主板上市公司高管离职原因按年度分类表

年份	正常原因离职										非正常原因离职		其他原因	合计
	A	B	C	D	E	F	G	H	I	J	K	L		
1999	156	29	112	54	51	21	1	50	5	11	18	3	1	512
2000	183	20	131	55	67	13	1	65	12	12	17	6	2	584
2001	217	12	92	11	132	19	1	36	10	62	13	2	16	623
2002	150	8	164	0	225	15	6	11	4	46	20	1	5	655
2003	204	21	165	15	110	20	8	16	12	26	11	2	9	619
2004	311	11	82	7	85	21	10	6	14	9	19	3	5	583
2005	262	16	147	1	102	14	27	2	7	14	11	1	9	613
2006	220	15	124	7	93	13	31	6	15	14	12	7	16	573
2007	182	18	134	9	121	8	30	6	19	37	10	2	9	585
2008	230	11	35	2	183	15	7	1	30	12	1	0	5	532
2009	275	17	32	1	147	5	7	2	34	0	0	1	17	538
2010	231	16	93	3	118	6	18	9	36	0	7	2	2	541
2011	167	21	182	11	66	14	27	9	32	0	4	0	6	539
2012	63	8	100	1	18	4	31	3	18	0	1	0	1	248
合计	2 851	223	1 593	177	1 518	188	205	222	248	243	144	30	103	7 745

资料来源：CSMAR 数据库

注：A 到 L 依次代表工作调动、退休、任期届满、控制权变动、辞职、健康原因、个人原因、完善公司法人治理结构、结束代理、原因空缺、解聘和涉案

从表 8-7 可以看出，2004～2012 年，按照离职原因来看，中小企业板上市公司高管离职原因项最多的是工作调动，有 141 个，接下来的是“辞职”项，有 106 个。从年份来看，出现离职事件最多的是 2011 年，达到 113 个，这也是在 9 年中，中小企业板唯一一个离职事件超过 100 个的年份。

表 8-7　中小企业板上市公司高管离职原因按年度分类表

年份	正常原因离职										非正常原因离职		其他原因	合计
	A	B	C	D	E	F	G	H	I	J	K	L		
2004	0	0	0	0	3	0	0	0	0	0	0	0	0	33
2005	2	0	0	1	3	3	0	1	0	0	1	0	0	11
2006	4	0	1	0	5	2	1	0	0	0	0	0	0	13
2007	9	2	12	1	9	0	5	0	0	7	0	0	0	45
2008	26	0	4	0	20	4	4	0	5	1	0	0	0	64

续表

年份	正常原因离职										非正常原因离职		其他原因	合计
	A	B	C	D	E	F	G	H	I	J	K	L		
2009	29	0	1	0	21	2	2	0	2	1	0	0	0	58
2010	25	3	24	0	15	1	0	4	7	0	0	3	0	82
2011	35	3	27	0	10	4	16	9	5	0	1	0	3	113
2012	11	4	15	0	20	5	11	12	6	0	0	0	0	84
合计	141	12	84	2	106	21	39	26	25	9	2	3	3	473

资料来源：CSMAR 数据库

注：A 到 L 依次代表工作调动、退休、任期届满、控制权变动、辞职、健康原因、个人原因、完善公司法人治理结构、结束代理、原因空缺、解聘和涉案

从表 8-8 可以看出，创业板的数据从 2010 年开始，直至 2012 年，2011 年出现的离职事件最多，达到了 30 个，在总数中达到了一半以上。从原因来看，“任期届满”原因项个数最多，有 17 个；接下来是“工作调动”，有 11 项，不同于主板和中小企业板。

表 8-8　创业板上市公司高管离职原因按年度分类表

年份	正常原因离职										非正常原因离职		其他原因	合计
	A	B	C	D	E	F	G	H	I	J	K	L		
2010	4	0	1	0	1	0	2	1	0	0	0	0	0	9
2011	6	0	10	0	3	3	2	3	1	0	1	0	1	30
2012	1	1	6	0	1	0	3	4	1	0	0	0	0	17
合计	11	1	17	0	5	3	7	8	2	0	1	0	1	56

资料来源：CSMAR 数据库

注：A 到 L 依次代表工作调动、退休、任期届满、控制权变动、辞职、健康原因、个人原因、完善公司法人治理结构、结束代理、原因空缺、解聘和涉案

（二）样本筛选过程

从上述的 8274 个数据来看，主板离职事件数据共 7745 个，删去其他原因项 103 个，可得数据 7642 个，其中正常原因离职案例 7468 个，非正常原因离职事件 174 个；中小企业板离职事件数据共 473 个，删去其他原因项 3 个，可得数据 470 个，其中正常原因离职的事件有 465 个，非正常原因离职的事件有 5 个；创业板离职事件数据共 56 个，删去其他原因项 1 个，可得数据 55 个，其中，正常原因离职的有 54 个，非正常原因离职的有 1 个。详见表 8-9。

表 8-9　主板、中小企业板和创业板第一轮样本筛选

离职原因	主板	中小企业板	创业板
正常原因离职	7468	465	54
非正常原因离职	174	5	1
合计	7642	470	55

资料来源：CSMAR 数据库

在剔除了难以说明离职原因正常与否的其他原因项，并根据正常原因和非正常原因对数据进行初步分类后，需要进一步对数据进行筛选。通过数据的观察，我们发现，有部分上市公司在规定的时间跨度内发生过不止一次的高层管理者离职事件，有的甚至在一个较短的时间段内就发生了多个高层管理者离职事件，如果将它们全部用于数据计算和统计，那么在选取估计期和事件期过程中，可能会出现事件期和估计期重复的情况，影响最后结果的准确性和说服力。此外，本章主要探讨的是上市公司高层管理者离职对市场造成的影响，在样本数量有限的情况下，如果某家公司多次重复出现，那么该公司的某些特殊情况可能会对最终结果产生一定影响。因此，对于出现过多个高层管理者离职事件的上市公司，我们统一选取在一系列离职事件中时间最早的一次（以公告日期为准），一家公司只保留一个样本。在主板市场上市公司正常原因离职的 7468 个数据中，删除重复的 6121 个数据，保留 1347 个数据；在主板上市公司非正常原因离职的数据有 174 个，删除重复的 34 个数据，保留 140 个数据；中小企业板上市公司高管正常原因离职的数据有 465 个，删去重复的 208 个数据，保留 257 个数据；中小企业板上市公司高层管理者非正常原因离职事件有 5 个，重复 0 个，因而保留 5 个数据；创业板上市公司高层管理者正常原因离职数据有 54 个，删去重复的 7 个，保留 47 个数据；创业板公司非正常原因离职的数据有 1 个，重复 0 个，因而保留 1 个数据。经过这一轮的筛选，进入样本组的数据分情况如表 8-10 所示。

表 8-10　主板、中小企业板和创业板第二轮样本筛选

离职原因	主板	中小企业板	创业板
正常原因离职	1347	257	47
非正常原因离职	140	5	1

资料来源：CSMAR 数据库

从上面数据中，我们可以很清楚地看到，中小企业板和创业板非正常原因离职事件个数较少，均不大于 30 个，无法进行显著性分析。因此，我们选择将这部分数据剔除，即不设立中小企业板和创业板高层管理者非正常原因离职样本组。

如此便形成了前文提及的四个样本组分类：主板正常原因离职、主板非正常原因离职、中小企业板正常原因离职和创业板正常原因离职。

在正常离职原因这一大类中共有 11 个类别，如果将它们全部用于数据统计计算中十分不方便，因此，我们选择其中典型且有代表性的一个类别作为正常原因的代表进行研究。综合考虑到样本的代表性及其他各方面的因素，我们从中选择出最为常见、人为因素干扰较少的“任期届满”这一原因作为公司高层管理者正常原因离职样本组代表。任期届满指的是该高层管理者担任职务的期限已经到达，不再继续担任这一职务，任期届满属于公司正常的人事调整。一般而言，我国上市公司高层管理者的任期多为 3 年。在主板市场正常原因离职这一样本组中，任期届满这一类别有 268 个数据。因此，我们保留这 268 个数据，用它们来作为主板上市公司高层管理者正常原因离职的数据。代表主板上市公司高层管理者非正常原因离职的数据共有 140 个，其中，“解聘”为 116 个，占总数约 83%；“涉案”24 个，占总数约 17%。中小企业板正常离职数据有 257 个，创业板正常离职数据有 47 个。考虑到统计分析中对于样本个数的要求（一般不少于 30 个），因而将这些数据全部保留，用于本章的探究。经过这一轮的筛选，我们得出四个样本组的数据情况如表 8-11 所示。

表 8-11　上市公司高管离职样本组数据年度分布

年份	主板高管正常原因离职样本组（任期届满）	主板高管非正常原因离职样本组	中小企业板高管正常原因离职样本组	创业板高管正常原因离职样本组	合计
1999	27	12	—	—	39
2000	31	18	—	—	49
2001	23	14	—	—	37
2002	32	18	—	—	50
2003	31	7	—	—	38
2004	18	20	3	—	41
2005	23	12	10	—	45
2006	15	14	13	—	42
2007	15	12	45	—	72
2008	5	0	46	—	51
2009	2	1	35	—	38
2010	12	9	34	9	64
2011	24	2	44	27	97
2012	10	1	27	11	49
合计	268	140	257	47	712

资料来源：CSMAR 数据库

第四节　上市公司高管离职市场效应实证检验

笔者运用 STATA12.0 软件进行分析研究，首先，每组样本都用市场调整模型分别计算出两种事件期的超额收益率；其次，计算累计超额收益率并检验其显著性，在检验过程中笔者选取的置信水平是 0.05；最后，得到检验结果。

一、主板市场高管离职市场效应实证检验

从表 8-12 和图 8-1 可以看到，事件期为 5 天的主板上市公司高管正常离职事件在市场调整模型单个样本检验的结果中，Sig 值均不小于 0.05，因此，检验结果是不显著的，即主板上市公司高管的正常离职对市场不存在显著影响。从表 8-12 中可以看出，事件期选为 5 天，高管非正常离职也并没有显著的点，这有两种可能，一种是非正常离职对市场没有影响，另一种是事件窗口太小事件可能提前或延后反应，于是笔者拉大事件窗口至 21 天。

表 8-12　窗口[–2，+2]的主板市场高管离职市场效应检验结果

时间	正常原因离职			非正常原因离职		
	t	Sig	CAR	*t*	Sig	CAR
–2	1.337 4	0.184 8	0.003 7	0.372 8	0.710 2	0.001 2
–1	0.616 0	0.539 6	0.003 0	0.481 2	0.631 5	0.001 8
0	0.243 6	0.808 1	0.001 4	0.564 8	0.573 6	0.002 7
+1	0.813 8	0.418 1	0.005 4	0.897 2	0.371 9	0.004 6
+2	0.654 5	0.514 7	0.004 8	0.229 9	0.818 7	0.001 5

为了提高研究的准确性，我们又分析了事件期为 21 天的主板上市公司高管正常离职事件的市场效应，如表 8-13 和图 8-2 所示。结果发现，与事件期为 5 天的数据分析结果是一致的。综合以上两个结论，我们认为，主板上市公司高管的正常离职事件不会造成强烈的市场波动。本章中的高管正常离职事件的原因归为工作调动、退休、任期届满、控制权变动、辞职、健康原因、个人原因、完善公司法人治理结构、结束代理等。其中，主板数据中比例较大的原因是工作调动、任期届满和辞职。我们认为，正常离职事件没有对股市造成显著影响可能是因为正常离职原因基本上都是可以接受的，投资者认为，这些事情并不会对公司造成某些不良影响。从事件期为 21 天的表 8-13 中我们可以，看出 *t*-6 日通过了 5%的显著性检验，对应的 CAR 值为负的，且由图 8-2 可以看出，在事件日前 6 天左右累计超额收益率呈下降趋势，说明非正常离职对市场还是有一定的负面影响，但下

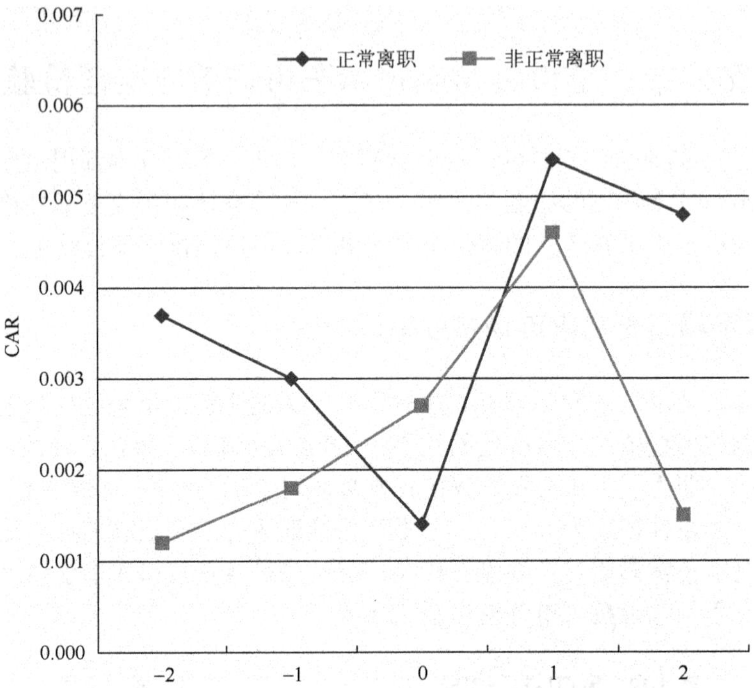

图 8-1　窗口[−2，+2]主板市场高管离职市场效应

降出现在事件日之前，分析认为是事件提前泄露导致提前出现下降趋势，对比已有的研究结果，结论基本一致，即主板非正常离职对市场会产生负面影响，并且通常会在事件日前几天就表现出显著的下降趋势。

表 8-13　窗口[−10，+10]的主板市场高管离职市场效应检验结果

时间	正常原因离职			非正常原因离职		
	t	Sig	CAR	*t*	Sig	CAR
−10	−0.667 0	0.506 7	−0.002 8	−0.282 3	0.778 3	−0.001 0
−9	−0.236 4	0.813 7	−0.001 3	−0.514 0	0.608 5	−0.001 8
−8	−0.141 1	0.888 1	−0.000 8	−0.350 4	0.726 8	−0.001 3
−7	−0.704 4	0.483 2	−0.004 8	−1.236 5	0.219 4	−0.003 9
−6	−0.789 0	0.432 4	−0.005 7	−2.627 7	0.010 1	−0.009 4
−5	−0.762 7	0.447 8	−0.005 3	−1.128 4	0.262 1	−0.004 4
−4	−0.743 7	0.459 2	−0.005 4	−1.670 1	0.098 3	−0.007 6
−3	−0.842 5	0.402 0	−0.006 9	−0.596 1	0.552 5	−0.003 1
−2	−0.219 3	0.826 9	−0.001 8	−0.226 8	0.821 1	−0.001 3
−1	−0.287 2	0.774 7	−0.002 5	−0.112 9	0.910 4	−0.000 7
0	−0.430 7	0.667 8	−0.004 1	0.023 6	0.981 2	0.000 2

续表

时间	正常原因离职			非正常原因离职		
	t	Sig	CAR	*t*	Sig	CAR
+1	−0.013 4	0.989 3	−0.000 1	0.255 4	0.799 0	0.002 1
+2	−0.072 4	0.942 4	−0.000 7	−0.115 4	0.908 4	−0.001 1
+3	−0.038 2	0.969 6	−0.000 4	0.484 6	0.629 1	0.005 0
+4	−0.287 6	0.774 4	−0.003 0	0.564 2	0.574 0	0.005 7
+5	−0.576 7	0.565 7	−0.006 3	0.682 1	0.496 9	0.007 3
+6	−0.526 4	0.600 0	−0.005 7	0.380 4	0.704 5	0.004 3
+7	−0.460 0	0.646 7	−0.005 7	0.284 7	0.776 5	0.003 0
+8	−0.450 6	0.653 5	−0.005 6	0.056 0	0.955 5	0.000 5
+9	−0.474 1	0.636 7	−0.006 0	−0.120 8	0.904 1	−0.001 1
+10	−0.671 3	0.504 0	−0.008 4	0.104 0	0.917 4	0.001 0

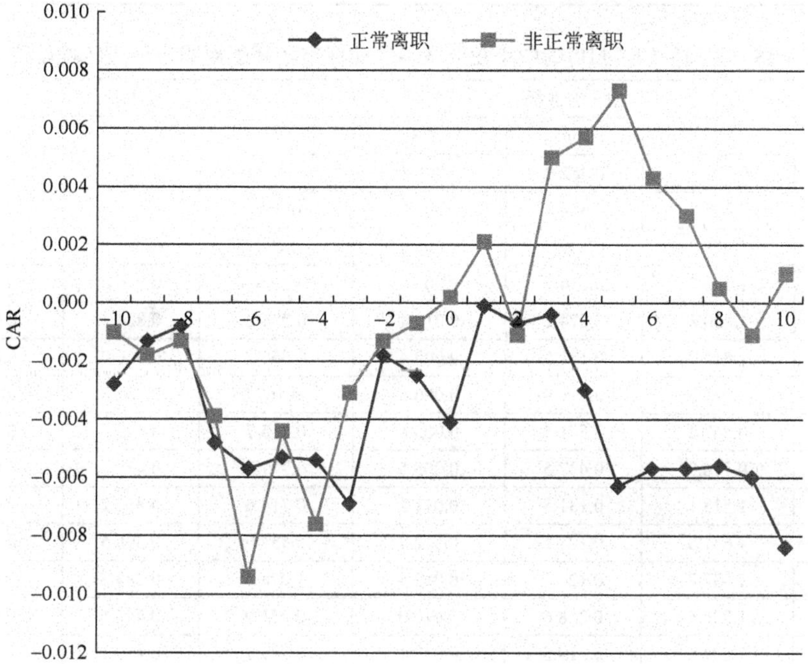

图 8-2　窗口[−10，+10]主板市场高管离职市场效应

二、中小企业板与创业板市场高管离职市场实证检验

从表 8-14 和图 8-3 可以看到，无论是事件期 5 天还是事件期 21 天，中小企业板在市场调整模型单个样本检验的结果中，Sig 值均不小于 0.05，中小企业板单

个样本检验结果为不显著，即中小企业板上市公司高层管理者的正常离职对市场不存在显著影响。创业板也存在类似的结论。可以显而易见地观察到，将窗口期拉长后（21 天），事件期为 21 天时显著性水平都比较差，比起上面的较短窗口期的结果更缺乏明显的趋向，如表 8-15 和图 8-4 所示。因此，综合来看中小企业板和创业板高管的正常离职对股价影响不大。

表 8-14 窗口[–2，+2]的中小企业板与创业板市场高管离职市场效应检验结果

时间	中小企业板			创业板		
	t	Sig	CAR	*t*	Sig	CAR
–2	0.562 7	0.574 6	0.001 2	–0.048 0	0.962 0	–0.000 2
–1	1.419 5	0.158 2	0.005 1	0.425 8	0.673 1	0.002 1
0	1.765 2	0.080 0	0.007 3	–0.207 4	0.837 0	–0.001 1
+1	1.722 6	0.087 4	0.008 0	1.454 9	0.155 4	0.006 2
+2	1.378 0	0.170 7	0.006 8	–0.311 2	0.757 6	–0.001 7

表 8-15 窗口[–10，+10]的中小企业板与创业板市场高管离职市场效应检验结果

时间	中小企业板			创业板		
	t	Sig	CAR	*t*	Sig	CAR
–10	0.703 7	0.482 9	0.001 5	–0.643 0	0.525 0	–0.003 4
–9	0.607 3	0.544 8	0.002 1	–0.948 3	0.350 3	–0.005 9
–8	1.451 2	0.149 3	0.005 6	–0.279 4	0.781 8	–0.002 0
–7	1.433 7	0.154 2	0.006 6	–0.366 3	0.716 6	–0.003 3
–6	1.800 8	0.074 2	0.010 4	0.224 2	0.824 1	0.002 7
–5	1.519 7	0.131 1	0.009 4	0.055 7	0.956 0	0.000 7
–4	1.046 3	0.297 4	0.006 8	–0.167 9	0.867 8	–0.002 2
–3	0.567 2	0.571 6	0.003 8	0.615 7	0.542 6	0.008 9
–2	0.778 9	0.437 5	0.005 5	0.717 3	0.478 5	0.009 7
–1	1.518 1	0.131 5	0.011 2	0.714 6	0.480 2	0.009 6
0	1.651 8	0.101 1	0.012 7	0.532 0	0.598 5	0.008 0
+1	1.537 7	0.126 7	0.012 5	1.078 3	0.289 2	0.015 5
+2	1.236 5	0.218 6	0.010 0	0.771 0	0.446 6	0.011 1
+3	1.234 0	0.219 5	0.010 1	0.749 7	0.459 1	0.011 4
+4	0.825 7	0.410 6	0.006 6	0.789 5	0.435 8	0.012 5
+5	0.303 7	0.761 9	0.002 4	1.050 6	0.301 5	0.016 8
+6	–0.254 9	0.799 2	–0.002 1	0.759 4	0.453 3	0.012 7
+7	–0.079 8	0.936 5	–0.000 6	0.588 2	0.560 6	0.009 8
+8	0.275 2	0.786 3	0.002 2	0.378 5	0.707 6	0.006 4
+9	–0.018 9	0.984 9	–0.000 1	0.463 6	0.646 2	0.008 5
+10	–0.163 7	0.870 2	-0.001 3	0.159 4	0.874 4	0.003 1

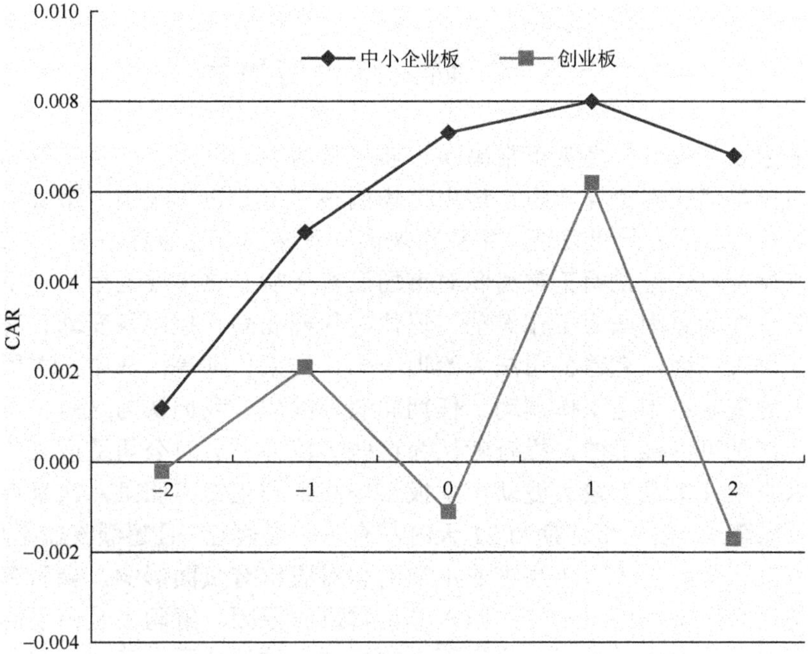

图 8-3　窗口[-2，+2]非主板高管离职市场效应

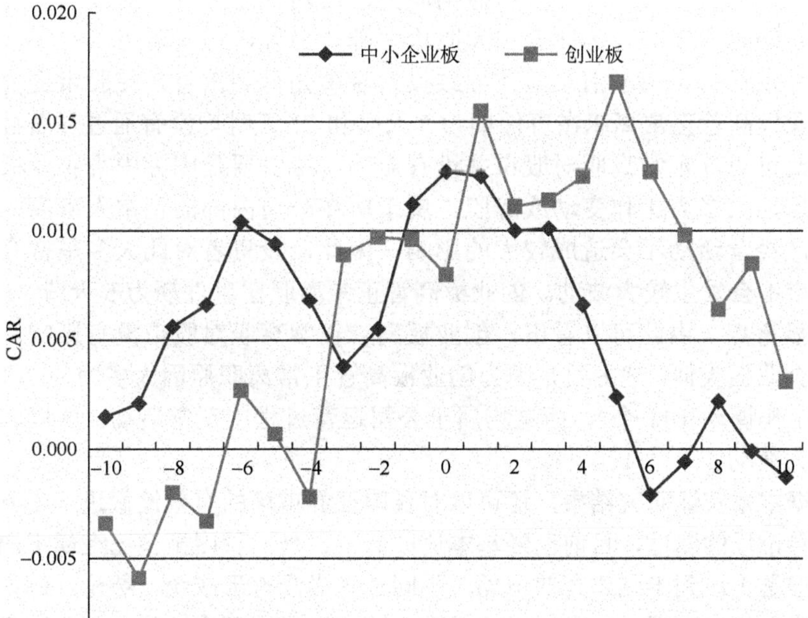

图 8-4　窗口[-10，+10]非主板高管离职市场效应

第五节　研究结论与启示

本章选取主板市场高管正常离职、非正常离职，以及中小企业板和创业板上市公司正常离职四个样本组，运用市场调整模型分析了我国上市公司高管离职的市场效应。研究结果发现，主板市场高管正常离职在事件期为5天或21天时都没有显著点，这说明正常离职对市场没有影响。这主要是因为本章将高管正常离职事件的原因归为工作调动、退休、任期届满、控制权变动、辞职、健康原因、个人原因、完善公司法人治理结构、结束代理等。其中，主板数据中比例较大的离职原因是工作调动、任期届满和辞职。我们认为这些正常离职原因基本上都是可以接受的，投资者认为这些事情并不会对公司造成某些不良影响，所以股市并未发生较大波动。主板市场高管非正常离职虽然在事件期为5天时没有显著点，但在事件期为21天时却有1个显著点，且超额收益率均为负。因此，可以认为，主板市场高管非正常离职对股市有负面影响，会引起股价下降，这是因为本章将解聘和涉案归入非正常离职原因。解聘多是由于高管的个人问题，或者出现决策失误、执行不力的事件，致使公司经营业绩较差，公司采取相关措施，解除该高层管理者在公司中的职务。涉案指的是公司的高层管理者违背相关国家法律，被公司撤销职务。这两种原因都会对公司的经营活动造成一定的负面影响，因此会引起股价下降。另外，各显著点发生在宣告日前几天，可以认为是由于消息泄露导致投资者事先得到消息，使股市提前反应。中小企业板高管正常离职在事件期为5天时和21天时均没有通过显著性检验的点，由此可见其正常离职对股市并没有影响。这主要是因为中小企业板高管正常离职原因大多为工作变动或辞职，属于所在公司内部的正常人事离职，对公司的生产经营活动不会造成较大的影响，因此，投资者对此大多呈持仓观望态度，股市不会发生较大波动。创业板高管正常离职在事件期为5天或21天时也均没有显著点，由此可以看出，创业板高管正常离职对股市没有影响。与主板和中小企业板类似，这主要是因为创业板高管正常离职原因大多为任届期满（17个）和工作调动（11个），而这均属于公司运营过程中正常活动，所以其股价不会有很大波动。

根据本章实证研究结果，还可以对我国证券市场的有效性做进一步判断。就我国证券市场的属性，目前已经基本达成的共识是，我国至少已经属于弱式有效市场，但是否达到半强式有效市场，不同学者尚没有形成统一结论。例如，浙江大学的张月飞和陈耀光（2006）运用事件研究法对比研究认为沪深股市呈现弱式有效；张勇和谢芬（2011）采用事件分析方法对107家上市公司股权激励的市场效应进行检验，认为市场对股权激励做出了正向的反应，市场是半强式有效的。

基于本章对高管离职事件的市场反应特征，根据 Fama 的有效市场理论，可以认为我国资本市场已经达到弱式有效，但还没有达到半强式有效。另外，从本章实证研究结果看，高管非正常离职的超额收益率在正式公告之前就已经发生，这提醒我们应当注意股市信息披露监管问题。

第九章　我国上市公司高管落马市场效应研究

近些年来，上市公司高管的违法违规行为受到了社会各界的关注，特别是在十八大以后，我国反腐力度不断加大，反腐成果显著，我国资本市场上演了一场又一场上市公司高管“落马秀”。本章对2004～2015年高管落马事件进行整理，从中筛选出62家关联上市公司作为研究样本，运用事件研究法，计算出样本个股在事件窗口内的平均超额收益及累计超额收益，并对所得结果进行显著性检验，从不同的窗口长度、股东性质等方面进行稳健性检验，探讨高管落马事件对其关联上市公司股票价格产生的影响。本章通过实证分析发现，在高管落马事件发生前的10个交易日上市公司股票价格无显著变化，而在高管落马公告当日及之后几日关联上市公司股票的累计超额收益显著为负，落马事件会对其关联上市公司股票产生明显的负面影响，并且该影响会持续一段时间。根据研究结果，本章最后提出了相应的政策建议。

第一节　问 题 提 出

随着我国市场经济的深入发展，国有企业和民营企业的数量不断攀升，规模不断扩大，我国的证券市场也在不断发展，很多企业走上了上市之路，在发展进步的同时，上市公司也暴露出一系列问题，受到社会各方的关注，高管的行为问题便位列其中。从2004年年末到2005年年初，就有20多位上市公司高管落马；自十八大以来，随着党中央高度重视反腐倡廉建设，我国资本市场也呈现出一波未平一波又起的景象，高管“落马秀”不断上演。2013年被公众戏称为“高管落马”年，20多家上市公司逾30名高管或被调查，或遭双规，或悄然“失联”。很多落马高管都具有亦官亦商的身份，既是政府官员，又掌握着公司的经营决策权，他们的行为对关联上市公司势必会产生影响。在这其中不乏宋林、华泽桥、毛晓峰和王天普等这些在中国资本市场上为人熟知的名字，其行为引起了广泛关注。

一方面，上市公司高管违法违规行为使上市公司遭受了无法挽回的巨额财产损失，干扰公司正常运营，使企业未来面临较高的不确定性，如高管将公司资金挪为他用造成公司出现现金流断裂或掏空现象，以及违规担保等行为严重损害关联上市公司利益；另一方面，上市公司高管的内幕交易、违规买卖股票、市场操纵、财务舞弊等违法违规行为是对广大投资者不负责任的表现，辜负了投资者的信赖，严重损害了投资者利益。这些行为严重扰乱了社会经济秩序，影响了我国建设有效证券市场信用体系的步伐，并且对我国的法律尊严造成了巨大的冲击。高管人员种种违法违规行为反映了我国上市公司在公司治理机制方面存在严重的漏洞，政府应完善法律体制建设，有关监管机构还应加强监管力度。

中国证券市场是在摸着石头过河中起步的，经多年努力，逐步步入规范化和有序化的发展轨道，在推动金融体系发展、优化社会资源配置和推动产业优化升级等方面都起到了积极的作用。但是，现在我国证券市场体系和制度仍然存在很大缺陷，监管体系还不够完善，加之上市公司本身公司治理制度不成熟，造成上市高管违法违规行为具有一定广泛性，进而导致投资者的信心普遍不足，严重影响我国证券市场健康发展。在这种情境下，本章从保护投资者角度出发，探究上市公司高管落马事件产生的市场反应，这对于有效监管约束上市公司高管行为，改进上市公司治理机制，建立健全违法违规高管处罚法律体系意义重大。具体来说有以下三个方面。

第一，有利于健全与发展上市公司的体制与机制。随着高管落马事件的曝光，上市公司会意识到发展危机，自身会进行相应的反思，提高公司治理水平并完善内部控制机制，使之具备更好的经营环境及健全的管理制度。

第二，有利于保护市场投资者的利益。高管的不法行为严重影响了上市公司的正常经营，导致企业未来经营面临较大的不确定性甚至破产，严重损害了上市公司股票投资者的利益。本章通过对高管落马事件公告的市场反应进行研究，从实证角度分析了高管不法行为带给投资者的损失，为政府和有关部门加强监管及严惩上市公司违法违规高管都提供了较为现实的依据。

第三，有利于促进证券市场总体健康快速发展。上市公司高管落马具有一定的广泛性，不断地暴露在光天化日之下，反映了我国证券市场监管的缺陷。本章的研究会在一定程度上提高社会对高管违法违规问题的关注度，从而加快建设完善证券市场及有关部门的监督体制。

第二节　理论基础与文献梳理

一、理论基础

有效市场理论认为，如果某一资本市场上的证券的价格充分包含和反映了历史价格、换手率、成交量及收益相关信息，那么该资本市场就达到了弱式有效。此时，技术分析失去意义，但基本面分析还可能帮投资者获取超额收益。如果某一资本市场上的证券价格充分地反映了所有已公开的可能对股价产生影响的有效信息，那么该资本市场就达到了半强式有效。此时，技术分析和基本面分析都失去作用，仅有内幕消息可能获得超额回报。如果某一资本市场上的证券价格充分地反映了已知的所有信息，不仅包括历史信息和所有公开信息，而且包括那些不公开的内幕信息，那么该资本市场就达到了强式有效。此时，没有一个人能够有办法获取超额收益，基金和内幕消息者也无能为力。

从委托代理理论角度来说，投资者、上市公司和经营者之间的信息不对称会引发内部交易和道德风险。特别是在中国这种特殊的环境下，上市公司治理体系不健全，外部信息披露机制不完善，内部交易与道德风险更加突显，因此，对于上市公司高管违规行为的处罚实际上也是公司重要的外部治理机制之一。研究高管落马事件的市场反应对于各级监管者及上市公司自身治理体系的完善都有重要意义。

二、相关研究文献梳理

目前国内学者针对我国上市公司高管违法违规行为从各种角度进行了研究分析。巴曙松和贾蓓（2003）指出，正是由于权力过于集中、关联交易、外部治理环境不合理及缺乏董事问责制度，才使得高管犯罪频频发生。李维安（2005）指出，我国缺乏有效的公司治理机制，造成行政型治理转换为经济型治理的过程十分困难，进而产生了诸多上市公司高管违规落马的事件。胡经生（2005）从监管角度进行分析，认为我国上市公司没有建立长期、完善的激励机制和对高管行为的有效约束机制。并且，我国相关的法律法规建设比较落后，没有跟上市场发展的步伐，为上市公司创造了违规经营操作的机会，成为诱发高管犯罪落马的导火索。黄维民（2006）从法学、心理学的角度分析了国企高管犯罪决策的原理，从犯罪的行为决策程序中，总结出了制度控制、道德控制和刑罚控制三大预防犯罪方法。王继承（2006）从制度角度出发研究上市公司高管落马现象，分析得出，没有强有力的公司治理机制制约是出现“内部人控制”及“大股东滥用控制权”非常重要且关键的原因。

针对重大信息公告的市场反应的研究主要集中在以下文献。毛志荣（2002）、胡延平和陈超（2004）选取部分违规披露公告的上市公司作为样本，探究处罚公告的市场反应，发现市场反应的敏感程度与公告的公开性及打击力度呈明显的正相关关系。王丽（2007）发现，严惩日前后股票市场对违规事件的反应相对偏弱，对于来自不同机构的处罚，市场的反应有差异。当受到证监会处罚时，处罚日前后股票市场对信息披露违规的公司有正向反应；而面对沪深交易所处罚，却有负向反应。杨玉凤等（2008）深入研究了我国发布信息披露违规公告的上市公司市场反应有何差异性，发现实际上违规的公司与没有违规的公司有着明显不同的市场反应程度，涉嫌违规公司的市场反应要明显强于实际上披露违规公司的市场反应，而且非 ST 公司的反应远远强于 ST 公司。严武等（2009）应用事件分析法，选取 1993～2006 年我国 A 股市场上发布股利公告的上市公司为样本，对其股利公告效应进行实证研究发现，在股利公告日前后15天内，那些不支付股利的上市公司的累计超额回报率值是负的；相反，那些支付股利的上市公司在对应时期内累计超额回报率值显著是正的。于敏等（2014）通过对2000～2011年上市公司披露的重大诉讼公告进行研究后，发现当上市公司作为被告身份时市场具有负面的反应；而作为原告身份时市场反应为正，并且交易量有明显的增加。

通过对上述文献的疏理可以看出，目前对上市公司高管落马的市场反应研究还处于初始阶段，主要表现为以下两点。第一，缺少最新的样本研究结果。随着我国证券市场的发展，国家相关政策规定的提出及外部各级监管部门制度的不断完善，特别是在十八大以后，高管落马事件越发博得眼球，一系列的变化使得其市场反应也在变化。因此，本章选取2004～2015年12年期间的样本进行分析。第二，直接针对上市公司高管落马事件的市场反应研究较少。国内很多研究是关于高管离职或上市公司重大信息公告的市场反应研究，而鲜有就高管落马一事分析其市场反应的。本章正是基于上述理论和实践背景，研究我国上市公司高管落马市场效应问题。

第三节　研 究 设 计

一、研究方法选择

本章采用事件研究法研究高管落马事件对关联上市公司股票价格的波动变化的影响。事件研究法首先定义事件及事件窗口，通常为事件发生前后2～20天不等的时间段来评价股价反应效果，本章的突发事件被定义为高管落马公告日；其次，进行研究样本的选择、度量正常收益的模型选择、估计异常收益、进行显著性检验；最后，实证分析结果。这里的超额收益被定义为实际收益率与假设未发生该事件的期望收益率之差，累计超额收益率即为多日超额收益率求和。

二、定义事件与事件窗

运用事件研究法进行研究，第一步就是定义所要研究的重大事件，本章定义高管落马事件的公告日为所要研究的事件日，如果高管落马事件公告的发布日不是股票交易日，那么将发布公告后的第一个股票交易日定义为事件日，记为 0。为了捕获更完整的信息，并增强检验的稳健性，本章采用三段时间作为事件窗口，分别为事件前后 15 天、10 天和 5 天，并对三个事件窗口分别进行检验。定义事件发生前第 199 个交易日到第 20 个交易日作为估计期，估计窗为[−199，−20)，即落马事件发生前的共 180 个交易日。

三、研究样本的选择与数据来源

本章通过浏览中央纪委监察部网站及各大新闻媒体网站，搜集到了 2004～2015 年共 12 年内数百起官员落马事件的资料。将其关联的上市公司股票作为研究样本。在此基础上，剔除 ST、*ST 类的股票及在研究期内数据资料严重缺失的股票，接下来剔除在研究期内发生长时间停牌、重组整合、股权交易等其他重大事件的个股，最终研究的样本为 62 家上市公司。其中，某些上市公司有多名高管落马，如中国石油、中国石化等，还有一些高管的落马会牵扯出多家上市公司，如华润集团董事长宋林的落马牵连到了华润旗下的多家上市公司。见表 9-1。

表 9-1 样本与落马高管信息

落马时间	股票代码	公司简称	股权性质	姓名	职务
2004-12-03	000993	闽东电力	国有控股	翁小巧	总裁
2004-12-17	600887	伊利股份	国有控股	郑俊怀	董事长
2005-01-12	600278	东方创业	国有控股	陶洪	副总经理
2005-01-17	600120	浙江东方	国有控股	刘宁生、吴建华	前任董事长、前任副董事长
2005-01-19	600272	开开实业	国有控股	张晨	原总经理
2005-01-19	000779	三毛派神	国有控股	张晨	原董事长
2005-01-27	000089	深圳机场	国有控股	崔绍先	总经理
2005-02-02	600332	白云山	国有控股	李益民	原董事长
2005-02-03	600712	南宁百货	国有控股	黄箭雀	原副董事长、总经理
2005-12-30	600101	明星电力	国有控股	赵丽萍、赖学军、郭忠	董事、财务总监；监事
2006-11-27	000837	秦川发展	国有控股	赵贤哲、吴煜	原副董事长；原董事会秘书、董事
2007-05-09	600519	贵州茅台	国有控股	乔洪	原总经理
2007-06-22	600028	中国石化	国有控股	陈同海	董事长
2008-12-23	000878	云南铜业	国有控股	邹韶禄、余卫平	原董事长、总经理；原副总经理
2009-02-04	600861	北京城乡	国有控股	姜立贵	原董事长
2010-01-25	600160	巨化股份	国有控股	叶志翔、杨福平、李建华	董事
2011-09-28	600986	科达股份	民营控股	刘双珉	前任董事长
2012-01-09	601880	大连港	国有控股	周永刚	董事长
2012-05-21	601288	农业银行	国有控股	杨琨	执行董事、副行长
2013-06-03	600433	冠豪高新	国有控股	程耀	副总经理
2013-06-14	600552	方兴科技	国有控股	关长文	董事长
2013-07-08	000960	锡业股份	国有控股	雷毅	董事长
2013-07-16	000790	华神集团	民营控股	左晓军	董事

续表

落马时间	股票代码	公司简称	股权性质	姓名	职务
2013-07-22	002081	金螳螂	民营控股	朱兴良	实际控制人、董事
2013-07-31	600403	大有能源	国有控股	武予鲁	董事长
2013-08-28	601857	中国石油	国有控股	冉新权	董事、副总裁
2013-09-16	601600	中国铝业	国有控股	孙兆学	总经理
2013-09-11	000562	宏源证券	国有控股	陈智军、叶凡、胡强、周栋	总经理、副总经理
2013-10-28	300022	吉峰农机	民营控股	郑舸、赵泽良、陈德、曾晨东	董事、副总经理、监事会主席
2013-11-14	601788	光大证券	国有控股	徐浩明、杨赤忠	总裁、助理总裁
2013-11-21	600598	北大荒	国有控股	丁晓峰	董事、总经理
2013-11-25	600026	中海发展	国有控股	茅士家	总经理
2013-12-02	601003	柳钢股份	国有控股	梁景理	董事长
2014-04-17	000999	华润三九	国有控股	宋林	董事长
2014-02-10	600055	华润万东	国有控股	宋林	董事长
2014-04-17	600062	华润双鹤	国有控股	宋林	董事长
2014-04-21	000932	华菱钢铁	国有控股	郑柏平	副总经理
2014-05-26	601669	中国电建	国有控股	黄保东	副总经理
2014-06-03	601618	中国中冶	国有控股	张哲英	副总工程师
2014-06-09	601919	中国远洋	国有控股	徐敏杰	执行董事
2014-06-10	600765	中航重机	国有控股	吴浩	副总经理
2014-08-27	600027	华电国际	国有控股	燕福龙	总经理
2014-08-27	600795	国电电力	国有控股	燕福龙	总经理
2014-08-29	000800	一汽轿车	国有控股	安德武	副总经理
2014-08-29	000927	一汽夏利	国有控股	安德武	副总经理
2014-09-15	600489	中国黄金	国有控股	孙兆学	总经理
2014-09-15	601600	中国铝业	国有控股	孙兆学	总经理
2014-11-04	000750	国海证券	国有控股	齐国旗	总裁
2014-11-27	600519	贵州茅台	国有控股	房国兴	副总经理
2014-12-15	600050	中国联通	国有控股	张智江	分公司副总经理兼网络建设部总经理
2014-12-16	600746	江苏索普	国有控股	尤廉	董事长
2014-12-22	600006	东风汽车	国有控股	任勇	总经理助理、副总裁
2014-12-23	601088	中国神华	国有控股	华泽桥	原副总裁
2014-12-30	600029	南方航空	国有控股	陈港、田晓东	副总经理、运行总监
2015-01-05	600029	南方航空	国有控股	徐杰波、周岳海	董事、副总经理、财务总监、总会计师；副总经理
2015-01-31	600016	民生银行	民营控股	毛晓峰	行长
2015-03-16	000927	一汽夏利	国有控股	徐建一	董事长

续表

落马时间	股票代码	公司简称	股权性质	姓名	职务
2015-03-16	000800	一汽轿车	国有控股	徐建一	董事长
2015-03-17	601857	中国石油	国有控股	廖永远	总经理
2015-04-02	601518	吉林高速	国有控股	韩增义	董事长
2015-04-22	000766	通化金马	国有控股	闫永明	原董事长
2015-04-28	600028	中国石化	国有控股	王天普	总经理

资料来源：中央纪委监察部及各大新闻网站

对样本中落马高管关联的上市公司所属行业进行统计分析后，发现这些上市公司涉及制造业、能源、冶金、工程建设、运输、汽车、医药、金融等各个行业，其中传统行业制造业和能源产业占到了近一半的比例。对样本上市公司股权性质进行统计分析发现，国有上市公司（包括国有相对控股）为 57 家，民营上市公司只有 5 家，如图 9-1 和图 9-2 所示，说明国有企业天然的政治关联性导致高管落马事件的发生更频繁，这种权力行政化导致的权力高度集中更容易产生问题。

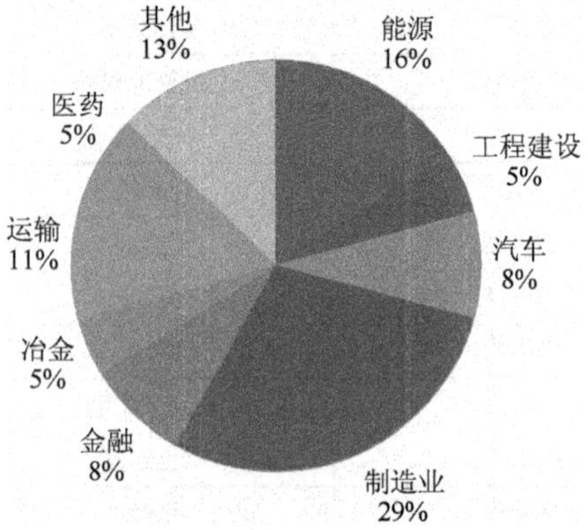

图 9-1　样本上市公司所属行业分布情况

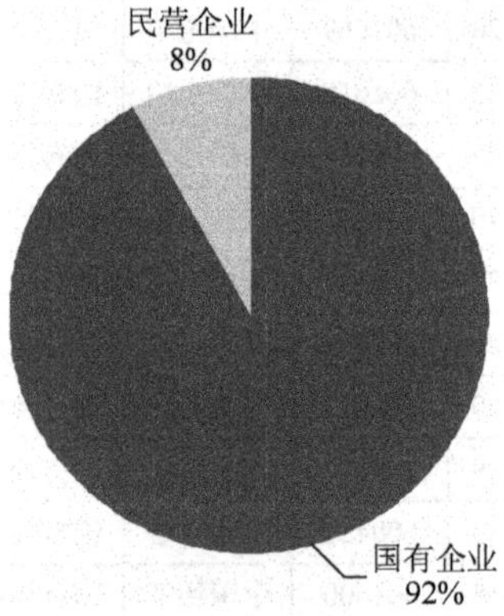

图 9-2　样本上市公司控股股东性质分布

本章所选股票交易数据均来源于 CSMAR 数据库中子目录项下的“股票市场交易数据库”。对于个股日收益率，本章选用后复权的方法，即考虑现金红利再投资的综合日个股回报率作为 R_{it}。对于市场日收益率，本章采用上证指数（000001）作为所要研究的市场指数，为了与个股日收益率相对应，市场日收益率选用考虑现金红利再投资的综合日市场回报率作为 R_{mt}。

四、正常收益率的度量

为评价某一事件对于上市公司股价的影响，需要测度超额收益率。超额收益

率是事件窗期间证券的实际收益与正常收益的差值，即

$$\mu_{it}=A_{it}-R_{it} \tag{9-1}$$

其中，A_{it} 表示实际收益率；R_{it} 表示正常收益率（根据选择的模型估计得出）；μ_{it} 表示超额收益率。

因此，我们要先选择估计正常收益率的模型，再求超额收益率。估计 A_{it} 的模型主要有三种，统计模型中包括常均值收益模型和市场模型，经济模型主要包括资本资产定价模型和套利定价模型。考虑诸多因素，我们选择了市场模型。

衡量收益率的时候我们采用的是百分比收益率：

$$R_{it}=\frac{P_{it}-P_{it-1}}{P_{it-1}} \tag{9-2}$$

其中，R_{it} 表示股票 i 在 t 日的收益率；P_{it} 表示股票 i 在 t 日的价格。

本章使用如下模型来进行一元线性回归估计股票 i 正常收益率：

$$R_{it}=\alpha_i+\beta_i R_{mt}+\varepsilon_{it} \tag{9-3}$$

$$E[\varepsilon_{it}]=0 \quad \operatorname{Var}[\varepsilon_{it}]=\sigma_{\mu i}^2$$

其中，R_{it} 表示在第 t 日股票 i 的市场收益；α_i 表示回归的截距项；β_i 表示回归方程的斜率；R_{mt} 表示大盘指数在第 t 日的市场收益；ε_{it} 被定义为干扰项，且为白噪声。

运用估计期内 180 天的股价数据，对该市场模型进行统计回归，即可得到 62 家上市公司股票的 α_i 和 β_i，再利用公式即可计算出在事件窗[−10，10]内每只股票的预期的正常收益率。

五、估计超额收益率

依据市场收益模型，我们运用以下公式度量事件窗内的超额收益率：

$$\mathrm{AR}_{it}=A_{it}-(\alpha_i+\beta_i R_{mt}) \tag{9-4}$$

其中，AR_{it} 表示在第 t 日第 i 家股票的超额收益；A_{it} 表示在第 t 日第 i 家股票的实际观测收益；t 在估计窗[−10，10]内进行取值。

依据上述计算结果，运用公式计算所有股票样本在第 t 日的平均超额收益率及事件窗内的累计超额收益率：

$$\mathrm{AAR}_t=\frac{\sum_{i=1}^{N}\mathrm{AR}_{it}}{N} \tag{9-5}$$

$$\mathrm{CAR}_t=\sum_{t=t_1}^{t_2}\mathrm{AAR}_t \tag{9-6}$$

其中，AAR_t 表示在第 t 日所有样本股票的平均超额收益率；CAR_t 表示在事件窗

内 t_1 至 t_2 时刻的累计平均超额收益率；N 表示全部的上市公司股票样本个数。

六、显著性检验

这一步我们要对 CAR_t 进行显著性检验，本章选择的检验方法为单样本 t 检验。在零假设的情况下，CAR_t 应服从均值为 0 的正态分布。若显著性检验发现 $CAR_t \neq 0$，说明高管落马事件对其上市公司股价波动有显著影响。

通过观察 t 统计量或者 p 值在规定的显著性水平上是否显著，即可评价 CAR_t 是否显著，高管落马事件是否对关联上市公司股票波动产生显著影响。此外，CAR_t 曲线可以帮助我们分析股价对信息公布或事件发生是呈滞后反应还是过度反应。

第四节　高管落马对关联上市公司股价影响的实证研究

一、基于窗口[–10，+10]高管落马事件市场效应检验

如表 9-2 和图 9-3 所示，通过分析事件窗内 CAR 的 t 检验结果，发现在高管落马事件发生前的 6 个交易日 p 值通过了显著性检验，直到官员落马事件发生后的 10 天内，即 $t=-6$ 至 $t=10$ 期间，p 值均小于 5%，累计超额收益率均通过了显著性检验。由此可以看出，官员落马事件虽然是一种突发事件，但是在事件发生前有消息泄露出去，被市场中的投资者事先知晓，因此在落马事件发生前，市场有明显的波动。在官员落马当日及接下来的 10 个交易日，关联上市公司的股价会明显下跌，并且在 $t=0$ 当天变化幅度最大，说明高管落马事件会给关联上市公司带来显著的负面影响，而且这种利空消息在落马事件后的一段时间内仍带来负的市场效应。

表 9-2　窗口[–10，+10]高管落马事件累计超额收益率检验结果

日期	t	df	Sig（双侧）	CAR	95%置信区间	
					上限	下限
–10	–1.683	61	0.098	–0.003 8	–0.008 3	0.000 7
–9	0.016	61	0.987	0.000 1	–0.006 4	0.006 5
–8	–1.064	61	0.292	–0.004 0	–0.011 5	0.003 5
–7	–1.574	61	0.121	–0.008 0	–0.018 1	0.002 2
–6	–3.152	61	0.003	–0.017 7	–0.028 9	–0.006 5
–5	–2.612	61	0.011	–0.016 7	–0.029 4	–0.003 9

续表

日期	*t*	df	Sig（双侧）	CAR	95%置信区间	
					上限	下限
−4	−2.821	61	0.006	−0.019 2	−0.032 9	−0.005 6
−3	−2.559	61	0.013	−0.019 5	−0.034 8	−0.004 3
−2	−2.783	61	0.007	−0.023 0	−0.039 5	−0.006 5
−1	−2.473	61	0.016	−0.024 2	−0.043 7	−0.004 6
0	−3.081	61	0.003	−0.034 5	−0.056 8	−0.012 1
+1	−3.455	61	0.001	−0.040 8	−0.064 5	−0.017 2
+2	−3.637	61	0.001	−0.043 7	−0.067 8	−0.019 7
+3	−3.458	61	0.001	−0.044 6	−0.070 4	−0.018 8
+4	−3.234	61	0.002	−0.046 4	−0.075 0	−0.017 7
+5	−3.268	61	0.002	−0.047 9	−0.077 3	−0.018 6
+6	−2.741	61	0.008	−0.041 5	−0.071 8	−0.011 2
+7	−2.369	61	0.021	−0.040 2	−0.074 1	−0.006 3
+8	−2.095	61	0.040	−0.037 2	−0.072 6	−0.001 7
+9	−2.356	61	0.022	−0.043 1	−0.079 6	−0.006 5
+10	−2.605	61	0.012	−0.047 1	−0.083 3	−0.011 0

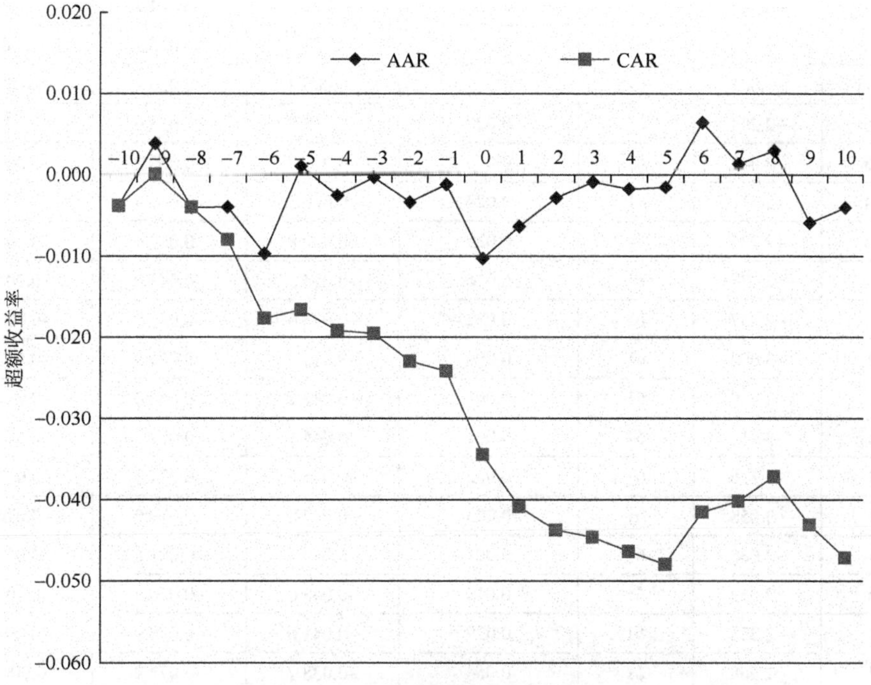

图 9-3　窗口[−10，+10]平均超额收益率和累计超额收益率

二、基于窗口[–15，+15]高管落马事件市场效应检验

这一步，我们将事件窗口由[–10，+10]扩大到[–15，+15]，使检验结果更加具有稳固性。从表 9-3 和图 9-4 中可以看出，从落马事件发生前第 6 天到发生后 15 天内累计超额收益率均通过显著性检验，说明高管落马事件具有信息含量，并且这种影响会持续一段时间。在事件发生前有消息泄露的情况，同事件窗口[–10，+10]情况相似。

表 9-3 窗口[–15，+15]高管落马累计超额收益率检验结果

日期	t	df	Sig（双侧）	CAR	95%置信区间	
					上限	下限
–15	0.172	61	0.864	0.000 5	–0.005 4	0.006 4
–14	0.240	61	0.811	0.000 9	–0.006 3	0.008 0
–13	0.998	61	0.322	0.004 9	–0.004 9	0.014 8
–12	0.223	61	0.825	0.001 1	–0.009 0	0.011 2
–11	–0.203	61	0.840	–0.001 2	–0.013 1	0.010 6
–10	–0.765	61	0.447	–0.005 1	–0.018 4	0.008 2
–9	–0.147	61	0.884	–0.001 0	–0.014 7	0.012 7
–8	–0.766	61	0.447	–0.005 1	–0.018 6	0.008 3
–7	–1.081	61	0.284	–0.009 2	–0.026 1	0.007 8
–6	–2.244	61	0.028	–0.018 8	–0.035 6	–0.002 1
–5	–2.047	61	0.045	–0.017 8	–0.035 2	–0.000 4
–4	–2.311	61	0.024	–0.020 3	–0.037 9	–0.002 7
–3	–2.235	61	0.029	–0.020 8	–0.039 4	–0.002 2
–2	–2.477	61	0.016	–0.024 3	–0.043 9	–0.004 7
–1	–2.357	61	0.022	–0.025 6	–0.047 3	–0.003 9
0	–3.002	61	0.004	–0.035 9	–0.059 9	–0.012 0
1	–3.409	61	0.001	–0.042 2	–0.067 0	–0.017 5
2	–3.414	61	0.001	–0.045 1	–0.071 5	–0.018 7
3	–3.216	61	0.002	–0.046 0	–0.074 5	–0.017 4
4	–3.058	61	0.003	–0.047 8	–0.079 0	–0.016 5
5	–3.065	61	0.003	–0.049 4	–0.081 6	–0.017 2
6	–2.559	61	0.013	–0.043 0	–0.076 6	–0.009 4
7	–2.232	61	0.029	–0.041 6	–0.078 9	–0.004 3
8	–1.968	61	0.054	–0.038 7	–0.077 9	0.000 6
9	–2.198	61	0.032	–0.044 5	–0.085 1	–0.004 0

续表

日期	t	df	Sig（双侧）	CAR	95%置信区间	
					上限	下限
10	−2.445	61	0.017	−0.048 7	−0.088 6	−0.008 9
11	−2.326	61	0.023	−0.047 2	−0.087 8	−0.006 6
12	−2.300	61	0.025	−0.049 9	−0.093 2	−0.006 5
13	−2.479	61	0.016	−0.053 8	−0.097 3	−0.010 4
14	−2.663	61	0.010	−0.058 5	−0.102 4	−0.014 6
15	−2.796	61	0.007	−0.062 2	−0.106 7	−0.017 7

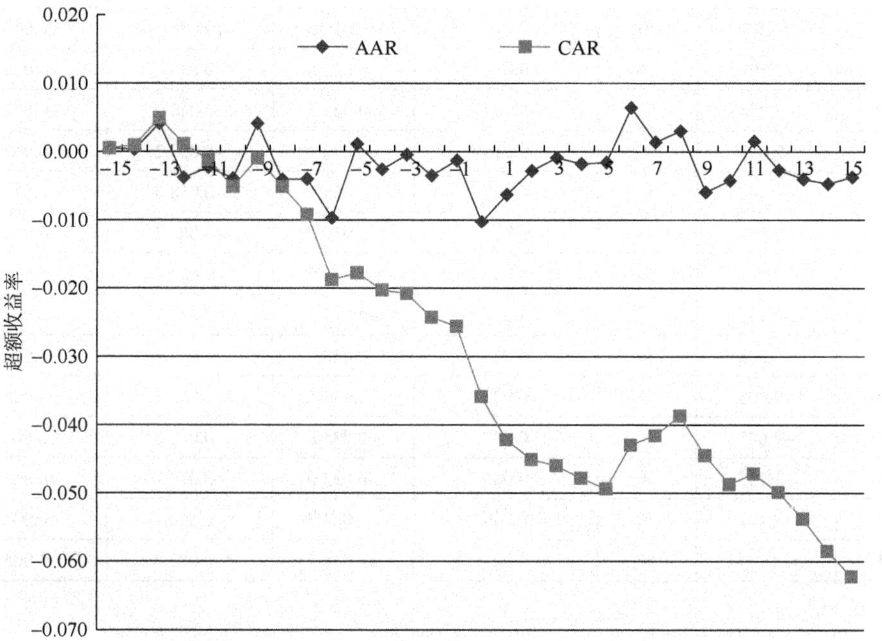

图 9-4 窗口[−15，+15]平均超额收益率和累计超额收益率

三、国有控股上市公司高管落马市场效应检验

在前文分析企业性质这一部分的时候，我们发现，国有控股样本远多于民营控股样本，由于国有企业天然的政治关联性，国有控股公司在此类事件中占据更为凸出的位置。因此，本章剔除了样本中的民营控股样本，单独对国有控股公司进行分析，分别对[−10，+10]与[−15，+15]两种事件窗口进行检验，如表 9-4 和表 9-5 所示。综合来看，从高管落马前 6 天到落马事件公布后的 15 天内累计超额收益率通过显著性检验。

表 9-4　窗口[−10，+10]高管落马累计超额收益率检验结果

日期	*t*	df	Sig（双侧）	CAR	95%置信区间	
					上限	下限
−10	−1.832	56	0.072	−0.004 2	−0.008 7	0.000 4
−9	0.204	56	0.839	0.000 6	−0.005 2	0.006 3
−8	−0.878	56	0.384	−0.003 2	−0.010 6	0.004 2
−7	−1.658	56	0.103	−0.008 7	−0.019 1	0.001 8
−6	−2.928	56	0.005	−0.017 6	−0.029 7	−0.005 6
−5	−2.462	56	0.017	−0.016 9	−0.030 7	−0.003 2
−4	−2.888	56	0.006	−0.020 7	−0.035 0	−0.006 3
−3	−2.377	56	0.021	−0.019 3	−0.035 6	−0.003 0
−2	−2.599	56	0.012	−0.022 8	−0.040 4	−0.005 2
−1	−2.234	56	0.030	−0.023 1	−0.043 9	−0.002 4
0	−2.649	56	0.010	−0.030 3	−0.053 2	−0.007 4
+1	−2.950	56	0.005	−0.035 1	−0.058 9	−0.011 3
+2	−3.083	56	0.003	−0.037 7	−0.062 2	−0.013 2
+3	−2.913	56	0.005	−0.038 6	−0.065 2	−0.012 1
+4	−2.782	56	0.007	−0.041 3	−0.071 1	−0.011 6
+5	−2.838	56	0.006	−0.042 9	−0.073 1	−0.012 6
+6	−2.405	56	0.020	−0.037 5	−0.068 8	−0.006 3
+7	−2.025	56	0.048	−0.035 8	−0.071 2	−0.000 4
+8	−1.755	56	0.085	−0.033 0	−0.070 7	0.004 7
+9	−2.105	56	0.040	−0.041 3	−0.080 7	−0.002 0
+10	−2.279	56	0.027	−0.044 2	−0.083 0	−0.005 3

表 9-5　窗口[−15，+15]高管落马累计超额收益率检验结果

日期	*t*	df	Sig（双侧）	CAR	95%置信区间	
					上限	下限
−15	0.129	56	0.897	0.000 4	−0.005 9	0.006 7
−14	−0.057	56	0.955	−0.000 2	−0.007 9	0.007 5
−13	1.102	56	0.275	0.005 8	−0.004 8	0.016 4
−12	0.324	56	0.747	0.001 6	−0.008 5	0.011 8
−11	−0.578	56	0.566	−0.003 3	−0.014 7	0.008 1
−10	−1.134	56	0.262	−0.007 5	−0.020 9	0.005 8
−9	−0.362	56	0.719	−0.002 6	−0.017 1	0.011 9

续表

日期	*t*	df	Sig（双侧）	CAR	95%置信区间	
					上限	下限
−8	−0.923	56	0.360	−0.006 5	−0.020 8	0.007 7
−7	−1.425	56	0.160	−0.012 0	−0.028 8	0.004 9
−6	−2.443	56	0.018	−0.021 0	−0.038 1	−0.003 8
−5	−2.276	56	0.027	−0.020 3	−0.038 1	−0.002 4
−4	−2.729	56	0.008	−0.024 0	−0.041 6	−0.006 4
−3	−2.358	56	0.022	−0.022 8	−0.042 2	−0.003 4
−2	−2.570	56	0.013	−0.026 4	−0.047 0	−0.005 8
−1	−2.343	56	0.023	−0.026 9	−0.049 8	−0.003 9
0	−2.715	56	0.009	−0.034 0	−0.059 2	−0.008 9
+1	−2.982	56	0.004	−0.038 8	−0.064 9	−0.012 7
+2	−2.964	56	0.004	−0.041 4	−0.069 4	−0.013 4
+3	−2.780	56	0.007	−0.042 4	−0.072 9	−0.011 8
+4	−2.695	56	0.009	−0.045 2	−0.078 8	−0.011 6
+5	−2.722	56	0.009	−0.046 8	−0.081 2	−0.012 4
+6	−2.329	56	0.023	−0.041 5	−0.077 3	−0.005 8
+7	−1.992	56	0.051	−0.039 7	−0.079 7	0.000 2
+8	−1.751	56	0.085	−0.037 0	−0.079 4	0.005 3
+9	−2.070	56	0.043	−0.045 4	−0.089 3	−0.001 5
+10	−2.247	56	0.029	−0.048 4	−0.091 5	−0.005 2
+11	−2.125	56	0.038	−0.046 6	−0.090 5	−0.002 7
+12	−2.117	56	0.039	−0.049 6	−0.096 5	−0.002 7
+13	−2.271	56	0.027	−0.053 2	−0.100 2	−0.006 3
+14	−2.377	56	0.021	−0.056 3	−0.103 7	−0.008 9
+15	−2.458	56	0.017	−0.058 9	−0.106 9	−0.010 9

第五节　研究结论与政策建议

一、研究结论

本章首先，回顾了上市公司高管违法违规及重大事项公告的市场反应研究的相关文献。其次，对有效市场假说、委托代理理论等相关理论进行了理论分析。通过对 2004～2015 年 12 年期间高管落马事件进行搜集整理，在其关联的上市公司中筛选出 62 家作为研究样本，并从行业特征及企业性质的角度对研究样本进行了更为深入的研究。最后，运用事件研究法的基本原理，从实证角度分析了高管落马事件对其关联上市公司股票价格产生的影响，得出以下两点基本结论。

第一，高管落马事件集中于国有控股上市公司。在我国，国有控股公司的身份和性质具有天然的政治关联性，这使得高管的决策很可能与最优化决策相偏离甚至背离的，加之国有企业的公司治理制度并不完善，权力制约存在一定程度的失衡，外部监管机制不够健全，这种“得天独厚”的条件让这些“官员高管”腐败的可能性大大提高。

第二，高管落马事件会对其关联上市公司股票价格产生负面影响。一旦有落马事件出现，对于关联上市公司的正常经营管理及投资者的信心都会有较为明显的影响。通过对样本股票平均超额收益率、累计超额收益率的分析，以及累计超额收益率的显著性检验，发现在高管落马事件发生前的 10 个交易日关联上市公司股票价格比较平稳，而在官员落马发生当日关联上市公司股票平均超额收益率和累计超额收益率显著为负，说明股票市场对于高管落马事件较为敏感，投资者可以对这种突发的利空事件迅速做出决策。在落马事件发生后的 10 个交易日内的累计超额收益率显著为负，进一步反映出高管落马事件对关联上市公司的负面影响会持续一段时间。另外，累计超额收益率在高管落马事件发生前 6 个交易日内通过显著性检验，说明信息有提前泄露现象，投资者察觉到并做出了反应，我国的证券市场介于弱势有效与半强势有效之间。

二、政策建议

通过上述实证分析，本章得出了一些可供各方借鉴的政策建议。

第一，在宏观层面上加速推进惩罚重大违规行为的法制建设。高管落马事件的接连上演，深刻地说明了我国在上市公司违法违规行为方面的法制建设是滞后的，高管能够钻法律的漏洞为所欲为，很多违法违规行为的处理结果就是罚款或公开谴责，这样治标不治本的处罚并不能很好地约束高管的行为。所以，政府要加速推进惩罚重大违法违规行为的法制建设，并制定系统化反腐败法律，真正做到“法网恢恢，疏而不漏”，形成对高管行为的有效约束。

第二，在中观层面上努力推进国企高管市场化改革。国有控股上市公司高管的行政化选拔是我国国有企业行政型治理或行政联系的最主要体现，而行政化选拔的后果是高管考核的非职业化和对股东的“不忠心”，所以未来发展的大方向是推进国有控股公司高管市场化改革。这一点上我国央企在 2014 年已经进行了探索，多家企业已经将高管任免权下放给公司董事会，可以说是在高管市场化进程方面迈出了重要一步。

第三，在微观层面上加强上市公司自身内部治理。外部监管是一方面，公司内部治理同样非常关键。高管落马事件是公司内部治理机制失衡的表现，是对公司经营管理者权力制衡的缺失。很多公司对公司治理只停留在认知或者合规阶段，而无实质性措施，公司治理的有效性偏低。因此，上市公司要建立一套能够有效发挥作用的公司治理体系，形成对管理层的有效激励和约束，避免问题高管的出现。

第十章　我国上市公司股权激励市场效应研究

经营权和所有权的问题一直是公司治理研究的热点。实践证明，经营权与所有权的分离有利于公司效率的提高，但是委托代理问题也随之而来，为了减少代理成本，需要建立一系列的激励和约束机制。股权激励是一种非常有效的激励机制，本章首先收集我国上市公司 2005 年以来 323 个股权激励的预案样本，采用事件研究法对我国上市公司股权激励的市场效应进行了研究。研究发现，我国上市公司的股权激励事件存在显著不为零的累计超额收益，即存在显著的市场正效应。事件日之前，超额收益就显著不为零，事件日之后存在着反应不足和反应过度的现象，这说明中国股市存在着信息泄露的问题，有效性不足。此外还发现，随着时间的推进，股权激励的市场效应正在回归理性；股票期权的累计超额收益显著大于限制性股票；民营控股上市公司的累计超额收益显著大于国有控股上市公司。

第一节　问 题 提 出

从世界各国著名企业的兴衰发展史中，我们可以看到，所有权与经营权相分离更加有利于企业的发展和延续。这一命题真正的提出始于 1932 年 Berle 和 Means 的“杰作”——《现代公司与私有财产》(*The Modern Corporation and Private Property*)，其中提到了委托代理理论。实践证明，委托代理的出现有利于公司的经营，但也会带来一系列的问题——委托代理问题。这个问题一直困扰着社会各界，经大量实践和学术的检验，减少委托代理问题的有效方式之一就是股权激励。

股权激励是一种特殊的激励方式，它通过赋予公司员工（尤其是高管和核心人员）一定数量的股权，将公司的经营者和所有者的身份统一起来，达到减少代理成本和实现长期激励的目的。简单来说，股权激励就是用股权来激励员工努力为公司工作。股权激励将股权授予公司的经营者，使得经营者的利益和公司的业绩捆绑在一起，进而使经营者树立长远眼光，为公司利益服务。此外，股权激励一般会设置一定的条件，只有激励对象达到相应的条件，才可以实现自身利益。

股权激励的最早实践始于 20 世纪 50 年代的美国，辉瑞制药（Pfizer）进行了股权激励的尝试，采用经理层和员工持股的方式进行，并取得了积极效果。我国很早就进行了股权激励的实践，但有明确法律规定的股权激励实践始于 2005 年。到现在，我国的股权激励已经走过了很多年，特别是最近几年，越来越多上市公司开始导入股权激励，其有效性及市场效应问题是理论与实务界关注的焦点。

对股权激励的市场效应进行研究，对不同主体有不同的意义。首先，对公司来说，股权激励是一项长期性的激励，研究股权激励的效应对于公司进行股权激励的决策具有重要意义，如果股权激励具有正向的市场效应，并且能够持续下去，这就说明股权激励这项“投资”的净现值为正值，值得去做。此外，对股权激励的深入研究，也有利于公司熟悉股权激励这种激励方式，促使公司采取适合的方式激励员工，提高公司的效益。其次，对投资者而言，研究股权激励的市场效应能够为投资者特别是个人投资者提供短期投资建议，如果股权激励能够带来较为显著的正超额收益，投资者可以抓住这个机会进行买入卖出，获得低风险的收益。研究股权激励的市场效应也有利于投资者丰富投资知识，了解我国股票市场的动向。最后，对资本市场来说，研究某一事件的市场效应能够检测资本市场的有效性，有效的资本市场应该随着利好消息的出现迅速反应，一步到位，并且不存在提前反应即内幕消息，研究股权激励的市场效应也能够促进我国股票市场有效性的提高，找到超额收益的理性区域，避免反应不足和过度。

第二节　国内外股权激励实践

一、国外股权激励的发展

国外股权激励的先驱是美国辉瑞公司。1952 年，美国个人所得税的边际税率最高达到 92%，这使得依靠薪金度日的公司雇员苦不堪言，工作积极性也受到打击，于是，辉瑞公司为了提高员工的积极性，帮助员工们合理避税，推出了第一个全雇员员工持股计划，开创了股权激励的先河。这个决定虽然当时并没有引起整个市场的效仿，也未引起太多的关注，但这一制度还是慢慢走上了公司治理的舞台。

（一）萌芽阶段（1950～1960 年）

20 世纪 50 年代，美国经济学家路易斯·凯尔索（Louis Kelso）研究出一种新的“发明”，设计出世界上第一份员工持股计划。员工持股计划就成了股权激励的第一种方式，并且起到了激励员工的作用。

（二）缓慢发展阶段（1960～1970 年）

20 世纪 60 年代到 20 世纪 70 年代，美国政府制定了许多股权激励政策，在这个阶段，发展迅速的企业尤其钟情于股权激励计划。

（三）快速发展阶段（1970～2000 年）

从 20 世纪 80 年代中期开始，美国股市慢慢复苏，股权的重要性增强，股权激励也盛行开来。20 世纪 90 年代末，股权激励达到顶峰。美国公司排名前 1000 名的公司中，有大约 900 家公司的高管获得了股票期权，美国高管总薪酬中股票期权的比例已经从 1976 年的 20%以下上升到 2000 年的 50%，个别公司甚至达到 95%。公司实力和竞争力的提高和股权激励也是相辅相成的，股权激励有利于公司竞争力增加。

（四）理性发展阶段（2000 年至今）

2000 年，美国纳斯达克科技股泡沫破裂，牛市结束，股价下跌对期权来说是一个噩梦；另外，美国的股权激励以股票期权为主，而期权是一种风险性极高的衍生工具。再加上发生安然、世通等财务舞弊事件，人们对股权激励开始进行反思。美国证券交易委员会（Securities and Exchange Commission，SEC）加强了监管，2002 年 7 月 30 日，美国总统签署以公司改革为内容的萨班斯-奥克斯利法案（Sarbanes-Oxley Act），对高管做出了许多新的限制；各大公司也在理性研究高管激励对于公司的绩效影响，而不是跟风进行股权激励；很多学者的研究结果也表示，高管激励到达一定程度就会和公司的绩效呈现反向关系，股权激励更适合一些初创型、高科技的企业，而非成熟的大企业。尽管存在一定的问题，股权激励仍旧“担当重任”，被大多数的公司和企业员工所接受，实施的方式也越来越理性和成熟。

二、国内股权激励的发展

如果按照广义的股权激励来看，我国最早的股权激励始于清末，山西票号开创了员工入股的方式。但是真正意义上的股权激励，应该是我国股市建立以来的股权激励，即从 1990 年上海证券交易所建成，因为只有存在真正意义上的股票，才有了股权激励的基础。任何新生事物的成长都是一个艰难的过程，我国股权激励也不例外。

（一）探索阶段（1991～2004 年）

在这个阶段，我国积极进行股权激励的实践，典型的代表有内部职工股、吴仪模式等。在内部员工股的实践中，我国股市的一、二级市场的差价收益，大多数员工经不起诱惑背叛公司，抛售股份，致使与公司的目标南辕北辙，反而影响了整个市场的稳定性。因此，证监会于1998年制止了这个做法，规定股份有限公司发行股票不得发行内部职工股。

除了职工股外，还有管理层持股。高管所持股份属于限售股，在没有进行股权分置改革的条件下，这部分限售股是无法在二级市场上自由流通的，因此，激励的收益无法兑现在一定程度上影响了高管的工作积极性及上市公司的绩效。这个阶段，管理层持股的性质和功能与国外的股权激励可以说是差别很大的。

（二）初级阶段（2005～2006年）

2005年，我国开始股权分置改革试点，这使得全部股权得到流通。2006年，新《公司法》规定，只要通过股东大会的决议，公司就可以收购本公司的股份用于奖励本公司的职工，这解决了股权激励的来源问题，而这部法律同时允许公司董事、监事和高管转让其股份，也使得激励收益可以实现。2005年12月31日，中国证监会公布《上市公司股权激励管理办法（试行）》，这个管理办法对激励对象和被激励对象的条件及限制做出规定，对限制性股票和股票期权做出较为详细的规定，对股权激励的实施与披露、监管与处罚也做了规定。同时，随着我国改革的深入，股票市场的有效性增强，这也有利于股权激励。

（三）徘徊与规范阶段（2007～2009年）

2007年，上市公司治理专项活动的进行，使得股权激励审批慢了下来。2008年国务院国有资产监督管理委员会、中国证监会和财政部出台政策规范股权激励。2008年，中国证监会陆续发布《股权激励有关事项备忘录1号》《股权激励有关事项备忘录2号》《股权激励有关事项备忘录3号》，国务院国有资产监督管理委员会、财政部发布《关于规范国有控股上市公司实施股权激励有关问题的通知》。2009年，国家税务总局对三种主要的股权激励方式涉及的税收问题做出了明确的规定，这些政策文件的出台使得我国股权激励的政策不断完善。

（四）快速发展阶段（2010年至今）

经过了上一阶段的调整和规范，2010年以来，股权激励得到了新发展，进入了又一个“黄金时代”，越来越多的公司发布股权激励的计划。同时，新的问题也会不断出现，促使监管部门完善相关的制度和法律。

三、我国股权激励的方式

股权激励虽然说是一种“舶来品”，但是由于经历了很长一段时间的自我探索的无管制阶段，可谓是“百花齐放，百家争鸣”，涌现出很多独具中国特色的激励方式。创新的方式有三种，第一种是类似借鉴外国的股权激励方式，如股票期权；第二种是创造或者衍生出新的股权激励方式，如延期支付；第三种是将很多种方式进行复合创新，如前文提到的“吴仪模式”就是期权和股权的组合模式。单独的股权激励一般采用如下几种方式。

（一）业绩股票

业绩股票是我国企业常用的一种股权激励的方式，业绩股票的执行周期一般是一年，即在年初设定一个合理的业绩目标，业绩目标一般是指达到某个利润指标，如净资产收益率，年末的时候根据目标的完成情况决定是否给予激励，激励的方式是直接授予股票或者是提取奖励基金购买公司的股票。业绩股票经董事会提出和股东大会表决通过后，一般授予高管和核心业务技术人员。

（二）业绩单位

业绩单位与业绩股票十分类似，主要的不同之处在于，业绩单位的支付方式是现金，而不是股票。因此，业绩单位从严格意义上讲，并不是一种股权激励。而且，业绩单位与业绩股票相比，更具有短期性激励的效果。

（三）股票期权

股票期权是到目前为止应用最广泛的一种股权激励的工具。股票期权本质上是一种看涨期权，与看涨期权不同的是，激励对象不需要支付期权费，只需要支付买入股票的价格。可以看出，只有公司的市场价格高于行权价格，激励对象才有利可图，期权才会被执行。

（四）虚拟股票

虚拟股票的“虚拟”是指授予激励对象的股票并非“现实”的，没有所有权和表决权，因此不能出售，只能获得一定量的分红。获得分红的前提是达到约定的条件，一般是某个业绩目标。所以，虚拟股票并非真正意义上的股权，可以认为是一种奖金，其激励作用并不明显。

（五）股票增值权

股票增值权类似于股票期权，与之不同的是，股票增值权的激励对象并不按照实际行权价格购买股票，而是直接享受市场价格高于行权价格的那部分升值收益。所以，公司不需要准备股票授予激励对象、考虑股票的来源问题和进行回购等，避开了烦琐的程序。股票增值权本质上也是奖金的延期支付。

（六）限制性股票

限制性股票也是一种非常重要的股权激励方式，公司无偿授予或者以象征性的价格卖给激励对象一定数量的股票，并设置一定的业绩条件及禁售期限，只有当激励对象达到业绩目标并且过了禁售期之后，才可抛售限制性股票获取收益。与股票期权相比，限制性股票是无偿或者以极低的价格授予，激励对象不用支付现金或者支付少量现金，所以，限制性股票的约束效果小，更适合价值型的企业。而股票期权因为风险较大，需要将股价提高到一定水平才能获得实际的收益，所以激励效果更大，适合快速增长的高科技企业。

（七）延期支付

延期支付是一种延期的薪酬，公司将薪酬中的一部分按照当时股票的市场价格折算成公司的股票，作为延期支付的激励标的，在既定期限之后，将那部分股票发放给激励对象或者按照市值以现金方式支付给激励对象。可以看出，只有公司的股价上升，激励对象才能获得正收益，否则，自己的“延期薪酬”就会缩水。

（八）经营者股票期权/管理层收购

经营者股票期权是无偿赠予或者低价出售给管理层一定数量的公司股票，让管理层和公司同命运、共风险，这里的股票除了设定一定的解锁期外，没有其他权利上的限制。管理层收购是经营者持股的极端形式，是指公司管理者收购公司的行为，通常为公司管理者从风险投资者手中回购股权的行为。后来，管理层收购也指管理层购买本公司的股份，从而实现经营者和所有者合二为一，减少代理成本。

（九）员工持股计划

员工持股计划是由公司的员工出资购买一定数量的本公司的股票，由公司设立相关的机构进行统一的管理。员工持股将公司的劳动者变为所有者，可以提高员工的主人翁意识、责任感和归属感，激励员工努力工作。在我国，由于操作不规范导致了员工套现的现象，证监会叫停了员工持股这种激励方式。

（十）账面价值增值权

账面价值增值权也并非真正意义上的股票，激励对象按照是否能获得收益主要看每股账面价值是否增值，分为购买型和虚拟型两种。购买型是公司允许激励对象在期初按每股净资产值购买一定数量的股票，在期末公司再按每股净资产期末值回购这些股票。显然，这种激励方式的动力是提高公司的每股净资产值，只有每股净资产值提高了，激励对象才能获得收益，否则，激励对象反而会受到惩罚。虚拟型与购买型的区别在于，虚拟型并不实际拥有股票，只是享有虚拟股票的升值收益，对于激励对象的风险低，约束力小一些。

四、我国三种主要股权激励方式比较

《上市公司股权激励管理办法（试行）》规定，股权激励是一种长期激励，而且主要面向高管和核心业务技术人员，但又不仅限于这两类人。此外，从《上市公司股权激励管理办法（试行）》中可以看出，股权激励的主要方式就是限制性股票和股票期权。从2005年以来，我国许多上市公司进行了股权激励的尝试，采用的方式主要包括三种：股票期权、限制性股票和股票增值权。这三种方式虽然都是股权激励的常用方式，但也存在较大的差别，具体如表10-1所示。

表10-1　我国三种主要股权激励方式比较

区别	股票期权	限制性股票	股票增值权
含义和性质不同	用自己的未来价值“购买”的一份看涨期权	公司授予激励对象的一种“潜在升值资产”	一种变相的延期“薪金”，一种虚拟的股票
获利原理不同	来源于行权日股票的市场价格与约定的行权价格的差价	只要满足一定的条件，就能获得股票出售带来的全部收益	来源于行权日股票的市场价格与约定行权价格的差价
激励对象不同	在行权日实际支付现金	可能无偿获得股票，或者低价购买股票，需要付出少量的现金	公司负责相应的差价，激励对象不需要付出任何现金

续表

区别	股票期权	限制性股票	股票增值权
收益来源不同	市场买单	市场买单	公司买单
禁售期不同	禁售期较短	禁售期较长	禁售期较短
对公司财务和会计的影响不同	会导致公司的成本费用上升，资本公积增多，所以公司盈余减少，现金流不变	定向发行公司股本和银行存款；公司购买会导致公司的成本费用增加以及现金流的流出	会导致公司的成本费用增加以及现金流流出
价值及计算方法不同	估值比较复杂	估值方法简单	估值比较复杂

第三节　理论基础与国内外文献综述

一、股权激励的理论基础

（一）委托代理与公司治理理论

委托代理理论认为，企业是委托人和代理人之间围绕着风险分配所做的一种契约安排（Jensen and Meckling，1976）。实践证明，对于大规模的现代企业，所有权与经营权分离的公司制度比两权合一的制度效率要高得多，但是效率提高的代价之一，就是产生新的委托代理问题。

在现代公司制度中，股东是公司的所有者，拥有公司的所有权；董事会和管理层是公司的实际经营者，掌握着公司的实际经营权。按照理性人的假设，每个人都是趋利避害的。股东目标函数为股东利益最大化，高管目标函数为高管利益最大化。因为股东的利益着眼于股价，在于公司价值的提高，而高管的利益着眼于自身的工作的稳定性、薪酬的丰厚度及社会的荣誉等，所以股东利益最大化不等于高管利益最大化。实际上，在公司治理的实践中，二者经常存在着矛盾，如高管为了保证自己的位置会尽可能的降低风险，拒绝一个高风险、高净现值的投资项目，但这个项目股东是愿意接受的。因二者目标不一致而产生的成本叫做代理成本。

面对这个新问题，理论和实践都在不停地寻找解决方案，完全解决委托代理问题是不可能的，但是我们可以想办法减少代理成本。既然二者的目标不一致，就采取措施拉近二者的目标，其中，股权激励便是一种重要的措施。管理层获得股权，也就成了股东。高管的目标函数=高管利益最大化+股东利益最大化。所以说，股权激励对于提高管理层的效率，减少代理成本，具有很重要的作用。

但是这个股权激励必须是有限的股权，如果股权授予过多，非但不会产生激励作用，反而会导致管理层权力过大，影响公司的科学决策。持股比例太少，会导致激励作用不明显；持股比例过多，经理层的权力膨胀，所有者监督失控，会转化成大股东和小股东的委托代理问题。

（二）人力资本理论

高管作为股权激励对象，是一种人力资本，人力资本的产权属于个人，所以，需要相应的激励才能发挥资本的最大价值。

人力资本理论的始祖是 Schultz，之后，Becker 等经济学家也对其早期的发展做出贡献。他们认为，人力资本是比物质资本更重要的一种资本，人力资本能够创造出更多的价值。随着公司所有权与经营权的分离，管理者作为一种非常重要的人力资本登上了历史舞台。管理要素也作为一种新的要素形式备受重视。

因此，人力作为一种资本，同样需要激励约束，使得人力资本，特别是职业经理人，发挥应有的资本优势。股权激励就是以一种长期的方式实现对职业经理人的激励，促使职业经理人朝着公司价值最大化的方向努力。

（三）非对称信息理论

非对称信息理论的基本原理是，公司的所有者和经营者对于公司实际情况掌握的信息不对称，经营者掌握着公司的真实信息甚至是机密的信息，但是这些并不被所有者知晓。这种信息的非对称性是难以避免的，因为公司的经营管理者不可能将公司所有的内幕消息告诉所有的股东，信息透露给现代公司体制下的大量股东无疑相当于将商业机密公之于众。信息的非对称性会导致双方出现矛盾，管理者特别是高层管理者拥有更多的信息，加上二者的目标函数不一致，因此容易发生经营者谋取私人利益，侵害股东利益的行为。面对这种困境，公司必须设置一定的制度激励和约束高管，股权激励就能使得高管不仅从自身利益出发，而且从所有者利益出发做出科学的决策，维护股东的利益。

二、国外关于股权激励市场效应文献综述

国外进行股权激励市场效应的研究始于美国资本市场的相关研究，已经有将近 30 年的历史。Brickley 等（1985）运用事件研究方法，以美国 175 次股权激励为样本，并通过调整窗口期进行累计超额收益率的检验，研究股权激励的市场效

应。结果发现，在事件日当天没有得到显著的累计超额收益率，但是在事件日之后，能获得一定的累计超额收益率。Yermack（1997）通过观测股权激励之后股价的反应，运用实证的方法，得出了结论：公司的股价会在事件日之后上涨，同时，股价在事件日之前也不会下跌。Ding 和 Sun（2001）发现，股权激励能够带来比较显著的累计超额收益率，仅在事件日当天就有 0.57%的超额收益率，他们进一步比较了股票期权、限制性股票及股票增值权等不同激励标的物下的股权激励的市场效应的不同。Heron 和 Lie（2007）在研究股票期权的市场效应时，发现了异于前人的结论，他们以股票期权授予日为事件日，发现累计超额收益率在事件日之后是正的，这说明股权激励能带来正向的市场效应，但是他们同时得出，累计超额收益率在事件日之前竟然变为负的。

国外因为所取的样本不同，窗口期也不一致，所以得出了一些互相矛盾的结论。但总体上，文献是支持股权激励会产生正向的市场效应，即累计超额收益率 CAR＞0，同时国外也在拓展研究的广度和深度，如研究事件日前后的股价变化，用不同的因子对样本进行分类解释累计超额收益率的差异等。

三、国内关于股权激励市场效应文献综述

国外在股权激励方面的研究已经比较完善和成熟了，但在国内，由于各种条件的限制，对于股权激励市场效应的研究才刚刚起步。在较早的研究中，武晓斐和刘中文（2008）选取了 2006～2008 年共 21 家国有控股上市公司股权激励的样本进行实证分析，以[–30，+30]为窗口期，观测区间内的股价变化，获得了 1.78%的超额累计收益，这表明投资者认可目标公司的股权激励计划。

张水泉和何秋仙（2009）做出股价在事件日之前下跌的假设，结果发现，2006 年发布的 37 个股权激励方案中，股价在方案公布前存在显著的异常下跌现象。同时还发现，股票期权、限制性股票和股票增值权等股权激励方式在事件日之前累计超额收益率为负值，事件日之后变为正。金巍锋和王静怡（2010）对我国境内外上市公司（A 股和 H 股）以股票增值权为激励方式的股权激励计划进行实证研究，结果证明，事件日及事件日后两天有显著的累计超额收益，但是事件日之前，累计超额收益率为负，同时，他们还比较了股票增值权授予和执行对于股价的影响。但是由于股票增值权的样本太少，研究的显著性不高。文海涛和周绍妮（2010）筛选出 89 家发布股权激励预案公告的公司，发现全部的样本在窗口期的累计超额收益均为正。他们进一步比较了国有控股的上市公司和其他上市公司的累计超额收益，发现国有控股上市公司在事件日后累计超额收益率波动剧烈，说明投资者对国有控股公司的股权激励效果存在分歧。张勇和谢芬（2011）通过筛选 2005～2010 年发生股权激励的公司，共得到 107 个样本，以首次公告日为事

件日，发现事件公告日的前两天超额收益率就开始显著大于 0，直到事件日当天达到峰值 1.48%，这说明，我国市场存在着信息泄露的现象，市场的有效性还有待提高，同时，股权激励的确能给投资者带来良好的回报预期。丁荣清和倪凤莲（2012）筛选了 2010 年 6 月到 2011 年 12 月的创业板股权激励样本共 32 家，以[−10，+20]为事件窗口，计算累计超额收益率。最终结论显示，在[0，5]的期间内有显著的超额收益率。这是因为创业板相对于主板来说，有更强的市场效率，这表现为相对短的时间内股价的上升。并且，事件日之前的超额收益并不显著，也说明了创业板内幕信息提前泄露的较少。刘琼（2013）以[−20，+20]为事件窗口期，以[−120，−21]中的 100 天为事件估计期，筛选出 160 家公布董事会预案公告、股东大会通过公告、方案实施公告的公司，发现市场对股权激励的确存在着正向剧烈反应。比较不同方案，董事会预案公告的累计超额收益更大且显著性更好，股票期权的累计超额收益比限制性股票的累计超额收益更明显，事件日股票期权的超额收益率为 3.51%，相比限制性股票只有 1.44%，且不显著。通过年度比较发现，牛市的超额收益要比熊市的超额收益高。

总体来说，由于国内股权激励实践起步较晚，国内关于股权激励市场效应的研究主要集中在最近几年，选取的样本、事件窗口等不一致，结论也不完全统一。

四、股权激励市场效应的文献综述小结

综合以上的研究可以看出，国外在股权激励方面的研究较为成熟和完善，国内进行股权激励的时间还非常短，存在样本不足的现象。国内外众多学者的研究由于选取的事件日、采取的实证方法，以及窗口的选取与侧重面不同，得出的结论并不一致。但学者的研究都支持在事件日之后的几天存在正超额收益，至于上市公司的性质（国有非国有、创业板非创业板）、股市的特征（牛市、熊市）、事件日的选取（预案公告日、股东大会公告日、实施公告日）、股权激励的标的物（股票期权、限制性股票和股票增值权）等不同导致股权激励的市场效应不一致，还有待进一步研究。随着我国法律法规的完善，我国股权激励逐步走上正轨，可供研究的样本也越来越充足，更多的结论还有待发现。

第四节　我国股权激励统计特征分析

一、数据来源

本章的数据全部来自 CSMAR 数据库，包括实施股权激励的公告总体，上证

指数和深证指数的日频收益率，股权激励样本股的基本情况及每日的收益率等。

二、总体统计分析

根据 CSMAR 数据库，截止到 2014 年 3 月 31 日，我国股权激励的全部公告共有 2383 个，其中 H 股的股权激励公告有 12 个，A 股的有 2371 个。总共有 561 个公司进行了股权激励的公告，还有很多公司 2005～2014 年进行了数次的股权激励公告。以 002030 为例，在 2009 年 12 月 23 日、2013 年 2 月 5 日、2014 年 2 月 26 日分别进行了三次股票期权激励的预案公告。

三、方案进度

从图 10-1 可以看出，我国股权激励的公司实施进度分散在七个不同的阶段，但是主要集中在预案阶段、通过阶段、实施中，这是因为我国正式出现股权激励的时间只有不到 10 年的时间，而股权激励一般要持续数年（一般为五年左右），所以很多公司都处在前面的阶段。

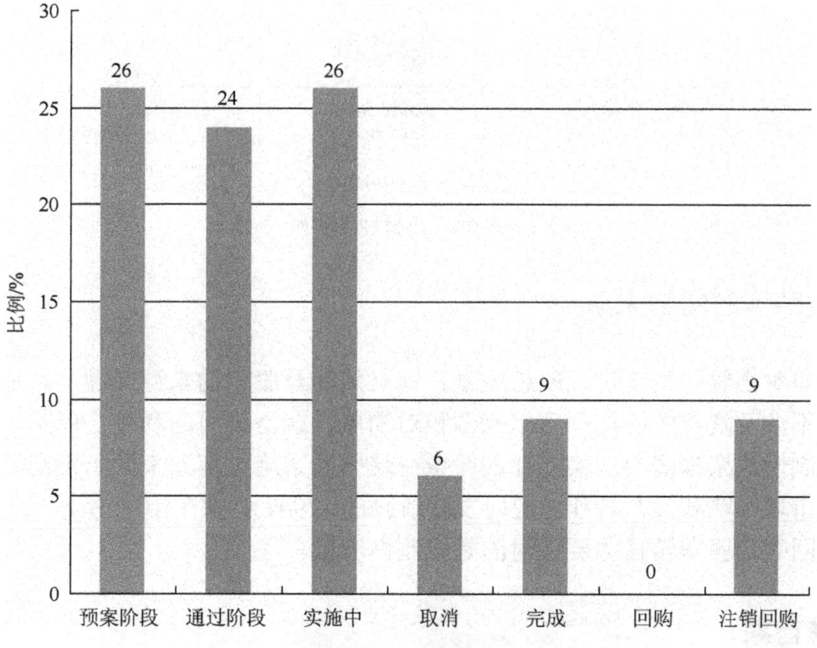

图 10-1　方案进度

资料来源：CSMAR 数据库

四、激励标的物

我国股权激励的法定激励标的物只有三种：股票期权、限制性股票和股票增值权。从统计情况来看，我国更青睐于股票期权这种激励方式。研究表明，期权的市场效应更高，市场可能更接受这种激励方式，详见图 10-2。

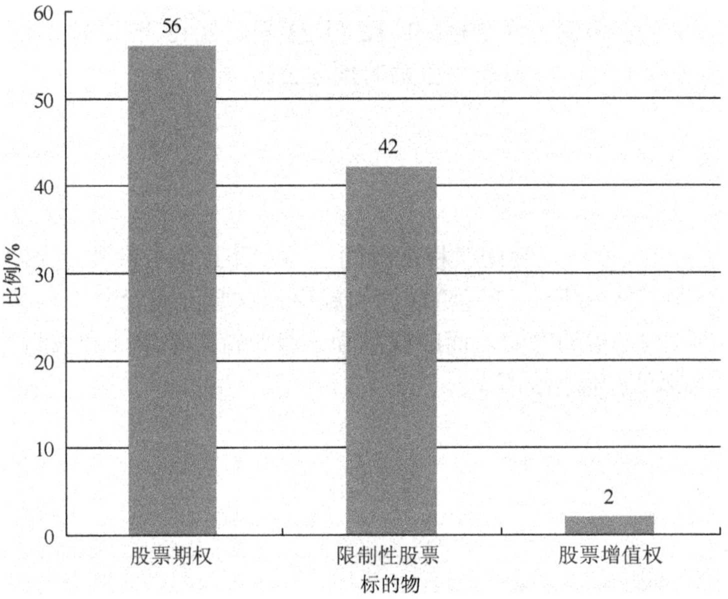

图 10-2　激励标的物

资料来源：CSMAR 数据库

五、激励标的物的来源

公司对高管等员工进行股权激励，就必然涉及股权的来源问题。目前，股票增值权不涉及真实的股票，所以来源相对简单，就是公司的利润。但是，股票期权和限制性股票都需要实实在在的股票，这些股票绝大部分来源于定向发行新股及二级市场回购和股东转让，定向发行新股占比 94%，如图 10-3 所示。其中，二级市场回购和股东转让主要针对的是限制性股票。

六、禁售期

禁售期是指在这段时间内，持有股权的个人不得出售股票套现。股权激励的

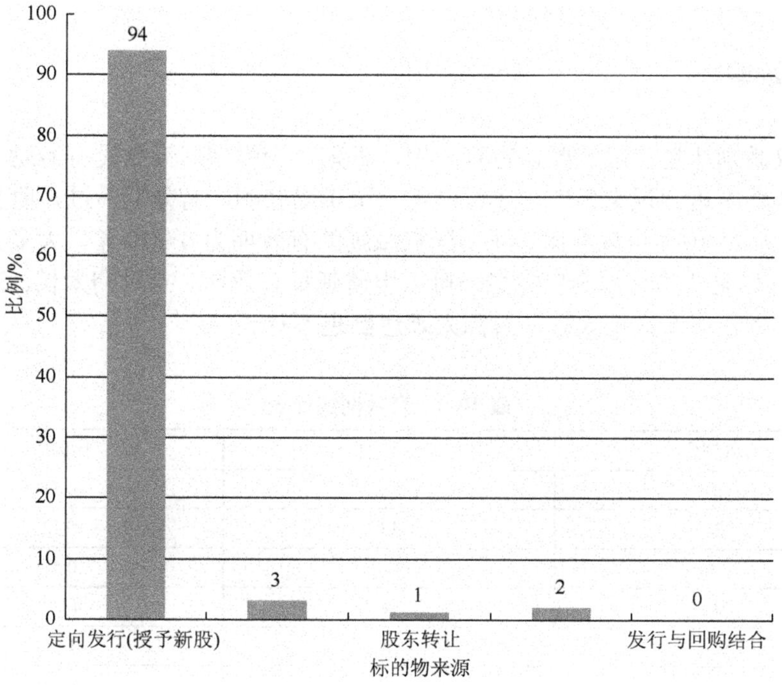

图 10-3　激励标的物的来源

资料来源：CSMAR 数据库

禁售期为 0～6.22 年不等，股票增值权不实际拥有股票，所以不存在禁售期的问题。而股票期权一般也不设置禁售期，高管获得期权后，通过自身努力使得期权成为实值状态，则没有禁售的限制。限制性股票则需要严格规定禁售期，一般是 1 年。详见表 10-2。

表 10-2　股权激励禁售期分布

禁售期/年	频数/次	比例/%
0.5	4	2.27
1	136	77.27
1.5	5	2.84
2	26	14.77
3	3	1.70
5	1	0.57
6.22	1	0.57
合计	176	100.00

资料来源：CSMAR 数据库

七、有效期

股权激励计划一般需要设定有效期，否则，无限期对高管没有激励效果。高管在有效期内达到预定条件，才可以将股票卖出获利，有效期一过，股权激励就作废了。从表 10-3 可以看出，我国股权激励的有效期为 0～10 年，大多数设置为 4～5 年，如果认为计划难以完成，可以申请延长有效期。有效期太长，高管会产生懈怠心理；但有效期太短，目标太难达到也不行。

表 10-3　有效期统计表

有效期/年	频数/次	比例/%
2	1	0.51
3	12	6.12
3.5	1	0.51
4	96	48.98
4.5	2	1.02
5	68	34.69
5.5	2	1.02
6	7	3.57
7	2	1.02
8	3	1.53
10	2	1.02
合计	196	100.00

资料来源：CSMAR 数据库

八、预案公告统计分析

董事会发布预案公告是市场第一次接收信号的时间，因此预案公告的发布尤为重要。2005 年 1 月到 2014 年 3 月共发生了 612 次股权激励的预案。从表 10-4 可以看出，自 2010 年以来，发布预案的公司明显增加，很多公司还是乐于尝试这种长期的激励方式的。

表 10-4　预案公告年份统计表

年份	股票期权	限制性股票	股票增值权	合计
2005	—	1	—	1
2006	19	10	1	30

续表

年份	股票期权	限制性股票	股票增值权	合计
2007	12	—	1	13
2008	25	5	1	31
2009	16	7	—	23
2010	57	16	1	74
2011	70	28	4	102
2012	49	58	5	112
2013	81	101	—	182
2014	20	24	—	44
合计	349	250	13	612

资料来源：CSMAR 数据库

九、完成阶段数据统计

表 10-5 是每年处于完成阶段的股权激励的数量情况，完成时间即股票的过户时间，可以看出，与上面预案阶段明显不同的是，完成阶段共 214 次以限制性股票为主。限制性股票的完成数量显然占绝对优势，但是有趣的是，期权的数量在整个公告总体中占绝对优势，这个原因可能是股票期权还未达到行权条件，而限制性股票是直接授予的，一旦股东大会通过即可将股票授予。另外，限制性股票的业绩目标可以经由管理层实施盈余管理达到。但是股价的提升却并不容易，这个要看投资者买不买账了，在我国股市处于低价徘徊的形势下更是如此。

表 10-5　完成阶段年份统计表

年份	股票期权	限制性股票	股票增值权	合计
2006	—	3	—	3
2007	—	5	—	5
2008	1	8	2	11
2009	1	6	1	8
2010	1	10	—	11
2011	2	24	—	26
2012	1	48	—	49
2013	3	80	—	83
2014	3	15	—	18
合计	12	199	3	214

资料来源：CSMAR 数据库

第五节　我国上市公司股权激励市场效应实证分析

一、事件研究法简介

事件研究源于美国，现在已较为成熟，应用很广泛。

Campbell 等（1997）将事件研究法划分为七个步骤：定义事件、选择样本、选择测定模型、估计测定模型并计算超额收益率、加总超额收益率并检验、报告实证分析的结果和解释总结。

（一）定义事件

要进行事件研究就要对事件进行定义，如可以以企业的并购为研究的事件。事件研究是对历史发生的事件进行研究，要确定一个事件日（t=0），并以此为原点做一个时间轴，定义三个窗口。如图 10-4 所示。

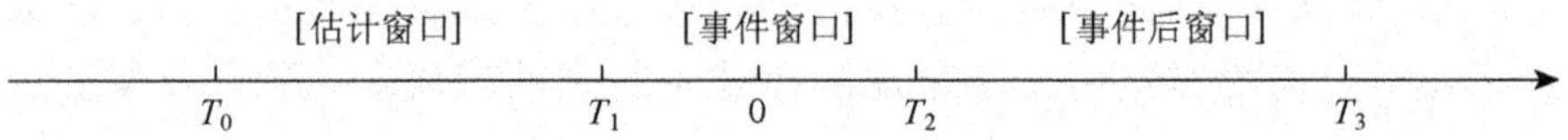

图 10-4　事件研究的时间轴

事件窗口是事件对市场发生影响的时间，我们一般不将事件窗口设为事件当天是因为，市场的非有效因子的存在会导致市场不可能是强式有效的，会存在内幕消息，有消息的提前泄露，同时市场也有可能会存在反应迟钝或者反应过度的现象，所以我们一般将事件日的前几日和后面几日也纳入到事件窗口。

估计窗口是用于估计测定模型的，估计窗口的选择对结果的影响比较大，必须选用合适的估计窗口，估计窗口不能太长也不能太短，估计窗口应该保持双重独立性，即它既不能受研究事件的影响，也不能受其他重大事件的影响。

事件后窗口是用于事件的稳健性检验的，它也可以用来估计测定模型，也可以不用事件后窗口，因为稳健性检验可以用别的方法。

（二）选择样本

样本的选择过程包括两个步骤，样本公司的选取及整个事件窗口的股价或者收益率数据。一个非常重要的原则就是保持数据的清洁性，即这些数据没有受到其他重大事件的影响。其他的原则就要根据实际研究的需要，颇具主观性了，如可以选取市值较大的公司。此外，众多研究中一般还会剔除掉被 ST 及数据缺失的样本。

（三）选择测定模型

测定模型的用途是用来测定正常的收益率，所谓“正常”即在没有重大事件发生时候的期望收益率。简单易用的测定模型有市场模型、常数模型、常数均值模型。其他的还有三因子模型、市场调整模型等。

常数模型假设单个资产的收益率 R_{it} 是常数 μ_t，ε_{it} 是扰动项，在实际中常数 μ_t 一般用某个市场指数代替。如果个股的收益率的变动情况和市场指数的变动吻合，这个模型可以简单的得出有效的结果，否则，一般会有偏差。常数模型的形式如下：

$$R_{it}=\mu_t+\varepsilon_{it} \tag{10-1}$$
$$E[\varepsilon_{it}]=0$$
$$\mathrm{Var}[\varepsilon_{it}]=\sigma^2_{\varepsilon_i}$$

常数均值模型假设 R_{it} 是常数 μ_i，ε_{it} 是扰动项，在实际中 μ_i 一般会用每只股票估计期内的收益率的均值代替。前人的研究表明，这种方法和用非常复杂的方法得出的结论是非常接近的，因而可以认为这是 种相对简单并且有效的模型。常数均值模型的设定如下：

$$R_{it}=\mu_i+\varepsilon_{it} \tag{10-2}$$
$$E[\varepsilon_{it}]=0$$
$$\mathrm{Var}[\varepsilon_{it}]=\sigma^2_{\varepsilon_i}$$

市场模型是假设单个资产的收益率 R_{it} 是市场收益率 R_{mt} 的一元线性函数。相比前两种模型，一般认为市场收益模型是最优的，因为它剔除了股票收益中与市场收益相关的部分，所以降低了估计的误差。市场模型的设置如下：

$$R_{it}=\alpha_i+\beta_i R_{mt}+\varepsilon_{it} \tag{10-3}$$
$$E[\varepsilon_{it}]=0$$
$$\mathrm{Var}[\varepsilon_{it}]=\sigma^2_{\varepsilon_i}$$

式（10-3）中的 β 系数是市场风险衡量指标，表示个股的回报率对于市场回报率的敏感性；R_{mt} 一般由某个具有代表性的市场指数回报率代替。

（四）估计测定模型并计算超额收益率

以市场模型为例，利用估计窗口的市场收益率及个股收益率数据，进行简单的一元线性回归即可得到α_i和β_i的估计值。

假设一共有N个样本，则需要做N次一元线性回归求出每个公司的α和β，有了这两个系数，每个公司都可以得到一个正常收益率的模型：

$$R_{it}^{*}=\alpha_i+\beta_i R_{mt} \tag{10-4}$$

并可以根据式（10-4）测算事件窗口期（$t\in[t_1,\ t_2]$）的正常收益率。

接下来将所有的公司进行联合检验，可以观察市场模型的联合显著性，从而判断这个模型用于正常收益率的估计是否有效。

每只股票实际收益率为R_{it}，正常收益率为R_{it}^{*}，所以每天的超额收益率$\varepsilon_{it}=R_{it}-R_{it}^{*}$。下面记$\varepsilon_{it}$为$\mathrm{AR}_{it}$。

（五）加总超额收益率并检验

根据每个时间t、每个样本公司i的AR，可以得到事件窗口内的每个时间t的AAR、每个样本公司i在时间t的CAR_{it}和每个时间t的CAR_t。其中，N为样本总数，事件窗口为$[t_1,\ t_2]$。

$$\mathrm{AAR}_t=\frac{1}{N}\sum_{i=1}^{N}\mathrm{AR}_{it} \tag{10-5}$$

$$\mathrm{CAR}_{it}=\sum_{t=t_1}^{j}\mathrm{AR}_{it} \tag{10-6}$$

$$\mathrm{CAR}_t=\sum_{t=t_2}^{j}\mathrm{AAR}_t \tag{10-7}$$

首先，提出零假设，即超额收益率和累计平均超额收益率为0。接着设定t统计量如下，$\mathrm{AR}_{\mathrm{SD}}$是超额收益的标准差。

$$t=\frac{\mathrm{CAR}_t}{\mathrm{AR}_{\mathrm{SD}}} \tag{10-8}$$

其次，利用程序计算t统计量的值。t检验可以检验三种超额收益率是否显著，第一种是每个公司在事件窗口内的CAR_i是否显著，第二种是检验所有公司在时间窗口期内每天的CAR_t，第三种是将所有的样本公司看做一个总体，做一次联合检验，检验所有公司在窗口期内的累计超额收益率。此外，还有很多稳健性检验的方法。

（六）报告实证分析的结果

实证分析的结果一般以图表的形式报告，窗口期内的累计超额收益率反映了市场效应的大小，超额收益率的变化反映了市场的有效程度。除此之外，t统计量是不可或缺的，用于检验累计超额收益率是否显著，否则，即便超额收益率再高，t统计量不显著，也并不能说是存在超额收益率。

（七）解释总结

解释与总结是事件研究法的最后一个步骤，是理论提升的部分，对实证结果进行解释和总结能够帮助我们认识事件研究法的最终目的，并得出有参考意义的结论。需要说明的是，解释必须具有全面性和准确性，易于理解。

二、股权激励市场效应检验

我们将股权激励事件研究归纳为五个步骤：定义事件并假设、样本筛选、估计模型、计算累计超额收益并检验、实证结果分析。

（一）定义事件并假设

首先，根据实际需要确定事件日、事件窗口及事件日之前的估计窗口，划分出时间轴，如图 10-5 所示。

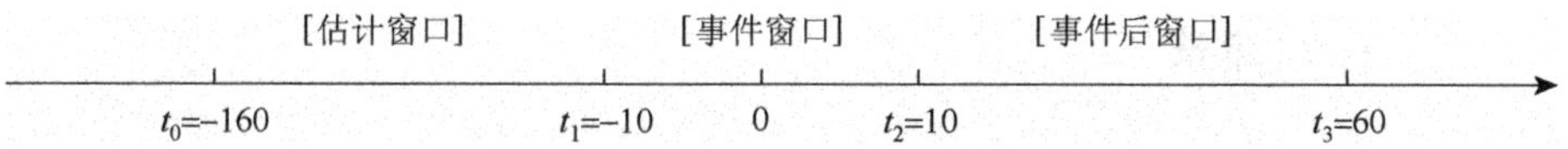

图 10-5　股权激励事件研究的时间轴

事件日：预案公告日。在股权激励的市场效应研究中，定义为事件日的选择可以有很多，之前很多学者有选择预案公告日，也有选择股东大会公告日和宣布实施公告日的。从主观上来说，市场应该对第一次信号发布反应最为激烈，也就是董事会发布预案的时候。从客观上来说，根据之前的比较研究可以发现，市场对预案公告日的反应最为激烈。所以，选择预案公告日作为事件日是最为合理的。

事件窗口：[−10，+10]。将事件窗口设为[−10，+10]是为了尽可能观测长时间的超额收益情况和股价变化情况，同时也为了避免其他重大事件对研究事件的影响。后续研究可以改变窗口期，观察事件产生影响的具体时间。

估计窗口：[−160，−30)。国外的经验数据表明，采用日频数据的，一般将估计窗口选为事件日前 60～250 个数据作为估计窗口。但是我国股票市场波动比较大，所以选择较小的估计窗口——130 天。

根据前面的理论论述部分，我们有理由相信，股权激励会产生显著的市场正效应，只不过在我国这个有效性相对不足的市场，可能存在着一定的扭曲。因此，提出如下的假设。

假设 10-1　以预案公告为事件日，在短暂的窗口期内，将会产生显著的正超额收益，也就是说，市场对于股权激励这一事件的反应是显著正向的。

假设 10-2　事件日的前几天也会存在较为显著的超额收益，说明我国市场是半强式有效的，存在着一定的内幕消息，因此得到内幕消息的投资者会通过提前买入获得收益。

假设 10-3　由于我国的资本市场是不断发展的，因此有效性应该是不断增强的，这反应在实证结果上应该是，随着年份的增加，我国股权激励的累计超额收益显著性增强；此外，我国投资者的投资知识不断增加，趋于理性，再加上受到政策的影响，本章认为，我国股权激励的正的累计超额收益是不断递减的，2010年以后尤为明显。

假设 10-4　股票期权和限制性股票是当今我国最主要的股权激励方式，由于股票期权的认可度更高，股票期权的累计超额收益会大于限制性股票，市场更接受股票期权。

假设 10-5　一般认为，非国有企业的运营效率更高，监督更加有效，代理成本更低，所以认为，非国有企业股权激励的市场认可度更高，即非国有企业的累计超额收益率要大于国有企业。

（二）样本筛选

样本筛选必须符合研究的目的，并且具有极高的清洁性，即不能受其他事件及因素的影响，如公司被 ST，公司在股权激励事件日发生某些丑闻或者某些重大利好消息等。根据这个原则，首先我们将总体按照股权激励的进度进行分类，即从总体的 2000 多个样本中筛选出预案公告的样本，共计 612 个，预案公告的当日为事件日。

根据边际效应递减的原理，当市场连续接收某个信号的时候，第一次的反应应该最具有代表性，而后面几次的反应则很可能受前面反应的影响。为了保证样本的清洁性，一家公司发布多次预案公告的，只取第一次，清洁之后的样本总数为 443 家。

此外，再剔除事件期内发生对研究事件造成污染的其他重大事件的公司，剔除 H 股的股票 3 家，发布股权激励预案公告期间及估计窗口被特殊处理的股票 5 家，以及在预案公告附近未完成股改的 24 家，最后剩余 414 家公司。再利用 STATA 软件剔除掉观测期数据不全的股票，若以[−30，+30]天的窗口期，[−160，−30）共计 130 天的观测期为例，可以获得样本总数为 317 家；若以[−10，+10]天为事件窗口期，[−160，−30）为估计期，可以得到有效样本共计 322 个；若以[−5，+5]天为事件窗口期，[−160，−30）为估计期，可以得到有效样本共计 323 个。

（三）估计模型

在估计个股正常收益率方面，市场模型是最常用的模型。因此，本章将先循着前人的“路”探寻股权激励市场效应的“宝藏”。根据前文描述的市场模型，首先需要确定自变量和因变量，我们用上证综合指数回报率的日频数据代替自变量——市场组合收益率 R_{mt}，用每只股票的收益率日频数据作为因变量。

我们可以很容易地从 CSMAR 数据库得到因变量——每只样本股的收益率日频数据 R_{it}，还有自变量——上证综合指数回报率的日频数据 R_{mt}，根据一元线性回归模型 $R_{it}=\alpha_i+\beta_i R_{mt}+\varepsilon_{it}$，可以得到 α 和 β 的观测值。从表 10-6 的输出结果可以看出，β（market_ret）是非常显著的，而 α（_cons）不太具有显著性，并且常数项 α 是一个极小的负值，截距接近于 0，这说明因变量和自变量的散点图接近于一条过原点的直线，有直接的相关关系。

表 10-6　估计窗口市场回归结果

变量	系数
market_ret	1.662***
	（9.69）
_cons	−0.000 743
	（−0.36）
N	130

注：括号内数值为 *t* 统计量的值

*、**和***分别表示在 10%、5%和 1%的显著性水平下显著

（四）计算累计超额收益并检验

以[−10，+10]共 21 天为事件窗口，可以得到每只股票的每天的超额收益 AR，根据前文中提到的平均超额收益率、累计超额收益率的式（10-5）、式（10-6）得到结果并进行作图和作表。

接下来验证每只股票的累计超额收益率的显著性，根据式（10-8）构造 t 统计量，检验不同分类下的累计超额收益的显著性。

表 10-7 是事件窗口[−10，+10]21 天中每天的平均超额收益率及样本股票的累计超额收益率。

表 10-7　相对日期、平均超额收益率及累计超额收益率

相对日期	AAR	CAR
−10	0.003 481 8	0.003 481 8
−9	−0.000 131 0	0.003 350 4
−8	0.000 956 4	0.004 306 9
−7	0.001 679 1	0.005 986 0
−6	−0.000 595 0	0.005 391 4
−5	0.000 291 9	0.005 683 4
−4	0.000 308 3	0.005 991 6
−3	−0.000 664 0	0.005 327 3
−2	0.000 536 2	0.005 863 5
−1	0.006 043 9	0.011 907 4
0	0.015 945 8	0.027 853 2
+1	0.004 652 3	0.032 505 5
+2	0.001 484 9	0.033 990 3
+3	0.001 928 5	0.035 918 9
+4	−0.000 771 0	0.035 147 9
+5	−0.001 957 0	0.033 191 3
+6	−0.000 547 0	0.032 643 9
+7	0.000 824 3	0.033 468 1
+8	−0.000 494 0	0.032 974 2
+9	0.001 784 3	0.034 758 5
+10	−0.000 517 0	0.034 241 0

表 10-8 是按照相对日期进行分类，得到的所有公司在事件窗口期（以事件日前后 10 天为例）内每天的累计超额收益率 CAR 及每天的 t 检验结果的图表。

表 10-8　相对日期、累计超额收益率及 t 检验统计表

相对日期	CAR	t
−10	1.129 254 0	2.290 951 0
−9	0.126 192 2	0.292 429 5
−8	0.659 408 3	1.498 641 0
−7	0.771 162 3	1.728 688 0
−6	−0.137 443 3	−0.303 090 2
−5	0.509 958 3	1.182 055 0
−4	0.008 969 2	0.020 625 7

续表

相对日期	CAR	t
−3	−0.045 974 6	−0.111 341 0
−2	0.309 816 2	0.736 143 8
−1	1.997 757 0	3.886 513 0
0	5.216 542 0	7.066 159 0
+1	1.605 500 0	2.788 438 0
+2	0.558 161 3	0.993 269 3
+3	0.820 418 5	1.752 891 0
+4	−0.080 997 3	−0.166 444 2
+5	−0.511 225 2	−1.064 981 0
+6	−0.196 386 2	−0.443 114 7
+7	0.701 132 0	1.516 432 0
+8	−0.018 333 8	−0.038 275 8
+9	0.857 393 4	1.931 110 0
+10	0.104 355 4	0.238 443 4

将所有的样本公司看做一个总体，计算总体的超额收益率，并做联合检验，检验所有公司在窗口期内的累计超额收益率。STATA 输出的结果如表 10-9 所示。

表 10-9　联合累计超额收益率检验结果

变量	CAR
_cons	0.044 700***
	(5.65)
N	322

注：括号内数值为 t 统计量的值

*、**和***分别表示在 10%、5%和 1%的显著性水平下显著

（五）实证结果分析

以[−10，+10]为窗口，得到的关于 322 家公司的平均超额收益率和累计超额收益率。

首先，从图 10-6 中可以明显看出，累计超额收益率在事件日当天有明显的上升，几乎呈垂直状态，平均超额收益率也达到了最大值，这说明，我国股权激励存在着正向的市场反应。

平均超额收益率从事件日前两天就开始有超额收益，说明存在着一定的信息泄露；只有事件日前一天（t=−1）超额正收益的 t 检验结果还非常显著，说明明

显的信息泄露只限于前面一天，我国市场还是可以用“有效”这个词形容的。但是累计超额收益率并未一步到位，而是先过度反应，后下降，再波动回升，说明我国市场的有效性还不足。

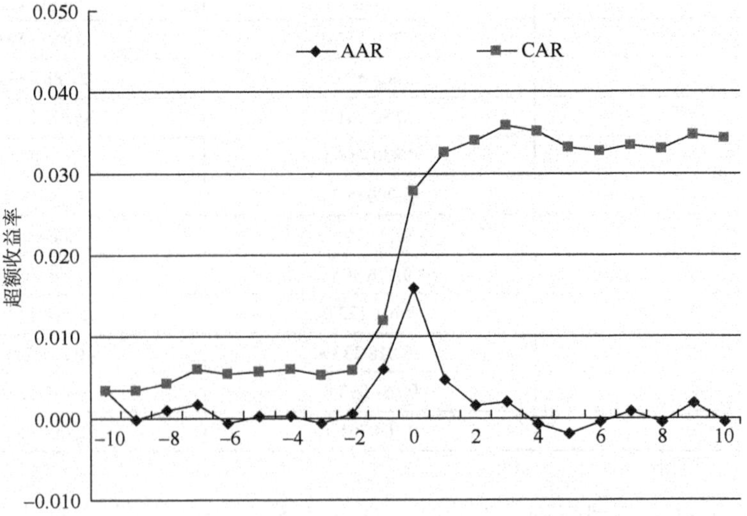

图 10-6　窗口[−10，+10]累计超额收益率、平均超额收益率变化图

三、股权激励市场效应稳健性检验

（一）改变窗口期

在第十章第四节中，主要以[−10，+10]为研究窗口期，得出了较为显著的累计超额收益率和平均累计超额收益率。改变事件的窗口期，可以更直接地观察到在不同窗口期内的收益率的高低及显著性，进而获得更为精确的结果。

延长事件的窗口期，以[−30，+30]共 61 天的事件窗口为例，累计超额收益率在事件日前 15 天出现了比较明显的负累计超额收益，平均超额收益率在事件日前 30 天到前 15 天几乎都呈现负值状态，但是根据 t 检验的结果，这些负收益并不显著。这可能是由于事件窗口期过长，导致股票的收益率受到其他重要信息的干扰所致。可见，前人的研究表明市场在事件日之前会有负收益，这种观点虽然在我国有一定的蛛丝马迹可寻，但是由于显著性不强，观点并不可靠。61 天累计超额收益率、平均超额收益率变化详见图 10-7。

再缩小窗口期，以[−5，+5]为例，可以发现，事件日的前 5 天，除了前面第 3 天出现了负平均超额收益外，其他几天都有正超额收益，特别是事件日的前一天，

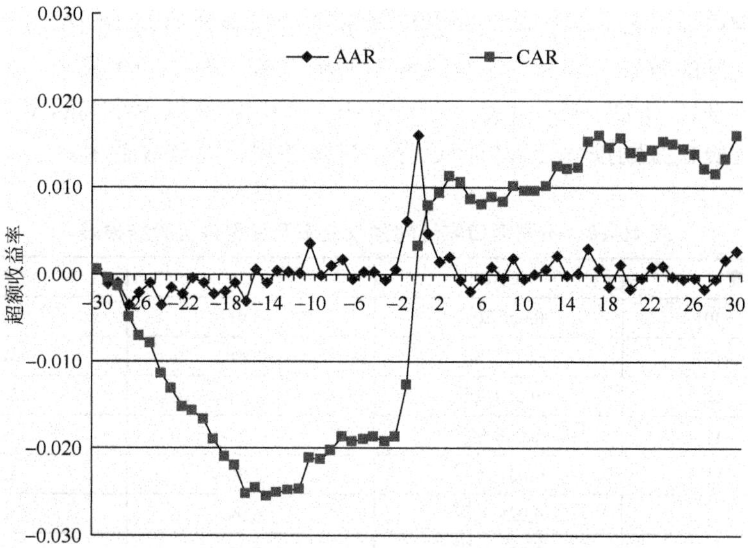

图 10-7　窗口[−30，+30]累计超额收益率、平均超额收益率变化图

累计超额正收益率达到 0.6%，说明市场存在着内幕消息的泄露。事件日当天，平均超额收益率达到最大值 1.59%，但是累计超额收益率未一步到位达到峰值，而是在事件日后的几天，先是缓慢爬升，然后又有回落的趋势，说明市场先是反应迟钝，然后反应过度，并非完全有效。11 天累计超额收益率、平均超额收益率详见图 10-8。

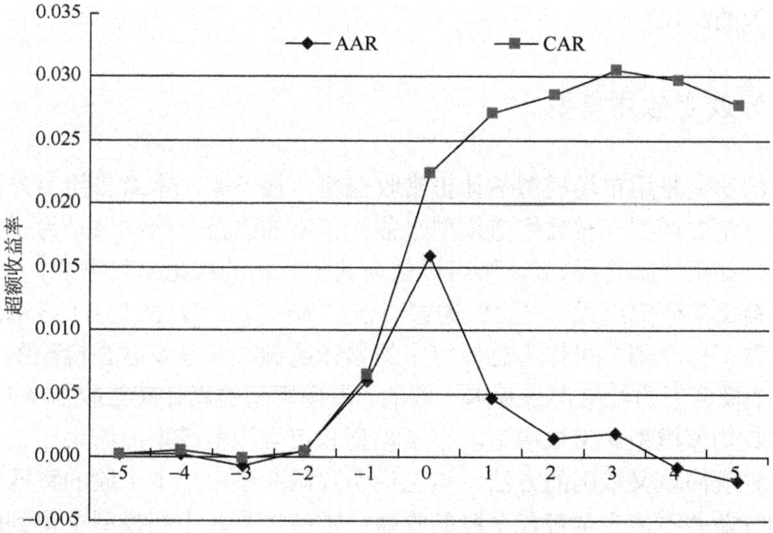

图 10-8　窗口[−5，+5]累计超额收益率、平均超额收益率变化图

改变窗口期，得到累计超额收益率及 p 值的显著性如表 10-10，p 值相对于 t 值来说有更好的效果，因为它不要求稳健的标准差。表 10-10 显示，累计超额收益率在[−1，+1]、[−2，+2]、[−5，+5]、[−30，+30]都是以 99.9%的概率显著。说明我国市场股权激励预案公告日附近存在显著的累计超额收益率。

表 10-10　不同窗口累计超额收益率及显著性检验结果表

事件窗口	CAR	t	N
[−30，+30]	0.056 20***	−3.91	317
[−20，+10]	0.002 86	−0.61	323
[−10，−5]	0.009 70**	−2.73	323
[−5，−1]	0.008 64**	−2.77	323
[−5，+5]	0.031 60***	−5.26	323
[−2，+2]	0.028 70***	−6.99	323
[−1，+1]	0.026 90***	−7.55	323
[+5，+10]	0.002 91	−0.82	323

注：括号内数值为 t 统计量的值

*、**和***分别表示在 10%、5%和 1%的显著性水平下显著

以[−2，+2]为窗口期得到的累计超额收益率为 2.87%，t 值为 6.99，显著大于 1.96。值得注意的是[−10，+5]及[−5，−1]这两个区间也存在较为显著的超额收益，这与前面学者研究的我国内幕消息减少也不太符合。这两个结果显示，我国仍然存在着比较严重的内幕消息泄露，且提前泄露时间较早。我国的股票市场至多是半强式有效的。

（二）改变估测模型

上面的研究是用市场模型估计正常收益率，接下来，本章将用另外两种常用的模型——常数模型和常数均值模型来估计正常的收益。这样做是为了保障研究的稳健性。如果“殊途同归”，则可以认为我们得出的结论是可靠的。

根据前文的研究结果，将比较的窗口设定为[−5，+5]。表 10-11 显示的是在三种不同模型下以全部公司作为总体得出的累计超额收益率及联合检验图表，可以看出，三个模型下的结果也是基本一致的。市场模型的累计超额收益率是最低的，其次是常数均值模型和常数模型。市场模型和市场均值模型的结果比较接近，可以说是一种既简单又准确的方法，这也说明我国股票市场中个股的特殊性，即市场指数的收益并不能完全替代个股的收益。常数模型较市场模型下得到的累计超额收益率更高（3.88%＞3.16%），t 统计量显著性更高（6.71＞5.26）。

表 10-11　三种模型下的累计超额收益率联合检验结果比较表

模型	系数	稳健性标准误	*t*	*p*	95%置信区间	
					上限	下限
市场模型	0.031 64	0.006 015 4	5.26	0.000	0.019 805 1	0.043 474 1
常数均值模型	0.035 38	0.006 246 3	5.66	0.000	0.023 088 4	0.047 665 8
常数模型	0.038 78	0.005 783 1	6.71	0.000	0.027 402 2	0.050 157 0

（三）时间段比较

为了验证本章提出的假设 10-3，我们将样本按照时间进行排序，以 2010 年为界，分别整理出 2010 年之前的样本和 2010 年之后的样本，按照上面的步骤进行超额收益率和累计超额收益率的计算和检验，得出以下的结果。

以 2010 年为界将样本分为两个部分，即 2005～2009 年共计 44 家，2010～2014 年共计 279 家，观测累计超额收益率的变化，见表 10-12。由表 10-12 可以看出，2010 年之前的样本公司的累计超额收益率明显大于 2010 年以后发布预案的样本公司。这可能说明，股权激励的市场效应正在减弱，投资者对股权激励的正向预期降低了，也可以认为我国的投资者正在逐步回归理性。股权激励到底能给市场带来多少正向效应，给投资者带来多少超额收益，还需要进一步的研究。虽然累计超额收益率是在降低，但是从 p 值和 t 值上看，超额收益的显著性提高，这可以说明我国市场的有效性是在逐步提高的。

表 10-12　不同时间段累计超额收益率及显著性检验比较表

事件窗口	[−5，+5]	[−5，+5]	[−2，+2]	[−2，+2]
时间	2010 年以前	2010 年以后	2010 年以前	2010 年以后
CAR	0.072 9***	0.025 1***	0.059 8***	0.024 8***
	（3.48）	（4.15）	（4.08）	（5.60）
N	44	279	44	279

注：括号内数值为 t 统计量的值

*、**和***分别表示在 10%、5%和 1%的显著性水平下显著

（四）激励标的物比较

在已有的样本中，主要有股票期权、限制性股票和股票增值权三种方式，因为股票增值权的样本太少，所以在激励标的物的比较中，主要比较的是股票期权和限制性股票。在 414 家预案样本中，共有 258 个股票期权样本，149 个限制性股票样本，7 个股票增值权样本。分别以[−5，+5]、[−10，+10]为事件窗口，以

[–160，–30）为估计窗口，得到的股票期权和限制性股票的比较结果，如表 10-13 所示。可以看出，股票期权的累计超额收益率显著大于限制性股票，这也验证了本章的假设 10-4。

表 10-13　股票期权和限制性股票累计超额收益率及显著性检验比较表

事件窗口	[–5，+5]	[–5，+5]	[–10，+10]	[–10，+10]
激励标的物	股票期权	限制性股票	股票期权	限制性股票
CAR	0.046 8***	0.007 3	0.055 3***	0.025 6*
	（5.93）	（0.83）	（5.30）	（2.17）
N	196	121	196	120

注：括号内数值为 *t* 统计量的值

*、**和***分别表示在 10%、5%和 1%的显著性水平下显著

（五）控股股东性质比较

根据所有权性质将预案公告样本分为三类：国有控股、非国有控股和其他。在 414 家预案样本中，共有 54 个国有控股公司，343 个非国有控股公司，17 个其他的，也就是控股股东性质发生变更的企业。

分别以[–5，+5]、[–10，+10]为事件窗口，以[–160，–30）为估计窗口，得到的股票期权和限制性股票的比较结果如表 10-14 所示。可以看出，非国有控股公司的累计超额收益率显著大于国有控股公司。对于国有企业来说，累计超额收益率并不高，而且也不显著，这说明市场对其的认可度较低。

表 10-14　国有控股公司和非国有控股公司累计超额收益率及显著性检验比较表

事件窗口	[–5，+5]	[–5，+5]	[–10，+10]	[–10，+10]
所有权性质	国有控股	非国有控股	国有控股	非国有控股
CAR	0.016 8	0.035 3***	0.032 8	0.047 0***
	（1.02）	（5.31）	（1.68）	（5.32）
N	39	269	39	268

注：括号内数值为 *t* 统计量的值

*、**和***分别表示在 10%、5%和 1%的显著性水平下显著

第六节　结论、建议与启示

一、研究结论

经过上述的理论研究与实证分析，可以基本得出如下的几点结论。

第一，我国A股市场存在着较为显著的市场正效应，我国近几年的股权激励实践是具有积极意义的，至少市场对于这种制度是认可的。

第二，我国的市场有效性较强但是也存在着不足。就股权激励这一事件，我国股票市场在事件日前后共三天存在显著的市场正效应，这说明我国股票市场的有效性相对较高，可以集中在三天进行反映。但是，我国市场的有效性还有待提高，我们在实证分析中发现，股权激励的超额收益存在着提前反应的现象，在事件日前面的窗口期内就存在着显著的超额收益，说明我国资本市场存在着内幕消息提前泄露的现象。此外，市场存在着反应迟钝和反应过度的现象，这也说明股票市场有效性不足。

第三，由于2010年之后的股权激励超额收益相比2010年之前减少并且显著性增强，这说明2010年之前的股权激励市场产生的超额收益过高，存在着不理性的现象，2010年的政策规范特别是税收方面的规定也导致市场对于股权激励这一事件的正向预期降低。此外，股权激励的显著性增强和超额收益的理性回归也说明我国资本市场是逐步规范的。

第四，股票期权和限制性股票相比，在事件窗口期内得到更显著、更多的累计超额收益，这说明股票期权的市场效应远远大于限制性股票，投资者对于股票期权的认可度更高，这也在一定程度上解释了公司更倾向于股票期权这种方式的原因。

第五，非国有控股公司和国有控股公司相比，具有更高的累计超额收益，并且国有控股公司具有较低且不显著的累计超额收益率，这说明，国有控股公司的股权激励市场效应不明显，市场认可度较低。

二、政策建议

基于上述实证结论，提出如下政策建议。

第一，对政府来说，首先，应该积极探索适合我国资本市场“市情”的股权激励的制度和方式，使得这一激励制度能够真正促使上市公司高管长久性的改善公司绩效，促进我国的上市公司做大做强；其次，政府还应该完善股权激励的相关法律政策，促使股权激励在合法的框架下实行，避免一些政策上的漏洞引发违法违规的事件发生，扰乱我国资本市场；最后，就长期而言，我国政府及证监会等监管部门应该致力于建设有效的资本市场，只有这样，经济才能更加健全地发展。

第二，对公司来说，首先，公司也应该积极建设长期性的激励机制，采用股权激励这一制度能让投资者有良好的市场预期，也有利于公司价值的提升，公司不应该畏首畏尾，应该大胆尝试；其次，公司也应该保持清醒的头脑，要充分认识到矛盾的特殊性，做到具体问题具体分析，要采用适合公司发展的股权激励制度，不要一窝蜂地采取股票期权的激励方式。对于成熟的大公司，采用限制性股票不失为一种更好的选择，而对于国有控股公司来说，应该积极进行公司制度的改革，提高公司治理的效果，增加公司的透明度，给予投资者以充分的信心，才能被市场认可。

第三，对投资者来说，首先，特别是小股东，应该积极充电，提高自己的投资知识和理性，避免被其他利益群体玩弄于股掌之间；其次，在投资决策方面，应该积极地了解股权激励产生市场效应的原因及超额收益的理性区域，利用这一短期的效应获取无风险收益。

三、研究启示

计量方法的欠缺导致研究中不可避免地存在着一些问题，如稳健性检验的方法还不够全面，不够科学；只对预案进行了深入研究，并未研究和探索后续的实施、取消、回购和取消回购等其他步骤；在比较研究的时候样本数量不均衡会导致结果发生偏离等。

随着我国实施股权激励的公司越来越多，可研究的有效样本越来越充实，我们可以进行一些其他的研究，如比较不同激励方式下的市场效应；可以按照行业进行细分，探究不同行业的股权激励的市场效应区别；可以对长时间股权激励的超额收益进行疏理，探索出股权激励产生超额收益的理性区域；还可以立足于探索股权激励实施后的较长时间段，如四到五年，研究股权激励的长期效果。

第十一章　我国上市公司治理价值相关性研究

21世纪以来，公司治理越来越受到我国上市公司的重视，公司治理信息的披露也日益公开，并更为全面和详细，在上市公司的各项决策中发挥着重要作用。本章以2002～2012年我国沪深两市上市公司作为研究样本，基于Feltham-Ohlson模型检验我国上市公司治理的价值相关性，回答公司治理如何影响股票价格。本章选择用两种方法构建公司治理指数的指标，一种是哑变量求和的方式构建，另一种是用因子分析法构建。在构建公司治理指数的基础上，利用Feltham-Ohlson价格模型进行截面和面板回归分析。结果表明，我国上市公司治理存在价值相关性，且相关性呈现总体提高的趋势。本章还根据研究结论提出政策性建议，同时总结本章研究的不足之处。

第一节　问 题 提 出

一、研究背景

在公司治理的理念普及以前，国内外对于信息是否影响股票价格的研究主要集中在会计盈余的价值相关性上，而近年来学术界的研究也发现会计盈余对股票价格的解释能力不高且呈现降低的趋势。随着公司治理信息披露的逐年增加和我国公司治理有效性的日益提高，研究者们逐渐将关注点转移到对非会计盈余信息与股票价格的相关性研究上，而公司治理就是非常重要的非会计盈余信息。

要研究公司治理价值相关性，首先明确公司治理的概念。在理论界，对公司治理的研究最早是在1932年，美国学者Berle和Means在《现代公司与私有财产》（*The Modern Corporation and Private Property*）一书中提出了著名的“两权分离”，即所有权与控制权相分离的论点。公司治理这一术语在1980年之前很少使用，这一概念最早出现在经济学文献中是在20世纪80年代，Bob和Tricker在1984年《公司治理》（*Corporate Governance*）一书中，论述了现代公司治理的重要性。

所谓公司治理的价值相关性，指的是公司治理水平的高低会影响公司的股票价格，治理信息与股票价格之间存在显著的相关性，公司治理情况好的公司的股票价格要更高，即若公司治理存在价值相关性，那么公司治理信息将对于投资决策有重要影响，投资于公司治理情况良好的公司会获得更高的股票收益。

在我国，公司治理信息属自愿披露信息，因此公司在是否披露、如何披露及披露什么等问题上有很大的选择权。2002 年 1 月，我国颁布实施《上市公司治理准则》，对上市公司披露公司治理信息有很大的推动作用。2003 年，南开大学中国公司治理研究院（原南开大学公司治理研究中心）创建并推出中国上市公司治理评价指标体系及中国上市公司治理指数（$CCGI^{NK}$），成为我国首个公司治理评价坐标系。随后到 2007 年、2008 年上证治理板块、上证公司治理指数、上证 180 公司治理指数陆续推出，推出这些公司治理指数的目的是鼓励和促进上市公司进一步改善公司治理，提升上市公司的整体质量。这些举措均表明公司治理信息对上市公司股价存在重要影响。

二、研究意义

自我国上海证券交易所和深圳证券交易所成立以来，上市公司治理方面出现的问题屡见不鲜，致使许多投资者对投资股票市场丧失信心。尽管目前理论和实践都将关注点转向了公司治理的相关问题上，研究公司治理是否会对股票价格产生影响，但由于缺乏完整的公司治理质量数据及我国资本市场有效性有待考证，这方面的研究并不深入。而研究公司治理是否具有相对价值相关性和增量价值相关性对提高上市公司股价、帮助决策者做出正确决策、增强投资者信心有重大意义。这一问题值得关注并深入研究，有重要的理论和实践意义。

首先，若检验证明公司治理存在价值相关性，公司治理情况良好的上市公司股票价格更高，则可以将公司治理这一自变量引入 Feltham-Ohlson 模型，增强该模型对股价的解释力度，同时也为解释股价变动拓展了一个新的视角。对我国公司治理价值相关性的研究，会引起更多研究者对该问题的关注，促使对这一课题的研究更加全面和深入，最终用理论指导中国上市公司公司治理的实践。

其次，目前我国在公司治理评价体系方面一直在探索中，对治理价值相关性的研究能够丰富公司治理的相关理论。若证明了公司治理这一非会计信息因素对股票价格的影响，公司治理的意义和重要性会受到更多人的重视，可以促进我国的监管机构建立更为完善的公司治理监督机制和公司治理评价体系。上市公司的治理结构与机制会更加科学，信息更加公开。

最后，治理价值相关性若存在，还有重大的现实意义。对经营决策者来说，提高本公司总体治理水平可以提高公司整体经营效率，吸引更多的投资方以获得股权和债券融资，也更易扩大与供应商和经销商的业务合作，降低成本，推动股价上升。对投资者来说，公司治理情况可作为投资者做出投资决定的重要参考因素，通过比较不同公司的治理水平，合理评价风险和回报因素，买入治理好公司的股票，卖出治理差公司的股票，从而获得更高的回报。

基于以上考虑，本章着重于研究我国上市公司治理与股票价格之间的相关关系，检验公司治理是否具有价值相关性及如何影响上市公司股价。围绕这一研究课题，本章将按如下步骤展开论述：第一，研究分析国内外公司治理价值相关性的文献，借鉴前人的经验和方法，在已有研究的基础上提出本章的研究假设；第二，参考已有的公司治理指标构建方法合理地构建公司治理综合指标，科学评价公司治理水平，作为公司治理价值相关性的实证分析的基础；第三，基于上市公司的治理数据和财务数据，实证检验公司治理指数与股票价格之间是否存在显著的相关关系；最后，若公司治理确实存在价值相关性，进一步分析公司治理价值相关性对投资者的投资决策和经营者决策的帮助和影响。

第二节 理论基础与文献综述

一、理论基础

目前，学术界关于公司会计信息与股票价格关系的研究形成了信息观、计价观和契约观三种理论。信息观认为，如果会计信息的披露导致了股价的波动特性或者股票交易量的显著变化，则会计信息就具有信息含量，是有用的。因为信息的披露使投资者的想法发生了改变，并采取了相应的行动。

1980 年以前关于会计信息决策有用性的研究主要是基于信息观理论的，以市场有效性为前提。但是，信息观只研究了会计信息在股价中是否得到反映，并未说明会计信息是如何对股价产生影响的。20 世纪 80 年代末 90 年代初，市场过度反映、周期效应等现象促使研究者更加重视股票的内在价值问题，形成了计价观。20 世纪 90 年代以来，Ohlson 首次将股票价值与股东权益账面价值和未来盈余联系起来。Feltham-Ohlson 估价模型中以会计数据直接作为估价变量，建立起了会计数据与公司价值间的直接联系，该成果被认为是会计研究从信息观向计价观转变的重大突破。本章正是基于 Feltham-Ohlson 模型对上市公司治理是否具有价值相关性进行检验。

二、国外公司治理价值相关性相关研究文献

Claessens（1997）研究捷克斯洛伐克私有化过程中公司治理与股价的关系，主要考虑的是股权结构因素，他选取了 Herfinadahl 指数和前十大股东持股比例之和两个指标，结果表明，这两个指标与股价都呈显著正相关。

Pederson 和 Thomsen（1999）对欧洲 12 个国家的上市公司进行实证研究得出公司股权集中度可以增加企业绩效，股权集中度与公司净资产收益率显著正相关

的结论。

Claessens 和 Fan（2002）以东亚国家的公司为研究样本发现，现金流权有激励效应而控制权有侵占效应，且两权分离程度越大，最终控制人与外部投资者之间的代理冲突越突出，公司业绩越差。Joh（2003）研究韩国公司数据发现，公司业绩是控股股东控制权与现金流权分离程度的减函数。Baek 等（2004）也得出控制权与现金流权分离会使公司股票回报较低的结论。

从以上研究可以看出，国外对公司治理研究起步早并且已经较为深入。那么这些研究成果对于发展不完全的中国资本市场是否成立，国内学者也对此进行了理论和实证方面的研究。

三、国内公司治理价值相关性相关研究文献

国内对于公司治理的量化分析和对综合指数的构建起步较晚，并且研究不够深入。最早是研究公司治理因素中的某个指标或某几个方面与股票价格的相关性，后期也开始用因子分析、主成分分析等方法构建治理指数来进行整体研究。

陈振远等（2005）研究了我国台湾上市的电子企业治理信息的价值相关性。该文献首次基于因子分析的方法构建公司治理指数来反映公司治理的整体情况如何影响股价，而不是对于某一个或几个公司治理指标的检验。不足之处是样本数据量不足、选择的治理变量不全面，也没有对结果进行稳健性检验。

白重恩等（2005）选择八个公司治理变量构建治理指数进行实证研究，结果发现，公司所有权、董事会结构、经理人员薪酬、财务透明度等都是影响公司治理情况的重要指标，治理水平越好，公司价值越高。

郝臣（2007；2009）结合国内的研究情况，选择了 Ohlson 价格模型，基于 2002～2005 年 3976 个样本的分年度回归结果显示，公司治理相对价值相关性呈现总体提高的趋势。平衡面板数据的实证结果表明，当期公司治理具有相对价值相关性和较低的增量价值相关性，而前期公司治理只具有相对价值相关性。特殊处理公司的治理价值相关性原理与一般上市公司存在差异。上述结论说明，我国投资者在投资决策时已经开始考虑公司治理因素。

周风华（2010）选择沪深两市非金融类企业机构投资者持股比例占流通股 5%以上的上市公司数据，用 Ohlson 模型对机构投资者与价值相关性间的关系进行实证研究，研究结果表明，机构持股比例越高的上市公司价值相关性越强，这说明机构投资者参与了上市公司治理，在一定程度上提高了上市公司的信息质量。之前的国外研究也表明，机构投资者持股比例这一公司治理指标具有价值相关性。Warfield 等（1995）的研究发现，机构持股增加会降低代理成本，减少经理人员操纵信息数据的可能性，增加盈余信息的价值相关性。

海洋等（2010）讨论了多个公司治理指标与会计信息价值相关性，分别选择了如下四类解释变量：第一类是股权结构解释变量，具体包括股权集中度（第一大股东持股比例）、股东总数、股权制衡度（Z 指数，即第一大股东持股比例与第二大股东持股比例之比）、实际控制人类型（是否国有）、高管持股比例；第二类是董事会特征解释变量，具体包括董事会人数及其平方、董事会的独立性（独立董事在董事会中所占比例）、董事长与总经理的兼任情况；第三类是董事与监事的勤勉程度，年内董事会开会次数、年内监事会开会次数；第四类是四委设立是否健全。以此来验证这些公司治理指标是否有价值相关性，以及它们是如何影响公司价值的。

崔学刚和张宏亮（2011）研究表明，公司治理中的两权分离程度影响公司价值，当控股股东现金流权和控制权分离度越大时，公司价值越低。

四、公司治理价值相关性研究评价

（一）研究思路总结

有关公司治理的价值相关性研究的国内外文献，研究思路都大致如下：首先，从公司治理的各个层面（即股权集中度、两权分离程度、股东大会、董事会、监事会、经理层、股权激励等方面）选取合理的治理指标，利用主成分分析方法、哑变量赋值求和等方法构建公司治理指数，作为实证研究的基础；其次，应用 Ohlson 模型等，分析上市公司治理水平与股票价格的相关性。若它们之间存在显著的正相关关系，就说明公司治理存在价值相关性，研究公司治理问题有利于提升公司价值。

（二）现有研究启示

第一，要考虑我国股票市场发展和上市公司治理实际状况。我国证券市场起步总体上晚于国外，股票市场尚不成熟，而对公司治理重要性的认识则更晚。目前，我国上市公司治理水平参差不齐，治理信息的披露也不够全面详细，与国外成熟资本市场的治理水平有很大差距，因此，国外的指数构建方法、变量选择和研究方法等不一定适用于中国目前的实际情况，很多基于国外上市公司治理的研究不一定科学。由此看来，结合我国特殊的治理情况和内外部情况进行指数构建和相关性研究十分必要。

第二，建立科学的公司治理评价指标体系是研究的关键。目前国内已有的公司治理评价体系形式不一，公司治理指数的构建方法也各不相同。有的研究指标选取过于简单，只选择了公司治理指标中某一个或几个重要方面进行考察，导致结论不够全面，无法反映实际情况；有的则过于复杂，造成重复叠加，指标缺乏有效性。因此，建立完善合理的评价体系，构建能够反映我国上市公司治理状况的评价指标体系至关重要。

（三）本章创新之处

第一，公司治理评价方法上有所创新。本章在多个不同的公司治理维度（董事会、监事会、管理层、股权集中度等）上都选取相应的指标，尽量避免或消除指标间共线性和信息重复性。采用两种不同的方式构建公司治理指数，一种是哑变量求和法，另一种是因子分析法，二者之间相互检验，力求更全面、客观地反映公司治理与股票价格之间的关系。

第二，研究样本周期设计上有所创新。本章扩展了“公司治理价值相关性”研究的时间范围，以中国股票市场2002～2012年11年间的上市公司作为样本进行研究。相比之前集中在2002～2006年的样本数据，时间范围的拉长能更好地分析公司治理价值相关性的变化趋势及对公司股票价格的长期影响。

第三节　公司治理价值相关性研究设计

一、公司治理价值相关性研究思路与假设

本章将从国内上市公司披露的各项治理数据和信息出发，构建公司治理指数作为公司治理价值相关性实证分析的基础。因此，选择合适的指标构建公司治理指数十分重要。目前，公司治理方面的研究基本都是从股东大会、股权结构、董事会、监事会和经理层等几个维度入手，分别在各个维度选取相应指标。参考之前的研究方法并结合数据的可获得性和适用性，本章采用两种方法构建公司治理指数，二者之间可以相互检验，确保实证结果稳健可靠。

在哑变量求和法中，本章选取了 16 个与公司治理相关程度较高的哑变量指标，通过赋值（0 和 1）求和计算出各样本的公司治理指数（CGI），以此评定各上市公司治理水平的高低；因子分析法中，选取了23个连续性指标，利用降维的思想进行旋转因子分析后得到7个因子，再以这7个因子的方差贡献率作为权重，加权计算出反映公司治理综合状况的治理指数（CGI2）。至此，指数构建部分完成。

基于 Feltham-Ohlson 估价模型的科学性和适用性，本章选择该模型作为回归分析的模型，对各样本公司的财务指标和公司治理指数进行回归。具体操作为：用

Excel 筛选出符合条件的样本公司各年度的每股收益和每股净资产，再结合已求得的公司治理指数作为自变量，筛选出相应公司样本的股票价格作为因变量。利用 STATA12.0 统计软件进行一元或者多元线性回归，观察回归结果的变量之间是否存在相关关系，以及加入了公司治理指数自变量后，模型的解释能力是否提高。

基于此，本章提出以下假设。

假设 11-1　公司治理具有价值相关性，并且呈现出总体提高趋势。

假设 11-2　相对于会计盈余信息来说，公司治理具有增量价值相关性。

二、公司治理价值相关性模型选择

（一）Ohlson（1995）模型

Feltham-Ohlson 模型经历了一个发展的过程。Ohlson（1995）模型是在三个假设的基础上建立起来的。

1. 模型假设一

肯定 Williams 的股利贴现模型，即价格等于预期未来各期股利的折现值之和（present value of expected dividends，PVED）。

$$P_t = \sum_{i=1}^{\infty} R_f^{-i} E_t(d_{t+i}) \tag{11-1}$$

其中，P_t 表示 t 期公司市场价值；d_t 表示 t 期公司所发放的净现金股利；$E_t()$ 表示在 t 期信息下的期望算子；R_f 表示无风险利率加 1。

2. 模型假设二

某一期所有者权益账面价值的改变等于该期的净利润减该期发放的股利。

$$\mathrm{bv}_t = \mathrm{bv}_{t-1} + x_t - d_t \tag{11-2}$$

其中，bv_t 表示 t 期权益账面价值；x_t 表示 t 期盈余。

净剩余关系（clean surplus relation，CSR）表示以会计盈余、权益账面价值和股利间的关系限制式，显示账面价值变动的主要原因来自股利和盈余，从而将 PVED 中的股利以账面价值和盈余替换。

定义超常盈余（abnormal earing，AE）为，该期净利润减去该期期初权益账面价值乘以无风险利率，即

$$x_a^t = x_t - (R_f - 1)\ \mathrm{bv}_{t-1} \tag{11-3}$$

由超常盈余定义解出 x_t：

$$x_t = x_a^t + (R_f - 1)\ \mathrm{bv}_{t-1} \tag{11-4}$$

代入 CSR，替换 x_t，可以解出 d_t 为

$$d_t = x_a^t - \mathrm{bv}_t + R_f \mathrm{bv}_{t-1} \tag{11-5}$$

再将 d_t 的表达式代入 PVED，就可得出

$$v_t = \mathrm{b}v_t + \sum_{i=1}^{\infty} R_f^{-i} E_t(x_{t+i}^a) \tag{11-6}$$

最后，得出超常盈余估值模型，公司价值等于权益的账面价值与预期未来超常盈余的现值之和。此式即为 Edwards 和 Bell（1961）及 Peasnell（1982）等提出的超常盈余估值模型。

3. 模型假设三

超常盈余的线性信息动态性（linear information dynamic，LID）赋予超常盈余时间序列的特征。

$$x_{t+1}^a = \omega x_t^a + v_t + \varepsilon_{1t+1} \tag{11-7}$$

$$v_{t+1} = \qquad + \nu v_t + \varepsilon_{2t+1} \tag{11-8}$$

其中，v_t 表示影响超常盈余的其他信息；ω 和 ν 表示动态过程的持续性参数，ω 衡量超常盈余的持续性，其值越大，P_t 对超常盈余和其他信息越敏感。它们取值 0～1，说明一般情况下，上一期的超常盈余或其他信息对下一期的影响是递减的。反映出 v_t 是不能被财务报表忽视的，它的值要反映到下一期的超常盈余序列中。

将式（11-5）、式（11-6）代入超常盈余估值模型中，得到 Ohlson（1995）估值模型：

$$P_t = b_t + \alpha_1 x_t^a + \alpha_2 v_t \tag{11-9}$$

其中，

$$\alpha_1 = \frac{\omega}{(R_f - \omega)} \geqslant 0$$

$$\alpha_2 = \frac{R_f}{(R_f - \omega) \times (1 + R_f - \gamma)} > 0$$

式（11-9）表示，公司价值等于账面价值加上有超额盈余计量的当期获利能力及其他信息所修正的未来获利能力的预测值。

（二）Feltham 和 Ohlson 模型演变

Feltham 和 Ohlson（1995）细化了 Ohlson（1995）的研究，他们将公司的所

有者权益，即净资产，划分为两部分，即净金融资产（net financial assets）和净营运资产（net operating assets）。Feltham 和 Ohlson（1996）将 Feltham-Ohlson 模型由静态发展到了动态。公司的经营活动不再像 Ohlson（1995）及 Feltham 和 Ohlson（1995）假定的那样一直维持现状，而是不断有新的投资活动。他们假定每一期的投资都是以现金形式进行的，并且用于投资的现金满足一定的线性信息动态方程。

（三）公司治理因素对公司价值的影响

Ohlson（1995）模型中，v_t 表示未包括在会计系统中的信息，但会影响未来的超额盈余，由于无法控制所有的 v_t，Ohlson（1995）未具体说明 v_t 的含义，在一般的实证研究中，许多学者均忽略了 v_t。但是当 v_t 不为 0 时，从模型中剔除 v_t 会导致错误。可以从研究其他信息 v_t 的实证含义及其代理变量入手，将公司治理代入到模型中。

$$\mathrm{bv}_t = \mathrm{bv}_{t-1} + x_t - d_t \tag{11-10}$$

将式（11-10）代入式（11-11），

$$x_a^t = x_t - (R_f - 1)\mathrm{bv}_{t-1} \tag{11-11}$$

得到

$$d_t = x_a^t - \mathrm{bv}_t + R_f \mathrm{bv}_{t-1} \tag{11-12}$$

将式（11-12）代入式（11-13），

$$P_t = \sum_{i=1}^{\infty} R_f^{-i} E_t(d_{t+i}) \tag{11-13}$$

得到

$$P_t = \mathrm{bv}_t + \sum_{i=1}^{\infty} R_f^{-i} E_t(x_{t+i}^a) \tag{11-14}$$

将式（11-15）～式（11-18）代入式（11-14），

$$x_{t+1}^a = \omega_{11} x_t^a + \omega_{12}\mathrm{cgindex}_{1t} + v_{1t} + \varepsilon_{1t+1} \tag{11-15}$$

$$\mathrm{cgindex}_{t+1} = \omega_{22}\mathrm{cgindex}_t + v_{2t} + \varepsilon_{2t+1} \tag{11-16}$$

$$v_{1t+1} = v_1 v_{1t} + \varepsilon_{3t+1} \tag{11-17}$$

$$v_{2t+1} = v_2 v_{2t} + \varepsilon_{4t+1} \tag{11-18}$$

得到

$$P_t = \mathrm{bv}_t + \alpha_1 x_t^a + \alpha_2 \mathrm{cgindex} + \beta_1 v_{1t} + \beta_2 v_{2t} \tag{11-19}$$

需要说明的是，式（11-19）中的 cgindex 是公司治理因素的抽象或具体指标，在本章中是指反映公司治理整体状况的公司治理指数。

（四）最终模型的设计

Feltham-Ohlson 模型表示，股权价值取决于账面价值净资产和经营性会计收益，其经验性线性模型如下：

$$P_{it}=\alpha_0+\beta_1 EPS_{it}+\beta_2 BV_{it}+\varepsilon_{it} \quad (11\text{-}20)$$

其中，P_{it}表示 i 公司 t 年度期末的股票收盘价；EPS_{it}表示 i 公司 t 年度的每股收益，BV_{it}为 i 公司 t 年度的每股净资产；ε_{it}表示均值为 0 的扰动变量。

为验证假设 11-1，构建模型

$$P_{it}=\alpha+\beta CGI_{it}+\varepsilon_{it} \quad (11\text{-}21)$$

其中，CGI_{it}是指第 i 只股票第 t 年的反映其公司治理综合状况的公司治理指数。

为验证假设 11-2，构建模型

$$P_{it}=\alpha+\beta_1 EPS_{it}+\beta_2 BV_{it}+\beta_3 CGI_{it}+\varepsilon_{it} \quad (11\text{-}22)$$

本章将以该模型为基础，研究除每股收益（EPS）和每股净资产（BV）之外，加入公司治理指数作为自变量后，公司治理与股票价格之间的相关关系。

三、样本选择、指数构建与数据来源

（一）样本选择

本章以 2002～2012 年沪深两市上市公司为样本来源。2002 年，证监会和国家经贸委联合发布《上市公司治理准则》，也就是说 2001 年后各家上市公司的年报中都有对公司治理信息的详细披露，考虑到信息的延迟性，选择 2002 年作为数据处理的开始年份；同时考虑数据的可获得性，选择 2012 年为截止年份。

筛选数据的原则如下：第一，同时在 A 股、B 股上市或同时在 A 股、H 股上市的公司剔除；第二，金融保险业剔除；第三，样本公司各年度相关财务指标，主要是每股收益和每股净资产指标齐全；第四，样本公司各年度相关公司治理数据齐全。

经过筛选后，最终确定上市公司治理样本 12 139 条数据，具体包括 2002 年 855 家、2003 年 913 家、2004 年 991 家、2005 年 1080 家、2006 年 1020 家、2007 年 1181 家、2008 年 1266 家、2009 年 1278 家、2010 年 1431 家、2011 年 1660 家和 2012 年 363 家数据。

（二）哑变量法构建公司治理指数

我国国内公司治理指数的构建出现时间较晚，2003 年南开大学中国公司治理研究院推出了中国上市公司治理指数（$CCGI^{NK}$），该指数包括股东治理、董事会治理、经理层治理、监事会治理、信息披露和利益相关者治理六个维度，包括连续变量和哑变量在内的80多个治理指标，较为全面地反映了我国上市公司治理情况。

近年来，随着研究的深入和实践的发展，出现了多种不同的指标构建方法和公司治理评价体系。现今学术界比较流行的指标构建方法主要有因子分析法、主成分分析法、加权求和、算术平均法、层次分析法、哑变量自行赋值求和法等。

本章从会议参与情况、各委员会设立情况、董事会、监事会、经理层、股权集中度、两权分离度等几个方面考虑，共选取了16个比较重要的哑变量指标，具体见表11-1。凡是对于上市公司治理水平有积极影响的变量，都赋值为1；对于上市公司治理水平有消极影响的变量，都赋值为0。如表11-1所示。赋值后，对这16个指标加总求和，得到样本公司的治理指数。

表11-1　计算公司治理指数时用到的治理指标名称及赋值原则

指标名称	赋值原则
两职是否分离	是赋值1；否赋值0
董事会成员是否持股	是赋值1；否赋值0
监事是否持股	是赋值1；否赋值0
总经理是否持股	是赋值1；否赋值0
前三名董事薪酬情况	大于等于均值为1，否则为0;
前三名高管薪酬情况	大于等于均值为1，否则为0;
年度股东大会出席情况	大于等于均值为1，否则为0;
独立董事比例情况	大于等于均值为1，否则为0;
是否设立提名委员会	是赋值1；否赋值0
是否设立审计委员会	是赋值1；否赋值0
是否设立战略委员会	是赋值1；否赋值0
是否设立薪酬与考核委员会	是赋值1；否赋值0
董事长是否变更	是赋值0；否赋值1
总经理是否变更	是赋值0；否赋值1
监事会主席是否变更	是赋值0；否赋值1
是否受到公开批评、公开谴责	是赋值0；否赋值1

赋值处理中需要说明以下三种情况。第一，“两职是否分离”的情况包括董事长和总经理由一人兼任；副董事长、董事兼任总经理；董事与总经理完全分离。将前两种情况均赋值为0，完全分离设为1。第二，“前三名董事薪酬”“前三名高管薪酬”在处理时需要剔除行业因素和公司规模因素。具体操作为：将样本按照

行业代码分类，把公司金额最高的前三名董事的报酬总额除以公司总资产的自然对数，再与该行业的平均值进行比较，高于行业平均值赋值为 1，否则为 0。第三，是否受到公开批评、公开谴责的数据来自 CCER 数据库专题研究中的违法违规数据库，该项指标中只包含了上述数据库中有记录的违法违规信息。

（三）数据来源

1. 财务指标来源

样本公司的每股收益、每股净资产财务指标等数据均来源于 CSMAR 数据库中的中国上市公司财务数据库，股票价格来源于 CCER 数据库中的股票价格收益数据库。

2. 公司治理指标来源

在选取的公司治理哑变量指标中，董事会成员是否持股、总经理是否持股、监事是否持股、董事长是否变更、总经理是否变更、监事会主席是否变更等指标选自 CSMAR 数据库中的公司治理结构数据库；年度股东大会出席情况、两权是否分离、前三名董事薪酬情况、前三名高管薪酬情况、是否设立提名委员会、是否设立审计委员会、是否设立战略委员会、是否设立薪酬委员会、独立董事比例情况等指标均来自 CCER 数据库专题研究中的治理结构数据库；是否受到公开批评谴责指标来自 CCER 数据库专题研究中的违法违规数据库。

第四节　描述统计与实证结果

一、描述统计

（一）公司治理指数描述统计

首先按各个年度对公司治理指数的均值、标准差、最大值和最小值等进行样本描述性统计，结果见表 11-2。

表 11-2　公司治理指数的描述性统计结果

统计指标	样本量	平均值	标准差	最小值	最大值
2002 年	855	6.19	2.33	1	13
2003 年	913	6.75	2.57	1	14
2004 年	911	7.02	2.60	1	15

续表

统计指标	样本量	平均值	标准差	最小值	最大值
2005 年	1080	7.05	2.63	1	15
2006 年	1120	7.10	2.62	1	16
2007 年	1181	8.36	2.17	1	15
2008 年	1266	8.86	2.05	2	15
2009 年	1278	9.06	2.00	2	14
2010 年	1431	8.99	2.17	1	16
2011 年	1660	9.24	2.18	3	15
2012 年	363	9.42	2.12	4	14

根据各年度的公司治理指数的均值，可以做出 2002～2012 年各年度公司治理水平的折线图，分析我国上市公司治理水平的年度变化趋势，如图 11-1 所示。上升的折线图显示，样本公司治理指数的均值逐年递增，表明我国上市公司的公司治理水平从 2002 年起逐年提升。

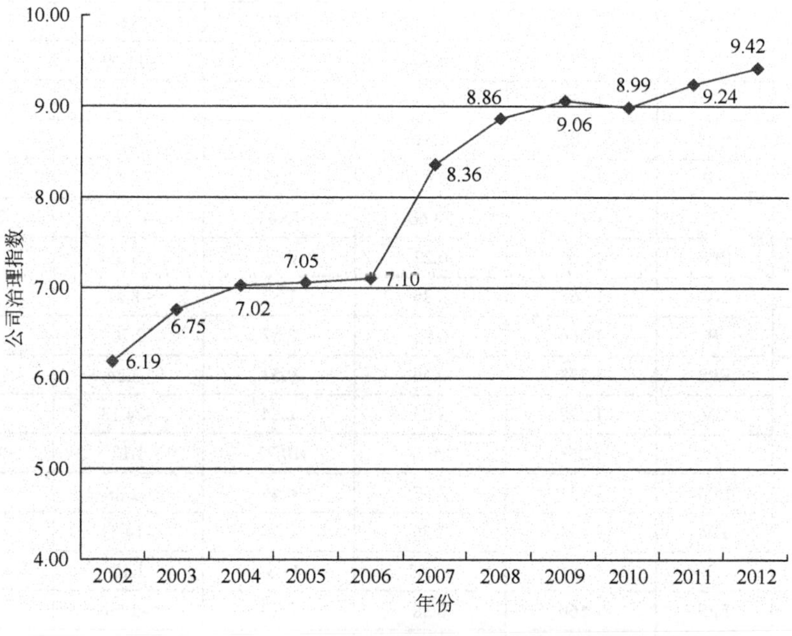

图 11-1　2002～2012 年度公司治理指数均值变化趋势

（二）样本公司分年度的 *P*、EPS、BV 的描述性统计分析

根据 2002～2012 年的财务指标数据和股票价格数据，用统计软件得出 *P*、

EPS、BV 的分年度描述性统计结果，见表 11-3。

表 11-3　样本公司分年度的 *P*、EPS、BV 的描述性统计分析

年份	指标	样本量	平均值	标准差	最小值	最大值
2002	EPS	855	0.11	0.34	−3.09	1.69
	BV	855	2.79	1.42	−2.61	10.37
	P	855	9.06	3.81	3.60	35.40
2003	EPS	913	0.11	0.44	−3.69	1.94
	BV	913	2.81	1.59	−8.46	11.37
	P	913	7.46	3.62	2.15	30.01
2004	EPS	991	0.10	0.66	−14.08	2.09
	BV	991	2.70	1.61	−9.86	11.12
	P	991	5.81	3.14	1.03	36.64
2005	EPS	1 080	0.06	0.62	−7.07	2.01
	BV	1 080	2.64	1.76	−12.48	11.13
	P	1 080	4.74	3.12	0.94	31.95
2006	EPS	1 120	0.15	0.49	−5.69	5.32
	BV	1 120	2.54	1.77	−11.69	11.99
	P	1 120	7.19	6.66	0.76	87.83
2007	EPS	1 181	0.31	0.51	−3.15	5.53
	BV	1 181	3.03	2.13	−8.14	23.94
	P	1 181	18.66	15.41	0.76	249.74
2008	EPS	1 266	0.22	0.56	−3.55	6.28
	BV	1 266	2.86	1.87	−8.21	18.18
	P	1 266	6.90	5.82	0.76	57.03
2009	EPS	1 278	0.26	0.51	−3.24	4.57
	BV	1 278	3.03	2.24	−24.18	20.94
	P	1 278	14.82	10.23	1.12	169.82
2010	EPS	1 431	0.37	0.49	−2.88	5.35
	BV	1 431	3.56	2.58	−14.52	24.07
	P	1 431	17.63	15.31	1.12	224.00
2011	EPS	1 660	0.38	0.49	−2.00	5.25
	BV	1 660	4.15	2.78	−13.83	20.04
	P	1 660	11.53	9.00	1.12	128.97
2012	EPS	363	0.41	0.41	−2.56	2.82
	BV	363	5.05	2.26	0.17	16.21
	P	363	12.76	8.45	2.19	65.72

二、实证结果

本章采用价格模型，以 EPS、BV、CGI 为自变量，股票价格 P 为因变量，分别进行面板数据回归分析和截面数据回归分析，研究公司治理指数是否具有相对价值相关性和增量价值相关性。

（一）全样本回归分析

全样本分析就是对 2002～2012 年度所有公司的财务数据和治理数据进行分析，这类数据属于非平衡面板数据。

1. 只考虑 CGI 的全样本回归分析

首先，只以公司治理单一因素为自变量进行回归，即对式（11-21）进行回归分析，目的是初步探索公司治理与股票价格间是否具有相关关系，即公司治理是否具有相对价值相关性。结果见表 11-4 和表 11-5，两种方法的回归结果均显著，表明公司治理指数具有相对价值相关性，调整后的 R^2 值分别为 0.0451 和 0.0250。

表 11-4　只考虑 CGI 的全样本回归结果（混合回归）

变量	系数	t	Sig
cons	3.847	23.970	0.000
CGI	0.870	12.490	0.000
F=574.62　p=0.000　Adj R-Squared=0.045 1			

表 11-5　只考虑 CGI 的全样本回归结果（固定效应）

变量	系数	t	Sig
cons	5.522	16.180	0.000
CGI	0.663	16.090	0.000
F=258.89　p=0.000　Adj R-Squared=0.025 0　Hausman=0.000			

2. 只考虑 EPS 和 BV 的全样本回归分析

其次，进行不考虑公司治理因素的不分年度的全样本回归分析，即运用经典 Ohlson 模型，即由式（11-20）研究 EPS 和 BV 与股票价格间的相关关系。回归结果见表 11-6 和表 11-7，表明 EPS 和 BV 均具有价值相关性，调整后的 R^2 值分别为 0.3278 和 0.1756。

表 11-6　只考虑 EPS 和 BV 的全样本回归结果（混合回归）

变量	系数	*t*	Sig
cons	4.646	32.99	0.000
EPS	6.455	36.18	0.000
BV	1.512	34.99	0.000
F=2959.84　*p*=0.000　Adj R-Squared=0.327 8			

表 11-7　只考虑 EPS 和 BV 的全样本回归结果（固定效应）

变量	系数	*t*	Sig
cons	4.543	22.80	0.000
EPS	3.869	21.02	0.000
BV	1.734	26.67	0.000
F=1077.09　*p*=0.000　Adj R-Squared=0.175 6　Hausman=0.000			

3. 同时考虑 EPS、BV 和 CGI 的全样本回归分析

最后，同时对 EPS 和 BV 及 CGI 进行全样本回归分析，即由式（11-22）进一步研究公司治理是否具有增量价值相关性。回归结果见表 11-8 和表 11-9，均表明全样本分析中 CGI 具有增量价值相关性。但方程调整后的 R^2 值为 0.3339 和 0.1885，较之前的 0.3278 和 0.1756 提高不多，表明公司治理因素的加入对模型解释力度的增量并不大。

表 11-8　同时考虑 EPS、BV 和 CGI 的全样本回归结果（混合回归）

变量	系数	*t*	Sig
cons	2.202	8.19	0.000
EPS	6.313	35.45	0.000
BV	1.442	33.16	0.000
CGI	0.333	10.66	0.000
F=2029.37　*p*=0.000　Adj R-Squared=0.333 9			

表 11-9　同时考虑 EPS、BV 和 CGI 的全样本回归结果（固定效应）

变量	系数	*t*	Sig
cons	0.828	2.34	0.019
EPS	3.721	20.33	0.000
BV	1.694	26.31	0.000
CGI	0.479	12.65	0.000
F=782.70　*p*=0.000　Adj R-Squared=0.188 5　Hausman=0.000			

（二）分年度样本回归分析

进一步完善模型，考虑年度因素，更为详尽地比较历年来 EPS、BV 和 CGI 是否具有价值相关性及相关程度的逐年变化趋势。

分年度样本分析即分别对 2002～2012 年度的公司的财务数据和治理数据进行分析，这类数据属于截面数据。

1. 只考虑 CGI 的分年度回归分析

首先，只以公司治理单一因素为自变量进行回归，即对式（11-21）进行回归分析，分年度研究公司治理因素是否具有相对价值相关性。回归结果见表 11-10，结果除 2002 年当年不显著以外，其余每年都显著，表明分年度样本回归分析中公司治理因素具有相对价值相关性。

表 11-10　只考虑 CGI 的分年度回归结果

年份	变量	系数	t	Sig
2002	cons	9.304	25.140	0.000
	CGI	（0.040）	（0.720）	0.472
	F=0.52　p= 0.4722　Adj R-squared = –0.0006			
2003	cons	6.716	19.980	0.000
	CGI	0.111	2.380	0.017
	F= 5.67　p= 0.0174　Adj R-squared =0.0051			
2004	cons	5.191	18.120	0.000
	CGI	0.088	2.310	0.021
	F= 5.32　p= 0.0213　Adj R-squared = 0.0043			
2005	cons	3.816	14.140	0.000
	CGI	0.131	3.650	0.000
	F=13.33　p= 0.0003　Adj R-squared =0.0113			
2006	cons	4.837	8.480	0.000
	CGI	0.332	4.410	0.000
	F=19.94　p= 0.000　Adj R-squared = 0.0162			
2007	cons	11.852	6.670	0.000
	CGI	0.815	3.960	0.000
	F=15.68　p=0.0001　Adj R-squared = 0.0123			
2008	cons	3.904	5.410	0.000
	CGI	0.338	4.260	0.000
	F= 11.83　p= 0.000　Adj R-squared =0.0134			

续表

年份	变量	系数	t	Sig
2009	cons	9.101	6.890	0.000
	CGI	0.631	4.430	0.000
	F=19.63　p= 0.000　Adj R-squared =0.0144			
2010	cons	4.928	2.920	0.004
	CGI	1.412	7.730	0.000
	F=59.750　p= 0.000　Adj R-squared = 0.0395			
2011	cons	4.182	4.430	0.000
	CGI	0.795	7.98	0.000
	F=63.74　p= 0.000　Adj R-squared = 0.0364			
2012	cons	7.475	3.730	0.000
	CGI	0.562	2.700	0.007
	F= 7.30　p= 0.0072　Adj R-squared = 0.0171			

将各年度调整后的 R^2 值做成折线图，如图 11-2 所示。可以看到，除 2011 年和 2012 年下降以外，R^2 值大体趋势上是逐年增大的，表明我国上市公司治理的相对价值相关性总体呈现逐年提高的趋势。

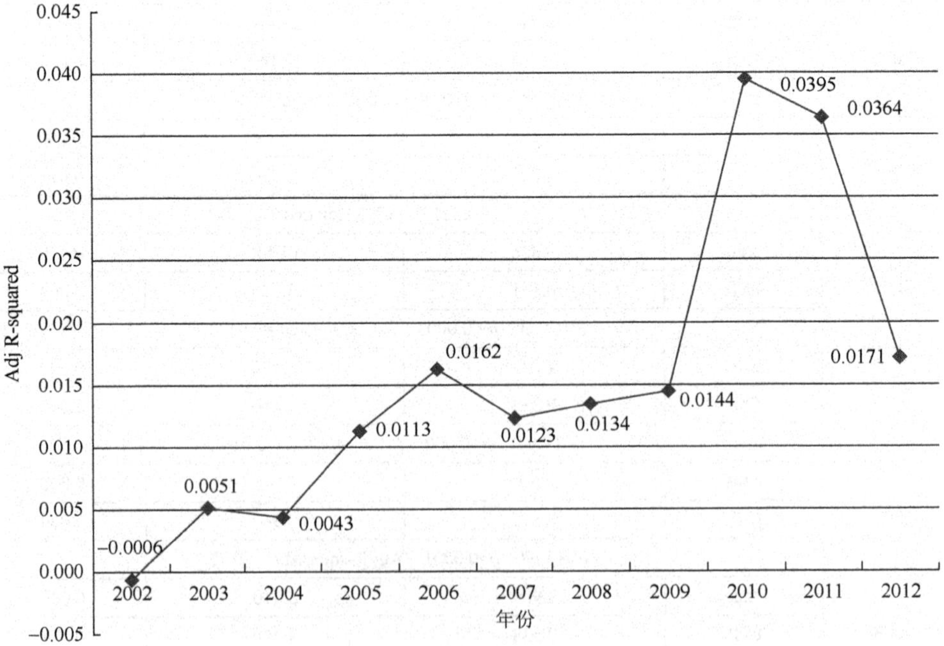

图 11-2　只考虑 CGI 时调整后的 R^2 值的逐年变化趋势

2. 只考虑 EPS 和 BV 的分年度回归分析

其次，进行经典的仅以 EPS 和 BV 为自变量的分年度回归分析，由式（11-20）研究分年度情况下 EPS 和 BV 与股票价格的相关关系。结果见表 11-11，回归结果各年均显著，表明 EPS 和 BV 各年度均具有价值相关性。

表 11-11　只考虑 EPS 和 BV 的分年度回归结果

年份	变量	系数	t	Sig
2002	EPS	2.659	6.260	0.000
	BV	0.477	4.750	0.000
	F=63.47　p=0.000　Adj R-squared = 0.1276			
2003	EPS	2.162	7.710	0.000
	BV	7.710	8.470	0.000
	F=143.28　p=0.000　Adj R-squared =0.2378			
2004	EPS	0.522	3.430	0.001
	BV	0.871	13.900	0.000
	F=178.32　p=0.000　Adj R-squared =0.2637			
2005	EPS	1.033	6.500	0.000
	BV	0.663	11.830	0.000
	F=200.75　p=0.000　Adj R-squared =0.2702			
2006	EPS	5.049	12.200	0.000
	BV	1.001	8.710	0.000
	F=270.56　p=0.000　Adj R-squared = 0.3251			
2007	EPS	15.485	20.540	0.000
	BV	1.821	10.040	0.000
	F=507.50　p=0.000　Adj R-squared =0.4619			
2008	EPS	3.729	13.570	0.000
	BV	1.078	13.060	0.000
	F=399.01　p=0.000　Adj R-squared = 0.3862			
2009	EPS	8.745	16.410	0.000
	BV	1.349	11.070	0.000
	F=493.36　p=0.000　Adj R-squared = 0.4354			
2010	EPS	12.162	15.190	0.000
	BV	2.121	13.960	0.000
	F=611.84　p=0.000　Adj R-squared = 0.4607			

续表

年份	变量	系数	t	Sig
2011	EPS	6.906	17.640	0.000
	BV	1.331	19.070	0.000
	F=808.02　p=0.000　Adj R-squared =0.4931			
2012	EPS	10.457	11.870	0.000
	BV	1.163	7.330	0.000
	F=177.31　p=0.000　Adj R-squared = 0.4934			

将各年度调整后的 R^2 值做成折线图，如图 11-3 所示。可以看到，R^2 值的大体趋势是逐年提高的，表明我国股票市场 EPS 和 BV 的价值相关性越来越高。

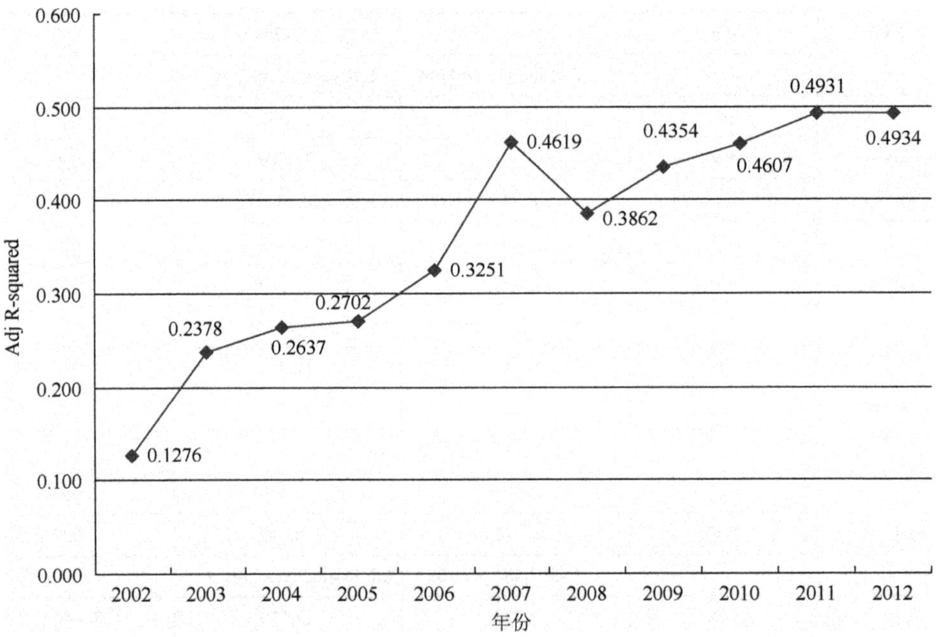

图 11-3　只考虑 EPS 和 BV 时调整后的 R^2 值的逐年变化趋势

3. 同时考虑 EPS、BV 和 CGI 的分年度回归分析

最后，同时考虑 EPS 和 BV 和 CGI 因素，进行分年度回归分析，由式（11-22）进一步研究分年度时公司治理是否具有增量价值相关性。回归结果见表 11-12，CGI 只有 2006 年和 2008 年两年显著，其余年份均不显著，表明分年度样本回归分析中 CGI 不具有增量价值相关性。

表 11-12　同时考虑 EPS、BV 和 CGI 的分年度回归结果

年份	变量	系数	*t*	Sig
2002	EPS	4.051	7.841	0.000
	BV	0.047	0.446	0.656
	CGI	（0.082）	（1.738）	0.083
	F=30.20　p=0.000　Adj R-squared = 0.102			
2003	EPS	3.946	11.385	0.000
	BV	0.373	4.683	0.000
	CGI	（0.021）	（0.602）	0.547
	F= 82.72　p=0.000　Adj R-squared = 0.228			
2004	EPS	3.125	14.134	0.000
	BV	0.460	7.704	0.000
	CGI	0.027	1.023	0.307
	F=140.75　p=0.000　Adj R-squared = 0.316			
2005	EPS	2.181	12.098	0.000
	BV	0.526	9.975	0.000
	CGI	0.035	1.528	0.127
	F=171.96　p=0.000　Adj R-squared =0.339			
2006	EPS	5.358	12.113	0.000
	BV	0.879	8.232	0.000
	CGI	0.104	2.188	0.029
	F=160.77　p=0.000　Adj R-squared = 0.316			
2007	EPS	18.075	20.459	0.000
	BV	1.171	6.129	0.000
	CGI	0.042	0.343	0.731
	F=334.77　p=0.000 Adj R-squared =0.477			
2008	EPS	4.724	15.855	0.000
	BV	0.790	10.111	0.000
	CGI	0.117	2.273	0.023
	F=251.57　p=0.000　Adj R-squared =0.388			
2009	EPS	9.476	16.687	0.000
	BV	1.206	9.527	0.000
	CGI	（0.040）	（0.435）	0.663
	F=286.50　p=0.000　Adj R-squared =0.417			
2010	EPS	9.485	10.737	0.000
	BV	2.036	13.532	0.000
	CGI	0.252	2.025	0.043
	F=272.58　p=0.000　Adj R-squared =0.376			

续表

年份	变量	系数	t	Sig
2011	EPS	5.767	14.232	0.000
	BV	1.190	18.376	0.000
	CGI	(0.019)	(0.301)	0.763
	F=445.76 p=0.000 Adj R-squared = 0.458			
2012	EPS	8.811	9.322	0.000
	BV	0.837	5.763	0.000
	CGI	(0.101)	(0.843)	0.400
	F=59.60 p=0.000 Adj R-squared =0.384			

将各年度调整后的 R^2 值做成折线图，从图 11-4 中可以看到，R^2 值的变化趋势与图 11-3 基本一致，基本上是逐年提高的。

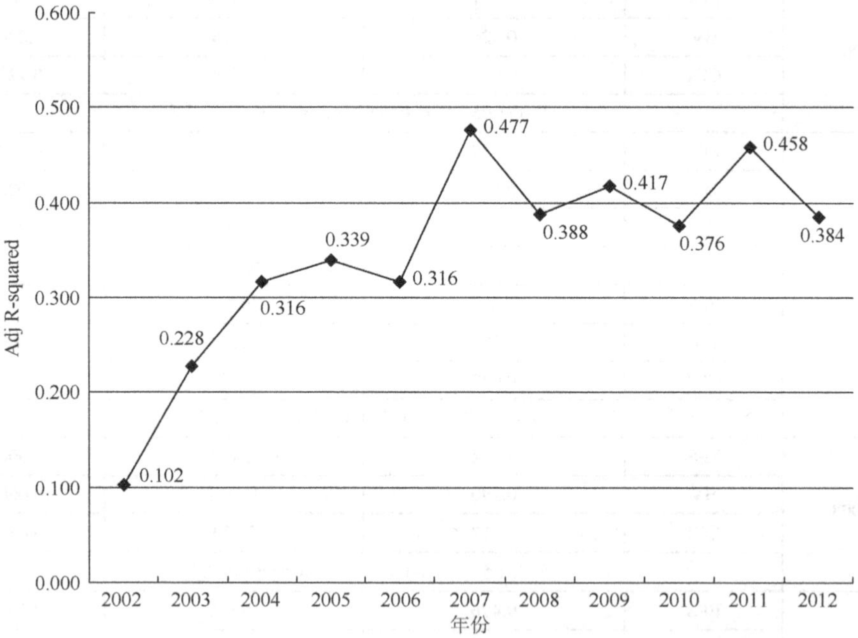

图 11-4 同时考虑 EPS、BV 和 CGI 时调整后的 R^2 值的逐年变化趋势

（三）考虑股市波动的公司治理价值相关性检验

依据股票市场的行情和走势，我们可将 2002～2012 年分为几个时间段，借此分段来验证公司治理是否具有价值相关性。本章选取上证综合指数作为划分市场

波动情况的标准。

图 11-5 为上证综指 2002～2012 年的走势图，由图 11-5 可以看出，2002～2006 年是我国股市较为平稳的几年，股价波动幅度不大，处于市场平稳期；而 2007～2009 年中国股市开始有较大幅度的震荡，为市场波动期；2009～2012 年股市又趋于平稳，波动幅度较小。对这三段分别进行面板数据回归分析，以此检验不同市场走势下公司治理是否都具有价值相关性，检验与之前所得结论是否一致。

1. 只考虑 CGI 的分段回归分析

只以公司治理单一因素为自变量进行分析，即根据式（11-21）对分 2002～2006 年、2007～2009 年和 2009～2012 年三段进行面板数据的回归，检验公司治理因素是否具有相对价值相关性。回归结果见表 11-13，三个时段结果均显著，表明分时段样本回归分析中公司治理因素均具有相对价值相关性，与之前回归结果相同。

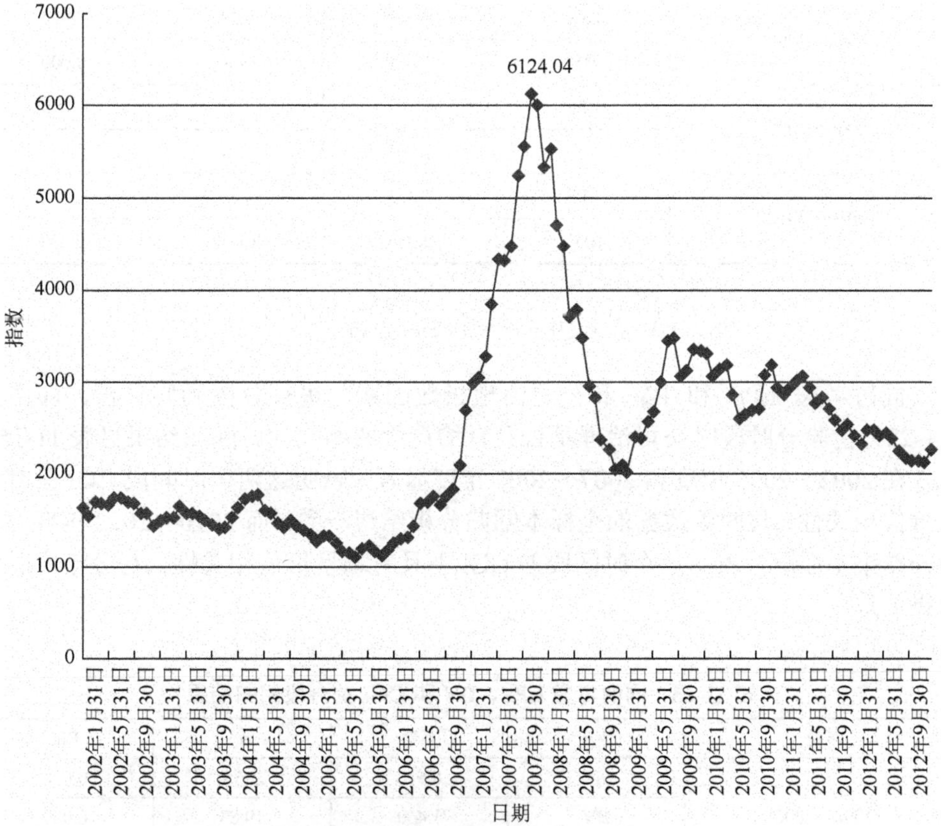

图 11-5　中国市场行情走势图

表 11-13 只考虑 CGI 的分段回归结果

年份	系数	t	Sig
2002～2006	7.553	27.20	0.000
2007～2009	−0.547	−3.77	0.000
2010～2012	0.351	2.32	0.020

2. 只考虑 EPS 和 BV 的分段回归分析

仅以 EPS 和 BV 为自变量，分三段进行回归分析，即由式（11-20）检验分时段 EPS 和 BV 与股票价格的相关关系。结果见表 11-14，回归结果三个时段均显著，表明 EPS 和 BV 均具有价值相关性，与之前回归所得结果相同。

表 11-14 只考虑 EPS 和 BV 的分段回归结果

年份	变量	系数	t	Sig
2002～2006	EPS	0.510	3.59	0.000
	BV	1.461	19.81	0.000
2007～2009	EPS	4.360	8.57	0.000
	BV	1.692	7.71	0.000
2010～2012	EPS	2.053	2.86	0.004
	BV	2.933	15.05	0.000

3. 同时考虑 EPS、BV 和 CGI 的分段回归分析

同时考虑 EPS 和 BV 和公司治理指数因素，进行分段回归分析，即由式（11-22）检验分时段时公司治理是否具有增量价值相关性。回归结果见表 11-15，CGI 在 2002～2006 年度和 2007～2009 年度显著，表明这两个时间段 CGI 具有增量价值相关性，与面板数据的全样本回归分析结果一致；而 2010～2012 年度 CGI 回归结果不显著，表明这个时间段的 CGI 不具有增量价值相关性，与分年度回归结果一致。

表 11-15 同时考虑 EPS、BV 和 CGI 的分段回归结果

年份	变量	系数	t	Sig
2002～2006	EPS	0.518	3.65	0.000
	BV	1.460	19.83	0.000
	CGI	−0.125	−3.41	0.001

续表

年份	变量	系数	t	Sig
2007～2009	EPS	4.361	8.60	0.000
	BV	1.673	7.64	0.000
	CGI	−0.505	−3.64	0.000
2010～2012	EPS	2.051	2.85	0.004
	BV	2.927	14.95	0.000
	CGI	0.039	0.29	0.774

第五节　稳健性检验

一、基于因子分析法构建公司治理指数

（一）因子分析 KMO 和 Bartlett 检验

为验证所得结论是否准确可靠，需要进行稳健性检验。本章主要通过改变公司治理指数的构建方法来进行稳健性检验。针对 2002～2012 年上市公司治理的数据，采用因子分析法重新构建公司治理指数，放入 Ohlson 模型中检验是否与之前所得结果一致。若所得结果与之前相吻合，则表明本章结论稳健。本章选取 CCER 公司治理数据库中 23 个连续性公司治理指标，用统计软件 SPSS 对它们进行旋转因子分析、降低维度、消除各变量间的相关性和重叠性，最终得到七个能反映这 23 个治理指标大部分信息的因子，并以这七个因子的方差贡献率作为权重，进行加权平均得出公司治理指数，记为 CGI2。将其作为自变量代入以上模型中进行回归检验，各项回归结果均与之前结论相同，表明上述结论稳健。

仍然以 2002～2012 年沪深两市的上市公司为样本来源，从公司治理指标中选取了 23 个连续性公司治理指标，分别为：年度股东大会次数（*v*1）；年度股东大会出席率（*v*2）；年度董事会议次数（*v*3）；年度监事会议次数（*v*4）；董事薪酬前三名总额（*v*5）；高管薪酬前三名总额（*v*6）；独立董事津贴（*v*7）；董事会规模（*v*8）；独立董事人数（*v*9）；独立董事持股比例（*v*10）；领取董事报酬比例（*v*11）；监事会规模（*v*12）；监事会持股比例（*v*13）；领取监事报酬比例（*v*14）；高管总人数（*v*15）；高管持股比例（*v*16）；CR-5（*v*17）；CR-10（*v*18）；Z 指数（*v*19）；Herfindahl_10 指数（*v*20）；第一大股东持股比例（*v*21）；第一大股东流通持股比例（*v*22）和流通股比例（*v*23）。

对 23 个指标进行旋转因子分析时得到 KMO 统计量为 0.746，Bartlett 球形检验的 p 值为 0.000，均表明数据比较适合进行因子分析。

（二）因子分析结果

经分析得到共有七个因子对应的特征根大于 1，因此应提取相应的七个公因子；表 11-16 列出了这七个因子的方差贡献率和累积方差贡献率。可以看到七个因子已经可以解释原始变量 66.239%的方差，已经包含了原变量大部分的信息。

表 11-16　七个因子的方差贡献率和累积方差贡献率

因子	贡献度/%	累计贡献度/%
Factor-1	19.309	19.309
Factor-2	9.523	28.832
Factor-3	8.643	37.475
Factor-4	7.999	45.475
Factor-5	7.784	53.295
Factor-6	7.732	60.990
Factor-7	5.248	66.239

图 11-6 给出了因子分析的碎石图，图中横坐标为因子的序号，纵坐标为相应特征根的值。从图 11-6 中可以看到，第七个因子以前的特征根值普遍较高，连接成了陡峭的折线，而第七个因子之后的特征根值普遍较低，连接成了平缓的折线，这进一步说明提取七个因子是比较适当的。

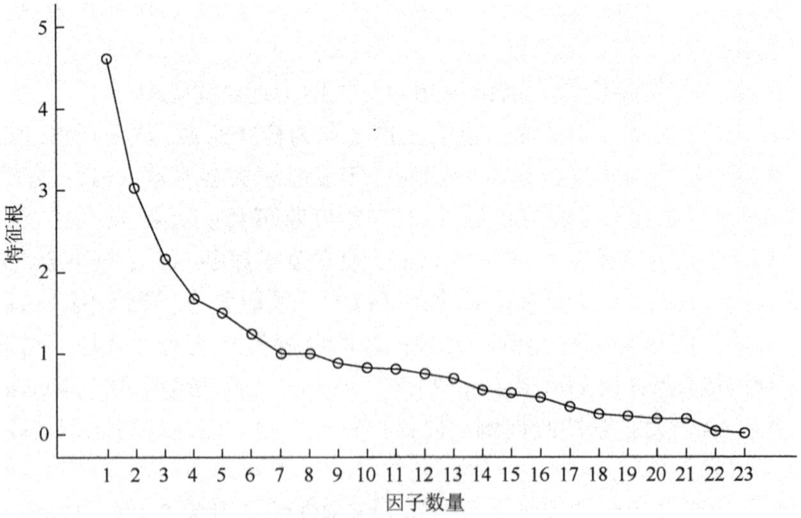

图 11-6　因子分析碎石图

旋转分析后得到的七个因子，它们包含的原变量信息及代表的含义见表 11-17。

表 11-17 七个因子包含的原变量信息及其代表的含义

因子	包含的原变量	旋转后因子代表的含义
Factor-1	*v*2、*v*17、*v*18、*v*20、*v*21	有关股权集中度的变量
Factor-2	*v*10、*v*13、*v*16	有关董事、监事、高管持股比例的变量
Factor-3	*v*5、*v*6、*v*7	有关董事、监事、高管薪酬的变量
Factor-4	*v*8、*v*9、*v*12、*v*15	有关董事、监事、高管人数的变量
Factor-5	*v*1、*v*3、*v*4	有关“三会”开会次数的变量
Factor-6	*v*11、*v*14	有关领取报酬董事监事比例的变量
Factor-7	*v*19、*v*22	有关 Z 指数、流通股比例的变量

以这七个因子的方差贡献率作为权重，加权计算出反映公司治理综合状况的治理指数（CGI2）。

（三）公司治理指数描述性统计

对公司治理指数（CGI2）进行描述性统计，各年度治理指数的统计结果见表 11-18。

表 11-18 公司治理指数（CGI2）的描述性统计结果

统计指标	*N*	平均值	标准差	最大值	最小值
2003 年	976	−0.101 0	0.242 1	0.85	−0.98
2004 年	1050	−0.111 6	0.239 2	0.87	−0.97
2005 年	1139	−0.003 4	0.230 8	1.68	−0.70
2006 年	1098	−0.054 3	0.207 1	0.72	−0.69
2007 年	1208	−0.042 3	0.227 1	0.90	−0.73
2008 年	1332	−0.005 4	0.264 1	2.18	−0.73
2009 年	1401	−0.017 0	0.265 7	1.01	−0.75
2010 年	1602	0.037 3	0.291 2	1.28	−0.76
2011 年	1960	0.093 6	0.302 4	2.52	−0.73
2012 年	492	0.238 0	0.317 5	3.25	−0.58

同时，可以做出各年度的公司治理水平折线图，见图 11-7。可以看出，各年度的样本公司治理指数的均值整体上逐年递增，表明我国上市公司的公司治理水平逐年提高。

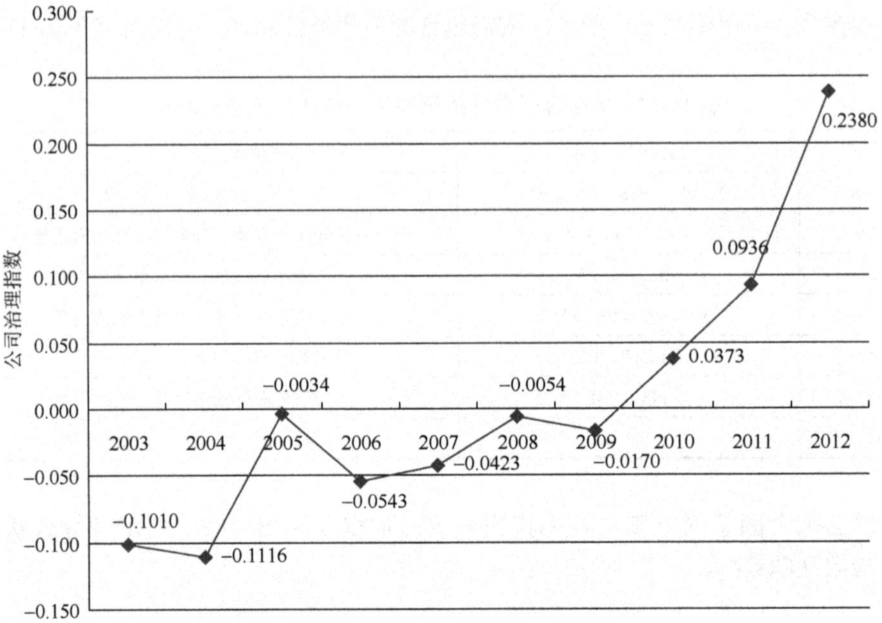

图 11-7　CGI2 均值变化趋势

二、稳健性检验实证结果

对用因子分析法构建的公司治理指数（CGI2）同样做全样本面板数据回归分析和分年度截面数据回归分析，以进行稳健性检验。

（一）全样本回归分析

1. 只考虑 CGI2 的全样本回归分析

把新构建的 CGI2 放入模型中进行回归，检验公司治理是否仍存在相对价值相关性，结果见表 11-19 和表 11-20。两种方法回归结果均显著，表明全样本分析中公司治理存在相对价值相关性。

表 11-19　只考虑 CGI2 的全样本回归结果（混合回归）

变量	系数	*t*	Sig
cons	11.646	113.17	0.000
CGI2	12.965	34.51	0.000
F=1190.77　p=0.000　Adj R-squared=0.0885			

表 11-20　只考虑 CGI2 的全样本回归结果（固定效应）

变量	系数	*T*	Sig
cons	11.646	146.06	0.000
CGI2	4.388	6.95	0.000
F=48.30　*p*=0.000　Adj R-squared=0.0048　Hausman=0.000			

2. 只考虑 EPS 和 BV 的全样本回归分析

由于因子分析法构建的 CGI2 与哑变量法构建的 CGI 所用的原始数据不同，在进行筛选时因数据不全或异常而剔除的年份和公司会有所差异，重新对只考虑 EPS 和 BV 的情况进行回归，结果见表 11-21 和表 11-22。两种方法回归均显示，EPS 和 BV 仍然具有价值相关性。

表 11-21　只考虑 EPS 和 BV 的全样本回归结果（混合回归）

变量	系数	*t*	Sig
cons	3.341	22.88	0.000
EPS	4.802	27.63	0.000
BV	2.118	50.96	0.000
F=3795.42　*p*=0.000　Adj R-squared=0.382 6			

表 11-22　只考虑 EPS 和 BV 的全样本回归结果（固定效应）

变量	系数	*t*	Sig
cons	2.673	12.74	0.000
EPS	2.412	14.02	0.000
BV	2.499	39.13	0.000
F=1407.63　*p*=0.000　Adj R-squared= 0.218 7　Hausman=0.000			

3. 同时考虑 EPS、BV 和 CGI2 的全样本回归分析

对新构建的 CGI2 连同 EPS 和 BV 一同放入模型中进行全样本回归分析，检验公司治理是否仍具有增量价值相关性。结果见表 11-23 和表 11-24，回归结果均显示全样本分析中 CGI 具有增量价值相关性。

表 11-23　同时考虑 EPS、BV 和 CGI2 的全样本回归结果（混合回归）

变量	系数	*t*	Sig
cons	3.663	23.88	0.000
EPS	4.708	27.06	0.000

续表

变量	系数	t	Sig
BV	2.029	46.59	0.000
CGI2	2.292	6.76	0.000
F=2554.72　p=0.000　Adj R-squared= 0.384 8			

表 11-24　同时考虑 EPS、BV 和 CGI2 的全样本回归结果（固定效应）

变量	系数	t	Sig
cons	1.763	6.47	0.000
EPS	1.466	10.48	0.000
BV	2.245	42.69	0.000
CGI2	1.072	2.30	0.022
F=830.37　p=0.000　Adj R-squared= 0.497 9　Hausman=0.000			

（二）分年度样本回归分析

考虑年度因素，检验历年来 CGI2 是否具有价值相关性及相关程度的逐年变化趋势。

分年度样本分析，即分别对 2002～2012 年度的公司财务数据和治理数据进行分析，这类数据属于截面数据。事实上，2002 年的数据在筛选过后缺失值、异常值较多，可用数据很少，在这里做舍去处理。

1. 只考虑 CGI2 的分年度回归分析

仅以 CGI2 为自变量进行回归，分年度检验公司治理因素是否仍具有相对价值相关性。回归结果见表 11-25，回归结果各年均显著，表明分年度样本回归分析中 CGI2 仍具有相对价值相关性。

表 11-25　只考虑 CGI2 的分年度回归结果

年份	变量	系数	t	Sig
2003	CGI2	3.073	6.57	0.000
	F=43.17　p=0.000　Adj R-squared=0.041 8			
2004	CGI2	3.609	8.31	0.000
	F=69.10　p=0.000　Adj R-squared= 0.061 0			
2005	CGI2	3.168	8.30	0.000
	F=68.83　p=0.000　Adj R-squared= 0.056 3			

续表

年份	变量	系数	t	Sig
2006	CGI2	11.108	11.39	0.000
	F=129.77　p=0.000　Adj R-squared=0.105 0			
2007	CGI2	21.186	11.20	0.000
	F=125.34　p=0.000　Adj R-squared= 0.093 4			
2008	CGI2	7.575	11.59	0.000
	F=134.33　p=0.000　Adj R-squared= 0.091 1			
2009	CGI2	14.988	14.58	0.000
	F=212.67　p=0.000　Adj R-squared= 0.131 3			
2010	CGI2	24.302	16.48	0.000
	F=271.51　p=0.000　Adj R-squared= 0.144 5			
2011	CGI2	11.011	15.89	0.000
	F=252.40　p=0.000　Adj R-squared=0.113 7			
2012	CGI2	5.116	4.10	0.000
	F=16.80　p=0.000　Adj R-squared=0.031 2			

以各年度调整后的 R^2 值为纵轴，年份为横轴做折线图。如图 11-8 所示，可以看到，除 2011 年和 2012 年 R^2 值呈下降趋势外，R^2 值大体上逐年提高，表明我国上市公司治理的相对价值相关性总体呈现逐年提高的趋势，与之前所得结论相同。

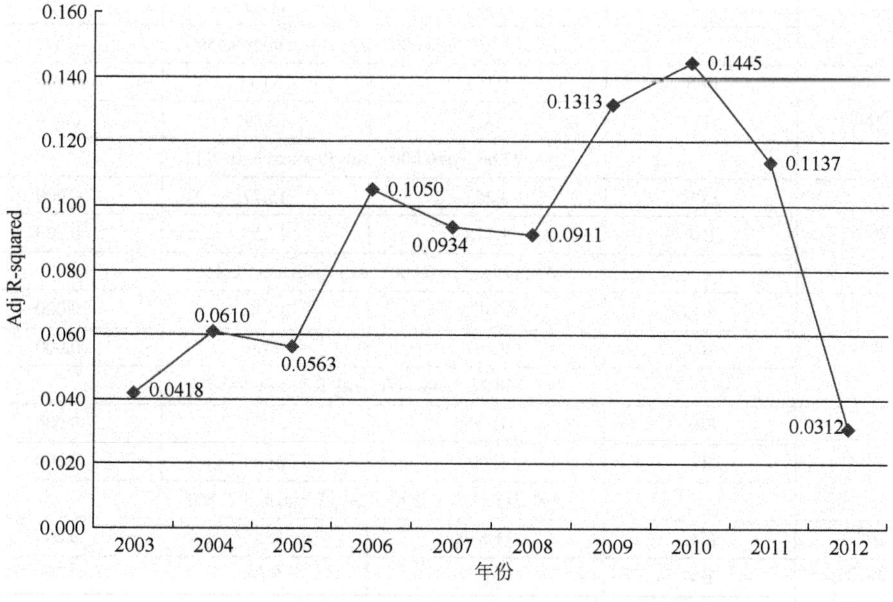

图 11-8　只考虑 CGI2 模型调整后 R^2 值逐年变化情况

2. 只考虑 EPS 和 BV 的分年度回归分析

以 EPS 和 BV 为自变量的分年度回归分析，重新检验分年度 EPS 和 BV 与股票价格的相关关系，结果见表 11-26。回归结果各年均显著，表明 EPS 和 BV 各年度均具有价值相关性。

表 11-26　只考虑 EPS 和 BV 的分年度回归分析

年份	变量	系数	t	Sig
2003	EPS	2.333	8.44	0.000
	BV	0.713	9.44	0.000
	F=165.08　p=0.000　Adj R-squared=0.254			
2004	EPS	0.063	0.44	0.657
	BV	1.026	15.72	0.000
	F=192.30　p=0.000　Adj R-squared=0.267			
2005	EPS	1.183	7.44	0.000
	BV	0.639	11.85	0.000
	F=219.64　p=0.000　Adj R-squared=0.278			
2006	EPS	5.255	11.99	0.000
	BV	1.091	9.19	0.000
	F=278.19　p=0.000　Adj R-squared=0.336			
2007	EPS	14.350	19.81	0.000
	BV	2.098	11.69	0.000
	F=513.72　p=0.000　Adj R-squared=0.459			
2008	EPS	1.153	5.01	0.000
	BV	1.413	15.24	0.000
	F=277.66　p=0.000　Adj R-squared=0.294			
2009	EPS	8.253	15.77	0.000
	BV	1.718	14.55	0.000
	F=612.60　p=0.000　Adj R-squared=0.466			
2010	EPS	10.433	13.22	0.000
	BV	2.987	24.9	0.000
	F=1 138.31　p=0.000　Adj R-squared=0.587			
2011	EPS	7.871	21.84	0.000
	BV	1.355	21.11	0.000
	F=1 248.16　p=0.000　Adj R-squared=0.560			
2012	EPS	11.639	15.19	0.000
	BV	1.155	8.66	0.000
	F=315.78　p=0.000　Adj R-squared=0.562			

以各年度调整后的 R^2 值为纵轴，年份为横轴做折线图。如图 11-9 所示，可以看到除 2008 年以外，整体上逐年提高，与之前的结论相符。

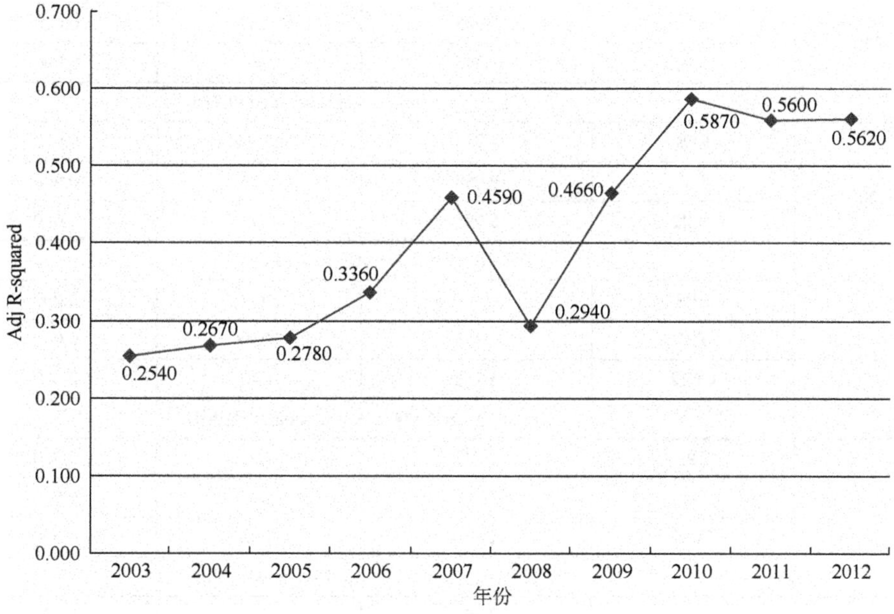

图 11-9 只考虑 EPS 和 BV 模型调整后的 R^2 逐年变化情况

3. 同时考虑 EPS、BV 和 CGI2 的分年度回归分析

同时将 CGI2、EPS 和 BV 放入模型进行分年度回归分析，检验分年度时公司治理因素是否具有增量价值相关性。回归结果见表 11-27，CGI2 只有 2011 年和 2012 年两年不显著，其余年份均显著，表明分年度样本回归分析中 CGI2 基本具有增量价值相关性。

表 11-27 同时考虑 EPS、BV 和 CGI2 的分年度回归结果

年份	变量	系数	t	Sig
2003	EPS	2.217	7.98	0.000
	BV	0.686	9.07	0.000
	CGI2	1.317	3.11	0.000
	F=114.26 p=0.000 Adj R-squared=0.260			
2004	EPS	0.035	0.25	0.801
	BV	0.970	14.69	0.000
	CGI2	1.700	4.30	0.000
	F=136.51 p=0.000 Adj R-squared=0.279			

续表

年份	变量	系数	t	Sig
2005	EPS	1.122	7.07	0.000
	BV	0.605	11.13	0.000
	CGI2	1.345	3.89	0.000
	F=153.31　p=0.000　Adj R-squared=0.286			
2006	EPS	4.938	11.44	0.000
	BV	0.958	8.13	0.000
	CGI2	5.938	6.91	0.000
	F=209.26　p=0.000　Adj R-squared=0.363			
2007	EPS	13.841	19.00	0.000
	BV	1.953	10.78	0.000
	CGI2	6.752	4.40	0.000
	F=354.13　p=0.000　Adj R-squared=0.467			
2008	EPS	1.122	4.91	0.000
	BV	1.279	13.32	0.000
	CGI2	2.969	4.82	0.000
	F=195.94　p=0.000　Adj R-squared=0.305			
2009	EPS	7.906	15.16	0.000
	BV	1.559	12.95	0.000
	CGI2	4.814	5.55	0.000
	F=427.38　p=0.000　Adj R-squared=0.477			
2010	EPS	10.257	12.96	0.000
	BV	2.900	23.16	0.000
	CGI2	2.707	2.35	0.000
	F=762.88　p=0.000　Adj R-squared=0.588			
2011	EPS	7.846	21.71	0.000
	BV	1.335	19.67	0.000
	CGI2	0.494	0.90	0.367
	F=832.30　p=0.000　Adj R-squared=0.560			
2012	EPS	11.602	15.09	0.000
	BV	1.143	8.47	0.000
	CGI2	0.556	0.64	0.520
	F=210.41　p=0.000　Adj R-squared=0.561			

以各年度调整后的 R^2 值为纵轴，年份为横轴做折线图。如图 11-10 所示，可以看到除 2008 年以外，整体上逐年提高，与之前的结论相符。

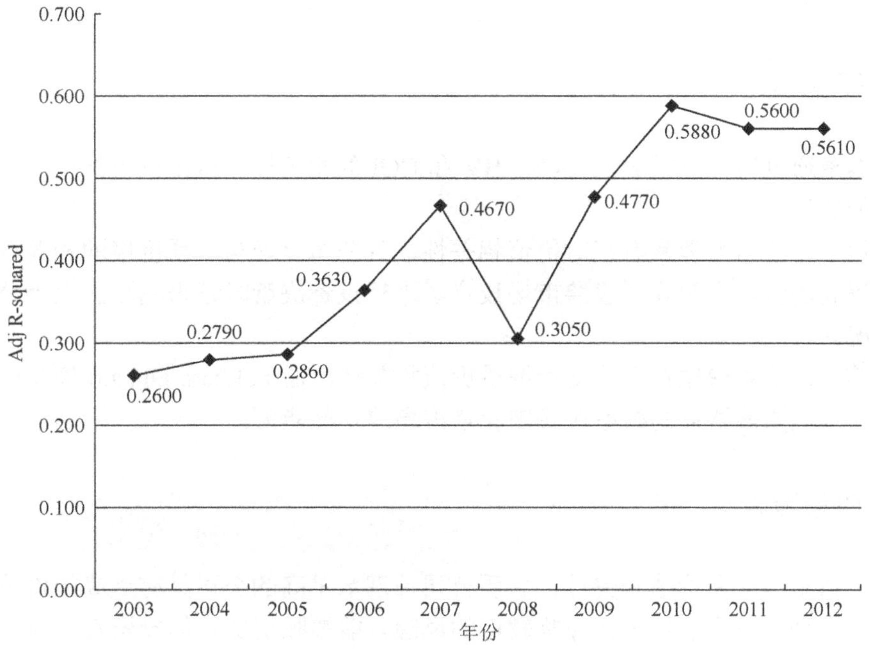

图 11-10　完整模型调整后的 R^2 值逐年变化情况

综上所述，用因子分析法构建的治理指数进行回归分析得出的结果与之前本章采用哑变量法构建的治理指数进行回归的结果，除在分年度回归检验公司治理的增量价值相关性上结果不同以外，其他结果均一致，这在一定程度上证明了本章结论的可靠性和稳健性。在全样本和分年度回归分析中，两个公司治理指数均具有相对价值相关性；在全样本回归分析中，两个公司治理指数均具有增量价值相关性；分年度样本回归分析中，哑变量法求得的治理指数（CGI）不具有增量价值相关性，而因子分析法求得的治理指数（CGI2）具有增量价值相关性，这可能与治理指数选取指标不同及模型吻合程度不同有关。

第六节　结论、建议与启示

本章借鉴郝臣（2009）的研究思路，通过哑变量赋值求和法和因子分析法两种方式得出样本公司年度公司治理指数，采用 Ohlson 剩余价值模型对 2002～2012 年的数据进行回归分析，得出我国公司治理存在相对价值相关性的结论。这一结论将使上市公司管理者、投资者和证券监管机构对中国上市公司治理情况产生足够的重视，对于今后为提高治理水平而采取的措施和做法有重要的启示和指导意义。

一、研究结论

本章通过研究分析 P 与 EPS、BV 和 CGI 的相关性，得出以下结论，证明了之前的假设。

第一，公司治理具有相对价值相关性，且公司治理与股票价格的相关程度总体呈提高趋势，表明我国股票市场投资者进行投资决策时越来越注意上市公司治理情况。

第二，公司治理存在移动的增量价值相关性，在 Feltham-Ohlson 模型中导入公司治理因素能够提高模型在我国股票市场的解释能力。

二、政策建议

公司治理存在价值相关性，表明公司治理水平高的公司具有更高的价值，而治理水平高的公司总体来说面临较低的风险，能够吸引更多的投资者，也就降低了融资成本。

首先，投资者在进行决策时，也要考虑拟投资对象的公司治理情况，因为良好的公司治理能够提升公司财务业绩和降低代理成本。

其次，上市公司应着眼于提高公司治理水平，建立完善的公司治理结构与机制，及时披露相关信息。良好的公司治理情况有利于公司吸引更多的投资者。

最后，政府部门和监管机构应发挥其指导和监督作用，完善市场监管体制，普及公司治理的重要作用。

三、研究启示

本章除了在设计思路上有一定的创新，拓展了研究样本周期（郝臣，2009）外，由于可获得数据有限，模型使用限制问题等原因，也存在明显的不足。例如，公司治理指数的构建选择哑变量数量较少，基于指标的可获得性，不能覆盖全部的治理信息，不足以完全反映上市公司治理情况的全貌。下一步考虑利用南开大学中国公司治理研究院评价课题组发布的中国上市公司治理指数（$CCGI^{NK}$）进行稳健性检验。

第十二章　我国上市公司治理溢价实证研究

公司治理问题越来越受到人们的关注，而公司治理溢价是这一问题研究进程的前沿亮点。本章以2004～2013年10年间我国沪深两市上市公司作为研究样本，利用调整后的Fama-French三因子模型，检验我国股票市场是否存在公司治理溢价。具体来说，本章将由上一章因子分析方法生成的代表公司治理水平高低的公司治理指数（CGI），替换在中国市场效应不显著的账面市值因子，以模拟不同公司治理水平的投资组合，构造公司治理溢价因子，由此来观察判断我国股市是否存在“公司治理溢价”这一有效市场异象。本章先后利用全样本、均分分组的子样本、根据股市行情划组的子样本进行三因子回归分析。结果发现，2004～2006年，公司治理理论和实践在我国的发展处于尚未起步阶段，因此，在当时公司治理理论未被普及，公司治理在投资者决策中也没有被充分考虑，我国股市存在公司治理溢价。然而，随着资本市场和公司治理制度的完善，根据本章的研究方法，自2006年至今，我国股票市场不存在公司治理溢价，即根据治理质量不同而构建投资组合，并不能获得显著的超额收益，因为当前的股票价格已经反映了投资者对治理质量差异的预期。

第一节　研究背景与研究意义

一、研究背景

在我国证券市场发展的20多年过程中，种种问题层出不穷，探究深层原因，上市公司治理缺失或公司治理水平低下是重要根源之一。

2003年，天津磁卡（600800）、南纺股份（600250）等50家上市公司因信息披露方面违规受到证监会的处罚；2011年，中恒信曝出涉案金额达572亿的操纵股市案；2013年3月，万福生科（300268）公告称其2008～2011年财务数据均存在“虚假记载”，累计虚增收入达7.4亿元人民币。这些公司治理缺失引发的案件之多、性质之恶劣、波及范围之广可谓触目惊心，而这些，可能只是揭开上市公司治理黑洞的冰山一角。

随着机构投资者的兴起与股东参与意识的提高，理论界及实业界对公司治理问题研究的热情越来越高，并将其作为决策的重要参考因素。中国上市公司协会执行副会长李小雪认为，在经济全球化的趋势下，公司治理日渐受到世界各国的重视，我国也应引导广大上市公司提高治理水平，以实现上市公司自我规范、自我约束，提升企业可持续发展能力，增强市场的透明度，提升投资者信心，从而推动我国资本市场稳定健康地发展。

而公司治理溢价的探讨就是公司治理研究进程中的前沿课题。麦肯锡在 2000 年发布的一项面向全球资本市场名为《面对公司治理挑战》(*Meeting the Corporate Governance Challenge*) 调查研究中发现，80%以上的机构投资者愿意为公司治理较好的公司支付溢价，75%的被调查者将公司治理水平抬高到与财务信息一样的重要程度。此项调查还发现，不同资本市场上为公司治理支付的溢价是有所差异的，其中加拿大愿意支付的公司治理溢价水平最高，约为 11%；摩洛哥、埃及和俄罗斯的支付意愿最低，仅为 4%。

投资者往往愿意为具有高公司治理水平的公司的股票支付更高的价格。国内外很多学者的实证研究陆续发现了公司治理能够提升公司价值和经营绩效的证据。如此看来，公司治理不仅是一种所有者利益保护机制，也是一种价值创造机制。在发展尚不完善的我国股票市场，从投资者的角度来说，投资于公司治理好的公司股票能否获取更多的收益值得关注。

二、研究意义

本章将立足我国资本市场，从“溢价”的最初含义着手，综合公司治理理论、风险资产定价模型理论等，通过计量回归方法，判断在我国公司治理是否存在溢价。研究此课题主要具有以下理论和现实意义。

从理论意义上来说，第一，可以深化公司治理理论相关研究。目前，学术界对公司治理的研究主要从两个方向展开，一个方向是公司治理自身结构、机制的研究，另一个方向则是探讨公司治理与其他要素的相关性，如公司治理与公司价值、公司治理与财务绩效之间的关系等，而鲜有从治理溢价的角度来开展研究的。本章通过尝试利用 Fama-French 三因子资产定价模型判断上市公司治理溢价是否存在，为公司治理溢价方面的研究提供证据，可以健全和完善公司治理理论。第二，有利于完善我国的资本市场定价模型。通过对公司治理溢价问题的研究，可以考察投资者对公司治理风险因子所要求的额外补偿情况，从而进一步完善我国资本市场的定价模型。

从现实意义上来说，第一，可以为投资者决策提供参考。在投资实践中，本章的研究结果可以为投资者的投资决策提供信息参考。中、小股东可依据公司治理评价指标主动规避公司治理无效的、可能对其利益构成侵害的公司。第二，改善公司融资状况。公司要扩大生产和经营规模，必须要通过股权和债务融资获得资金，那么融资者的信任对公司来说尤为重要。投资者更愿意以更高的价格购买公司治理水平高的公司的股份，或是继续持有、加持股份；银行等债权人愿意为这样的公司提供更低成本的贷款，降低企业融资成本；供应商、经销商也愿意继续或扩大与该公司的合作。

基于以上考虑，本章致力于通过 Fama-French 三因子模型的回归分析探究我国股票市场是否存在公司治理溢价。围绕这一问题，本章将按如下步骤展开。

第一，分析评价公司治理溢价和三因子定价模型在我国股市的实用性两个问题，通过借鉴前人的经验和方法，提出本章的研究假设。

第二，选取合理的公司治理综合评价指标作为公司治理风险因子，将其引入 Fama-French 三因子资产定价模型，构建能够代表不同公司治理水平的投资组合，模拟出公司治理风险溢价因子。

第三，通过对样本的分析，探讨公司治理是否存在溢价。

第二节　相关研究文献述评

一、公司治理溢价研究文献综述

“公司治理溢价”是一种风险溢价，是投资者对治理质量差的公司股票要求的风险补偿。现代金融理论认为，风险产品高风险高收益、低风险低收益，因此它的表现形式是：在其他因素相同的情况下，治理质量高的公司股票价格高，预期收益率低；而治理质量差的公司股票价格低，预期收益率高。

2000 年，麦肯锡对 200 个代表 3.25 万亿美元资产的国际投资人进行了调查，此次调查得出结论：超过 80%的投资人认为，在其他控制因素同等条件下，他们愿意为治理水平高的公司支付溢价；75%的投资人认为，在进行投资决策时，他们将公司治理质量看做是与公司财务指标同样重要的考虑因素。这种溢价因不同地区而有不同的体现，在日本是 21%，韩国是 24%，中国是 25%。

基于北京连城国际公司治理评价体系，杨洋（2007）对“公司治理溢价是否存在”进行了研究。他的研究结论是，企业价值可以随公司治理质量的提高有所提高，投资者在投资时更加偏好公司治理状况良好的公司，愿意为公司治理支付溢价，支付的溢价范围为 3%～14%。

Gompers 等（2003）研究了股东权利与股票收益率的联系，他们建立了一个评价指标体系，对公司股东权利多少进行量化，该体系包括 24 项反并购条款（反绿色敲诈条款、空头支票优先股、超级多数条款等）。他们又根据评价体系的得分高低，将上市公司分组：得分超过 14 分的独裁组合和得分小于 5 分的民主组合。采用 Carhart 的四因素模型对两个组合分别进行回归拟合：民主组合的截距项 α 为 0.29%（月度），而独裁组合的 α 为–0.42%（月度）。通过卖空独裁组合股票，买进民主组合股票，每年能实现 8.5%的套利收入，投资公司治理好的企业有超额收益。

在 2006 年首届中国管理现代化研究会年会上，李维安和牛建波（2006）报告了基于中国上市公司治理指数（$CCGI^{NK}$）的公司治理溢价实证研究结果。该文献借鉴 Fan 和 Wong（2002）等的研究方法，突破已有大部分研究集中在一个或多个独立的公司治理变量的局限，利用该指数来表示公司整体的治理水平。针对 2003～2005 年沪深两市 3179 个样本，采用面板数据模型研究发现，从总体的治理状况来看，公司治理存在显著的治理溢价效应。在同等情况下，对于那些公司治理水平较高的公司，投资者愿意为此支付溢价。郝臣（2008）也指出，公司治理是影响资产定价的重要因素。李维安和郝臣（2008）首先对三因子模型进行了检验。

安占强（2009）采用我国上市公司数据，检验了公司治理水平与股价收益的关系。通过因子分析法将诸多治理变量提取为单一的公司治理指数，来反映公司的综合治理水平。根据该指数将上市公司按治理水平的高低划分为五组，发现 2003～2005 年的年平均回报率也按治理水平从高到低排列，治理最好的公司组年投资回报率高于治理最弱的公司组 17.43%，存在公司治理溢价。

对公司治理的客观评价是公司治理溢价研究中的关键问题，王福胜和刘仕煜（2009）在以往研究成果的基础上，以上证公司治理板块的评选结果为参照样本，给出了检验公司治理评价指标有效性的科学方法，进而验证了以数据包络分析方法构建的公司治理效率值指标的有效性；在此基础上利用联立方程模型对公司治理溢价进行研究，以 2007 年中国沪市 578 家 A 股公司为样本对联立方程模型进行估计，解决了公司治理与公司价值之间可能存在的内生性问题。结果表明，中国股票市场存在公司治理溢价，公司治理效率值每增加 0.1，流通盘市场附加值就会有 37.2%的溢价。

郝臣（2011）选择了 22 个常用反映公司治理状况的指标，以及 10 个哑变量指标，建立了公司治理评价指标 cgindex。以 2002～2005 年的沪深两市的上市公司为样本，按照 cgindex 将样本分为七组，构建套利组合，买入治理好的 CG7 组合，卖出 CG1 组合，可以获得月度 3%的超额收益，这样计算我国股市存在 36%的公司治理溢价。随着对公司治理溢价问题关注的深入，赵玉洁（2011）、徐金球（2012）等也相继对公司治理溢价问题展开了研究。

也有一部分学者的研究并没有发现股东治理存在溢价：Aman 和 Nguyen（2006）构建了一个公司治理指数进行研究，发现所有投资组合的超额收益均不显著；Johnson 和 Moorman（2009）利用两种方法计算产业调整后的收益，发现超额收益显著为 0，不存在公司治理溢价。

二、Fama-French 三因子定价模型研究文献综述

中国股票市场历经 20 多年的发展，已经成长为世界上规模最大的股票市场之一，但其发展特点和市场环境完全不同于西方股票市场，因此对于中国股票市场

来说，经典定价模型是否能够适用存在一定的争议。

Fama-French 三因子模型是关于股市收益率决定因素的标准模型，由 Fama 和 French 于 1992 年提出，认为股票的收益率可以由市场超额收益、规模和账面市值比这三个因子进行解释。Drew 等（2002）以沪市 A 股市场为考察对象，验证 Fama-French 三因子模型的适用性，发现账面市值比效应在上海 A 股市场不成立，但市场 β 因子组合和规模组合却可以产生正超额收益。他们的研究同时也证明，从风险角度对低账面市值比股票组合超额收益率的解释并不显著，而从投资者的非理性行为角度解释则更有效。

范龙振和余世典（2002）对中国股票市场从 1995 年 7 月至 2000 年 6 月所有 A 股市场月度股票收益率进行研究，发现股票市场具有很强的规模效应、账面市值比效应、市盈率效应和价格效应，Fama-French 三因子模型可以完全解释沪深两市大部分股票价格指数回报率的变化和差异。范龙振和王海涛（2003）、范龙振和单耀文（2004）、吴世农和许年行（2004），以及邓长荣和马永开（2005a；2005b；2006）的检验也肯定了三因子模型在中国的适用性。李体委（2008）通过研究 1998 年 1 月至 2009 年 9 月的数据，发现 Fama-French 三因子模型中的账面市值比因子对中国股市收益率的解释力不强，而流通市值比因子的解释力较强。他认为，这主要是由股票市场具有诚信缺失、投机盛行的特点，账面市值比因子对中国股市收益率的解释有所削弱造成的。

三、文献综述小结

（一）研究思路总结

纵观公司治理溢价主题的相关研究文献，发现他们的研究出发点大概可以分为两种：一种是主观概念的溢价“支付意愿研究”，另一种是引入公司治理因子的实证研究。而后者的思路大都体现如下：首先，从公司治理各个层面（股东大会与股权集中度、董事会、监事会、经理层等）选取相应治理指标，利用降维度思想或主成分分析方法，以及哑变量求和的方法，构建公司治理综合指数，以此作为实证研究的基础；其次，对比按照公司治理综合指数排序之后的各投资组合超额收益率差异，分析上市公司治理水平与股票回报率的相关性，若高质量的公司治理能带来更多的超额收益，则该市场存在治理溢价。

（二）现有研究不足

第一，在研究对象上，针对我国证券市场的研究较为欠缺。我国证券市场起步较晚且尚不成熟，并且上市公司治理水平较发达国家仍有一定差距，且近年来我国企业制度不断深化，企业所面临的外部市场环境也发生着日新月异的变革，因此，国外学者针对公司治理溢价问题的研究方法和变量选择并不适用于我国的上市公司治理情况。结合我国特殊的上市公司治理内外部环境进行公司治理溢价研究，探讨上市公司治理质量与股票收益率的关联的需求显得更为迫切。

第二，在研究思路上，目前大部分的实证研究模型并未直接将公司治理风险作为一个定价因素直接引入到资产定价模型中。已有研究多数采用回归分析方法，建立公司治理指数与收益率的关系，如此得出的结果不够准确。

第三，在研究样本周期上，已有的关于我国上市公司治理溢价的研究多集中于某一特殊阶段。众所周知，2007年之后，中国股票市场受我国经济周期与全球金融危机的影响，历经风云突变，但目前学界对公司治理溢价问题的研究均未包括这一市场动荡期。在未确定市场波动期内中国股票市场是否存在治理溢价的情况下，就断言我国上市公司普遍存在治理溢价，结论过于草率。

（三）本章创新之处

风险溢价是对投资者因承担了高于无风险利率那部分的风险而给予的回报补偿，表现为风险产品回报率与无风险利率之差。那么，要验证公司治理溢价是否存在，应该验证公司治理风险溢价与总的风险溢价是否存在相关性。

本章结合风险定价理论，严格从风险溢价的定义出发，选取了 Fama-French 三因子定价模型作为验证工具，将在中国市场显著性弱的账面市值比因子替换成公司治理水平因子，以验证公司治理风险在风险资产定价中是否产生作用，即治理溢价是否存在。

第三节　研 究 设 计

一、研究思路

公司治理溢价作为一个定价范畴的概念，应该由判断治理溢价与总风险溢价是否存在相关性来检验，即我们应该选取一个以总风险溢价水平为因变量，自变量中含有公司治理因子的模型来检验。我们在研究 Fama-French 三因子模型在中国市场适应性的过程中发现，账面市值比因子对我国股市收益率的解释有所削弱，即严格的 Fama-French 三因子定价模型在中国并不是完全适用的。

因此，本章借鉴三因子定价模型的思路方法，大胆地将能够代表公司治理水平的因子，替代严格三因子模型中的账面市值比因子，引入到三因子模型当中。

沿袭三因子过程，构建体现了规模因子和公司治理风险因子的投资组合，通过实证回归分析，验证公司治理水平高低造成的风险差异（即构造的治理溢价）与总风险溢价是否存在相关性，即验证我国上市公司是否存在公司治理溢价。

由于公司治理的概念是一系列权利义务的约定，并不是一个量化的指标，为了定量研究公司治理与股票收益率的关系，本章选择了一个由因子分析法得到的CGI，具体计算生成过程参见第11章。

二、模型选择：Fama-French三因子定价模型

资本资产定价模型问世以后，很多学者在有效市场假说条件下对其进行了实证检验。Black等（1972）及Fama（1973）对1969年以前的数据进行检验，结果证明了资本资产定价模型的有效性。但对此后数据的检验，资本资产定价模型却缺乏说服力，许多影响股票收益的其他因素陆续被发现。

1993年，为了进一步解释市场异象及股票收益率的变动，Fama和French在资本资产定价模型的基础上，加入公司规模（small minus big，SMB）和账面市值比值（high minus low，HML）两个因子，构建了如下三因子模型：

$$R_i=R_f+\beta_i(R_m-R_f)+s_i(\text{SMB})+h_i(\text{HML})+\varepsilon_i \tag{12-1}$$

其中，R_i表示个股回报率；R_m表示市场投资组合回报率；R_f表示无风险利率。在理性定价的框架下，Fama-French三因素模型将投资风险归结为市场因素、规模因素及价值因素。R_m-R_f表示的市场因素反映所有股票价格发生共同变动的风险；SMB表示小股票收益率减去大股票收益率，代表规模因素导致的收益率差异；HML表示高账面市值比股票收益率减去低账面市值比股票收益率，反映了价值因素导致的收益率差异。回归系数β_i，s_i，h_i分别代表市场、规模、账市比三个因子的风险载荷。自三因子模型诞生以来，该模型的适用性得到了学界的广泛认可。实际上，在三因子模型基础上可以衍生出四因子模型，Carhart（1997）提出了惯性（momentum）因子，将三因子模型发展为四因子模型，Fama和French（2015）在原三因子模型基础上，提出了盈利能力（profitability）因子和投资模式（investment patterns）因子，即五因子模型。

本章使用公司治理指数CGI代替账面市值比HML，因子CGI表示为高公司治理水平公司投资组合减去低公司治理水平公司投资组合收益率之差，反映了不同公司治理水平导致的收益率差异；而SMB仍为小股票收益率减大股票收益率。

三、样本选择

本章选取2004年1月至2013年12月的上海证券交易所和深圳证券交易所交

易数据作为样本，样本原始数据来自 CSMAR 数据库，数据频率为月度数据。

模型指标包括月个股回报率、月综合市场回报率、年个股总市值、无风险利率、CGI 指数。以上数据的具体含义如下：个股月回报率是指考虑现金红利再投资的月个股收益率；市场月回报率是指综合 AB 股和创业板考虑现金红利再投资的月收益率；年个股总市值为个股的发行总股数与年收盘价的乘积；无风险利率采用我国商业银行一年期整存整取利率。

剔除年个股总市值和 CGI 指数缺失的样本。通过对样本的筛选，最后样本空间为：2013 年 492 支股票、2012 年 1943 支股票、2011 年 1574 支股票、2010 年 1379 支股票、2009 年 1305 支股票、2008 年 1176 支股票、2007 年 1060 支股票、2009 年 1118 支股票、2005 年 1040 支股票、2004 年 957 支股票。

四、数据处理

遵循 Fama-French 模型构建方法，首先分别以个股第 t-1 年 CGI 和第 t-1 年总市值大小为依据，对第 t 年 1 月至第 t 年 12 月的公司股票进行分组（每年进行一次）。

分组方法如下：第一步，将第 t 年所有股票按总市值 SIZE 大小平均分为两组（Small 组，Big 组）；第二步，将第 t 年所有股票按 CGI 从大到小降序排列分三组，即前 30%（High 组），中 40%（Medium 组），后 30%（Low 组）；第三步，将 1、2 中的分组进行交叉，共形成六个投资组合，即 Small High 组、Small Medium 组、Small Low 组、Big High 组、Big Medium 组、Big Low 组；第四步，以个股第 t–1 年个股的总市值为权重（个股的总市值与组内个股总市值总和之比），对第 t 年 1 月至 12 月期间内个股的月回报率进行加权平均，从而求得每组投资组合的月回报率；第五步，以每个组的月回报率为依据，计算每个月的 SMB 和 CGI 值。具体计算公式如下：SMB=1/3（Small High+Small Medium+Small Low）-1/3（Big High+Big Medium+Big Low）；CGI=1/2（Small High+Big Low）-1/2（Small Growth+Big Low）；第六步，以综合市场月回报率减去无风险回报率，即得到超额市场回报（R_m–R_f）；第七步，以市值加权平均月回报率（权重为个股的市场价值与全样本个股总市值之和的比）作为 R_i 减去无风险回报率，得到个股超额收益率（R_i–R_f）。

通过上面的步骤，我们最后得到 10 年间总计 120 组的（R_i–R_f）、（R_m–R_f）、SMB、CGI 样本数据。

第四节　实证结果与稳健性检验

一、实证结果

将处理好的 120 组样本数据导入 SPSS11.5 中进行回归分析，得到结果如表

12-1 所示。可以看到，模型的 Adjusted-R^2 非常高，这表明模型的自变量 R_m-R_f 和 SMB 两个因子对因变量的解释力度能够达到 91.2%。

表 12-1　2004～2010 年全样本调整后三因子模型拟合效果

模型	R	R^2	Adjusted-R^2
三因子模型	0.956	0.914	0.912

表 12-2 显示截距项显著水平未通过 t 检验，说明截距项无异于 0。CGI 不显著，被拒绝概率为 0.302。根据回归结果，我们可以拒绝原假设，认为不产生公司治理溢价。

表 12-2　2004～2010 年全样本调整后三因子模型的回归系数

因子	非标准化系数	标准化系数	t	Sig
（Constant）	0.003	—	1.053	0.295
$R_{mt}-R_{ft}$	1.011	0.919	33.480	0.000
SMB	0.419	0.167	5.225	0.000
CGI	−0.134	−0.033	−1.037	0.302

二、稳健性检验

为了使结果更有稳健性，我们对全样本数据按照两种方法进行分组，进一步对分组后的子样本数据进行回归分析，查看结果。

（一）将样本均分四组

将 120 组样本均分为四组，每组包含 30 个样本，分组结果为：A（2004-01～2006-06）、B（2006-07～2008-12）、C（2009-01～2011-06）、D（2011-07～2013-12）。将数据导入 SPSS 进行回归分析，结果如表 12-3 和表 12-4 所示。

表 12-3　均分四组子样本回归模型结果

分组	R	R^2	Adjusted-R^2
A（2004-01～2006-06）	0.994	0.988	0.987
B（2006-07～2008-12）	0.941	0.885	0.872
C（2009-01～2011-06）	0.972	0.944	0.937
D（2011-07～2013-12）	0.971	0.942	0.935

从表 12-3 中可以看出，各组模型均具有很高的拟合优度，分别为 0.987、0.872、0.937、0.935。而截距项依然不显著，如表 12-4 所示。

与全样本数据回归结果不同的是，A 组数据建立的模型中公司治理风险因子是显著的，即 2004 年至 2006 年 6 月，我国股市存在治理风险溢价；而 B 组和 C 组的规模因子不显著。

表 12-4　均分四组子样本回归系数

模型		非标准化系数	标准化系数	t	Sig
A	(Constant)	0.002	—	0.830	0.414
	$R_{mt}-R_{ft}$	1.012	0.923	38.228	0.000
	SMB	0.194	0.086	3.383	0.002
	CGI	−0.283	−0.081	−2.895	0.008
B	(Constant)	0.011	—	1.002	0.325
	$R_{mt}-R_{ft}$	0.997	0.909	13.642	0.000
	SMB	0.200	0.085	0.716	0.481
	CGI	−0.748	−0.158	−1.328	0.196
C	(Constant)	0.003	—	0.735	0.469
	$R_{mt}-R_{ft}$	0.985	0.965	20.511	0.000
	SMB	0.347	0.089	1.626	0.116
	CGI	−0.016	−0.004	−0.074	0.942
D	(Constant)	0.005	—	1.287	0.210
	$R_{mt}-R_{ft}$	1.138	0.913	16.590	0.000
	SMB	0.379	0.150	2.721	0.011
	CGI	0.229	0.063	1.199	0.241

（二）根据股票市场波动分组

根据我国股票市场的波动周期，又将数据分成为三个区间，比较不同市场行情下公司治理溢价情况。本章选取上证指数（收盘价）作为划分市场行情的标准，图 12-1 为 2004～2013 年上证指数月度数据的走势图。如图 12-1 所示，2004 年到 2006 年 3 月市场表现平稳，2006 年 4 月之后指数开始强势走高，至 2007 年 12 月达到顶点 6000 余点，之后大幅下跌，至 2008 年 12 月跌至最低点，2009 年 7 月走高到达一个小高峰，之后到 2013 年市场趋于小幅震荡状态。

因此，本章将划分三个时间段：A（2004-01～2006-03，市场平稳期）；B（2006-04～2009-07，市场振荡期）；C（2009-08～2013-12，市场平稳期）。

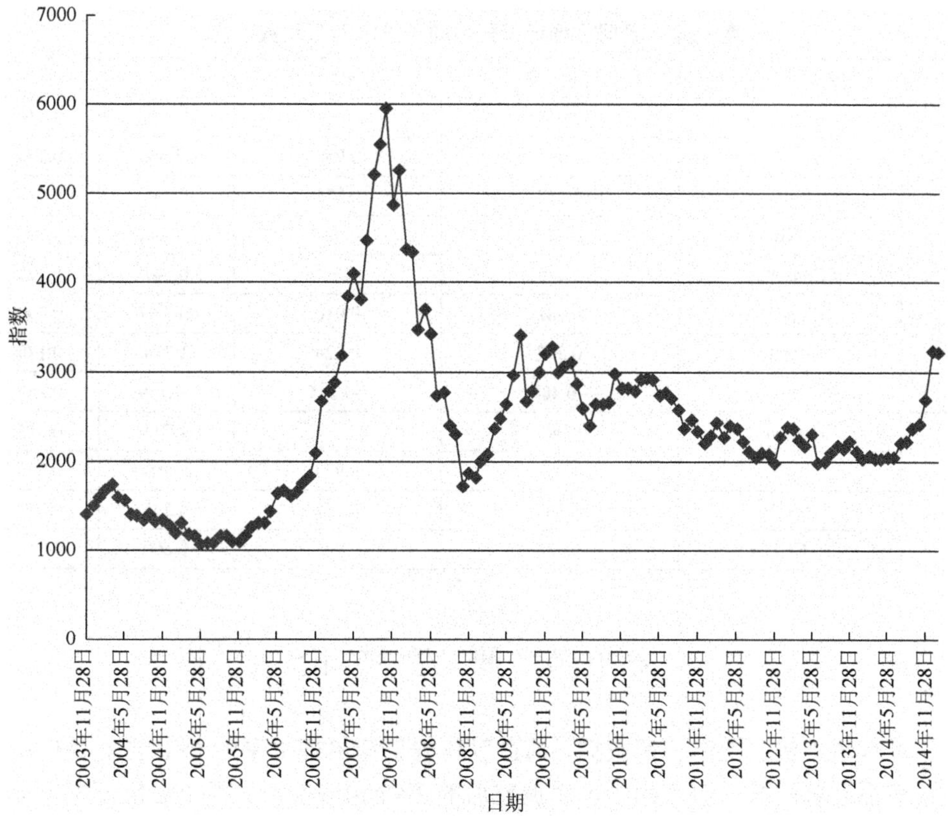

图 12-1　上证指数收盘价趋势图

资料来源：WIND 数据库

由表 12-5 我们可以看到，各组模型拟合优度依次为 0.982、0.883、0.936，依然很高，即自变量对模型有非常高的解释力度。各组截距项依然为 0。与组 1（2004-01～2006-06）结果相似的是，在 A（2004-01～2006-03）中，CGI 因子系数为负，且非常显著，而其余时段的分组 CGI 不显著，如表 12-6 所示。这说明在这一时段中股市是存在风险溢价的，且风险溢价与超额收益呈反向变动关系。在股市震荡的 B（2006-04～2009-07）中，市值因子不显著。

表 12-5　根据市场行情分组的子样本回归模型结果

分组	R	R^2	Adjusted-R^2
A	0.992	0.984	0.982
B	0.944	0.892	0.883
C	0.970	0.940	0.936

表 12-6　根据市场行情分组的子样本回归系数汇总

模型		非标准化系数	标准化系数	t	Sig
A	(Constant)	0.002	—	0.778	0.444
	$R_{mt}-R_{ft}$	1.004	0.930	32.800	0.000
	SMB	0.157	0.075	2.358	0.027
	CGI	−0.295	−0.093	−2.864	0.009
B	(Constant)	0.005	—	0.647	0.522
	$R_{mt}-R_{ft}$	0.987	0.910	16.347	0.000
	SMB	0.297	0.124	1.374	0.178
	CGI	−0.487	−0.105	−1.159	0.254
C	(Constant)	0.005	—	1.735	0.089
	$R_{mt}-R_{ft}$	1.060	0.929	25.958	0.000
	SMB	0.443	0.151	4.235	0.000
	CGI	0.081	0.023	0.660	0.512

第五节　研 究 结 论

本章基于我国上市公司数据，通过以代表公司治理水平的 CGI 指数替代在我国股市不显著的账面市值因子，用调整后的 Fama-French 三因子定价模型模拟出不同公司治理水平的投资组合，对 2004～2013 年 10 年间我国上市公司治理溢价进行了量化研究，验证在我国上市公司公司治理溢价是否存在。刘志远等（2005）区分市场涨跌之后发现，先前其他研究中发现与中国股市回报率相关联的特征因素、公司规模与截面回报的关系随时间发生了变化，流通股比例与回报率的关系并不明显。随着公司治理数据的积累，考虑用经济周期（business cycles）来检验治理溢价是一个重要的研究方向。因此，本章同时进行了 2004～2013 年的均分分组和依据行情分组的分阶段治理溢价研究。

得到关于公司治理水平与股票超额收益率关系结论如下。第一，2004～2013 年 10 年间我国上市公司治理溢价不显著。第二，基于 2004～2006 年样本的检验，公司治理溢价存在。2004～2006 年，公司治理这一课题在我国尚处研究初期，理论发展不完善、普及度不高，公司和投资者尚未重视公司治理这一重要因素。如果投资者没有认识到公司治理风险，治理质量差的公司由于其较高的代理成本，最终的经营业绩和盈利水平平均会低于治理质量好的公司，投资者没有认识到这种风险，治理质量差的公司股价没有相应调整，这时投资于治理质量好的公司将得到超额的回报。第三，基于 2006 年至今样本的检验，公司治理溢价不存在。治理差的公司应该有更高的收益率来补偿投资者承担的治理风险，而治理好的公司股票收益率相应更低。因为在其他因素相同的情况下，较高的公司治理质量降低了预期收益的风险，风险降低，股票价格上升，收益率下降。或者说，当前的股价水平已经包含了投资者对公司治理质量差异的预期，投资于治理质量好的组合也不能获得超额收益。

公司治理质量的差异会影响公司的经营绩效和盈利能力，当投资者预期到这种治理风险时，就会在交易时改变股票的均衡价格。认识到治理风险，在预期收益不变时，投资者为治理质量差的公司股票付出的价格降低，因为投资者认为这些公司的大股东或管理层可能会侵占中小股东的权益，投资存在风险；而相对的治理质量好的公司股票价格应有所升高。价格调整之后，投资于治理质量好的股票组合也不能获得超额收益。

按照有效市场理论，半强势有效的股票市场中不可能通过任何公开的信息获得超额收益，任何通过公开的证券历史价格信息或者公司的基本面信息构建投资策略都不能获得超额收益。当然也不会存在超额收益率，因为任何的超额收益都会由于套利组合的交易而逐渐消失。按照治理质量不同构建投资组合并不能获得显著的超额收益，因为当前的股票价格已经反映了投资者对治理质量差异的预期。

第十三章　总结与展望

第一节　总　　结

成思危多次强调："提高上市公司质量是治本之策，上市公司是股市的基石，必须提高上市公司质量，股市才能健康发展，这是一个基本的概念。要下大力气提高上市公司质量，让一些没有投资价值的公司退出去，让好孩子进来，让坏孩子出去"（成思危，2007）。在各国监管部门和投资者越来越重视公司治理质量的状况、大量公司治理评价系统的推出和公司治理披露增强的背景下，在公司治理与财务绩效关系越来越明确的基础上，特别是上市公司不良案件频发的今天，将公司治理与资本市场联系起来，研究公司治理的信息含量（短期市场效应）、公司治理的相对和增量价值相关性（长期市场效应）和公司治理溢价研究（市场效应结果），具有重要的理论意义和应用价值。

第一，在分析会计盈余与股价之间的关系基础上，提出了关于公司治理与股票价格之间关系的新三级关联假说，即公司治理—未来会计盈余—未来股利—股票价格，和新二级关联假说，即公司治理—未来会计盈余—股票价格。在分析投资者关于公司治理预期的基础上，明确了公司治理溢价的内涵，论述了公司治理溢价产生的机理，提出了公司治理额外风险补偿假说。

第二，公司治理与代理成本关系的实证研究为接下来关于公司治理信息含量、公司治理如何影响股票价格和公司治理溢价的研究提供了逻辑前提基础。20 世纪 30 年代，Berle 和 Means 提出所有权与控制权分离的观点后，代理问题成为中外学者研究的一个热点话题。经过实践与探索，公司治理成为解决代理问题的有效途径之一。自 1993 年起，我国开始了公司治理机制的探索，在至今 20 余年的时间里，对我国公司治理机制的有效性进行考察是十分有必要的，即研究我国上市公司建立的公司治理机制是否能真正达到降低代理成本、保护股东权益的效果。结果发现，我国上市公司治理五大要素确实发挥了相应的作用，一些要素与代理成本之间并非简单的线性关系，而是 U 形关系。

第三，采用基于信息观的事件研究方法，检验了我国上市公司审计意见类型、违规行为处罚、高管离职、高管落马和股权激励五种典型公司治理事件的短期市场效应，即回答公司治理是否影响股票价格。样本为经过严格筛选的我国沪深两市上市公司，通过分析我们发现，公司治理事件均有显著的公司治理市场效应，正向公司治理事件的市场效应为正，负向公司治理事件的市场效应为负，但都存在信息提前泄露问题，事件之前就开始反应，总体来说不符合半强式有效市场理论，投资者可以获得超额收益。

第四，采用基于计价观的 Ohlson 价格模型，利用哑变量求和及因子分析得出的公司治理指数，来研究公司治理增量价值相关性和相对价值相关性，即公司治理的长期市场效应，回答公司治理是如何影响股票价格。研究结果表明，公司治理指数具有相对价值相关性和增量价值相关性。分年度的分析结果表明，我国上市公司治理相对价值相关性呈现总体提高的趋势。总的来说，随着我国股票市场发展和投资者成熟度的不断提高，投资者越来越重视上市公司公司治理状况，在投资决策中会考虑公司治理因素，也就是说，在同等条件下，公司治理越好的公司，其股价越高。

第五，采用调整后的 Fama-French 定价模型来研究中国股市的公司治理溢价问题。公司治理典型事件的短期市场效应检验结果表明，了解公司治理事件的投资者在治理事件发生前后投资股票，由于市场还没有达到半强势有效，仍然可以获得超额收益，即存在公司治理溢价。同时，公司治理的价值相关性研究表明，投资者决策时考虑了治理因素，相对价值相关性呈逐年上升的趋势，早期公司治理价值相关性很低，也就是说，投资者没有完全预期公司治理的作用，公司治理只有部分反映在股票价格中，随着价值相关性的提高，公司治理因素已经大部分在投资者的预期中。基于这样的情况，公司治理溢价便产生了。于是，利用 Fama-French 三因子定价模型检验 2004～2013 年 10 年期间我国股票市场是否存在公司治理溢价。结果发现，在 2006 年之前，我国股市存在公司治理溢价，而在 2006 年之后公司治理溢价并不显著。典型公司治理事件的市场效应（时点）和公司治理相对和增量价值相关性研究的结果（时期）为从投资者预期的视角解释公司治理溢价的存在原因提供了很好的证据。

第二节　展　　望

如果股价不能完全反映（market mispricing）公开治理信息，股价与治理信息映射的“内在价值”存在差距，则“信息观”和“计价观”研究的误差（结论不理想）就可以解释了（陆宇峰，2000）。我们发现的公司治理溢价这个“市场异例”就应该是正常现象，公司治理溢价的研究就有了理论基石。Bebchuk 等（2013）认为，公司治理与回报之间的相关性的消失是由于市场参与者逐渐学会鉴别好的公司治理和不好的公司治理之间的区别，以及市场参与者增加对公司治理关注有关。按照公司治理状况构建的投资组合能赚取超额收益，则证明公司治理信息确实能帮助投资者进行决策，只不过市场上的大部分投资者未能充分理解信息，所以设计的组合能赚取超额收益，从而实际投资者可从中得到启发。这一思路从 20 世纪 80 年代末至今应用得非常广泛，已有“市场异例”的研究几乎都是这一思路。林海和洪永淼（2006）利用中国 1997～2004 年的股票价格数据对目前在资产定价领域最为流行的单因素模型和三因素模型进行了实证分析和检验，所检验的模型设定包括没有截距项、包含截距项及考虑跳跃因子，提出中国股票组合收益率中仍然存在着一些无法解释的部分，需要引入新的风险因素或者考虑非线性关系才能解决。本书的研究内容主要是将公司治理风险因子引入定价模型，结合公司治理事件信息含量检验的结果、公司治理相对和增量价值相关性研究的结果，得出了中国上市公司发展初期存在公司治理溢价而在发展后期则不存在公司治理溢价的结论。

Grossman 和 Stiglitz（1980）认为，市场的效率是依靠市场的套利和投机活动来建立的，而套利和投机活动都是有成本的；如果市场每时每刻都是有效率的，就不会存在套利机会，投机活动也将无利可图，套利和投机就会停止，而市场也就不能保持有效率。市场有效率正是由那些认为市场无效率或效率不高的人的努力工作所促成的，这些人越多，工作越努力，市场就越有效率。因此，这些超额收益的存在会引发更多的投资者介入，资本市场在公司治理方面达到有效或者更高的效率。随着上市公司治理改革的深入和有关政策的实施，公司治理信息的投资决策有用性将越来越高，上市公司改善公司治理的动力也越来越大，但公司治理溢价将越来越低，资本市场在公司治理方面达到越来越高的效率水平。基于上述结论，提出以下几点政策建议：第一，改善上市治理披露状况，目前各家上市公司披露的关于公司治理信息基本上千篇一律，投资者从中判断上市公司治理状况比较难，应加强对有用公司治理信息的披露；第二，制定并出台专门的《公司治理披露指引》，为了使上市公司披露规范的治理信息，已经有不少国家的监管部门和相关组织制定了公司治理披露方面的指引，我国上市公司目前还没有专门的公司治理披露指引或政策；第三，加强对投资者公司治理知识的宣传和培训，这样投资者能够发掘“千里马”，上市公司也会有更大的积极性提高公司治理水平，从而股票可以卖到更高的价格；第四，继续披露能够反映上市公司治理披露状况的公司治理指数（$CCGI^{NK}$），通过指数的年度发布或者指数数据库的建立，投资者能够以较低成本了解上市公司的治理状况；第五，发布能够反映公司治理好的公司市场走势情况的公司治理股价指数，发挥好公司治理股价指数的“指示器”的作用，并以此为基础开发相关的基金品种。

本书研究也存在着一定的不足。例如，由于和公司治理事件发生的同时披露的信息较多，尽管已经控制了一些比较重要的信息，但很难完全保证时间窗口的干净；鉴于数据可获得性的限制，在利用因子分析法和哑变量求和法构建公司治理指数时，采用的治理指标能否完全反映出上市公司的治理状况值得考虑。

参 考 文 献

安占强. 2009. 中国上市公司治理溢价研究[J]. 生产力研究，（1）：68-72.

巴曙松，贾蓓. 2003-11-24. 上市公司“问题高管”现象与公司治理改进[N]. 中国经济时报.

白重恩，刘俏，陆洲，等. 2005. 中国上市公司治理结构的实证研究[J]. 经济研究，（2）：81-91.

宾国强，舒元. 2003. 股权分割、公司业绩与投资者保护[J]. 管理世界，（5）：101-108.

蔡占伟. 2012. 我国上市公司股权激励的市场效应实证分析[D]. 成都：西南财经大学.

曹凌，蒋国云. 2005. 公司治理对上市公司估值的影响分析[J]. 证券市场导报，（9）：38-43.

曹廷求，于建霞. 2007. 公司治理研究的深化与拓展：对近期文献的回顾[J]. 产业经济评论，（1）：71-90.

曹维凯，吴楠，权艳青，等. 2013. 上市公司高管离职文献综述[J]. 经济研究导刊，（1）：73-74.

曹志广，韩其恒. 2005. 投资组合管理[M]. 上海：上海财经大学出版社.

陈朝龙. 2002. 中国上市公司管理层激励的实证研究[J]. 重庆大学学报（社会科学版），（5）：24-26.

陈德球，李思飞，王丛. 2011. 政府质量、终极产权与公司现金持有[J]. 管理世界，（11）：127-141.

陈工孟，高宁. 2005. 盈余和股利信息含量的交互作用[J]. 财经研究，（3）：58-66.

陈汉文，刘启亮，余劲松. 2005. 国家、股权结构、诚信与公司治理——以宏智科技为例[J]. 管理世界，（8）：134-142.

陈浪南，屈文洲. 2000. 资本资产定价模型的实证研究[J]. 经济研究，（4）：26-34.

陈林佳，郑佳峰. 2015. 高管权力、股权激励强度与企业绩效研究[J]. 特区经济，（4）：153-154.

陈梅花. 2003. 审计意见信息含量研究——审计意见与股价关系分析[M]. 上海：立信会计出版社.

陈鹏，张安祥. 2015. 农业类上市公司独立董事特征与绩效关系研究[J]. 安徽农业科学，（9）：345-347.

陈仕华，郑文全. 2010. 公司治理理论的最新进展：一个新的分析框架[J]. 管理世界，（2）：156-166.

陈守东. 2003. 中国沪深股市收益率及波动性相关分析[J]. 金融研究，（6）：80-85.

陈守东. 2004. 股本变化对我国股票市场影响的实证检验[J]. 经济动态，（8）：30-32.

陈守东，孟庆顺，赵云立. 2003. 中国股票市场 FF 多因子模型的比较分析[J]. 吉林大学社会科学学报，（5）：93-98.

陈文强，贾生华. 2015. 股权激励、代理成本与企业绩效——基于双重委托代理问题的分析框架[J]. 当代经济科学，（2）：106-113.

陈小悦，陈晓，顾斌. 1997. 中国股市弱型效率的实证研究[J]. 会计研究，（9）：13-17.

陈小悦，徐晓东. 2001. 股权结构、企业绩效与投资者利益保护[J]. 经济研究，（11）：3-11.

陈晓，单鑫. 1999. 债务融资是否会增加上市企业的融资成本？[J]. 经济研究，（9）：39-46.

陈晓，江东. 2000. 股权多元化、公司业绩与行业竞争性[J]. 经济研究，（8）：28-35.

陈晓，王鑫. 2001. 股票市场对保留审计意见报告公告的反应[J]. 经济科学，（3）：78-89.

陈晓，陈小悦，刘钊. 1999. A 股盈余报告有用性研究——来自上海、深圳股市的实证证据[J]. 经济研究，（6）：41-49.

陈信元，陈冬华，时旭. 2003. 公司治理与现金股利：基于佛山照明的案例研究[J]. 管理世界，（8）：118-126.

陈信元，陈冬华，朱红军. 2002. 净资产、剩余收益与市场定价：会计信息的价值相关性[J]. 金融研究，（4）：59-70.

陈信元，张余田，陈东华. 2001. 预期股票收益的横截面多因子分析：来自中国证券市场的经验证据[J]. 金融研究，（6）：22-35.

陈燕. 2012. 上市公司高管离职套现问题的研究[J]. 法制博览，（4）：115.

陈艺灵. 2015. 上市公司董事会与公司绩效关系研究[J]. 合作经济与科技，（7）：120-121.

陈展辉. 2004. 股票收益的截面差异与三因素资产定价模型——来自 A 股市场的经验研究[J]. 中国管理科学，（6）：13-17.

陈振远，张智尧，王兰芬，等. 2005. 应用 Ohlson 会计评价模型探究公司治理之价值相关性——以台湾上市公司电子业为例[J]. 台大管理论丛，（2）：123-142.

成思危. 1999. 东亚金融危机的分析与启示[M]. 北京：民主与建设出版社.

成思危. 2002. 成思危谈企业与管理科学[M]. 北京：企业管理出版社.

成思危. 2003a. 虚拟经济论丛[M]. 北京：民主与建设出版社.

成思危. 2003b. 虚拟经济与金融危机[J]. 南开经济研究，（1）：4-8.

成思危. 2003c. 进一步发展和完善我国股票市场[J]. 求是，（7）：26-28.

成思危. 2003d. 诊断与治疗：揭示中国的股票市场[M]. 北京：经济科学出版社.

成思危. 2006. 成思危论金融改革[M]. 北京：中国人民大学出版社.

成思危. 2007-02-16. 居安思危，促进我国股市稳步健康发展[N]. 人民政协报.

成思危. 2009. 公司治理要解决董事会的体制和机制问题[J]. 董事会，（5）：47-48.

成思危，李自然. 2004. 投资者行为与股市波动[J]. 南开经济研究，（6）：83-93.

程小可. 2006. 上市公司盈余质量分析与评价研究[M]. 大连：东北财经大学出版社.

崔学刚，张宏亮. 2011. “金字塔”结构、两权分离与公司价值[J]. 上海立信会计学院学报，（2）：3-13.

党建忠，褚俊红，陈金贤. 2003. Feltham-Ohlson 投资估值理论的特征与应用局限性分析[J]. 人文杂志，（5）：73-77.

邓长荣，马永开. 2005a. 三因素模型在中国证券市场的实证研究[J]. 管理学报，（5）：591-596.

邓长荣，马永开. 2005b. 我国证券市场行业收益三因素模型的实证研究[J]. 系统工程理论方法应用，（3）：226-234.

邓长荣，马永开. 2006. 中国证券市场三因素模型敏感系数稳定性和可预测性研究[J]. 电子科技大学学报（社科版），（3）：137-141.

邓荣霖. 2003. 企业制度与企业管理[J]. 中国工业经济，（4）：65-71.

丁荣清，倪凤莲. 2012. 创业板股权激励的市场效应研究[J]. 会计之友，（6）：117-119.

董麓，肖红叶. 2001. 上市公司股权结构与公司业绩关系的实证分析[J]. 统计研究，（11）：28-30.
杜兴强，周泽将. 2010. 高管变更、继任来源与盈余管理[J]. 当代经济科学，（1）：23-33.
杜兴强，周泽将，杜颖洁. 2011. 政治联系、审计师选择的“地缘”偏好与审计意见——基于国有上市公司的经验证据[J]. 审计研究，（2）：77-86.
杜莹，刘立国. 2002. 股权结构与公司治理效率——中国上市公司的实证分析[J]. 管理世界，（11）：124-133.
段瑞强. 2004. 金融市场的事件研究方法[J]. 统计与决策，（2）：44.
范丽娟，温素彬. 2011. 《会计研究》1980-2009 年文献计量分析——基于中国知识资源总库（CNKI）[J]. 情报科学，（12）：1906-1911.
范龙振，单耀文. 2004. 交易额、A 股比例、势效应和三因子模型[J]. 管理科学学报，（3）：13-22.
范龙振，王海涛. 2003. 上海股票市场股票收益率因素研究[J]. 管理科学学报，（1）：60-67.
范龙振，余世典. 2002. 中国股票市场的三因子模型[J]. 系统工程学报，（6）：537-546.
菲利普·布朗. 2004. 资本市场会计研究导论[M]. 北京：中国人民大学出版社.
费鹏，屠梅曾. 2002. 沪市电子电器行业上市公司股权结构与经营业绩实证分析[J]. 财经科学，（2）：289-292.
冯根福. 2004. 双重委托代理理论：上市公司治理的另一种分析框架——兼论进一步完善中国上市公司治理的新思路[J]. 经济研究，（12）：16-25.
冯根福. 2006. 中国公司治理基本理论研究的回顾与反思[J]. 经济学家，（3）：13-20.
冯根福，赵健. 2002. 现代公司治理结构新分析——兼评国内外现代公司治理结构研究的新进展[J]. 中国工业经济，（11）：75-83.
冯素玲，许可. 2012. 我国上市公司违规处罚信息市场反应实证分析——来自沪深 A 股市场的证据[J]. 经济与管理评论，（2）：115-120.
符国群. 1999. 产品溢价的经济学解释[J]. 当代经济科学，（3）：80-84.
甘慧华，凌春华. 2002. 中国股市会计信息的价值相关性研究综述[J]. 财贸研究，（1）：96-99.
高闯，刘冰. 2003. 公司治理合约的制度基础、演进机理与治理效率[J]. 中国工业经济，（1）：70-77.
高洁. 2004. 公司代理权争夺问题讨论综述[J]. 当代财经，（3）：72-75.
高雷，李芬香，张杰. 2007. 公司治理与代理成本——来自上市公司的经验证据[J]. 财会通讯，（4）：29-34.
高雷，宋顺林. 2007. 高管人员持股与企业绩效——基于上市公司 2000～2004 年面板数据的经验证据[J]. 财经研究，（3）：134-143.
高明华. 2001a. 中国企业经营者行为内部制衡与经营绩效的相关性分析——以上市公司为例[J]. 南开管理评论，（5）：6-13.
高明华. 2001b. 论国有企业经营者内部激励制度的改革[J]. 学习与探索，（6）：83-87.
高明华，马守莉. 2002. 独立董事制度与公司绩效关系的实证分析——兼论中国独立董事有效行权的制度环境[J]. 南开经济研究，（2）：64-68.

高琪. 2015. 股权结构、公司业绩与高管薪酬[J]. 会计之友，（7）：41-45.
高倩. 2011. 我国上市公司财务舞弊与监事会特质关联性研究[D]. 长春：吉林大学.
葛家澍. 2002. 关于高质量会计准则的几个问题[J]. 会计研究，（10）：16-23.
葛新权. 2005. 泡沫经济理论与模型研究[M]. 北京：经济科学出版社.
龚玉池. 2001. 公司绩效与高层更换[J]. 经济研究，（10）：75-82.
谷祺，于东智. 2000. 公司估价与 RIM 模型：文献回顾及理论展望[J]. 财会通讯，（6）：96-99.
谷祺，于东智. 2001. 公司治理、董事会行为与经营绩效[J]. 财经问题研究，（1）：58-65.
谷书堂，李维安，高明华. 1999. 中国上市公司内部治理的实证分析——中国上市公司内部治理问卷调查报告[J]. 管理世界，（6）：144-151.
顾志正，孙果. 2012. 创业板高管离职风潮的理性分析[J]. 商业文化（下半月），（5）：45-46.
郭春林. 2015. 公司治理结构与企业绩效相关性实证研究[J]. 中国管理信息化，（9）：100-102.
郭敏，吴卫星，严渝军. 2006. 现代资本市场理论研究[M]. 北京：中国人民大学出版社.
郭涛，黄瀛，焦烨妍. 2005. 非标审计意见的市场反应检验[J]. 沈阳工业大学学报，（5）：113-116.
郭志勇，陈龙春. 2008. 上市公司非标准审计意见市场反应的差异性研究[J]. 审计与经济研究，（3）：38-43.
海通证券研究所上市公司治理评价研究组. 2002. 上市公司治理评价体系及其应用[J]. 证券市场导报，（10）：4-9.
海洋，杨鲁，帅永强. 2010. 公司治理、代理成本与会计信息价值相关性[J]. 财会月刊，（11）：12-15.
韩亮亮，李凯，宋力. 2006. 高管持股与企业价值——基于利益趋同效应与壕沟防守效应的经验研究[J]. 南开管理评论，（4）：35-41.
郝臣. 2007. 公司治理的价值相关性研究——来自沪深两市的经验数据[D]. 天津：南开大学.
郝臣. 2008. 公司治理、股票估值与资产定价[J]. 经济管理，（13）：34-37.
郝臣. 2009. 公司治理的价值相关性研究——来自沪深两市 2002-2005 年的面板数据[J]. 证券市场导报，（3）：70-77.
郝臣. 2011. 中国上市公司存在治理溢价吗？——来自沪深两市 2002-2005 年的经验数据[J]. 公司治理评论，（1）：74-94.
郝臣. 2013. 股权集中型公司治理市场效应研究——一个研究思路与展望[J]. 公司治理评论，（2）：1-22.
郝臣. 2015. 中国保险公司治理研究[M]. 北京：清华大学出版社.
郝臣，宫永建，孙凌霞. 2009. 公司治理要素对代理成本影响的实证研究——来自我国上市公司的证据（2000～2007）[J]. 软科学，（10）：123-127.
何海江. 2002. 股权协议转让中出让公司的非正常收益分析[D]. 大连：东北财经大学.
侯国民，恽碧琰，宋常. 2007. 上市公司连续披露的非标准审计意见信息含量研究[J]. 审计研究，（4）：48-58.

胡进梅，魏顺. 2015. 战略裁员与公司股价的权变观[J]. 市场周刊，(2)：14-15.
胡经生. 2005. 从监管视角看防范上市公司高管犯罪问题[J]. 中国金融，(8)：52-54.
胡铭. 2001. 我国上市公司监事会与经营绩效的实证分析[J]. 吉林省经济管理干部学院学报，(12)：6-9.
胡铭. 2003. 上市公司高层经理与经营绩效的实证分析[J]. 财贸经济，(4)：59-62.
胡勤勤，沈艺峰. 2002. 独立外部董事能否提高上市公司的经营业绩[J]. 世界经济，(7)：55-63.
胡晓阳，李少斌，冯科. 2005. 我国上市公司董事会行为与公司绩效变化的实证分析[J]. 中国软科学，(6)：121-126.
胡延平，陈超. 2004. 上市公司信息披露违规处罚分析[J]. 南方金融，(2)：41-42.
胡阳，刘志远，任美琴. 2006. 设计有效的经营者持股激励机制——基于中国上市公司的实证研究[J]. 南开管理评论，(5)：52-58.
胡一帆，宋敏，张俊喜. 2005. 竞争、产权、公司治理三大理论的相对重要性及交互关系[J]. 经济研究，(9)：44-57.
华锦阳. 2002. 转型期公司治理与公司绩效的关联：理论与实证研究[D]. 杭州：浙江大学.
黄福广，李西文，张开军. 2012. 风险资本持股对中小板上市公司 IPO 盈余管理的影响[J]. 管理评论，(8)：29-39.
黄福广，彭涛，田利辉. 2013. 风险资本对创业企业投资行为的影响[J]. 金融研究，(8)：180-192.
黄福广，张晓，彭涛，等. 2015. 创业投资对中国未上市中小企业管理提升和企业成长的影响[J]. 管理学报，(2)：207-214.
黄济生，程依明. 2001. 上海股票市场有效性实证分析[J]. 华东师范大学学报（哲学社会科学版），(6)：96-102.
黄维民. 2006. 产权明晰度与刑罚双罚制对于国有企业犯罪控制的作用分析及对策[J]. 行政与法，(11)：115-118.
黄兴旺，胡四修，郭军. 2002. 中国股票市场的二因素模型[J]. 当代经济科学，(5)：50-57.
贾明，张喆，万迪昉. 2007. 控制权私人收益相关研究综述[J]. 会计研究，(6)：86-93.
江世银. 2005. 西方经济学者对资本市场预期理论研究的启示和意义[J]. 甘肃理论学刊，(4)：58-62.
江泽华. 2012. 基于事件研究法的股权激励市场反应研究[D]. 上海：复旦大学.
姜付秀，黄磊，张敏. 2009. 产品市场竞争、公司治理与代理成本[J]. 世界经济，(10)：46-59.
姜付秀，支晓强，张敏. 2008. 投资者利益保护与股权融资成本——以中国上市公司为例的研究[J]. 管理世界，(2)：117-125.
姜国华，徐信忠，赵龙凯. 2006. 公司治理和投资者保护研究综述[J]. 管理世界，(6)：161-170.
姜近勇，潘冠中. 2011. 金融计量学[M]. 北京：中国财政经济出版社.
蒋顺才，刘雪辉，刘迎新. 2004. 上市公司信息披露[M]. 北京：清华大学出版社.
金巍锋，王静怡. 2010. 股票增值权在我国上市公司的应用[J]. 湘潭大学学报（哲学社会科学版），(3)：82-86.

金雪军，张学勇. 2005. 公司控制权研究的新进展[J]. 经济理论与经济管理，（8）：69-73.
金永红，慈向阳，叶中行，等. 2004. 风险投资多阶段动态信号传递契约安排[J]. 上海交通大学学报，（3）：434-437.
靳云汇，李克成. 2002. 董事会结构与公司业绩关系的实证研究[J]. 数量经济技术经济研究，（8）：79-82.
康玲. 2015. 股权激励对公司股价的影响研究[J]. 财会通讯，（8）：29-31.
柯江林，孙健敏，张必武. 2006. 我国上市公司高管团队成员的离职原因——基于人口特征差距的解释及经验研究[J]. 经济管理，（23）：55-60.
赖建清，李常青，谢志锋. 2004. 公司董事会特征与绩效研究综述[J]. 当代财经，（8）：74-77.
郎咸平. 2004. 公司治理[M]. 北京：中国社会科学文献出版社.
李斌，张耀南. 2004. 上市公司独立董事评价指标体系和评价指数设置[J]. 世界经济，（10）：66-72.
李博. 2006. 资产组合的收益与风险[M]. 北京：中国经济出版社.
李东方. 2002. 证券监管法律制度研究[M]. 北京：北京大学出版社.
李东明，邓世强. 1999. 上市公司董事会结构、职能的实证研究[J]. 证券市场导报，（10）：25-30.
李东平，黄德华，王振林. 2001. “不清洁”审计意见、盈余管理与会计师事务所变更[J]. 会计研究，（6）：51-57.
李放. 2014. 上市公司资本结构对股权代理成本影响研究——基于沪深两市 A 股上市公司经验数据[J]. 财会通讯，（21）：71-74.
李孔岳，罗必良. 2002. 公司治理结构的理论：一个综述[J]. 当代财经，（8）：61-64.
李明辉. 2009. 股权结构、公司治理对股权代理成本的影响——基于中国上市公司 2001～2006 年数据的研究[J]. 金融研究，（2）：149-168.
李鹏，杨凯洪. 2012. 创业板上市公司高管离职套现问题研究[J]. 改革与开放，（4）：109.
李善民，毛雅娟，赵晶晶. 2009. 高管持股、高管的私有收益与公司的并购行为[J]. 管理科学，（6）：2-12.
李寿喜. 2004. 中国上市公司会计信息与股票定价相关性的实证研究[D]. 上海：复旦大学.
李爽，吴溪. 2001. 审计意见的市场反应：可避性假设下的模型解析与启示[J]. 会计研究，（6）：58-63.
李涛. 2002. 混合所有制公司中的国有股权——论国有股减持的理论基础[J]. 经济研究，（8）：19-27.
李涛. 2005. 国有股权、经营风险、预算软约束与公司业绩：中国上市公司的实证发现[J]. 经济研究，（7）：77-89.
李体委. 2011. Fama-French 三因子模型的改进和对中国股市收益率的检验[D]. 济南：山东大学.
李维安. 1998. 中国のコーポレートガバナンス[M]. 東京：税務経理协会.
李维安. 2001a. 公司治理[M]. 天津：南开大学出版社.
李维安. 2001b. 中国公司治理原则与国际比较[M]. 北京：中国财政经济出版社.

李维安. 2005a. 公司治理学[M]. 北京：高等教育出版社.

李维安. 2005b. 公司治理评级与指数研究[M]. 北京：高等教育出版社.

李维安. 2008. 企业履责，制度建设是关键[J]. 南开管理评论，(6)：1.

李维安，郝臣. 2006. 中国上市公司监事会治理评价实证研究[J]. 上海财经大学学报，(1)：78-84.

李维安，郝臣. 2008. 中国上市公司治理溢价实证研究——来自沪深两市 2002-2005 年的经验数据[R]. 武汉：第六届管理科学国际大会.

李维安，郝臣. 2015. 公司治理手册[M]北京：清华大学出版社.

李维安，李汉军. 2006. 股权结构、高管持股与公司绩效——来自民营上市公司的证据[J]. 南开管理评论，(5)：4-10.

李维安，李慧聪，郝臣. 2013. 高管减持与公司治理创业板公司成长的影响机制研究[J]. 管理科学，(4)：1-12.

李维安，牛建波. 2004. 中国上市公司经理层治理评价与实证研究[J]. 中国工业经济，(9)：57-64.

李维安，牛建波. 2006. 公司治理、治理指数与治理溢价——基于中国公司治理指数（$CCGI^{NK}$）的经验研究[R]. 北京：首届中国管理现代化研究会年会.

李维安，邱艾超，牛建波，等. 2010. 公司治理研究的新进展：国际趋势与中国模式[J]. 南开管理评论，(6)：13-24.

李维安，唐跃军，左晶晶. 2005. 未预期盈利、非标准审计意见与年报披露的及时性——基于 2000-2003 年上市公司数据的实证研究[J]. 管理评论，(3)：14-23.

李维安，王世权. 2005. 中国上市公司监事会治理绩效评价与实证研究[J]. 南开管理评论，(1)：4-9.

李维安，张国萍. 2005. 经理层治理评价指数与相关绩效的实证研究——基于中国上市公司治理评价的研究[J]. 经济研究，(11)：87-98.

李维安，张耀伟. 2004. 上市公司董事会治理与绩效倒 U 形曲线关系研究[J]. 经济理论与经济管理，(8)：36-42.

李晓强. 2004. 国际会计准则和中国会计准则下的价值相关性比较——来自会计盈余和净资产账面值的证据[J]. 会计研究，(7)：15-38.

李小荣，张瑞君. 2014. 股权激励影响风险承担：代理成本还是风险规避？[J]. 会计研究，(1)：57-63.

李洋. 2013. 公司治理对股票收益率的影响研究[D]. 济南：山东大学.

李源. 2006. 股权结构、利益相关者行为与代理成本[D]. 广州：暨南大学.

李增泉. 1999. 实证分析：审计意见的信息含量[J]. 会计研究，(8)：16-22.

李增泉. 2000. 激励机制与企业绩效——一项基于上市公司的实证研究[J]. 会计研究，(1)：24-30.

李增泉，孙铮，王志伟. 2004. “掏空”与所有权安排——来自我国上市公司大股东资金占用的经验证据[J]. 会计研究，(12)：3-13.

李争光. 2015. 高管薪酬与企业绩效——来自中国上市公司的经验证据[J]. 现代管理科学，(3)：106-108.

林海，洪永淼. 2006. 中国市场利率动态研究——基于短期国债回购利率的实证分析[J]. 经济学（季刊），（1）：511-532.

林菡密，孙绍荣. 2011. 2001-2010 年基于 CSSCI 的行为经济学文献计量分析[J]. 现代情报，（5）：92-97.

林钟高，章铁生. 2001. 论会计信息与报酬契约[J]. 广西会计，（6）：3-5.

刘博，干胜道. 2009. 基于高管变更视角的盈余管理研究综述[J]. 当代经济管理，（10）：16-19.

刘凡. 2007. 基于事件研究法的上海 A 股市场有效性研究[J]. 江西科学，（2）：193-195.

刘国亮，王加胜. 2000. 上市公司股权结构激励制度及绩效的实证研究[J]. 经济理论与经济管理，（5）：40-45.

刘汉民. 2002. 所有制、制度环境与公司治理效率[J]. 经济研究，（6）：63-68.

刘红霞，索玲玲. 2011. 会计稳健性、投资效率与企业价值[J]. 审计与经济研究，（5）：53-63.

刘红霞，张心林. 2004. 以主成分分析法构建企业财务危机预警模型[J]. 中央财经大学学报，（4）：70-75.

刘红霞. 2008. 中国企业社会责任成本支出研究[J]. 中央财经大学学报，（6）：80-87.

刘建和，谬仁炳. 2005. 中国股票市场价格形成机制——基于信息、投资者行为和量价关系的实证[M]. 北京：经济管理出版社.

刘孟晖，高友才. 2015. 现金股利的异常派现、代理成本与公司价值——来自中国上市公司的经验证据[J]. 南开管理评论，（1）：152-160.

刘琼. 2013. 上市公司股权激励的市场反应实证研究[J]. 上海管理科学，（1）：88-94.

刘芍佳，孙霈，刘乃全. 2003. 终极产权论、股权结构及公司绩效[J]. 经济研究，（4）：51-93.

刘松. 2005. 股票内在投资价值理论与中国股市泡沫问题[J]. 经济研究，（2）：45-53.

刘霄仑，郝臣，褚玉萍. 2012. 公司治理对上市公司审计意见类型影响的研究——基于 2007-2011 年中国民营上市公司的面板数据[J]. 审计研究，（5）：51-57.

刘银国，张劲松，朱龙. 2009. 国有企业高管薪酬管制有效性研究[J]. 经济管理，（10）：87-93.

刘英男，赵鑫鑫. 2011. 沪深交易所公开谴责制度对上市公司会计信息质量的影响[J]. 经营与管理，（12）：92-93.

刘玉敏. 2006a. 治理因素与公司绩效关联关系的量化分析[J]. 郑州大学学报，（3）：108-114.

刘玉敏. 2006b. 我国上市公司董事会效率与公司绩效的实证研究[J]. 南开管理评论，（1）：84-90.

刘志远，李翔，冯建芬. 2005. 中国 A 股市场截面回报率的决定因素——区分市场涨跌的考察[J]. 财经问题研究，（8）：22-26.

刘忠瑞. 2007. 上市公司董事会构成、会议次数和公司绩效统计分析[J]. 统计与决策，（21）：90-92.

柳钢城. 2011. 基于高管变更下的关联交易与盈余管理研究[J]. 财会通讯，（30）：119-120.

柳思维，刘凤根. 2000. 股票市场弱式有效与股票价格的随机游走[J]. 系统工程，（6）：71-74.

卢昌崇. 1994. 公司治理机构及新、老三会关系论[J]. 经济研究，（11）：10-17.

卢静，胡运权. 2007. 会计信息与管理者报酬激励契约研究综述[J]. 会计研究，（1）：74-81.

陆建新. 1995. 现代委托代理理论的考察与启示[J]. 当代经济研究，(2)：22-27.
陆瑶，朱玉杰. 2012. 机构投资者持股与上市公司违规行为的实证研究[J]. 南开管理评论，(1)：13-23.
陆宇峰. 2000. 净资产倍率和市盈率的投资决策有用性[M]. 上海：上海三联书店.
罗党论，刘晓龙. 2009. 政治关系、进入壁垒与企业绩效——来自中国民营上市公司的经验证据[J]. 管理世界，(5)：97-106.
罗付岩，沈中华. 2013. 股权激励、代理成本与企业投资效率[J]. 财贸研究，(2)：146-156.
罗胜强. 2004. 我国上市公司经营净现金流量的增量价值相关性的实证研究[J]. 价值工程，(2)：84-87.
吕长江，肖成民. 2006. 民营上市公司所有权安排与掏空行为——基于阳光集团的案例研究[J]. 管理世界，(10)：128-138.
吕长江，张艳秋. 2002. 企业财务状况对负债代理成本的影响[J]. 数量经济技术经济研究，(12)：108-112.
吕景胜，邓汉. 2010. 全流通条件下上市公司股权治理结构对代理成本的影响研究——基于2009年中小板制造类上市公司的经验数据分析[J]. 中国软科学，(11)：136-143.
马连福，赵颖. 2006. 基于公司治理的投资者关系文献评述与研究展望[J]. 南开管理评论，(1)：21-27.
马晓维，苏忠秦，曾琰，等. 2010. 政治关联、企业绩效与企业行为的研究综述[J]. 管理评论，(2)：3-10.
毛志荣. 2002. 信息披露违规处罚实际效果研究[R]. 深圳：深圳证券交易所综合研究所.
南开大学中国公司治理研究院评价课题组. 2002-2015. 中国公司治理评价报告[R]. 天津：南开大学中国公司治理研究院.
南开大学中国公司治理研究院评价课题组. 2003. 中国上市公司治理评价系统研究[J]. 南开管理评论，(3)：4-12.
南开大学中国公司治理研究院评价课题组. 2004. 中国上市公司治理指数与治理绩效的实证分析[J]. 管理世界，(2)：63-74.
南开大学中国公司治理研究院评价课题组. 2006. 中国上市公司治理评价与指数研究——基于中国1149家上市公司的研究[J]. 南开管理评论，(1)：4-10.
倪冰冰. 2011. 创业板上市公司高管离职套现问题分析[J]. 商业文化（上半月），(12)：97-98.
宁向东. 2003. 公司治理研究的均衡观及其意义[J]. 南开管理评论，(5)：42-45.
牛建波. 2008. 公司治理溢价研究脉络及进展探析——基于投资者视角的考察[J]. 证券市场导报，(6)：69-79.
牛建波，李胜楠. 2008. 董事会的治理绩效研究——基于民营上市公司面板数据的实证分析[J]. 山西财经大学学报，(1)：75-83.
潘福祥. 2004. 公司治理与企业价值的实证研究[J]. 中国工业经济，(4)：107-112.

潘敏. 2006. 银行管制与商业银行公司治理[J]. 经济评论，(2)：125-130.
潘新兴. 2003. 上市公司股权结构问题研究综述[J]. 当代经济科学，(2)：86-91.
蒲娟. 2010. 上市公司股东大会治理效果的实证研究——来自中国上市公司的经验证据[J]. 中国商界（上半月），(6)：30-31.
齐伟山，欧阳令南. 2005. 会计信息披露质量与会计信息价值相关性分析——来自深圳证券市场的经验证据[J]. 商业经济与管理，(4)：71-75.
钱颖一. 1995. 企业的治理结构改革和融资结构改革[J]. 经济研究，(1)：20-29.
秦彬，肖坤. 2008. 我国上市公司股权结构对股权代理成本影响的实证研究[J]. 中国软科学，(2)：109-114.
卿石松. 2007. 中国上市公司监事薪酬水平影响因素实证分析[D]. 广州：华南师范大学.
卿石松. 2008. 监事会特征与公司绩效关系实证分析[J]. 首都经济贸易大学学报，(3)：51-55.
邱国栋. 2003. 股权结构与公司治理的相关分析——理论、实践的比较与借鉴[J]. 中国软科学，(2)：38-43.
邱均平，邹菲. 2003. 国外内容分析法的研究概况及进展[J]. 图书情报知识，(6)：6-8.
曲丽清. 2007. 董事会规模与运作效率关系的实证分析[J]. 经济问题探索，(2)：181-186.
任广乾，陈彦臻，李建标. 2009. 董事会行为与公司财务危机研究述评[J]. 经济与管理研究，(8)：50-57.
任燕燕. 2006. 平行数据模型及其在经济分析中的应用[M]. 北京：经济科学出版社.
沈艺峰. 1996. 会计信息披露和我国股票市场半强式有效性的实证分析[J]. 会计研究，(1)：14-17.
沈艺峰，吴世农. 1999. 我国证券市场过度反应了吗？[J]. 经济研究，(2)：21-26.
沈艺峰，肖珉，黄娟娟. 2005. 中小投资者法律保护与公司权益资本成本[J]. 经济研究，(6)：115-124.
沈艺峰，张俊生. 2002. ST 公司董事会治理失败若干成因分析[J]. 证券市场导报，(3)：21-25.
施东晖. 2000. 股权结构、公司治理与绩效表现[J]. 世界经济，(12)：37-44.
施东晖. 2001. 证券投资基金的交易行为及其市场影响[J]. 世界经济，(10)：26-31.
施东晖. 2003. 转轨经济中的所有权与竞争：来自中国上市公司的经验证据[J]. 经济研究，(8)：46-54.
施东晖，司徒大年. 2004. 中国上市公司治理水平及对绩效影响的经验研究[J]. 世界经济，(5)：69-79.
施鲲翔. 2005. 会计盈余信息有用性及其决定因素研究[M]. 广州：中山大学出版社.
史代敏. 2003. 中国股票市场波动及效率研究[M]. 成都：西南财经大学出版社.
史永东，何海江，沈德华. 2002. 中国股市有效性动态变化的实证研究[J]. 系统工程理论与实践，(12)：88-92.
斯蒂芬·罗斯. 2009. 公司理财[M]. 北京：中国人民大学出版社.
宋常，恽碧琰. 2005. 上市公司首次披露的非标准审计意见信息含量研究[J]. 审计研究，(1)：32-40.

宋德舜. 2004. 国有控股、最高决策者激励与公司绩效[J]. 中国工业经济，(3)：91-98.
宋逢明，王闻. 2004. 法马-弗伦奇三因素资产定价模型评析[J]. 经济学动态，(9)：89-93.
宋力，韩亮亮. 2005. 大股东持股比例对代理成本影响的实证分析[J]. 南开管理评论，(1)：30-34.
宋敏，张俊喜，李春涛. 2004. 股权结构的陷阱[J]. 南开管理评论，(7)：9-23.
宋颂兴，金伟根. 1995. 上海股市市场有效实证研究[J]. 经济学家，(4)：107-113.
宋增基，张宗益. 2002. 上市公司经营者报酬与公司绩效实证研究[J]. 重庆大学学报，(11)：90-93.
苏宝通，陈炜，陈浪南. 2004. 公开信息与股票回报率相关性的实证研究[J]. 管理科学，(12)：67-75.
孙爱军，陈小悦. 2002. 关于会计盈余的信息含量的研究——兼论中国股市的利润驱动特性[J]. 北京大学学报（哲学社会科学版），(1)：15-27.
孙国茂. 2003. 公司价值与股票定价研究[M]. 上海：上海三联书店.
孙敬水，孙金秀. 2005. 我国上市公司监事会与公司绩效的实证检验[J]. 统计观察，(2)：64-65.
孙永祥，黄祖辉. 1999. 上市公司的股权结构与绩效[J]. 经济研究，(12)：56-61.
孙永祥，章融. 2000. 董事会规模、公司治理与绩效[J]. 企业经济，(10)：13-15.
孙铮，姜秀华，任强. 2001. 治理结构与公司业绩的相关性研究[J]. 财贸研究，(4)：3-11.
汤立斌. 2004. 信息披露违规上市公司特征的实证分析[J]. 统计研究，(5)：30-32.
唐跃军，程新生，吕斐适. 2005. 中国上市公司信息披露机制评价及信息披露指数研究[J]. 上海金融，(3)：37-40.
唐志豪，计春阳，胡克瑾. 2008. IT 治理研究述评[J]. 会计研究，(5)：76-82.
陶晓慧. 2002. 证券市场对单纯派现的反应分析[J]. 市场与发展，(5)：15-17.
田高良，杨星，马勇，等. 2013. 董事会多元化特征对股价信息含量的影响研究[J]. 西安交通大学学报，(6)：34-40.
田昆儒. 2001. 信息披露：公司治理的决定性因素——基于公司治理原则信息披露的国际比较[J]. 南开管理评论，(1)：32-34.
田昆儒. 2002. 公司治理信息披露的国际比较与借鉴[J]. 财会月刊，(1)：33-35.
田昆儒，齐萱. 2002. 构建上市公司治理信息披露监管体系探讨[J]. 现代财经，(12)：29-32.
田利辉. 2005. 国有股权对上市公司绩效影响的 U 型曲线和政府股东两手论[J]. 经济研究，(10)：48-58.
田志龙，杨辉，李玉清. 1998. 我国股份公司治理结构的一些基本特征研究——对我国百家股份公司的实证分析[J]. 管理世界，(2)：135-142.
童恒庆. 2005. 理论计量经济学[M]. 北京：科学出版社.
万晓文，王秀，李明望. 2010. 西方投资者关系管理研究评介[J]. 外国经济与管理，(4)：54-60.
万欣荣，蒋少戈，朱红磊. 2005. 我国股票收益影响因素的定价模型实证研究[J]. 金融研究，(12)：62-72.
汪昌云，孙艳梅，郑志刚，等. 2010. 股权分置改革是否改善了上市公司治理机制的有效性[J]. 金融研究，(12)：131-145.

汪涛，胡敏杰. 2013. 股权激励实施后长期股价效应研究[J]. 学术论坛，(10)：128-132.

汪涛，胡敏杰. 2015. 股权激励对财务绩效的影响研究[J]. 统计与决策，(4)：168-171.

汪炜. 2005. 信息披露、透明度与资本市场效率[D]. 杭州：浙江大学.

王斐波，刘斯敖. 2009. 出口退税政策调整对贸易结构的短期影响——基于事件分析法[J]. 经济论坛，(1)：22-25.

王福胜，刘仕煜. 2009. 基于联立方程模型的公司治理溢价研究——兼谈如何检验公司治理评价指标的有效性[J]. 南开管理评论，(5)：151-160.

王化成，程小可，佟岩. 2004. 经济增加值的价值相关性——与盈余、现金流量、剩余收益指标的对比[J]. 会计研究，(5)：75-81.

王化成，佟岩. 2006. 控股股东与盈余质量基于盈余反应系数的考察[J]. 会计研究，(2)：66-74.

王继承. 2006. 问题高管的制度分析[J]. 企业管理，(2)：8-9.

王嘉怡. 2012. 上证 A 股公司高管辞职公告的股价效应研究[J]. 中国外资，(12)：225-226.

王晶晶，杨洁珊，胡成宝. 2010. 企业社会责任的研究现状及未来研究展望——基于 CSSCI 来源期刊中经济学、管理学类期刊上文章的分析[J]. 管理评论，(8)：96-102.

王克敏，陈景勇. 2004. 股权结构、投资者保护与公司绩效[J]. 管理世界，(7)：127-134.

王丽. 2007. 中国上市公司信息披露违规行为处罚效果研究[D]. 成都：西南财经大学.

王立彦，冯子敏，刘军霞. 2002. A 股-H 股上市公司双重财务报表价值相关性[J]. 经济科学，(6)：75-83.

王林. 2011. 中国上市公司治理溢价的实证研究[D]. 哈尔滨：哈尔滨工业大学.

王玲，朱占红. 2012. 事件分析法的研究创新及其应用进展[J]. 国外社会科学，(1)：139-145.

王明涛. 2002. 基于 RS 法分析中国股票市场的非线性特征[J]. 预测，(3)：33-38.

王奇波. 2006. 机构投资者参与的股权制衡研究[J]. 东北财经大学学报，(1)：32-35.

王淑慧，童宁，周昭. 2009. 我国上市公司监事会治理评价实证研究[J]. 河北大学学报（哲学社会科学版），(4)：61-65.

王小娥，赵守国. 2002. 上市公司董事会结构的实证分析[J]. 西北大学学报，(2)：45-48.

王新新. 2006. 我国上市公司董事会结构与经营业绩实证分析[D]. 北京：首都经济贸易大学.

王砚书，武侠，于佳欣. 2009. 上市公司监事会制度与经营绩效关系研究[J]. 经济与管理，(11)：37-39.

王咏梅，王鹏. 2006. “四大”与“非四大”审计质量市场认同度的差异性研究[J]. 审计研究，(5)：49-56.

王跃堂，赵子夜，魏晓雁. 2006. 董事会的独立性是否影响公司绩效？[J]. 经济研究，(5)：62-73.

魏刚. 2000. 高级管理层激励与上市公司经营绩效[J]. 经济研究，(3)：32-39.

魏立群，王智慧. 2002. 我国上市公司高管特征与企业绩效的实证研究[J]. 南开管理评论，(4)：16-21.

魏明海. 2005. 会计信息质量经验研究的完善与运用[J]. 会计研究，(3)：28-35.

文海涛，周绍妮. 2010. 上市公司管理层股权激励市场反应探讨[J]. 财经纵横，（6）：20-22.
闻岳春，段弈冰. 2013. 创业板高管离职事件对股价影响的实证分析[J]. 证券市场导报，（7）：31-35.
巫舒婷. 2015. 创业板大股东减持对股价的影响[J]. 时代金融，（6）：148-149.
吴琼，余开远. 2009. 上市公司高管变更前后的盈余管理初探[J]. 景德镇高专学报，（3）：51-52.
吴世农. 1996. 我国证券市场效率的分析[J]. 经济研究，（4）：13-19.
吴世农，黄志功. 1997. 上市公司盈利信息报告、股价变动与股市效率的实证研究[J]. 会计研究，（4）：13-18.
吴世农，许年行. 2004. 资产的理性定价模型和非理性定价模型的比较研究——基于中国股市的实证分析[J]. 经济研究，（6）：105-116.
吴淑琨. 2002a. 股权结构与公司绩效的U型关系研究——1997-2000年上市公司的实证研究[J]. 中国工业经济，（1）：80-87.
吴淑琨. 2002b. 董事长和总经理两职状态的实证检验[J]. 证券市场导报，（3）：26-30.
吴淑琨，柏杰，席酉民. 1998. 董事长与总经理两职的分离与合一——中国上市公司实证分析[J]. 经济研究，（8）：19-28.
吴淑琨，刘忠明，范建强. 2001. 非执行董事与公司绩效的实证研究[J]. 中国工业经济，（9）：69-76.
吴育辉，吴世农. 2010. 企业高管自利行为及其影响因素研究——基于我国上市公司股权激励草案的证据[J]. 管理世界，（5）：141-149.
武立东. 2006. 上市公司控股股东行为效应评价与指数分析[J]. 管理科学，（5）：83-91.
武晓斐，刘中文. 2008. 国有控股上市公司股权激励市场效应的实证分析[J]. 财务与金融，（6）：77-80.
夏立军，陈信元. 2007. 市场化进程、国企改革策略与公司治理结构的内生决定[J]. 经济研究，（7）：82-95.
向朝进，谢明. 2003. 我国上市公司绩效与公司治理结构关系的实证分析[J]. 管理世界，（5）：117-124.
肖军，徐信忠. 2004. 中国股市价值反转投资策略有效性实证研究[J]. 经济研究，（3）：55-64.
肖作平. 2003. 股权结构、资本结构与公司价值的实证研究[J]. 证券市场导报，（1）：71-76.
肖作平，陈德胜. 2006. 公司治理结构对代理成本的影响——来自中国上市公司的经验证据[J]. 财贸经济，（12）：29-35.
熊鹏，任荣. 2005. 民营银行公司治理研究：一个理论综述[J]. 财经科学，（4）：169-174.
徐二明，王智慧. 2000. 我国上市公司治理结构与战略绩效的相关性研究[J]. 南开管理评论，（4）：4-14.
徐金球. 2012. 公司治理溢价研究[D]. 武汉：华中科技大学.
徐莉萍，辛宇，陈工孟. 2006. 股权集中度和股权制衡及其对公司经营绩效的影响[J]. 经济研究，（1）：90-99.

徐宁，徐向艺. 2009. 公司治理理论的演进趋势研究——基于经济学与法学的整合视角[J]. 经济与管理研究，（12）：62-66.
徐伟，贺强. 2005. 公司治理结构对总经理长期激励的影响分析[J]. 中央财经大学学报，（10）：55-59.
徐伟，姜玺玺，赵晓芳. 2013. 上市公司关联交易对公司价值影响的实证研究[J]. 济南大学学报，（6）：82-87.
徐晓东，陈小悦. 2003. 第一大股东对公司治理、企业业绩的影响分析[J]. 经济研究，（2）：64-74.
许涤龙，吕忠伟. 2003. 深圳证券市场有效性的统计检验[J]. 数量经济技术经济研究，（6）：158-161.
许年行，赖建清，吴世农. 2008. 公司财务与投资者法律保护研究述评[J]. 管理科学学报，（1）：101-109.
许小年，王燕. 1999. 中国上市公司的所有制结构与公司治理[A]. 梁能. 公司治理结构：中国的实践与美国的经验[C]. 北京：中国人民大学出版社.
许小年，王燕. 2000. 中国上市公司所有制结构与公司治理[M]. 北京：中国人民大学出版社.
薛云奎，王志台. 2001. 无形资产信息披露及其价值相关性研究——来自上海股市的经验证据[J]. 会计研究，（11）：40-47.
严若森. 2005. 公司治理成本的构成与公司治理效率的最优化研究[J]. 会计研究，（2）：59-63.
严若森. 2006. 双重委托代理理论与股权集中型公司治理最优化研究综述[J]. 当代经济科学，（4）：90-95.
严若森. 2009. 再析董事会治理与公司经营绩效的关系——基于中国制造业上市公司的实证研究[J]. 经济管理，（10）：54-58.
严若森. 2010. 保险公司治理评价：指标体系构建与评分计算方法[J]. 保险研究，（10）：44-53.
严武，潘如璐，石劲. 2009. 中国上市公司股利公告效应实证研究：1993-2006[J]. 当代财经，（9）：50-55.
严学锋. 2013. 高管离职“中国式信披”是与非[J]. 董事会，（5）：80-82.
阎庆民. 2005. 我国银行业应建立“三位一体”监管体系[J]. 经济研究参考，（87）：26-27.
阳建伟，蒋馥. 2004. 中国股市横截面预期收益解释因子的实证研究[J]. 上海交通大学学报，（3）：326-329.
杨朝军，邢靖. 1997. 市盈率实质及决定因素分析[J]. 证券市场导报，（3）：48-50.
杨代平. 2005. 中国证券市场超额收益研究[D]. 广州：暨南大学.
杨德明，辛清泉. 2006. 投资者关系与代理成本——基于上市公司的分析[J]. 经济科学，（3）：47-60.
杨海燕，许家林. 2009. 企业社会责任报告第三方审验主要标准述评[J]. 证券市场导报，（12）：60-65.
杨红婕，许永龙. 2005. 上海股票市场有效性实证研究[J]. 天津师范大学学报（自然科学版），（4）：70-72.

杨瑞龙，周业安. 1998. 论利益相关者合作逻辑下的企业共同治理机制[J]. 中国工业经济，(1)：38-45.
杨维芝. 2012. 我国上市公司高管薪酬激励问题研究[J]. 经济纵横，(2)：89-92.
杨炘，陈展辉. 2003. 中国股市三因子资产定价模型实证研究[J]. 数量经济技术经济研究，(12)：131-141.
杨洋. 2007. 中国上市公司治理溢价测度研究[D]. 沈阳：沈阳工业大学.
杨玉凤，曹琼，吴晓明. 2008. 上市公司信息披露违规市场反应差异研究——2002-2006 年的实证分析[J]. 审计研究，(5)：68-73.
杨宗昌，赵红，刘悦. 2004. 公司治理模式发展趋势综述[J]. 当代经济科学，(1)：81-85.
姚国，吴琼. 2014. 股权激励、代理成本与公司绩效关系研究[J]. 统计与决策，(24)：174-176.
姚伟，黄卓，郭磊. 2003. 公司治理理论前沿综述[J]. 经济研究，(5)：83-90.
叶继英. 2014. 董事会性别多元化与股价信息含量[J]. 妇女研究论丛，(1)：96-106.
叶银华，李存修，柯承恩. 2004. 公司治理与评级系统[M]. 北京：中国财政经济出版社.
仪垂林，黄兴，王能民. 2001. 中国证券市场三因素模型分析[J]. 南京经济学院学报，(5)：43-47.
尹飘扬，杨雪梅. 2014. 创业板上市公司高管离职套现及影响分析[J]. 财会学习，(4)：25-27.
尤华，李恩娟. 2014. 股权结构与股权代理成本关系的实证研究——基于 2011 年创业板上市公司的数据研究[J]. 技术经济与管理研究，(1)：64-69.
游家兴，徐盼盼，陈淑敏. 2010. 政治关联、职位壕沟与高管变更——来自中国财务困境上市公司的经验证据[J]. 金融研究，(4)：128-143.
于爱红，王学峰，邹风. 2004. 董事报酬与公司业绩关系的经验研究[J]. 北方经贸，(2)：14-16.
于春海. 2006. 发展中金融市场上的资产定价问题研究[M]. 北京：中国经济出版社.
于东智，池国华. 2004. 董事会规模、稳定性与公司绩效：理论与经验分析[J]. 经济研究，(4)：70-79.
于东智，谷立日. 2001. 上市公司管理层持股的激励效用及影响因素[J]. 经济理论与经济管理，(9)：24-30.
于东智. 2003. 董事会、公司治理与绩效[J]. 中国社会科学，(3)：29-41.
于敏，郭卫，康艳芳. 2014. 重大诉讼公告披露对上市公司股价的影响——基于重大诉讼公告的事件研究[J]. 时代金融，(9)：137-138.
余明桂，夏新平，章卫东. 2003. 董事会结构与企业绩效关系的研究综述及启示[J]. 当代财经，(9)：68-71.
俞乔. 1994. 市场有效、周期异常与股价波动——对上海、深圳股票市场的实证分析[J]. 经济研究，(9)：43-50.
俞乔，程澄. 2001. 我国上市公司红利政策与股市波动[J]. 经济研究，(4)：20-40.
郁博. 2010. 股权登记日对股票价格的影响研究[D]. 大连：大连海事大学.
袁春生，韩洪灵. 2008. 董事会规模影响财务舞弊的机理及其实证检验[J]. 商业经济与管理，(3)：

44-49.
袁春生，杨淑娥. 2006. 经理管理防御下的公司财务政策选择研究综述[J]. 会计研究，(7)：77-82.
袁春燕. 2014. 公司治理与公司绩效研究的相关变量设定——基于因子分析法[J]. 企业改革与管理，(5)：120-121.
袁淳. 2005. 会计盈余价值相关性实证研究[M]. 北京：中国财政经济出版社.
袁淳，王平. 2005. 会计盈余质量与价值相关性：来自深市的经验证据[J]. 经济理论与经济管理，(5)：36-39.
袁国良，郑江淮，胡志乾. 1999. 我国上市公司融资偏好和融资能力的实证研究[J]. 管理世界，(3)：150-157.
袁明哲. 2006. 股票定价模型——现代企业管理创新丛书[M]. 北京：经济科学出版社.
袁萍，刘士余，高峰. 2006. 关于中国上市公司董事会、监事会与公司业绩的研究[J]. 金融研究，(6)：23-32.
恽碧琰. 2006. 上市公司首次和连续披露的保留审计意见信息含量比较研究[J]. 财会通讯，(11)：77-80.
曾德明，龙淼，龚红. 2006. 机构投资者持股对公司绩效的影响研究[J]. 软科学，(1)：37-39.
曾凌，蒋国云. 2005. 公司治理对上市公司估值的影响分析[J]. 证券市场导报，(9)：38-43.
曾天亮，王远军，柴武斌. 2005. 送转股前后公司流通价值波动性的实证研究——来自上海 A 股分类指数除权交易日前后的检验[J]. 统计与决策，(6)：86-88.
曾义. 2009. 薪酬粘性、高管变更与公司价值[J]. 上海管理科学，(4)：70-73.
曾勇，郭文新，李典蔚. 2008. 风险投资合约及治理机制实证研究综述[J]. 管理科学学报，01：110-121.
张兵. 2004. 中国股票市场有效性研究[M]. 南京：南京大学出版社.
张长征，李怀祖. 2008. 公司治理中的经理自主权研究综述[J]. 软科学，(5)：33-38.
张晨宇，韩永春，魏冰. 2015. 管理权力、股权激励与公司绩效关系的实证分析[J]. 统计与决策，(5)：167-169.
张德明，曹秀英，张国春. 2004. 中国上市公司组合治理机制实证研究[J]. 中国管理科学，(2)：137-143.
张红军. 2000. 中国上市公司股权结构与公司绩效的理论及实证分析[J]. 经济科学，(4)：34-44.
张景奇，唐英力，邓志琼. 2006. 上市公司会计信息价值相关性的变迁及影响因素分析[J]. 管理评论，(7)：43-61.
张俊瑞，赵进文，张建. 2003. 高级管理层激励与上市公司经营绩效相关性的实证分析[J]. 会计研究，(19)：29-34.
张俊喜，张华. 2004. 民营上市公司的经营绩效、市场价值和治理结构[J]. 世界经济，(11)：3-15.
张水泉，何秋仙. 2009. 我国上市公司股权激励的市场反应——基于税收效应的分析[J]. 吉林大学社会科学学报，(5)：110-116.

张维迎. 1996. 国有企业改革出路何在？[J]. 经济社会体制比较，（1）：13-19.
张祥建，王东静，徐晋. 2007. 关联交易与控制性股东的“隧道行为”[J]. 南方经济，（5）：53-64.
张晓岚，宋敏. 2007. 上市公司持续经营审计意见信息含量的差异性研究[J]. 审计研究，（6）：59-66.
张欣，宋力. 2007. 股权结构对代理成本影响的实证分析[J]. 数理统计与管理，（1）：132-136.
张秀梅. 2009. 审计意见与股权集中度相关性研究[J]. 财会通讯，（6）：64-66.
张勇，谢芬. 2011. 关于股权激励市场效应的实证分析[J]. 中国外资，（6）：171.
张月飞，陈耀光. 2006. 沪深港股市有效性的检验比较——基于事件研究法[J]. 浙江学刊，（3）：193-196.
张展. 2006. 上市公司年报审计意见有效性检验[J]. 财会月刊，（2）：33-34.
张兆国，何威风，闫炳乾. 2008. 资本结构与代理成本——来自中国国有控股上市公司和民营上市公司的经验证据[J]. 南开管理评论，（1）：39-47.
张宗益，宋增基. 2002. 上市公司经理持股与公司绩效实证研究[J]. 重庆大学学报，（6）：1-3.
张宗益，宋增基. 2003. 上市公司股权结构与公司绩效实证研究[J]. 数量经济技术经济研究，（1）：128-132.
章志平. 2010. 上市公司监事会规模分析[J]. 财会通讯，（27）：80-81.
赵春光. 2006. 双重财务报告模式下会计盈余的价值相关性——基于AB股公司的实证研究及其政策建议[J]. 财经研究，（4）：80-90.
赵国英. 2009. 国有企业公司治理改革的马克思主义理论解读[J]. 黑龙江对外经贸，（11）：90-91.
赵海峰，万迪昉，王朝波. 2002. 公司治理因素与企业绩效的实证研究[J]. 系统工程理论方法应用，（9）：207-211.
赵景文. 2006. 公司治理质量与盈余质量——基于中国治理指数（$CCGI^{NK}$）的初步证据[J]. 南开管理评论，（5）：15-21.
赵青华. 2010. 上市公司高管股票期权激励研究——国外文献述评与启示[J]. 经济与管理研究，（8）：34-42.
赵西亮. 2004-02-25. 中小企业金融支持的对策思路[N]. 西部时报.
赵相忠，张莹. 2015. 我国上市公司高管薪酬激励与公司绩效关系的实证研究[J]. 企业改革与管理，（8）：71.
赵学彬，王立杰. 2003. 我国上市公司监事会若干问题分析[J]. 经济与管理，（10）：34-35.
赵颖，马连福. 2007. 海外企业社会责任信息披露研究综述及启示[J]. 证券市场导报，（8）：14-22.
赵宇龙. 1998. 会计盈余披露的信息含量：来自上海股市的经验证据[J]. 经济研究，（7）：36-42.
赵宇龙. 2000. 会计盈余与股价行为[M]. 上海：上海三联书店.
赵宇龙，王志台. 1999. 我国证券市场“功能锁定”现象的实证研究[J]. 经济研究，（9）：56-63.
赵玉洁. 2011. 上市公司治理溢价检验及其形成机制研究——基于重新构建的指标体系分析[D]. 上海：复旦大学.

郑红亮，王凤彬. 2000. 中国公司治理结构改革研究：一个理论综述[J]. 管理世界，(3)：119-125.
郑红亮. 1998. 公司治理理论与中国国有企业改革[J]. 经济研究，(10)：21-28.
郑顺炎. 2002. 内幕交易规制的本土化研究[M]. 北京：北京大学出版社.
郑志刚. 2004. 投资者之间的利益冲突和公司治理机制的整合[J]. 经济研究，(2)：115-125.
郑志刚. 2007. 法律外制度的公司治理角色——一个文献综述[J]. 管理世界，(9)：136-147.
郑志刚. 2010. 对公司治理内涵的重新认识[J]. 金融研究，(8)：184-198.
郑志刚，范建军. 2007. 国有商业银行公司治理机制的有效性评估[J]. 金融研究，(6)：53-62.
郑志刚，孙娟娟. 2009. 我国上市公司治理发展历史与现状评估[J]. 金融研究，(10)：118-132.
郑志刚，孙艳梅，谭松涛，等. 2007. 股权分置改革对价确定与我国上市公司治理机制有效性的检验[J]. 经济研究，(7)：96-109.
周风华. 2010. 机构投资者持股与上市公司价值相关性的实证研究[J]. 山东轻工业学院学报，(2)：81-85.
周建波，孙菊生. 2003. 经营者股权激励的治理效应研究[J]. 经济研究，(5)：74-93.
周俊. 2008. 人口特征异质性对高管离职率的作用研究[J]. 中大管理研究，(4)：69-83.
周业安. 1999. 金融抑制对中国企业融资能力影响的实证研究[J]. 经济研究，(2)：15-22.
朱伟骅. 2003. 上市公司信息披露违规公开谴责效果的实证研究[J]. 经济管理，(16)：92-96.
朱武祥，蒋殿春，张新. 2005. 中国公司金融学[M]. 上海：三联书店上海分店.
朱武祥，宋勇. 2001. 股权结构与企业价值——对家电行业上市公司实证分析[J]. 经济研究，(12)：66-72.
朱武祥. 2002. 一股独大与股权多元化[J]. 科学决策，(3)：16-22.
朱杏珍. 2002. 董事会的规模与效能分析[J]. 当代财经，(6)：68-70.
Aboody D，Lev B. 1998. The value relevance of intangibles：the case of software capitalization [J]. Journal of Accounting Research，36：161-191.
Aboody D. 2002. Measuring value relevance in an inefficient market [J]. Journal of Accounting Research，40（4）：1-35.
Agrawal A，Knoeber C R. 1996. Firm performance and mechanisms to control agency problems between managers and shareholders [J]. Journal of Financial and Quantitative Analysis，31（3）：377-397.
Aman H. 2006. Corporate governance and stock performance of Japanese firms [R]. Working Paper.
Amir E，Lev B. 1996. Value-relevance of nonfinancial information：the wireless communications industry [J]. Journal of Accounting and Economics，22（1-3）：3-30.
Ang J S，Cole R A，Lin J W. 2000. Agency costs and ownership structure [J]. The Journal of Finance，51（1）：81-106.
Baek J S，Kang J K，Park K S. 2004. Corporate governance and firm value：evidence from the Korean financial crisis [J]. Journal of Financial Economics，71（2）：265-313.
Banghoj J，Plenborg T. 2008. The value relevance of voluntary disclosure in the annual report [J].

Accounting & Finance，48（2）：159-180.

Barnhart S W，Rosenstein S. 1998. Board composition，managerial ownership and firm performance：an empirical analysis [J]. Financial Review，33（4）：1-16.

Barth M E，Beaver W H，Landsman W R. 2001. The relevance of the value relevance literature for financial accounting standard setting：another view [J]. Journal of Accounting and Economics，31（1-3）：77-104.

Baskin E F. 1972. The communicative effectiveness of consistency exceptions [J]. Accounting Review，47（1）：38-51.

Bauer R，Gaunster N，Otten R. 2004. Empirical evidence on corporate governance in Europe：the effect on stock returns，firm value and performance [J]. Journal of Asset Management，35（1）：291-104.

Beasley M S. 1996. An empirical analysis of the relation between the board of director composition and financial statement fraud [J]. Accounting Review，71（4）：443-465.

Beaver W H. 1998. Financial Reporting：An Accounting Revolution [M]. London：Prentice Hall.

Beaver W H. 1999. Comments on an empirical assessment of the residual income valuation model [J]. Journal of Accounting and Economics，26（1）：35-42.

Beaver W H，Clarke R，Wright W F. 1997. The association between unsystematic security return and the magnitude of the earnings forecast error [J]. Journal of Accounting Research，17（2）：316-340.

Bebchuk L A，Cohen A，Wang C C Y. 2013. Learning and the disappearing association between governance and returns [J]. Journal of Financial Economics，108（2）：323-348.

Bebchuk L A，Weisbach M S. 2010. The state of corporate governance research [J] . The Review of Financial Studies，23（3）：939-961.

Bebchuk L，Cohen A，Ferrell A. 2004. What matters in corporate governance? [R]. Working Paper.

Bebchuk L，Cohen A，Ferrell A. 2009. What matters in corporate governance? [J]. Review of Financial Studies，22（2）：783-827.

Beiner S，Drobetz W，Schmid F，Zimmermann H. 2003. Is board size an independent corporate governance mechanism? [R]. Working Paper.

Beiner S，Drobetz W，Schmid M M，et al. 2006. An integrated framework of corporate governance and firm valuation [J]. European Financial Management，12（2）：249-283.

Benjamin Graham. 1934. Security Analysis [M]. Corwin：Corwin Press.

Bhagat S，Black B S. 1997. Do independent directors matter？[R]. Working Paper.

Black B S，Jang H，Kim W. 2006a. Does corporate governance affect firms' market values？[J]. Journal of Law，Economics，and Organization，22（2）：366-413.

Black B S，Love I，Rachinsky A. 2006b. Corporate governance and firms' market values time series evidence from Russia [J]. Emerging Markets Review，7（4）：361-379.

Black B S. 2001. Does corporate governance matter？a crude test using Russian data [J]. University of Pennsylvania Law Review，149（6）：2131-2150.

Black B，Jang H，Kim W. 2002. Does corporate governance affect firm value? evidence from Korea [R]. Working Paper.

Black F. 1993. Beta and return[J]. The Journal of Portfolio Management，20（1）：8-18.

Borokhovich K A，Parrino R，Trapani T. 1996. Outside directors and CEO selection [J]. Journal of Financial and Quantitative Analysis，31（3）：337-355.

Brickley J A，Bhagat S，Lease R C. 1985. The impact of long-range managerial compensation plans on shareholder wealth [J]. Journal of Accounting and Economics，7（1-3）：115-129.

Brown L D，Caylor M L. 2006. Corporate governance and firm valuation [J]. Journal of Accounting and Public Policy，25（4）：409-434.

Brown S J，Warner J B. 1980. Measuring security price performance [J]. Journal of Financial Economies，8（3）：205-255.

Bushman R M，Smith A J. 2001. Financial accounting information and corporate governance [J]. Journal of Accounting and Economics，32（1-3）：237-333.

Byrd J W，Hickman K A. 1992. Do outside directors monitor managers [J]. Journal of Financial Economics，32（2）：195-221.

Campbell J Y，Lo A W C，MacKinlay A C. 1997. The Econometrics of Financial Markets [M]. Princeton：Princeton University Press.

Carhart M M. 1997. On persistence in mutual fund performance[J]. The Journal of Finance，52（1）：57-82.

Cazavan-Jeny A. 2003. Value-relevance of expensed and capitalized intangibles a french survey [R]. Working Paper.

Chen C J P，Su X，Zhao R. 2000. An emerging market's reaction to initial modified audit opinions: evidence from the Shanghai Stock Exchange [J]. Contemporary Accounting Research，17（3）：429-455.

Cheung S Y L，Connelly J T，Limpaphayom P，et al. 2007. Do investors really value corporate governance？evidence from the Hong Kong market [J]. Journal of International Financial Management & Accounting，18（2）：86-122.

Chirinko R S，Elston J A. 1996. Finance，control and profitability：an evaluation of german bank influence [R]. WZB：Working Paper.

Choi S K，Jeter D C. 1992. The effects of qualified audit opinions on earnings response coefficients [J]. Journal of Accounting and Economics，15（2）：229-247.

Claessen S S，Djankov S，Lang L H P. 1998. Who controls east Asian corporations？[R]. The World Bank.

Claessens S，Djankov S，Fan J P H，et al. 1998. Ownership structure and corporate performance in

East Asia [R]. Working Paper.

Claessens S，Fan J P H. 2002. Corporate governance in Asia：a survey [J]. International Review of Finance，3（2）：71-103.

Claessens S. 1997. Corporate governance and equity prices：evidence from the Czech and Slovak Republics [J]. The Journal of Finance，52（4）：1641-1658.

Cools K，van Praag C M. 2007. The value relevance of top executive departures：evidence from the netherlands [J]. Journal of Corporate Finance，13（5）：721-742.

Core J E，Guay W R，Rusticus T O. 2006. Does weak governance cause weak stock returns? an examination of firm operating performance and investors' expectations [J]. The Journal of Finance，61（2）：655-687.

Demsetz H，Lehn K. 1983. The structure of corporate ownership：causes and consequences [J]. Journal of Political Economy，93（6）：1155-1177.

Demsetz H，Villalonga B. 2001. Ownership structure and corporate performance [J]. Journal of Corporate Finance，7（3）：209-233.

Denis D J，Denis D K，Sarin A. 1997. Ownership structure and top executive turnover [J]. Journal of Financial Economics，45（2）：193-221.

Denis D K，McConnell J J. 2003. International corporate governance [J]. The Journal of Financial and Quantitative Analysis，38（1）：1-36.

Denis D K. 2001. Twenty-five years of corporate governance research and counting [J]. Review of Financial Economics，10（3）：191-212.

Ding D K，Sun Q. 2001. Causes and effects of employee stock option plans：evidence from Singapore[J]. Pacific-Basin Finance Journal，9（5）：563-599.

Dodd P，Dopuch N，Holthausen R，et al. 1984. Qualified audit opinions and stock prices：information content，announcement dates，and concurrent disclosures [J]. Journal of Accounting and Economics，6（1）：3-38.

Donaldson L，Davis J H. 1991. Stewardship theory or agency theory：CEO governance and shareholders returns [J]. Australian Journal of Management，16（1）：49-64.

Drew M E，Naughton T，Veeraraghavan M. 2002. Is idiosyncratic volatility priced? evidence from the Shanghai Stock Exchange [J]. International Review of Financial Analysis，13（3）：349-366.

Drobetz W，Schillhofer A，Zimmermann H. 2004. Corporate governance and expected stock returns evidence from Germany [J]. European Financial Management，10（2）：267-293.

Easton P D. 1998. Discussion of revalued financial，tangible，and intangible assets：association with share prices and non-market-based value estimates [J]. Journal of Accounting Research，36（2）：235-247.

Edwards E O，Bell P W. 1961. The Theory and Measurement of Business Income [M]. California：

University of California Press.

Elliott J A. 1982. "Subject to" audit opinions and abnormal security returns-outcomes and ambiguities[J]. Journal of Accounting Research，20（2）：617-638.

Elron E. 1997. Top management teams within multinational corporations：effects of cultural heterogeneity leadership quarterly [J]. Academy of Management，8（4）：393-412.

Fama E F，French K R. 1992. The Cross-section of expected stock returns [J]. Journal of Finance，47（2）：427-465.

Fama E F，French K R. 1995. Size-and-book to market factors in earnings and returns [J]. Journal of Finance，50（1）：131-156.

Fama E F，French K R. 1997. Industry costs of equity [J]. Journal of Financial Economics，43（2）：153-193.

Fama E F，French K R. 2015. A five-factor asset pricing model [J]. Journal of Financial Economics，116（1）：1-22.

Fama E F，Jensen M C. 1983. Separation of ownership and control [J]. Journal of Law and Economics，26（2）：301-325.

Fama E F，MacBeth J D. 1973. Risk，return，and equilibrium：empirical tests [J]. Journal of Political Economy，81（3）：607-636.

Fama E F. 1980. Agency problems and the theory of the firm [J]. Journal of Political Economy，84（2）：288-307.

Fan J P H，Wong T J. 2002. Corporate ownership structure and the informativeness of accounting earnings in East Asia [J]. Journal of Accounting and Economics，33（3）：401-425.

Feltham G A，Ohlson J A. 1994. A no arbitrage model of the relation between accounting numbers and market value [R]. Working Paper.

Feltham G A，Ohlson J A. 1995. Valuation and clean surplus accounting for operating and financial activities [J]. Contemporary Accounting Research，11（2）：689-731.

Feltham G A，Ohlson J A. 1996. Uncertainty resolution and the theory of depreciation measurement [J]. Journal of Accounting Research，34（2）：209-234.

Firth M，Wong S，Yang Y. 2014. The double-edged sword of CEO/chairperson duality in corporatized state-owned firms：evidence from top management turnover in China [J]. Journal of Management & Governance，18（1）：207-244.

Firth M. 1978. Qualified audit reports：their impact on investment decisions [J]. Accounting Review，53（3）：642-650.

Frederick L J. 1996. The information content of the auditor's going concern evaluation [J]. Journal of Accounting and Public Policy，15（1）：1-27.

Geiger M A，North D S. 2006. Does hiring a new CFO change things？an investigation of changes in discretionary accruals [J]. The Accounting Review，81（4）：781-809.

Gillan S L. 2006. Recent developments in corporate governance：an overview [J]. Journal of Corporate Finance，12（3）：381-402.

Goergen M. 2007. Does ownership matter？a study of German and UK IPOs [J]. Managerial Finance，33（6）：368-387.

Gompers P A，Ishii J L，Metrick A. 2003. Corporate governance and equity prices [J]. The Quarterly Journal of Economics，118（1）：107-155.

Grandmont R，Grant G，Silva F. 2004. Corporate governance：implication for investors [R]. Working Paper.

Greenaway D，Guariglia A，Yu Z. 2014. The more the better？foreign ownership and corporate performance in China [J]. The European Journal of Finance，20（7-9）：681-702.

Grossman S J，Hart O D. 1980. Takeover bids，the free-rider problem，and the theory of the corporation [J]. Bell Journal of Economics，11（1）：42-64.

Gruszczynski M. 2006. Corporate governance and financial performance of companies in Poland [J]. International Advances in Economic Research，12（2）：1-12.

Gupta P P，Kennedy D B. 2005. Corporate governance scores，Tobin's Q and equity prices：evidence from Canadian capital markets [R]. Working paper.

Hall B J，Liebman J B. 1998. Are CEOs really paid like bureaucrats？[J]. The Quarterly Journal of Economics，113（3）：653-691.

Herona R A，Lie E. 2007. Does backdating explain the share price pattern around executive share option grants？[J]. Journal of Financial Economics，83（2）：271-295.

Hillman A J，Dalziel T. 2003. Boards of directors and firm performance：integrating agency and resource dependence perspectives [J]. Academy of Management Review，28（3）：383-396.

Hirschey M，Richardson V J，Scholz S. 2001. Value relevance of nonfinancial information：the case of patent data [J]. Review of Quantitative Finance and Accounting，17（3）：223-235.

Holderness C G，Kroszner R S，Sheehan D P. 1999. Were the good old days that good？changes in managerial stock ownership since the great depression [J]. The Journal of Finance，54（2）：435-469.

Holderness C G，Sheehan D P. 1988. The role of majority shareholders in publicly held corporations：an exploratory analysis [J]. Journal of Financial Economics，20（1）：317-346.

Holthausen R W，Watts R L. 2001. The relevance of the value-relevance literature for financial accounting standard setting [J]. Journal of Accounting and Economics，31（1-3）：3-75.

Jagannathan R，McGrattan E R，Scherbina A. 2001. The declining US equity premium [R]. Working Paper.

Jensen M C，Black F，Scholes M S. 1972. The capital asset pricing model：some empirical tests [J].

Social Science Electronic Publishing，94（8）：4229-4232.

Jensen M C，Meckling W H. 1976. Theory of the firm：managerial behavior，agency costs and ownership structure [J]. Journal of Financial Economics，3（4）：305-360.

Jensen M C. 1993. The modern industrial revolution，exit，and the failure of internal control system [J]. The Journal of Finance，48（3）：831-880.

Joh S W. 2003. Corporate governance and firm profitability：evidence from Korea before the economic crisis [J]. Journal of Financial Economics，68（2）：287-322.

Johnson S A，Moorman T. 2009. A reexamination of corporate governance and equity prices [J]. Review of Financial Studies，22（11）：4753-4786.

Jorion P，Talmor E. 2001. Value relevance of financial and non-financial information in emerging industries：the changing role of web traffic data [R]. Working Paper.

Kang J K，Shivdasani A. 1996. Dose the Japanese governance system enhance shareholder wealth? evidence from the stock-price effects of top management turnover [J]. The Review of Financial Studies，9（4）：1061-1095.

Karathanassis G，Philippas N，Tsionas E G，et al. 2004. Value relevance of institutional investors [J]. Managerial Finance，30（10）：45-62.

Kim Y，Li H，Li S. 2014. Corporate social responsibility and stock price crash risk [J]. Journal of Banking & Finance，43（6）：1-13.

La Porta R，Lakonishok J，Shleifer A，et al. 1997. Good news for value stocks：further evidence on market efficiency [J]. The Journal of Finance，52（2）：859-873.

La Porta R，Lopez-de-Silanes F，Shleifer A，et al. 1998. Law and finance [J]. Journal of Political Economy，106（6）：1113-1155.

Labelle R. 2002. The statement of corporate governance practices（SCGP）：a voluntary disclosure and corporate governance perspective [R]. Working Paper.

Lakonishok J，Shleifer A，Vishny R W. 1994. Contrarian investment，extrapolation，and risk [J]. The Journal of Finance，49（5）：1541-1578.

Larcker D F，Richardson S A，Tuna I. 2005. How important is corporate governance? [R]. Working Paper.

Leal R P C，Carvalhal-da-Silva A L. 2005. Corporate governance and value in Brazil（and in Chile）[R]. Working Paper.

Leech D，Leahy J. 1991. Ownership structure，control type classifications and the performance of large British companies [J]. The Economic Journal，101（409）：1418-1437.

Lehmann E，Weigand J. 2000. Does the governed corporation perform better? governance structures and corporate performance in Germany [J]. European Finance Review，4（2）：157-195.

Lehn K，Patro S，Zhao M. 2005. Governance indices and valuation multiples：which causes which? [R].

Working Paper.

Lin L. 1996. The effectiveness of outside directors as a corporate governance mechanism：theories and evidence [R]. Working Paper.

Lipton M，Lorsch J W. 1992. A modest proposal for improved corporate governance [J]. Business Lawyer，48（1）：59-77.

Litz R A，Folker C A. 2002. When he and she sell seashells：exploring the relationship between management team gender-balance and small firm performance [J]. Journal of Developmental Entrepreneurship，40（2）：109-125.

Machi B，McEvoy T. 2011. The Literature Review：Six Steps to Success [M]. Corwin：Corwin Press.

MacKinlay A C. 1997. Event studies in economics and finance [J]. Journal of Economic Literature，35（1）：13-39.

Matolcsy Z P，Stokes D，Wright A. 2002. The value-relevance of board composition within corporate governance [R]. Working Paper.

McConnell J J，Servaes H. 1990. Additional evidence on equity ownership and corporate value [J]. Journal of Financial Economics，27（2）：595-612.

Mehran H. 1995. Executive compensation structure，ownership，and firm performance [J]. Journal of Financial Economics，38（2）：163-84.

Mikkelson W H，Partch M M. 1997. The decline of takeovers and disciplinary managerial turnover [J]. Journal of Financial Economics，44（2）：205-228.

Miller M H，Modigliani F. 1966. Some estimates of the cost of capital to the electric utility industry [J]. The American Economic Review，56（3）：333-391.

Moorman T. 2004. Governance and stock returns [R]. Working Paper.

Morck R，Shleifer A，Vishny R W. 1988. Management ownership and market value：an empirical analysis [J]. Journal of Financial Economics，20（1）：293-315.

Negakis C J. 2005. Accounting and capital markets research：review [J]. Managerial Finance，31（2）：1-23.

Ohlson J A. 1989. Accounting earnings，book value，and dividends：the theory of the clean surplus equation [R]. Working Paper.

Ohlson J A. 1990. A Synthesis of security valuation theory and the role of dividends，cash flows，and earnings [J]. Contemporary Accounting Research，6（2）：648-676.

Ohlson J A. 1991. The theory of value and earnings，and an introduction to the Ball-Brown analysis [J]. Contemporary Accounting Research，8（1）：1-19.

Ohlson J A. 1995. Earnings，book values，and dividends in equity valuation[J]. Contemporary Accounting Research，11（2）：661-687.

Oswald S L，Jahera J S. 1991. The influence of ownership on performance：an empirical study [J].

Strategic Management Journal，12（4）：321-326.

Peasnell K V. 1982. The function of a conceptual framework for corporate financial reporting [J]. Accounting & Business Research，12（48）：243-256.

Pedersen T，Thomsen S. 1999. Economic and systemic explanations of ownership concentration among Europe's largest companies [J]. International Journal of the Economics of Business，6（3）：367-381.

Rachinsky A. 2003. Corporate governance and market value of Russian firms [R]. Working paper.

Ramsay I M，Hoad R. 1997. Disclosure of corporate governance practices by Australian companies [R]. Working Paper.

Rechner P L，Dalton D R. 1991. CEO duality and organizational performance：a longitudinal analysis [J]. Strategic Management Journal，12（2）：155-160.

Renders A，Gaeremynck A. 2006. Corporate governance and performance：controlling for sample selection bias and endogeneity [R]. Working Paper.

Richardson V J，Zmud R W. 2001. The value relevance of information technology investment announcements：incorporating industry strategic IT role [R]. Working Paper.

Riley R A，Pearson T A，Trompeter G. 2003. The value relevance of non-financial performance variables and accounting information：the case of the airline industry [J]. Journal of Accounting and Public Policy，22（3）：231-254.

Rosenstein S，Wyatt J G. 1997. Inside directors，board effectiveness，and shareholder wealth [J]. Journal of Financial Economics，44（2）：229-255.

Salmon W J. 1993. Crisis prevention：how to gear up your board [J]. Harvard Business Review，71（1）：68-75.

Shahzad A M，Rutherford M A，Sharfman M P. 2015. Stakeholder-centric governance and corporate social performance：a cross-national study [J]. Corporate Social Responsibility and Environmental Management，23（2）：100-112.

Shevlin T. 1996. The value-relevance of nonfinancial information：a discussion [J]. Journal of Accounting and Economics，22（1-3）：31-42.

Shleifer A，Vishny R W. 1989. Management entrenchment：the case of manager-specific investments [J]. Journal of Financial Economics，25（1）：123-139.

Shleifer A，Vishny R W. 1997. A survey of corporate governance [J]. The Journal of Finance，52（2）：737-783.

Silveira A D M，Barros L A B C. 2006. Corporate governance quality and firm value in Brazil [R]. Working Paper.

Singh M，Davidson W N. 2003. Agency costs，ownership structure and corporate governance mechanisms [J]. Journal of Banking & Finance，34（1）：793- 816.

Stoughton N M. 1988. The information content of corporate merger and acquisition offers [J]. The Journal of Financial and Quantitative Analysis，23（2）：175-197.

Stulz R M. 1988. Managerial control of voting rights：financial policies and the market for corporate control [J]. Journal of Financial Economics，20（1）：25-54.

Tekera S，Yuksel A H. 2014. Stock price reaction for scoring on corporate governance [J]. Procardia-Social and Behavioral Sciences，150（43）：985-992.

Tricker R I. 1994. The board's role in strategy formulation：some cross-cultural comparisons [J]. Futures，26（4）：403-415.

Vafeas N. 1999. Board meeting frequency and firm performance [J]. Journal of Financial Economics，53（1）：133-142.

Walsh J P. 1988. Top management turnover following mergers and acquisitions [J]. Management Journal，9（2）：173-183.

Warfield T D，Wild J J，Wild K L. 1995. Managerial ownership，accounting choices，and informativeness of earnings [J]. Journal of Accounting and Economics，20（1）：61-91.

Watts R L，Zimmerman J L. 1986. Positive Accounting Theory [M]. New York：Prentice-Hall Inc.

Weigand J，Lehmann E. 1999. Does ownership structure matter？governance structures and the market for corporate control in Germany [R]. Working Paper.

Xu B. 2002. The value relevance of non-financial performance information in biotechnology firms[D]. Montreal：Concordia University.

Yermack D. 1996. Higher market valuation of companies with a small board of directors [J]. Journal of Financial Economics，40（2）：185-211.

Yermack D. 1997. Good timing：CEO stock option awards and company news announcements [J]. The Journal of Finance，52（2）：449-476.

Zheka V. 2005. Does corporate governance causally predicts firm performance？panel data and instrumental variables evidence [R]. Working Paper.